U0906983

北京商务年鉴

（2020）

北京市商务局　编

图书在版编目 (CIP) 数据

北京商务年鉴 . 2020/ 北京市商务局编 . — 北京 : 中国商务出版社 , 2020.10

ISBN 978-7-5103-3538-9

Ⅰ . ①北… Ⅱ . ①北… Ⅲ . ①商务 — 北京 — 2020 — 年鉴 Ⅳ . ① F727.1-54

中国版本图书馆 CIP 数据核字 (2020) 第 176762 号

北京商务年鉴（2020）

BEIJING SHANGWU NIANJIAN (2020)

北京市商务局　编

出　　版：中国商务出版社
地　　址：北京市东城区安外东后巷 28 号　　**邮　编**：100710
责任部门：商务事业部（010-64255862　cctpswb@163.com）
责任编辑：刘文捷
直销客服：010-64255862
传　　真：010-64255862
总 发 行：中国商务出版社发行部（010-64208388　64515150）
网购零售：中国商务出版社淘宝店（010-64286917）
网　　址：http://www.cctpress.com
网　　店：https://shop162373850.taobao.com
邮　　箱：cctp@cctpress.com
排　　版：德州华朔广告有限公司
印　　刷：北京卡梅尔彩印厂
开　　本：787 毫米 × 1092 毫米　1/16
印　　张：27.75　　**字　数**：622 千字
版　　次：2020 年 12 月第 1 版　　**印　次**：2020 年 12 月第 1 次印刷
书　　号：ISBN 978-7-5103-3538-9
定　　价：150.00 元

凡所购本版图书如有印装质量问题，请与本社总编室联系（电话：010-64212247）

《北京商务年鉴（2020）》编辑委员会

《北京商务年鉴（2020）》编辑部

编 辑 说 明

一、《北京商务年鉴（2020）》（以下简称《年鉴》）由北京市商务局《年鉴》编辑委员会编纂，是本市商务领域唯一的权威性、综合性年鉴。该书的前身——《北京商务概览》创刊于2003年，2004年分为外经贸卷和内贸卷。2005年将两卷合一，更名为《北京商务年鉴》，并由内部刊印改为公开出版发行。

二、《年鉴》全面、系统地记述了上年北京市商务领域的基本情况和取得的成就。封面年号“2020”表示本期《年鉴》于2020年出版，主要包括2019年1月1日至12月31日期间的工作成果、相关数据，并在重要文献中涉及2020年全市商务工作安排。

三、《年鉴》的内容由商务部门各单位和海关、天竺综保区等单位提供，内容广泛，资料详实，数据准确，逐年出版，具有宝贵的文献保存价值。

四、《年鉴》不仅能为政府机关领导决策提供参考依据，也可为国内外商务领域和其他各界人士提供相关的法规、政策和数据资料。

五、创刊以来，《年鉴》承蒙供稿单位的大力支持，受到有关人士的欢迎和鼓励，在此谨致谢意，并希望继续得到各界人士的关心和支持。

《北京商务年鉴》编辑委员会

二〇二〇年八月

Editor's Notes

Ⅰ. *Beijing Commercial Yearbook* (2020) (hereinafter abbreviated as the *Yearbook*), compiled by the editorial committee of the *Yearbook* of Beijing Municipal Bureau of Commerce, is the only authoritative and comprehensive yearbook in the commercial field in Beijing. The predecessor of the *Yearbook* is *Beijing Commercial Review* started publication in 2003. In 2004, the book was divided into two volume—Foreign Economy & Trade Volume and Domestic Trade Volume. In 2005, the two volumes were combined together as one book with the name *Beijing Commercial Yearbook*, which changed from a periodical for restricted circulation into a publicly published one.

Ⅱ. The *Yearbook* gives a comprehensive and systematic record of the basic situation and achievements in the commercial field in Beijing. "2020" in the cover means the *Yearbook* is published in 2020. The *Yearbook* mainly includes the achievements of work and related data from January 1 to December 31, 2019, and involves the commercial work arrangement of Beijing in 2020 in some important documents.

Ⅲ. The contents of the *Yearbook* come from various authorities of Commerce and other departments like the Customs and Beijing Tianzhu Free Trade Zone. With rich material, wide coverage and accurate data, the *Yearbook* is a valuable document.

Ⅳ. The *Yearbook* can not only provide reference for the leaders of government authorities to make decision but also provide the related materials of laws, regulations, policies and data for domestic and overseas personnel in the commercial field as well as other fields.

Ⅴ. We are deeply appreciative of the great support from the authorities providing articles, and the enthusiastic encouragement of the related personnel since the publication of the *Yearbook*. We hope we would be concerned and supported continuously in the future.

Editorial Committee of *Beijing Commercial Yearbook*

Aug. 2020

目　录

第一部分　重要文献

第二部分　法规、文件选编

第三部分　主要业务

第四部分 海 关

第五部分 开发区、综保区、行政区商务

第六部分　统计资料

第七部分　大　事　记

第八部分　附　　录

CONTENTS

Part Ⅰ Important Documents

Part Ⅱ Collection of Laws, Regulations and Documents

Part Ⅲ Main Work

Part Ⅳ Customs

Part Ⅴ Commercial Affairs of Development Areas, Free Trade Zone and Districts

Part Ⅵ Statistical Data and Material

Part Ⅶ Major Events

Part Ⅷ Appendix

第一部分

重　要　文　献

王红副市长在2020年全市商务工作会议上的讲话

（2020年1月20日，根据录音整理）

同志们：

今天，我们在这里召开2020年全市商务工作会议，目的是贯彻落实党中央、国务院战略部署，贯彻落实市委、市政府各项工作任务，贯彻落实市两会精神，按照市政府全体会议的要求，全面落实市政府工作报告中涉及的商务工作各项任务，确保实现一季度“开门红”，圆满完成年度工作任务。刚才立刚同志对2019年和2020年工作进行了总结和部署，我都同意，请大家认真抓好落实。15家单位提交了大会交流材料，其中3家单位作了发言，各单位都有独特的工作方法和工作亮点，建议会后大家进行交流学习，特别是各区分管领导要认真研究，从中获得启发。

下面，我想谈两大方面意见。

一、关于2019年工作

2019年是极不平凡的一年，国家的大事多喜事多，任务重、难度大。同志们以昂扬的斗志攻坚克难，打赢了一场接一场的硬仗，取得了很好的成绩。概括起来主要体现在四个方面：

（一）2019年商务系统为服务国家大局作出了重要贡献

从2019年年初开始，全国“两会”、第二届“一带一路”国际合作高峰论坛、世园会、亚洲文明对话大会、2019年国际篮联篮球世界杯接续展开，特别是新中国成立70周年庆祝活动举世瞩目、举国关注，精心保障国家大事的责任重大、使命光荣。商务战线的同志们秉持“精精益求精、万万无一失”的工作标准，完善组织体系和工作机制，做到紧而又紧、细之又细、严上加严，确保了食材食品商品供应等各项服务保障工作，保障到位、绝对安全，这项工作非常不容易。

（二）2019年商务为国家全面开放重大战略探索了北京经验

2019年1月，国务院批复在京实施新一轮服务业扩大开放综合试点，标志着综合试点进入全面推进的新阶段。一年来，一批突破性的开放改革政策陆续实施，三年期177项试点任务实施160项，首年实施率90%；一批有代表性和影响力的项目逐步落地，485个试点项目落地272个，落地率56%。特别是首创项目、有重大影响力项目的落地，为首都经济发展注入了新动能。北京通过服务业扩大开放的深入探索，全面提升了开放发展的软环境，同时也为全国的服务业开放以及国家全面开放战略积累了很好的北京经验，这些都是大家共同努力的结果。

2019年在开放载体、开放平台上也迈出了新的步伐。去年8月，中国（河北）自由贸易试验区大兴机场片区正式挂牌，标志着全国首个跨省级行政区域建设的自贸试验片区正式启航。2019年京交会经中央批准正式更名，成为国家又一个高质量开放的重要平台。十年磨一剑，在大家共同努力下，京交会终于有能力为国家承担更重要的任务，这是北京商务系统的光荣与责任。2020年京交会（服贸会）还会有更重的任务，大家要完成好这项工作。

（三）2019年商务为北京经济高质量发展

提供了有力支撑

在内贸流通领域，瞄准消费升级特征，密集出台19项促消费政策，消费市场低开高走，实现企稳回升，不断满足市民便利性、多样性、个性化消费需求。虽然北京的商业面积比上海等超大型城市少，但是2019年消费实现了健康发展，大家付出了很多努力，特别是各区想了很多办法。值得一提的是，去年全面推进商圈改造提升和传统商业改造升级过程中，各区、各部门高效联动、积极配合，取得了很好的成效。在这里分享三个例子：第一，建立“部市区街”四级协调机制，改造提升重点商圈，取得了阶段性成果。去年12月20日王府井步行街北延开街，当日银泰in88客流量比前一日增长55%，销售额比前一日增长65%。王府井是非常重要的商业街区，这次改造升级完成得比较成功。第二，“一店一策”改造升级传统商业。长安商场历经249天的改造调整，重新定位于为周边社区居民提供“有温度、有趣味、有颜值”服务的社区家庭生活空间，改造后日均销售额同比增长30%以上；甘家口大厦经过66天的改造升级，通过精选品牌组合、完善综合服务功能和提升店面环境等手段，整体升级了购物环境，改造后日均销售额同比增长15%；王府井百货大楼引进哈姆雷斯、和平菓局等国内或北京首店，日均客流量同比增加20%以上。第三，夜经济。西单华威大厦韩国城变身网红美食“约饭街”，成为新地标；王府井步行街布设休闲外摆、延长夜间灯幕、增加文化体验，成为市民夜间休闲消费新去处，市城管委勇于改革、勇于担当，为王府井街区改造作了很多方式方法上的创新；国贸商圈凭借自身优势，满足消费者多层次、多样化的消费需求；五棵松华熙LIVE在深夜食堂以及文化、体育等多业态融合方面取得了新的业绩，成为网红打卡地；中粮祥云小镇将文化、表演、生活体验与“深夜食街”结合起来，突出“国际化、高品质、慢生活”。据统计，全市夜间餐饮消费（18:00—次日6:00）自去年8月以来保持两位数的增长，占全天餐饮消费的比重超过40%，成效较为明显。各区要关注后续推出哪些支持措施来撬动消费潜力。在大力发展夜经济方面，公安、执法、文化、交通等多部门都推出了创新举措，在活动审批、交通保障等方面作出了有益尝试，充分保障了市民夜间消费需求，在此也表示感谢。

在对外经贸领域，积极应对中美经贸摩擦，货物贸易保持了连续增长，进出口增幅高于全国水平，“双自主”企业出口占比连年攀升，去年已经超过了23%。服务贸易创新发展试点加快推进，贸易规模继续保持全国前列。双向投资的高质量特征越发明显，高技术服务业实际利用外资增速超过30%，服务业扩大开放重点领域实际利用外资占比超过80%；对外投资在全国同比下降的大环境下实现了逆势增长，非常不容易，特别是信息软件业的投资占比达到44%。这些数据都足以说明商务领域为北京经济高质量发展作出了新的贡献。

（四）2019年商务为营商环境评价取得好成绩奠定了扎实基础

去年，商务领域优化营商环境工作取得了新的成效。一是贸易便利化水平不断提升。世行评价，中国的跨境贸易评价指标由上年的第65位提升至第56位。中国的跨境贸易评价指标排名超过日本，首次跻身全球前60名。国内评价，北京连续两年蝉联国内第一，其中国际贸易“单一窗口”出口退税功能、公开口岸收费目录清单、口岸通关提前申报等“北京经验”在全国复制推广。本市各区评价，市商务局会同市统计局、市政务服务局等部门对评价指标体系进行了优化，新的评价指标更加注重市场主体满意度。各区积极优化营商环境，创新了很多全国领先的经验。各区与企业、与具体经济活动的距离更近，要继续努力创新方式方法，推出更为有效的举措。二是打造“有温度的北京服务”持续升温。第九届商业服务业技能大赛活动圆满成功，商业服务质量、商业服务业从业者的服务意识和服务品质不断提高，为打造“北京服务”品牌、提升首都城市品质起到了积极的促进作用，要继续做好这项工作。

同志们，2019 年成绩来之不易，值得充分总结和珍惜，这是党中央、国务院和市委、市政府坚强领导的结果，是各区政府、各相关委办局共同努力、积极配合的结果，是各商贸协会、企业干部职工等全体商务工作者努力拼搏、扎实工作的结果。在此，我代表市政府向大家表示衷心的感谢和崇高的敬意！

二、关于 2020 年工作要求

当前，国际形势复杂严峻。世界经济增长持续放缓，仍处在国际金融危机后的深度调整期。国内经济下行压力持续加大。我国正处在转变发展方式、优化经济结构、转换增长动力的攻关期，但同时我们也要看到，去年全国 GDP 实现了稳定增长，经济稳中向好、长期向好的基本趋势没有变，要客观、全面、辩证、积极地判断形势。北京作为全国首个减量发展的城市，在城市更新上已经迈出了坚实步伐，成功走出了一条减量约束下的城市更新和高质量发展之路，积累了经验，打下了基础。

关于做好 2020 年的商务工作，我想先要把握好 6 个要点。一是树立大局观。要善于从中华民族伟大复兴的战略全局和世界百年未有之大变局两个大局下谋划工作，从首都的政治站位出发，以首善标准开展商务工作，更好地服务党和国家大局，立足“四个中心”功能定位，做好“四个服务”。二是坚定信心。2019 年商务工作取得了优异的成绩，为今年工作奠定了扎实的基础，也使我们更加有信心、有能力战胜各种风险和挑战。三是坚定不移贯彻新发展理念。科学施策，精准施策，把注意力集中到供给侧结构性改革上来，在发展中解决好商务领域还存在的各种不平衡不充分问题。四是明确目标。市政府工作报告已经确定了商务工作的目标，工作报告已经市两会批准，是对全市市民的承诺，要求我们必须完成各项任务。五是坚持稳中求进的工作总基调。主动担当、奋发进取，在推动首都商务高质量发展上有新的更大的作为。六是注重保障和改善民生。要围绕“七有”“五性”需求，精准发力、补上短板，切实增强人民群众的获得感、幸福感、安全感。

商务工作有两个特点，一是服务高精尖经济结构构建，二是服务“七有”“五性”需求，这两点都要做好。具体来说，要在以下三个方面加强工作。

（一）坚持建体系立制度，提升商务治理能力和水平

贯彻党的十九届四中全会精神，认真落实好中央决定和市委实施意见，在今后的工作中要注重体制机制的创新，把制度优势转化为治理效能。要更加注重体系化、系统化的工作方法，要不断完善消费促进、民生保障、对外开放、环境优化等各方面的体系和制度。这里面包括服务业扩大开放的项目推进机制、评价机制，稳外贸、稳外资的工作机制，重要会议重大活动供应服务保障机制、生活必需品市场供应保障机制，特别是应急保障机制，还包括全面从严治党、依法行政方面的各项制度。通过体系的建设，制度的完善，不断推进商务领域治理体系和治理能力的现代化。商务领域涵盖了很多传统行业和领域，但是新时代有新的更

高要求，我们也承担了改革开放的任务，在今年工作中要进一步研究，将改革开放的有益经验固化为制度成果。

今年是“十三五”规划收官和“十四五”规划编制之年，要实现第一个百年奋斗目标，为“十四五”发展和实现第二个百年奋斗目标打好基础，我们要高度重视顶层设计和系统科学谋划，注重“十三五”规划目标的完成和“十四五”规划的编制。关于“十四五”未来五年的发展，初步考虑有以下几个方向：我们要保持总消费规模在全国城市中的领先地位，实现中高端商品和服务消费的比重显著提升。要不断提升开放型经济的发展水平，持续深化服务业扩大开放，巩固全国服务业开放第一高地的位置；继续做好对外贸易各项工作，进一步巩固服务贸易全国领先地位。利用外资和对外投资要保持全国前列。基本便民商业服务功能城市社区实现全覆盖，乡村流通现代化水平显著提高。发展“小镇经济”等乡村消费是着力点，相关各区可以先行研究政策措施。商务发展助力首都“四个中心”功能建设、做好“四个服务”的保障能力全面提升。

（二）坚持稳中求进总基调，推动商务高质量发展

2020年是全面建成小康社会的决胜之年，要实现今年的预期目标，必须坚持稳中求进的工作总基调，确保经济实现量的合理增长和质的稳步提升。

第一方面是要全面完成各项指标任务。商务领域有两类指标：市场消费指标、商务服务业指标。这两个指标是全市经济增长支撑指标，如果完不成，全市GDP增速就撑不住。所以，我们是全市经济增长的支撑力量，是幕后英雄，要感到骄傲、光荣。

第一个是消费指标。消费对全市经济增长起基础性作用。今年全市GDP增速指标设定在6%左右，我们的总消费增长就要实现7.5%左右，社零额增速要实现4%左右。陈吉宁市长在政府全体会议上指出，消费是双指标，总消费、社零额两个指标缺一不可。今年完成指标的难度比较大，但指标定了就是硬任务，发挥好消费的基础性作用，做好促消费工作，是今年商务工作的重中之重。这里面既要保存量，又要创增量，有三个工作视角：一是存量视角，要通过改造升级传统商圈、传统商业，持续激活消费供给的存量。传统商业设施的改造升级，不是简单的装修，而是要赋予新的、鲜活的内容，核心是贴合当下主流消费群体的需要，将沉浸式、互动、亲子、文化等群众喜闻乐见的元素嵌入商业设施。二是增量视角，要通过进一步完善总消费促进政策体系和工作机制，培育创造消费供给的增量，特别是创造服务消费供给增量的空间很大。2019年我们建立了服务消费的促进协调机制，各部门推出了很多创新举措，如体育局促进体育消费、文旅局搞了很多文化活动。今年要继续打通联动机制，进一步研究创增量的方法，如发展赛事经济、推动文化活动和旅游、餐饮消费融合。要不断赋予新的内容，消费供给常来常新，满足人民多元化的需求。三是环境视角，要不断优化消费环境，适应消费群体的变化和需求，积极营造良好的消费氛围。特别是注重与文、旅、体等产业的融合，让外来旅游人口也能充分感受到北京消费的良好环境和热烈气氛。此外，如何促进商业设施满足周边群众的实际需求，进而成为全市热点，满足更多市民的需求，值得大家共同探讨。

从具体工作层面来讲，我想还要注重四个融合：一是要注重“商品+服务”相融合。商品消费、服务消费相互促进、关联密切，既要

重视汽车、通讯器材、服装等商品消费，也要注重发挥服务消费商机，引导企业在教育、文化、娱乐、体育、医疗等服务消费上不断提升供给质量，满足多元化消费需求。目前，服务消费的主要问题是供给不足，要做好相关工作。二是注重“线上＋线下”相融合。网上零售是拉动消费增长的主引擎，既要巩固电子商务的示范带动作用，也要促进线下传统商业的转型升级，引导企业积极利用互联网、大数据、5G等技术创新消费模式和应用场景，打造沉浸式体验式的消费环境。要加快跨境电商综试区服务体系建设，发展跨境电商体验店等新模式新业态。同时，还要深入推进供给侧改革，引导境外消费回流，满足市民需求。三是注重“政府引导＋市场主导”相融合。“政府搭台、企业唱戏”，要积极发挥市场主体作用，在举办促消费活动，实施节能减排等政策过程中，积极发挥企业优势，利用新技术、开发新产品，不断满足消费升级的高品质商品需求。要加快改造提升传统商圈的活力和品质，“一店一策”推进传统商场改造，发展综合性体验式商业。同时，在工作推进中还要注意方式方法，各区、市属国企要关注商业设施的改造情况，提前发布闭店改造预告，以稳定市场信心和商场客群，也让大家有新的期待。四是注重“白天＋黑夜”相融合。去年以来，全国各地都相继出台了促进夜间经济发展的政策举措，夜间经济已成为社会各界和媒体关注的热点。去年12月，国家语言资源监测与研究中心发布“2019年度中国媒体十大新词语”，“夜经济”排在“5G元年”前面，位居十大新词之首。应该说，夜间经济的繁荣程度已经成为一座城市经济开放度、活跃度的重要标志，是城市经济高质量发展的重要体现。在拉动夜间经济发展中，要注意夜间经济不等于夜市，不等于简单的吃吃喝喝，必须瞄准打造高起点与高质量的目标，避免同质化、低水平的粗放式发展。要注重动静结合，既能满足夜间消费需求又要避免扰民。

第二个指标是商务服务业。商务服务业指标是今年纳入全市指标体系的新指标，是指规模以上商务服务业企业营业收入增速，任务是增长5%。这其中包括9个子指标：广告业，组织管理服务，咨询与调查，人力资源服务，其他商务服务业，安全保护服务，综合管理服务，法律服务，会议、展览及相关服务。这个指标由市商务局和市市场监管局双牵头，配合部门涉及财政、税务、人力社保、公安、司法等。如何推动这个指标的完成，我想重点要在四个方面下功夫。一是抓统筹，创新工作机制。商务服务业涉及行业多、领域广，要强化部门联动，形成市区合力，建立全市商务服务业的促进体系。重点着眼于引进增量，制定导向性的政策，优化调整资金的支持方向，促进高端商务服务产业的聚集。二是抓重点，全力稳增长。要做实做细调研、分析工作，细分商务服务业的行业领域，明确要抓的重点，把工作抓到具体的企业，要靠近服务。比如，要协调推动营收占比超过三成的广告业补好短板；要保持住营收占比超过四成的组织管理、咨询调查和人力资源等行业稳定向好的趋势。三是抓高端，服务高精尖。要尽快制定出台促进高端管理咨询发展的政策措施，大力引进高端企业和高端品牌，为国际高端专业服务机构、商务服务业龙头企业提供个性化服务，助力企业拓展高端业务，引进培养高端领军人才。四是抓功能区域，促进资源对接。要结合各区商务服务业的实际发展情况开展工作。要巩固朝阳、海淀、东城、西城等区的商务服务业规模优势，稳定行业增长态势。同时推动城市副中心、大兴临空经济区等区域把握发展契机，强化商务服务功能。

此外，稳外贸、稳外资等各项指标也一刻都不能放松，要按照中央的“六稳”要求，实现外经贸领域各指标的稳中有进。货物贸易要稳中提质，服务贸易要创新发展。利用外资要构建全方位的引资体系，对外投资要健全合作服务体系。对这些指标，刚才立刚在报告中都已经提出了明确的要求，大家要抓好落实。

第二方面是抓好工作落实。每个指标的完成都是由一项项具体工作支撑起来的，我们要在具体工作中把握好结构优化、品质提升、民生保障这几个方面。

结构优化上，一是消费结构，前面已经讲过，要注重商品消费和服务消费的融合发展，大力提升消费供给质量。二是外贸结构，要调整优化促进外贸高质量发展的政策，充分发挥政策引导作用，推动外贸主体、市场、商品结构的优化。加大对数字贸易、文化贸易、技术贸易、服务外包等领域企业的支持引导力度，逐步推动服务贸易结构进一步优化。要推进“双自主”企业出口、新兴服务出口占比等指标持续提升。三是外资结构，要聚焦高精尖领域，特别是在抓服务业的同时紧盯制造业，目前制造业吸纳外资的比重不高，对于利用外资不利。要进一步聚焦国际先进企业，鼓励和引导外资投向高端制造、智能制造、绿色制造，振兴实体经济发展，促进本市利用外资质量和效益提升。各区要对大型跨国公司在京机构进行深入调研，充分挖掘、提早确认企业未来可能在北京布局的重大项目，做好沟通和政策宣讲。各区要特别关注中美经贸摩擦导致的产业链转移趋势，稳住核心产业，避免产业空心化。

品质提升上，重点是践行以人民为中心的发展思想，坚决落实疏整促专项行动，巩固疏解与提升同步推进的工作格局，推动京津冀协同发展。要紧扣“七有”要求和“五性”需求，聚焦“吹哨报到”和“接诉即办”，紧抓城市副中心、回天地区等重点区域，推动全市便民网点精准补建，不断提升网点的覆盖率。通过推动全市生活服务业规范化、连锁化、便利化、品牌化、特色化、智能化发展，持续改善提高北京的民生品质，切实增强人民群众的获得感、幸福感、安全感。

民生保障上，要切实做好供应服务保障和商务扶贫。供应保障方面，2019 年取得了非常好的成绩，得到了党中央、国务院的充分肯定。今年春节和全国“两会”即将到来，要做好相关的服务保障工作。要认真总结去年重大活动的服务保障经验，巩固深化商务服务保障“1+6”工作机制，形成常态化的工作机制，持续提升重要会议重大活动供应服务保障水平和能力。商务扶贫方面，要进一步聚焦精准扶贫，全面发挥商务部门的行业资源优势，充分发挥家政扶贫、电商扶贫、产业扶贫的带动作用，助力北京扶贫协作地区打赢脱贫攻坚战、实现全面小康。

（三）坚持改革创新，打造开放发展良好生态

今年，国家加快实施自贸区战略，我们要充分研究对标 RCEP（区域全面经济伙伴关系）、CPTPP（全面与进步跨太平洋伙伴关系协定）、中日韩自贸协定等自贸协定的开放政策和规则，促进更高水平的对外开放，各区要在先行先试、抢先落地方面加强政策研究。市里也已明确今年扩大开放的工作思路，要抓住机遇更加大胆地进行改革创新，打造首都开放发展的良好生态。这里面也涉及两个方面。

一方面是打造更好的开放平台。

第一个平台是服务业扩大开放综合试点。一是抓政策谋划。政策谋划方面主要是由市级

部门向中央沟通协调，但是政策来源于各区，各区要靠前一步，在创新实践中挖掘政策。要聚焦高端专业服务业、贸易数字化等重点领域，争取更大力度的开放改革政策在北京率先实施。加快推进大兴机场自贸试验片区的建设，推动设立亦庄综保区，深化天竺综保区改革创新升级。二是抓改革落地。目前，政策落地的最后一公里还存在一些制度性约束，发现问题要抓紧反馈，及时协调中央有关单位。三是抓项目落地。项目能不能落地，取决于政策是否可实现、可操作，也能反映出区级领导求真务实的工作作风。大家要上下一起努力，让推出的政策能够用在项目上，同时做好政策宣传解读，让企业能够充分了解、用好各项政策。第二个平台是京交会（服贸会）。要办好今年的京交会，进一步提升国际化、专业化和市场化水平，把办会水平再提上一个台阶。要建立完善以京交会等展会为龙头的展会促进机制，谋划好会展业发展，激活会展经济。

另一方面是打造更好的商务发展环境。

一是持续优化营商环境。要深化京津两市联动工作机制，进一步提升跨境贸易便利化水平。二是不断提高“北京服务”质量。要更加贴近市民内心，让“有温度的北京服务”持续加温，进一步提升商业服务业服务质量、服务能力和服务水平。三是深入推动商务服务提质增效。总部经济，要对标国际城市和国际发展的一般规律，支持创新型总部企业发展。特别是朝阳、海淀、开发区等几个重点区域要抓好总部政策的落实。要创新政策措施，做好企业服务，进一步挖掘北京总部经济发展的潜力空间。商务服务业，要完成增长5%的指标任务，拓展国际化的视野，利用服务业扩大开放契机促进商务服务业高质量发展。在服务企业上，要完善、落实“服务管家”和“服务包”制度，加强与重点企业的对接，实施“绿色通道”服务和“一对一”精准服务，要多开座谈会、多下企业调研，征集企业的困难诉求，协调解决企业的实际问题，切实增强企业获得感。

最后，提几点希望和要求：一是全市上下要形成合力，做好今年的全市商务工作。市商务局要做好统筹，各区要主动作为、发挥优势，切实把市里的各项决策部署和各区的实际发展相结合，紧抓商务运行指标，做好各项工作任务；各相关部门要大力支持商务工作，结合各自职责，继续在深化改革、扩大开放以及财政、市场监管等领域相互支持；各行业协会也要发挥好各自的行业促进作用，企业要充分发挥市场主体活力。各单位、各主体一定要齐心协力，推动形成促进首都商务高质量发展的强大合力。二是要强化党对商务工作的领导。商务系统各级部门要强化全面从严治党主体责任，巩固深化“不忘初心、牢记使命”主题教育成果，严格执行中央八项规定及其实施细则精神和市委贯彻落实办法，避免形式主义、官僚主义。要持续开展党风廉政建设，不断提高监督能力和监督水平。三是要强化干部队伍建设。坚持党管干部原则，落实好干部标准，树立正确选人用人导向。要勇于担当、敢于作为，加强作风建设，拉出一支素质过硬、专业过硬的商务干部队伍，为北京的商务事业添砖加瓦。

同志们，2020年商务工作任务繁重，责任重大。我们要更加紧密地团结在以习近平同志为核心的党中央周围，按照市委、市政府的工作部署，勇于担当，锐意进取，真抓实干，全面完成商务各项目标和任务，为全面建成小康社会、加快建设国际一流的和谐宜居之都而奋斗。

新春佳节将至，在此我也祝福大家新春快乐，身体健康，家庭幸福。谢谢！

牢记初心使命　坚持首善标准 更加奋发有为地推动首都商务高质量发展

——北京市商务局党组书记、局长闫立刚在2020年全市商务工作会议上的报告

（2020年1月20日）

同志们：

今天召开全市商务工作会议，总结2019年商务工作，部署2020年重点任务。

一、2019年商务工作实现新发展

2019年是中华人民共和国成立70周年。在市委、市政府的坚强领导下，全市商务系统坚持以习近平新时代中国特色社会主义思想为指导，深入贯彻习近平总书记对北京重要讲话精神，坚持高水平对外开放，促进形成强大消费市场，全市市场消费、对外贸易、双向投资稳中向好，新中国成立70周年庆祝活动服务保障、服务业扩大开放综合试点等重点工作扎实推进，圆满完成各项目标任务，为首都高质量发展作出贡献。

——市场消费超过预期。全年实现市场总消费2.73万亿元，增长7.5%。其中，实现服务消费1.5万亿元，增长10.2%，占市场总消费的55%；实现商品消费1.23万亿元，逆势增长4.4%；实现网上零售额3366.3亿元，增长23.6%。

——对外贸易全面上扬。全年实现货物进出口2.87万亿元。进出口、出口、进口增速分别高出全国2.0、1.1和3.7个百分点。1—11月，“双自主”企业出口占比达到23.4%，较上年底提高1.3个百分点。预计全年实现服务贸易进出口1.1万亿元，保持全国前列水平。

——双向投资高质量特征更加显现。全年实际利用外资142亿美元，剔除不可比因素增长4.3%。1—11月，服务业扩大开放重点领域实际利用外资占全市83.9%，较上年底提高22.6个百分点。全年对外直接投资72.6亿美元，增长3.1%，信息软件业新增投资额占全市对外投资的44%。

——“十百千”民生任务超额完成。累计打造生活性服务业示范街区10条，评估特色消费街区30条。确定品牌连锁企业资源库入选企业224家。培育首批生活性服务业标准化门店2102家。全年建设提升基本便民商业网点1190个，疏解提升市场50个、物流中心16个。

——北京口岸运行平稳。全年海关监管进出口货物超过1亿吨，增长17%以上。出入境人员超过2600万人次，其中144小时过境免签旅客4.5万人次，增长近20%。

过去的一年，我们重点抓了以下工作：

（一）凝心聚力，服务保障建新功

圆满完成新中国成立70周年庆祝活动等重大服务保障任务。高质量完成新中国成立70周年庆祝活动食品原材料供应，服务近4万名参阅官兵和17万名观礼嘉宾、游行群众、演职人员，供应商品1.3万吨。牵头设计制作民兵受阅服装，女民兵成为阅兵方队亮丽的风景。组织快递小哥、外卖骑手首次参加群众游行和国庆观礼。圆满完成第二届“一带一路”国际合作高峰论坛、2019年中国北京世界园艺博览

会、亚洲文明对话大会等重大国事活动服务保障任务。成功举办亚洲美食节和北京国际餐饮文化展。

进一步筑牢市场供给保障防线。积极应对非洲猪瘟疫情，加强货源组织，拓宽货源渠道，两次增加猪肉政府储备，猪肉价格在全国处于较低水平。粮油市场稳定运行。开展第九次春节期间首都市场蔬菜保供联合行动，日均增加蔬菜供应1100吨。连续第七年开展春节家政服务市场保供行动，组织49家企业2.7万名家政服务人员留京服务市民320万人次。

（二）统筹全市，工作机制谋创新

首创“1+X”总消费促进机制。落实《北京市扩大内需建立完善总消费政策促进体系工作方案》，会同7部门推出商圈改造、品牌首店、文旅消费等19项政策措施，形成全市促进总消费政策体系。特别是制定繁荣夜间经济13条措施和冬季夜间经济7条措施，培育首批“夜京城”地标4个、商圈9个、生活圈9个，打造消费新场景。建立夜间经济协调推进机制，主管副市长担任市级总“掌灯人”，设立市、区、街乡三级“掌灯人”。推动王府井步行街改造提升，正式实现北延。启动长安商场等首批10家传统商场“一店一策”升级改造试点。制发《北京市商业服务业设施空间布局规划》《北京市商业服务业商圈改造提升行动计划（2019—2021）》，王府井、前门大栅栏、公主坟、回龙观龙域等四个商圈改造提升工作取得阶段性成果。紧盯世园会、“她经济”、“童经济”等消费热点，协调简化活动备案事项，打造“品味消费在北京”促消费活动品牌。

立体构建服务业扩大开放综合试点工作机制。《全面推进北京市服务业扩大开放综合试点工作方案》获国务院批复，综合试点进入全面推进新阶段。建立市领导季调度、专班月会商的定期调度机制。强化部门协同，组建“总体协调+重点领域+重点区域”试点三级专班。建立项目推进“一库四机制”，形成“市级统筹+重点领域+区”三级动态项目库和服务管家、协调调度、政企对接、市场化督查四个推进机制。清理本市与开放政策不符的法规、规章和规范性文件，为服务业扩大开放向纵深推进提供有力保障。

多维度联动推进便民商业发展。加强区域协同：环首都1小时鲜活农产品流通圈扎实推进，廊坊百花蜂业加工基地等项目建设完成；现代供应链体系创新发展，支持建设农产品、快消品等16条试点供应链。强化部门协作：会同市扶贫办搭建消费扶贫产销对接平台，开展“百店专柜”行动，在128家超市门店开设消费扶贫产品专柜；开展“百城万村”家政扶贫，累计带动贫困地区和农村就业8.6万人，其中建档立卡户4.9万人，居全国领先；会同市人才工作局等部门认定首批20名“北京老字号工匠”，北京老字号企业增至197家。推动市区联动：将基本便民商业服务功能社区覆盖率纳入全市“七有”“五性”监测评价指标体系，推出《北京市便民店建设提升三年行动计划》和“北京市生活性服务业电子地图”，分街道、分社区按照配置标准建设网点，支持社区蔬菜直通车、便民早餐网点、便民维修发展；推进便民商业综合体建设，搭载搭售书报、乙类非处方药品等便民商业服务，“一站式”满足居民需求。

（三）突破先行，对外开放上台阶

开放模式拓展深化。综合试点由产业开放向“产业+园区”开放模式转变，制定重点领域八大开放改革三年行动计划，推出190项开放创新举措。制定以全环节商事登记制度改革为代表的“十全”制度创新方案，研究构建服务业发展环境评价指标体系。大兴机场自贸试验片区获国务院批复并正式挂牌。大兴国际机场口岸非现场设施建成投入使用，航空口岸正式对外开放，144 小时过境免签等便利通关政策同步实施。城市副中心服务业扩大开放先导区政策优势不断凸显，天竺综保区创新升级顶层设计和基层探索双向推进。

开放平台提质升级。中国（北京）国际服务贸易交易会正式更名为中国国际服务贸易交易会，由两年一办调整为一年一办。习近平主席发来贺信。137 个境外国家和地区、21 家国际组织、180 余家境内外商协会、8000 余家境内外企业及机构、40 余万人次参展参会，“一带一路”国家参与率超过 70%，实现意向签约额达 1050.6 亿美元。成立全球服务贸易展望委员会。高质量完成第二届进博会的参会组织工作，北京企业与国际参展商累计意向成交额（按一年计）较首届增长 32%。推出进一步做好稳外资工作方案和稳外贸一揽子措施，研究北京市数字贸易发展行动方案。本市国家级外贸转型升级基地增至 5 个，北京企业纳入首批国家级国际营销服务公共平台。拓宽境外经贸发展服务中心网络，服务中心累计达 41 家，遍布五大洲 31 个国家和地区。

开放成效引领发展。综合试点三年期 177 项任务已实施 160 项，实施率 90%。服务贸易创新发展试点 97 项任务已完成 81 项。北京首创的开放改革经验持续涌现，延长研发测试车暂时进口期限、跨境电商进口医药产品试点、允许外资旅行社开展中国公民出境游业务等一批突破性政策落地实施，在全国率先实现知识产权证券化零的突破，获准开展金融科技应用试点，国际医疗、国际学校、国际人才社区等试点不断创新。动态项目库已入库项目近 500 个，其中环球银行金融电讯协会中国法人机构、贝宝支付、宝马首个海外市场的数字化公司等 272 个项目率先落地。跨国公司地区总部累计达到 180 家。

（四）环境优化，商务便利再提升

跨境贸易便利化迈出新步伐。京津联合发布 3 个跨境贸易便利化联合公告，推出 48 项改革举措，助力我国在世界银行跨境贸易评价中的排名提升 9 位。制定实施空港口岸跨境贸易便利化 2019 年行动方案，压缩北京口岸整体通关时间，推进口岸收费治理工作。北京国际贸易“单一窗口”2.0 版及空港电子货运平台上线试运行，对空运舱单等 5 类主要业务实现全覆盖。口岸通关提前申报、国际贸易“单一窗口”出口退税等“北京经验”在全国推广，为我国在世行营商环境评价中排名大幅提升和本市蝉联国内营商环境评价第一贡献了商务力量。

政务服务改革助企业减负。修订完善各区营商环境评价指标体系，倒逼政务服务改革优化。推进“一网、一窗、一门、一次”改革，我局政务服务事项实现“网上可办”“最多跑一次”等五个“百分百”，其中“一次不用跑”办件量占比超八成。申报材料精简 62%，办理时限总体压减 66%，超额完成全市压减要求。开展为企业送“服务包”工作，市级重点企业的服务事项均已落实。

商业服务质量提升持续发力。制定商业服务业服务质量提升三年行动计划，开展“有温度的北京服务”活动，全面启动服务质量提升行动。首批 221 名“北京服务质量特约监督员”上岗。举办第九届商业服务业技能大赛，7 万人次参加竞赛、培训和岗位练兵。推出商业零售企业服务质量管理规范和评价方法，对全市 4 种业态 190 家企业进行服务质量评价。商务部评定的“绿色商场”累计达 18 家。开展诚信兴商活动。“北京服务”的影响力持续提升。

（五）党建引领，全面从严治党强落实

开展“不忘初心、牢记使命”主题教育，增强“四个意识”，坚定“四个自信”，做到“两个维护”。巩固深化主题教育成果，制定落实《中共北京市商务局党组关于深化全面从严治党工作意见》，推动管党治党政治责任全面覆盖、层层传导。加强作风建设，精简文件会议，市级商务会议减少40%，制发规范性文件下降30%。深化“吹哨报到”改革，优化提升“接诉即办”工作，全年办结率100%，多次名列市级部门月度评分第一名。严格监督管理，严肃执纪问责，持续推进“一岗双责”工作。完成机构改革任务，职务与职级并行工作稳步推进。全年共办理全国人大建议1件、全国政协提案3件、市人大建议33件、市政协提案68件，工作效能和履职能力进一步提升。党建工作为全系统各项任务的完成提供了坚强的政治保证。

总体来看，2019年商务工作成绩显著，总体规模有新增长，质量效益有新成效，开放举措有新突破，便民惠企有新提升，服务保障有新提高，展示了首都商务发展的新风貌，为推动全市经济高质量发展作出积极贡献。在庆祝新中国成立70周年之际，向市委市政府、向全市人民交上满意答卷。

成绩的取得，是市委、市政府坚强领导的结果，是各区、各相关部门共同努力和大力支持的结果，是全市广大商务企业、相关行业协会和全体商务人攻坚克难、团结奉献的结果。在此，我谨代表北京市商务局，向投身和支持商务事业发展的同志们表示衷心的感谢！

二、首都商务发展面临新形势

中央经济工作会议指出：我国经济稳中向好、长期向好的基本趋势没有改变。我们要深刻领会中央精神，坚持用辩证思维看待形势发展变化，既要充分认识当前商务发展面临的挑战，也要注重把握有利条件，善于把压力转化为深化改革、扩大开放的强大动力，增强必胜信心。

当前，我们面对着国内外风险挑战明显上升的复杂局面。从国际看，世界经济增长持续放缓，国际贸易增速显著下降，全球外商直接投资疲软，世界经济仍处于国际金融危机后的深度调整期，全球动荡源和风险点显著增多。从国内看，结构性、体制性、周期性问题相互交织，“三期叠加”影响持续深化，经济下行压力加大。从北京看，外贸稳增长面临压力，利用外资后劲不足，消费潜力还未充分释放，一些传统商业企业活力不足、网上零售“小马拉大车”等问题还较为突出。猪肉等生活必需品保供压力依然较大。一些政策规划落地“最后一公里”还需打通，政策效应还未充分显现。

机遇与挑战并存。在看到风险挑战的同时，更要看到支撑商务发展持续向好的有利条件。从国家层面看，我国发展仍处于重要战略机遇期，经济发展韧性强、动力足、潜力大，长期向好的基本面没有改变。国家陆续出台促消费、稳外贸、稳外资政策，为商务发展提供了坚实的政策支撑。中美签署第一阶段经贸协议。从北京层面看，新中国成立70周年庆祝活动极大鼓舞了人心士气。“四个中心”功能建设和“四个服务”水平的提升，为首都高质量发展提供了坚实基础。北京作为特大型消费城市，消费群体庞大、消费潜力巨大。促消费政策效应逐步释放，传统商场、步行街、商圈提升为消费升级注入新活力。服务业扩大开放综合试点、自贸试验区、服务贸易创新发展试点、跨境电子商务综合试验区等先行先试政策优势叠加，扩大开放空间广阔。全国城市营商环境评价排名蝉联第一，北京营商环境优势明显。这些都增强了我们做好首都商务工作的底气。

面向未来，我们要牢牢把握战略机遇期，加强“四个中心”功能建设，提升“四个服务”水平，围绕决胜全面建成小康社会战略目标，提升首都商务治理体系和治理能力现代化水平，只争朝夕，不负韶华，共同推动首都商务新发展。

三、以首善标准推动2020年首都商务高质量发展

2020年是全面建成小康社会和“十三五”规划收官之年。全市商务工作的总体要求是：以习近平新时代中国特色社会主义思想为指导，全面贯彻党的十九大和十九届二中、三中、四中全会精神，深入贯彻习近平总书记对北京重要讲话精神，贯彻落实市委十二届十一次全会精神，不断深化“不忘初心、牢记使命”主题教育成果，紧扣全面建成小康社会目标任务，坚持稳中求进工作总基调，坚持新发展理念，坚持以供给侧结构性改革为主线，坚持以改革开放为动力，构建更加有效的首都商务治理体系，聚焦更加提质、更加开放、更加创新、更加便民、更加亲商，更加奋发有为地以首善标准推动商务高质量发展，满足人民多层次多样化需求，为全市经济高质量发展提供重要支撑，确保“十三五”规划圆满收官。

全市商务发展主要预期目标是：总消费增长7.5%左右，社零额增长4%左右。货物进出口额与上年基本持平，在全国位次不降，“双自主”企业出口占比达到25%。服务进出口额增长5%左右。实际利用外资与上年持平，对外直接投资健康稳定。商务服务业营业收入增长5%左右。

为实现上述目标，重点做好以下六个方面工作：

（一）聚焦提质升级，推动消费高品质发展

扩大优质消费供给。制定实施2020年促进消费提档升级工作措施，建设国际消费中心城市。织密“夜京城”地标、商圈、生活圈网络布局，策划实施高品质夜游、夜展、夜读、夜市等活动，打造有品质、有特色、有温度的夜间经济2.0版。支持国内外品牌企业及授权代理商在京开设首店、旗舰店，吸引国际品牌在京举办会展。推出促进冬奥消费一揽子行动措施。统筹推进高品质文旅信息、教育培训、医疗健康、体育健身等服务消费发展，推动文化演艺及影视消费，促进信息消费体验中心建设，增加国际学校、医养机构、体育赛事等高端服务供给。

推动消费载体升级。以争创全国示范步行街为引领，继续提升王府井、前门大栅栏等重点商圈的活力和品质，启动朝阳CBD、昌平龙德等7个商圈的改造升级。继续推动首批试点传统商场升级改造，扩大“一店一策”试点范围，鼓励国际零售服务商和新零售企业与传统商场对接，制定促进传统商业“一店一策”转型升级的政策措施。研究推动企业将可利用的疏解腾退空间改建为大型商业设施或便民生活服务设施，鼓励利用闲置工业厂区等场所探索建设文化时尚中心、健康管理维护中心、养生养老中心、消费体验中心等新型载体。

挖掘消费增长潜能。提升“品味消费在北京”品牌影响力，开展冰雪消费、时尚消费、智能消费、餐饮消费、亲子消费、银发消费等系列促消费活动。推动“互联网+流通”进农村，鼓励发展农产品“直采直购”“农超对接”等流通模式，挖掘“小镇青年”消费潜力，促进乡村消费。打造龙头骨干电商企业稳定增长、中小电商企业特色化快速发展的网络零售集群，培育智慧流通服务平台、新零售门店、消费体验中心等新业态、新模式，大力发展跨境电商体验店，推动跨境电商进口医药产品试点，推动网络消费。持续推进节能减排促消费，探索进一步扩大销售企业范围，拓展绿色消费。

完善消费保障机制。健全完善市、区领导定期调度机制，推动促消费各项措施落地生效。积极推进将商圈和传统商场升级改造项目纳入固定资产支持范围，按照“绿色通道”审批。协调推进简化促消费活动备案审批流程，支持“外摆”“快闪”“24小时不打烊”等新型消费形式。鼓励创新消费金融产品和服务，综合运用金融、财政等手段加大促消费支持力度。探索建立全市消费环境综合评价体系。

增强服务保障和市场供应能力。夯实“1+6”重大活动保障工作机制，做好中国—中东欧国家领导人峰会、亚投行第五届年会等重大活动供应服务。协调做好北京2022年冬奥会和冬残奥会餐饮、物流等服务保障工作，服务好高山滑雪世界杯等系列测试赛。完善居民生活必需品供应保障体系，拓展货源渠道，稳固产销合作机制，巩固政府储备制度，紧抓春节等重要时间节点，分批投放政府储备猪肉，确保首都市场供应稳定。

（二）聚焦稳中有进，着力稳外贸稳外资

推动货物贸易稳中提质。加强政策保障支撑，优化促进外贸高质量发展政策。强化外贸平台建设，申请创建进口贸易促进创新示范区；研究外贸转型升级基地支持措施，扩大国家级出口基地数量；推进国际营销服务公共平台建设。培育外贸发展新动能，研究制定支持外贸综合服务企业发展的政策措施；对接国内车源和国际市场，扩大二手车出口规模。完善金融支撑服务，创新融资担保模式，运用好担保服务平台和引导基金。跟踪中美经贸摩擦，加强重点外贸企业“一对一”服务，加大企业帮扶力度，当好企业“服务管家”。做好第三届进博会组织筹备工作，推动签约成果落地。

促进服务贸易创新发展。全面完成服务贸易创新发展试点各项任务，巩固本轮试点的创新成果。继续深化服务贸易创新发展，在文化贸易等重点领域进一步挖掘创新潜能，推出实施促进数字贸易发展行动方案。加快服务外包转型升级，鼓励企业在医药研发、航空维修等领域开发具有自主知识产权的外包业务。

全力办好中国国际服务贸易交易会。围绕“全球服务，互惠共享”主题，“聚焦主场，全城一会”，举办全球服务贸易峰会及高峰论坛、专业论坛、洽谈及边会活动、展览展示、成果发布等6类活动。与世贸组织、经合组织、联合国贸发会议等国际组织合作举办高水平峰会和论坛；扩大展览展示规模，提升专业化品质；设置体现首都特色的配套展示体验活动；搭建新技术、新产品、新成果发布平台；推动组建全球服务贸易联盟，深化国际服务贸易合作，引领服务业和服务贸易高质量发展。

构建全方位引资体系。全面落实《外商投资法》及配套法规，完善投资促进、保护和管理服务体系。建立重点招商项目库、会展促进活动库、开放平台招商网、境外服务中心海外协作网，以“两库两网”为依托，整合投资促进资源，完善投资促进机制。实施外商投资企业投诉工作管理办法，维护外商投资合法权益。强化项目管理和跟踪服务，完善市区两级外商投资重大项目清单制度，对重点项目开设绿色通道。适当放宽跨国公司地区总部认定标准，鼓励与首都城市战略定位相匹配的跨国公司地区总部、投资性公司、研发中心等优质企业和高端功能机构在京落户，跨国公司地区总部认定数量累计达到200家左右。

健全对外投资合作服务体系。制定本市促进境外合作区高质量发展实施意见，推动高科技园区等境外经贸合作区建设。引导上下游关联企业组建联合体，推动设计咨询、投融资企业联合“走出去”。依托京企“走出去”综合服务系统，为企业提供多维度、全流程的信息服务。促进双向投资融合发展，办好“北京双向投资论坛暨国别日系列活动”。加强境外服务中心建设，搭建海外投资援助支撑体系。研究建立境外投资“一表填报、并联审核”网上系统，简化企业备案流程。

（三）聚焦开放创新，形成更高水平的开放发展格局

高强度推动综合试点取得新成效。建立健全政策、项目、制度滚动调度机制，确保试点方案177项任务、八大行动计划190项开放创新举措全面实施。围绕国内最新开放举措和企业诉求，定期调度改革创新政策。完善项目调度机制，在“一库四机制”的基础上，进一步拓展项目发现和储备机制，推进更多有代表性和影响力的项目落地。聚焦专业服务业等重点领域，将改革形成的经验制度化、规范化，推进“十全”改革和服务业发展环境评价体系建设，再形成一批可复制推广的典型经验和做法。

高水平建设开放载体。以示范区和功能区为重点，发挥自贸试验区、服务业扩大开放综合试点政策叠加优势。协调推进大兴机场自贸试验片区创新清单和实施方案任务加快落地，探索告知承诺制审批改革。启动自贸试验片区管理办法立法调研，推动建立条块结合的工作体制。高水平规划建设大兴机场综保区，推动综保区一期封关验收。推进大兴机场航空口岸六类指定监管场地建设。推动设立亦庄综保区。深化天竺综保区创新升级。加快推进通州口岸建设。聚焦城市副中心等重点区域，实行更有力度的支持政策，引导国际资源加速聚集。

高标准谋划开放试点路径。在自贸试验区、服务业扩大开放综合试点等先行先试方面进一步争取中央赋予更大改革自主权，深化全方位开放格局。探索“产业+区域+制度”云团式发展模式，谋划4.0版试点方案，优化服务业开放发展生态。探索自贸试验片区与CBD、经济技术开发区、海关特殊监管区域等功能区联动创新，构建自贸试验区、3个综保区、N个开放功能区等构成的“1+3+N”的开放型经济新高地。

（四）聚焦便民宜居，统筹推进生活服务品质提升

持续推进基本便民网点建设。紧扣“七有”要求和“五性”需求，着力办好百姓家门口的事。落实便民店建设提升三年行动计划，建立“市—区—街乡—社区”四级联动促进体系。以“北京市生活性服务业网点电子地图”为抓手，及时回应12345热线和媒体反映的市民诉求，推动在短缺区域精准补建。再建设提升基本便民商业网点1000个，再打造生活性服务业示范街区和深夜食堂特色餐饮街区10条左右，再培育标准化示范门店4000个左右。2020年底实现每百万人拥有连锁便利店270个左右，基本便民商业服务功能城市社区覆盖率达到98%左右。

鼓励生活性服务业模式创新。制定进一步促进连锁便利店、特色小店等社区商业发展的政策措施，探索支持特色小店、快递分拣中心、前置仓等新兴业态，开展末端配送新模式试点。探索设立移动餐饮售卖车、智能厢式便利设施、蔬菜直通车等非固定网点，弥补空间不足短板。研究促进餐饮业发展政策，完善便民早餐服务体系，支持中央厨房建设，推进北京餐饮文化传播基地建设。推动老字号传承创新，继续开展老字号工匠认定，支持原址老店“一店一策”改造升级，鼓励品牌保护和产品服务创新，活化品牌形象。探索推进家政服务业地方立法工作，加强家政服务领域信用体系建设，促进家

政服务业提质扩容。继续推广生活性服务业连锁企业“一区一照”，探索连锁便利店试行“一市一照”“一业一证”。

“疏整促”合力优化商贸流通体系。制定2020年全市市场和物流中心疏解提升工作方案，加强指导督促，完善台账制度，疏解提升市场和物流中心66个。修订《商品交易市场设置与管理规范》，引导商品交易市场高质量发展。推进实施北京物流专项规划，完善“物流基地+物流中心（园区）+末端配送网点”三级商贸物流体系。推动《北京市物流业提升三年行动计划（2018—2020年）》各项任务落实，完成流通领域现代供应链体系建设试点，持续建设环首都1小时鲜活农产品流通圈。

深入推进商务扶贫。开展消费扶贫，指导各区建设消费扶贫双创分中心，引导流通企业与双创中心对接，对扶贫协作地区特色产品直采直供，在商场、超市和电商平台设专区专柜。推进家政扶贫、电商扶贫，与扶贫协作省区开展城市供应物流设施和储备基地建设。精准帮扶，提升扶贫协作地区特色产业组织化、标准化水平，建立商务扶贫长效机制。

（五）聚焦便利高效，营造商务高质量发展环境

提升跨境贸易便利化水平。深化京津两市联动，大力推进出口船边直装、进口船边直提2.0版，推进港口作业信息化、无纸化，推出阳光服务3.0版。发挥北京“双枢纽”航空货运优势，进一步提升航空口岸跨境贸易便利化。持续推动电子口岸建设，研究探索将北京国际贸易“单一窗口”功能覆盖至服务贸易领域。探索运用区块链等新技术提升跨境贸易便利化水平。

增强高端商务服务能力。建立全市商务服务业促进体系和调度机制。制定实施促进商务咨询服务发展的措施。大力引进商务服务国际领先企业、知名品牌和优质项目。支持中国北京人力资源服务产业园建设。积极推动实施降低准入门槛、便利人才引进等专业服务领域开放改革政策。推动商务服务“走出去”，为对外投资合作企业提供配套服务。继续协调推进展览会议设施建设，力争新国展二、三期项目开工建设。支持展览主体积极主办、引进国际国内品牌展会，鼓励各领域企业参与境外展会。

打造“有温度的北京服务”。持续推进服务质量提升行动计划。举办第十届商业服务业技能大赛，培育推广优质服务品牌，着力提升服务技能和服务品质。继续开展商业零售企业服务质量管理规范宣贯和评价。强化商业企业信用监管，对财政资金支持项目进行信用审核。加大服务质量监督，充分发挥“特约监督员”作用，健全“政府部门、行业协会、媒体、第三方大数据、消费者”五大监督机制。

（六）聚焦工作效能，提升首都商务治理水平

加强党对商务工作全面领导。始终在增强“四个意识”、坚定“四个自信”、做到“两个维护”上做表率，坚决落实好党中央决策部署及市委有关工作要求。以局党组深化全面从严治党工作意见为统领，健全全面从严治党主体责任检查考核指标体系，强化全面从严治党主体责任落实。巩固深化“不忘初心、牢记使命”主题教育成果，抓好整改落实。制定落实关于贯彻党的十九届四中全会决定和市委实施意见的若干措施，着力推动首都商务治理体系和治理能力现代化。大力推进党支部规范化建设，落实好“三会一课”等制度，提升基层党建工作水平。持续开展党风廉政建设，不断提高监督能力和监督水平。

在提升商务工作保障能力上下更大功夫。

强化规划引领，编制市级专项规划《北京市“十四五”时期开放型经济发展规划》，研究建立本市商务领域“十四五”规划体系。深入推进依法行政，落实“放管服”改革任务。加强涉企贸易摩擦案件预警和应对，强化政府部门公共信息服务和贸易救济知识普及。坚持过“紧日子”思想，加强支出管理，提高财政资金使用效益。全方位宣传新时代首都商务工作新举措新成效，做好舆论引导。全面推动企业落实安全生产主体责任，抓好重点风险防控。鼓励干事创业，努力培养忠诚担当、为民而商、开放创新、高质高效、廉洁奉公的新时代商务人才。

持之以恒加强工作作风建设。严明政治纪律和政治规矩，严格党内政治生活，把贯彻落实中央八项规定及其实施细则精神和市委贯彻落实办法作为重点任务和经常性工作。落实我局关于进一步改进文风会风的若干措施、关于力戒形式主义官僚主义进一步改进工作作风的若干措施。落实“闻风而动、接诉即办”服务群众响应机制，继续为企业送好“服务包”，打好作风建设持久战。

同志们，2020 年是具有里程碑意义的一年，首都商务任务繁重、艰巨而光荣。让我们在市委、市政府的坚强领导下，越是艰险越向前，牢记初心使命，坚持首善标准，更加奋发有为地推动首都商务高质量发展，为建设国际一流的和谐宜居之都作出新贡献！

第二部分

法规、文件选编

2019年国家制定修订的部分法律、法规目录

序号	名称	发布日期	文号
1	中华人民共和国外商投资法	2019年3月15日	主席令第26号
2	中华人民共和国法官法（2019修正）	2019年4月23日	主席令第27号
3	中华人民共和国检察官法（2019修正）	2019年4月23日	主席令第28号
4	中华人民共和国建筑法（2019修正）	2019年4月23日	主席令第29号
5	中华人民共和国城乡规划法（2019修正）	2019年4月23日	主席令第29号
6	中华人民共和国商标法（2019修正）	2019年4月23日	主席令第29号
7	中华人民共和国行政许可法（2019修正）	2019年4月23日	主席令第29号
8	中华人民共和国消防法（2019修正）	2019年4月23日	主席令第29号
9	中华人民共和国车船税法（2019修正）	2019年4月23日	主席令第29号
10	中华人民共和国反不正当竞争法（2019修正）	2019年4月23日	主席令第29号
11	中华人民共和国电子签名法（2019修正）	2019年4月23日	主席令第29号
12	中华人民共和国疫苗管理法	2019年6月29日	主席令第30号
13	中华人民共和国药品管理法（2019修正）	2019年8月26日	主席令第31号
14	中华人民共和国土地管理法（2019修正）	2019年8月26日	主席令第32号
15	中华人民共和国城市房地产管理法（2019修正）	2019年8月26日	主席令第32号
16	中华人民共和国资源税法	2019年8月26日	主席令第33号
17	中华人民共和国密码法	2019年10月26日	主席令第35号
18	中华人民共和国证券法（2019修正）	2019年12月28日	主席令第37号
19	中华人民共和国基本医疗卫生与健康促进法	2019年12月28日	主席令第38号
20	中华人民共和国森林法（2019修正）	2019年12月28日	主席令第39号
21	中华人民共和国社区矫正法	2019年12月28日	主席令第40号
22	中华人民共和国台湾同胞投资保护法（2019修正）	2019年12月28日	主席令第41号
23	生产安全事故应急条例	2019年2月17日	国务院令第708号
24	中华人民共和国国境卫生检疫法实施细则（2019修订）	2019年3月2日	国务院令第709号
25	外国民用航空器飞行管理规则（2019修订）	2019年3月2日	国务院令第709号
26	中华人民共和国国境口岸卫生监督办法（2019修订）	2019年3月2日	国务院令第709号
27	血吸虫病防治条例（2019修订）	2019年3月2日	国务院令第709号
28	艾滋病防治条例（2019修订）	2019年3月2日	国务院令第709号
29	放射性同位素与射线装置安全和防护条例（2019修订）	2019年3月2日	国务院令第709号
30	城市道路管理条例（2019修正）	2019年3月24日	国务院令第710号

（续）

序　号	名　　称	发布日期	文　号
31	社会保险费征缴暂行条例（2019 修正）	2019 年 3 月 24 日	国务院令第 710 号
32	住房公积金管理条例（2019 修正）	2019 年 3 月 24 日	国务院令第 710 号
33	互联网上网服务营业场所管理条例（2019 修正）	2019 年 3 月 24 日	国务院令第 710 号
34	不动产登记暂行条例（2019 修正）	2019 年 3 月 24 日	国务院令第 710 号
35	城市房地产开发经营管理条例（2019 修正）	2019 年 3 月 24 日	国务院令第 710 号
36	中华人民共和国政府信息公开条例（2019 修订）	2019 年 4 月 3 日	国务院令第 711 号
37	政府投资条例	2019 年 4 月 14 日	国务院令第 712 号
38	重大行政决策程序暂行条例	2019 年 4 月 20 日	国务院令第 713 号
39	公共场所卫生管理条例（2019 修订）	2019 年 4 月 23 日	国务院令第 714 号
40	中华人民共和国注册建筑师条例（2019 修订）	2019 年 4 月 23 日	国务院令第 714 号
41	建设工程质量管理条例（2019 修订）	2019 年 4 月 23 日	国务院令第 714 号
42	中华人民共和国企业所得税法实施条例（2019 修订）	2019 年 4 月 23 日	国务院令第 714 号
43	报废机动车回收管理办法	2019 年 4 月 22 日	国务院令第 715 号
44	中华人民共和国人类遗传资源管理条例	2019 年 5 月 28 日	国务院令第 717 号
45	烈士褒扬条例（2019 第二次修订）	2019 年 8 月 1 日	国务院令第 718 号
46	中华人民共和国外资保险公司管理条例（2019 修订）	2019 年 9 月 30 日	国务院令第 720 号
47	中华人民共和国外资银行管理条例（2019 修订）	2019 年 9 月 30 日	国务院令第 720 号
48	中华人民共和国食品安全法实施条例（2019 修订）	2019 年 10 月 11 日	国务院令第 721 号
49	优化营商环境条例	2019 年 10 月 22 日	国务院令第 722 号
50	中华人民共和国外商投资法实施条例	2019 年 12 月 26 日	国务院令第 723 号
51	保障农民工工资支付条例	2019 年 12 月 30 日	国务院令第 724 号

（卓　娜）

2019年商务部规章、部分公告目录

序　号	名　　称	文　号
1	禁止进口限制进口技术管理办法（2019修订）　2019-11-30	商务部令2019年第1号
2	拍卖管理办法（2019修订）　2019-11-30	商务部令2019年第1号
3	重点旧机电产品进口管理办法（2019修订）　2019-11-30	商务部令2019年第1号
4	机电产品自动进口许可实施办法（2019修订）　2019-11-30	商务部令2019年第1号
5	对外贸易经营者备案登记办法（2019修订）　2019-11-30	商务部令2019年第1号
6	对外援助项目实施企业资格认定办法（试行）（2019修订）　2019-11-30	商务部令2019年第1号
7	货物出口许可证管理办法（2019修订）　2019-11-30	商务部令2019年第1号
8	再生资源回收管理办法（2019修订）　2019-11-30	商务部令2019年第1号
9	成品油市场管理办法（2019修订）　2019-11-30	商务部令2019年第1号
10	农产品进口关税配额管理暂行办法（2019修订）　2019-11-30	商务部令2019年第1号
11	外商投资信息报告办法 2019-12-30	商务部、市场监管总局令2019年第2号
12	商务部关于废止部分规章的决定（2019）2019-12-28	商务部令2019年第3号
13	交通运输部、商务部关于废止2件规章的决定　2019-5-25	交通运输部、商务部令2019年第13号
14	外商投资准入特别管理措施（负面清单）（2019年版）　2019-06-30	发展改革委、商务部令2019年第25号
15	自由贸易试验区外商投资准入特别管理措施（负面清单）（2019年版）　2019-06-30	发展改革委、商务部令2019年第26号
16	鼓励外商投资产业目录（2019年版）　2019-06-30	发展改革委、商务部令2019年第27号
17	关于对原产于日本和印度的进口邻二氯苯反倾销调查最终裁定的公告　2019-01-22	商务部公告2019年第1号
18	关于对原产于美国和韩国的进口太阳能级多晶硅反倾销措施进行期终复审调查的立案公告　2019-01-18	商务部公告2019年第2号
19	关于对原产于美国的进口太阳能级多晶硅反补贴措施进行期终复审调查的立案公告　2019-01-18	商务部公告2019年第3号
20	关于对原产于欧盟的马铃薯淀粉反倾销措施期终复审裁定的公告 2019-02-01	商务部公告2019年第4号
21	关于对原产于美国和欧盟的乙二醇和二甘醇的单丁醚反倾销措施期终复审裁定的公告 2019-01-25	商务部公告2019年第5号
22	关于对原产于巴西的进口白羽肉鸡产品反倾销调查最终裁定的公告 2019-02-15	商务部公告2019年第6号

（续）

序　号	名　　称	文　号
23	关于对外援助项目实施企业资格认定有关事宜的公告 2019-02-12	商务部公告 2019 年第 7 号
24	关于 2019 年下半年部分反倾销、反补贴措施即将到期的公告 2019-03-07	商务部公告 2019 年第 8 号
25	关于对原产于欧盟、日本、韩国和印度尼西亚的进口不锈钢钢坯和不锈钢热轧板/卷反倾销调查初步裁定的公告 2019-03-22	商务部公告 2019 年第 9 号
26	关于对原产于日本和美国的进口间苯二酚反倾销措施期终复审裁定的公告 2019-03-22	商务部公告 2019 年第 10 号
27	关于对原产于印度和台湾地区的进口壬基酚反倾销措施期终复审裁定的公告 2019-03-28	商务部公告 2019 年第 11 号
28	关于苯酚反倾销案的延期公告 2019-03-22	商务部公告 2019 年第 12 号
29	关于取消一批证明事项的公告 2019-03-18	商务部公告 2019 年第 13 号
30	关于发布《鼓励进口服务目录》的公告 2019-04-10	商务部、发展改革委、财政部、生态环境部、知识产权局公告 2019 年第 14 号
31	关于发布《境内举办涉外经济技术展览会取消及保留办展项目审批清单》的公告 2019-04-02	商务部、海关总署公告 2019 年第 15 号
32	关于对原产于新加坡、马来西亚和日本的进口甲硫氨酸进行反倾销立案调查的公告 2019-04-10	商务部公告 2019 年第 16 号
33	关于对原产于日本的进口电解电容器纸反倾销措施期终复审裁定的公告 2019-04-17	商务部公告 2019 年第 17 号
34	关于决定对原产于美国的进口干玉米酒糟实施反倾销和反补贴措施的公告 2019-04-15	商务部公告 2019 年第 18 号
35	关于准予廊坊会徕石油制品有限公司等公司成品油批发等经营许可的公告 2019-04-08	商务部公告 2019 年第 19 号
36	关于对原产于美国和欧盟的进口相关高温承压用合金钢无缝钢管反倾销措施进行期终复审调查的立案公告 2019-05-09	商务部公告 2019 年第 20 号
37	关于对原产于欧盟和美国的进口四氯乙烯反倾销措施发起期终复审调查的公告 2019-05-30	商务部公告 2019 年第 21 号
38	关于原产于美国、欧盟、韩国、日本和泰国的进口苯酚反倾销调查初步裁定的公告 2019-05-27	商务部公告 2019 年第 22 号
39	关于对原产于日本、美国、韩国和马来西亚的进口聚苯硫醚进行反倾销立案调查的公告 2019-05-30	商务部公告 2019 年第 23 号
40	关于调整原产于美国和欧盟的进口相关高温承压用合金钢无缝钢管所适用的反倾销税率的公告 2019-06-14	商务部公告 2019 年第 24 号
41	关于对原产于日本、新加坡、韩国和台湾地区的进口丙酮反倾销措施进行期终复审调查的立案公告 2019-06-06	商务部公告 2019 年第 25 号
42	关于发布直销备案产品、直销培训员和直销员复核登记结果的公告 2019-06-10	商务部公告 2019 年第 26 号

（续）

序　号	名　　称	文　号
43	关于准予广饶科力顺达物流有限公司等公司成品油批发经营许可的公告 2019-06-04	商务部公告 2019 年第 27 号
44	关于对原产于欧盟的进口甲苯胺反倾销措施期终复审裁定的公告 2019-06-27	商务部公告 2019 年第 28 号
45	对原产于美国、韩国、欧盟的进口三元乙丙橡胶进行反倾销立案调查的公告 2019-06-19	商务部公告 2019 年第 29 号
46	关于对原产于美国的进口干玉米酒糟反倾销及反补贴措施复审裁定的公告 2019-06-19	商务部公告 2019 年第 30 号
47	关于对原产于欧盟、日本、韩国和印度尼西亚的进口不锈钢钢坯和不锈钢热轧板/卷反倾销最终裁定的公告　2019-07-22	商务部公告 2019 年第 31 号
48	对原产于美国的进口正丙醇进行反倾销立案调查的公告　2019-07-23	商务部公告 2019 年第 32 号
49	对原产于美国、欧盟、日本的进口间甲酚进行反倾销立案调查的公告 2019-07-29	商务部公告 2019 年第 33 号
50	关于对原产于印度的进口单模光纤反倾销措施发起期终复审调查的公告 2019-08-13	商务部公告 2019 年第 34 号
51	对原产于美国的进口正丙醇进行反补贴立案调查的公告　2019-07-29	商务部公告 2019 年第 35 号
52	关于原产于美国、欧盟、韩国、日本和泰国的进口苯酚反倾销调查最终裁定的公告 2019-09-03	商务部公告 2019 年第 37 号
53	关于商用密码进出口管理工作有关事项的公告 2019-12-30	国家密码管理局、商务部、海关总署公告 2019 年第 38 号
54	商务部、海关总署、中国贸促会关于实施对外贸易经营者备案和原产地企业备案“两证合一”的公告 2019-09-23	商务部、海关总署、中国贸促会公告 2019 年第 39 号
55	关于对原产于日本的进口光纤预制棒发起反倾销期间复审调查的公告 2019-09-27	商务部公告 2019 年第 40 号
56	关于立式加工中心反倾销案的延期公告 2019-10-11	商务部公告 2019 年第 41 号
57	2020 年食糖、羊毛、毛条进口关税配额实施细则　2019-10-13	商务部公告 2019 年第 42 号
58	商务部关于终止对原产于美国、韩国、日本和台湾地区的进口聚氯乙烯反倾销期终复审调查的公告　2019-10-30	商务部公告 2019 年第 43 号
59	2020—2021 年度钨、锑、白银出口国营贸易企业申报条件和申报程序 2019-10-25	商务部公告 2019 年第 44 号
60	2020 年化肥进口关税配额总量、分配原则及相关程序　2019-10-31	商务部公告 2019 年第 45 号
61	中国（福建）自由贸易试验区企业申请原油非国营贸易进口资格条件和程序 2019-10-28	商务部公告 2019 年第 46 号
62	公布货物出口配额总量（2020 年）　2019-10-31	商务部公告 2019 年第 47 号
63	2020 年原油非国营贸易进口允许量总量、申请条件和申请程序 2019-10-31	商务部公告 2019 年第 48 号
64	商务部关于对原产于澳大利亚的进口大麦反倾销调查的延期公告 2019-11-14	商务部公告 2019 年第 49 号
65	关于终止对原产于印度和日本的进口吡啶反倾销期终复审调查的公告 2019-11-20	商务部公告 2019 年第 50 号

（续）

序　号	名　　称	文　号
66	关于终止对原产于日本和台湾地区的进口甲乙酮反倾销期终复审调查的公告 2019-11-20	商务部公告 2019 年第 51 号
67	商务部关于对埃克森美孚公司和埃克森美孚化工有限公司生产的进口卤化丁基橡胶所适用的反倾销措施发起期间复审调查的公告 2019-11-19	商务部公告 2019 年第 52 号
68	关于 7- 苯乙酰氨基 -3- 氯甲基 -4- 头孢烷酸对甲氧基苄酯反倾销案的延期公告 2019-11-25	商务部公告 2019 年第 53 号
69	关于 7- 苯乙酰氨基 -3- 氯甲基 -4- 头孢烷酸对甲氧基苄酯反补贴案的延期公告 2019-11-25	商务部公告 2019 年第 54 号
70	2020 年度蔺草及制品出口配额公开招标公告 2019-11-29	商务部公告 2019 年第 55 号
71	国家中医药服务出口基地名单 2019-11-29	商务部、国家中医药管理局公告 2019 年第 56 号
72	关于 2020 年度甘草及甘草制品出口配额招标的公告 2019-12-6	商务部公告 2019 年第 57 号
73	商务部关于对原产于澳大利亚的进口大麦反补贴调查的延期公告 2019-12-17	商务部公告 2019 年第 58 号
74	商务部关于废止部分规范性文件的公告 2019-12-25	商务部公告 2019 年第 59 号
75	关于 2020 年羊毛、毛条国别进口关税配额实施细则 2019-12-25	商务部、海关总署公告 2019 年第 60 号
76	关于修改《台湾投资者经第三地转投资认定暂行办法》的公告 2019-12-31	商务部、国务院台湾事务办公室公告 2019 年第 61 号
77	关于外商投资信息报告有关事项的公告 2019-12-31	商务部公告 2019 年第 62 号
78	公布自动进口许可管理货物目录（2020 年）2019-12-10	商务部、海关总署公告 2019 年第 63 号
79	关于公布出口许可证件申领和适用货物通关无纸化有关事项的公告 2019-12-31	商务部、海关总署公告 2019 年第 64 号
80	公布进口许可证管理货物目录（2020 年） 2019-12-31	商务部、海关总署公告 2019 年第 65 号
81	公布出口许可证管理货物目录（2020 年） 2019-12-31	商务部、海关总署公告 2019 年第 66 号
82	关于公布 2020 年度符合申请汽车、摩托车、非公路用两轮摩托车及全地形车出口许可证条件企业名单的公告 2019-12-31	商务部公告 2019 年第 67 号
83	两用物项和技术进出口许可证管理目录 2019-12-31	商务部、海关总署公告 2019 年第 68 号
84	关于调整大豆自动进口许可证管理方式有关事项的公告 2019-12-31	商务部、海关总署公告 2019 年第 69 号
85	2020 年成品油（燃料油）非国营贸易进口允许量申领条件、分配原则和相关程序 2019-12-31	商务部公告 2019 年第 70 号
86	公布 2020 年进出口许可件发证机构名录 2019-12-31	商务部公告 2019 年第 71 号
87	关于开展 2019 年度外商投资信息报告年度报告的公告 2019-12-31	商务部、市场监管总局、外汇局公告 2019 年第 72 号

（卓　娜）

2019 年其他有关部门规章目录

序　号	名　　称	发布日期	文　号
1	政府定价的经营服务性收费目录清单	2019 年 12 月 12 日	国家发展和改革委员会公告 2019 年第 10 号
2	信用评级业管理暂行办法	2019 年 11 月 26 日	中国人民银行、国家发展和改革委员会、财政部、中国证券监督管理委员会令〔2019〕第 5 号
3	最高人民法院、国家发展和改革委员会、司法部印发《关于深入开展价格争议纠纷调解工作的意见》的通知	2019 年 12 月 9 日	法发〔2019〕32 号
4	产业结构调整指导目录（2019 年本）	2019 年 10 月 30 日	国家发展和改革委员会令第 29 号
5	关于 2020 年粮食棉花进口关税配额申请和分配细则的公告	2019 年 9 月 29 日	国家发展和改革委员会公告 2019 年第 9 号
6	关于 2019 年农产品进口关税配额再分配公告	2019 年 8 月 21 日	国家发展和改革委员会、商务部公告 2019 年第 6 号
7	国家互联网信息办公室、国家发展和改革委员会、工业和信息化部、财政部关于发布《云计算服务安全评估办法》的公告	2019 年 7 月 2 日	国家互联网信息办公室、国家发展和改革委员会、工业和信息化部、财政部公告 2019 年第 2 号
8	关于 2019 年棉花关税配额外优惠关税税率进口配额申请有关事项的公告	2019 年 4 月 12 日	国家发展和改革委员会公告 2019 年第 3 号
9	高效节能家电产品销售统计调查制度	2019 年 4 月 4 日	国家发展和改革委员会公告 2019 年第 2 号
10	财政部关于印发《地方预算单位政府集中采购目录及标准指引（2020 年版）》的通知	2019 年 12 月 31 日	财库〔2019〕69 号
11	国家发展改革委、科技部、财政部、海关总署、税务总局关于发布 2019 年（第 26 批）新认定及全部国家企业技术中心名单的通知	2019 年 12 月 30 日	发改高技〔2019〕2033 号
12	财政部关于开展 2019 年度行政事业单位内部控制报告编报工作的通知	2019 年 12 月 27 日	财会函〔2019〕16 号
13	财政部、市场监管总局关于修订《国家标准制修订经费管理办法》的通知（2019）	2019 年 12 月 27 日	财行〔2019〕447 号
14	人力资源社会保障部办公厅、财政部办公厅关于做好职业技能提升行动专账资金使用管理工作的通知	2019 年 12 月 25 日	人社厅发〔2019〕117 号
15	财政部、中国人民银行关于印发《国库集中支付电子化管理接口报文规范（2019）》的通知（2019 修订）	2019 年 12 月 25 日	财库〔2019〕64 号

（续）

序 号	名 称	发布日期	文 号
16	财政部关于印发《政府会计准则制度解释第2号》的通知	2019年12月17日	财会〔2019〕24号
17	农业农村部、国家发展改革委、财政部、商务部关于实施“互联网+”农产品出村进城工程的指导意见	2019年12月16日	农市发〔2019〕5号
18	财政部关于修订印发《政府综合财务报告编制操作指南（试行）》的通知 (2019)	2019年12月12日	财库〔2019〕58号
19	政府采购信息发布管理办法	2019年11月27日	财政部令第101号
20	财政部关于切实加强地方预算执行和财政资金安全管理有关事宜的通知	2019年11月25日	财库〔2019〕49号
21	财政部、商务部、税务总局关于继续执行研发机构采购设备增值税政策的公告 (2019)	2019年11月11日	财政部、商务部、税务总局公告2019年第91号
22	财政部办公厅关于印发《财政预决算领域基层政务公开标准指引》的通知	2019年8月19日	财办发〔2019〕77号
23	财政部关于促进政府采购公平竞争优化营商环境的通知	2019年7月26日	财库〔2019〕38号
24	交通运输部、国家发展改革委、财政部关于进一步优化鲜活农产品运输“绿色通道”政策的通知	2019年7月18日	交公路发〔2019〕99号
25	财政部办公厅、国管局办公室、中直管理局办公室关于规范差旅伙食费和市内交通费收交管理有关事项的通知	2019年7月3日	财办行〔2019〕104号
26	财政部、税务总局关于部分国家储备商品有关税收政策的公告	2019年6月28日	财政部、税务总局公告2019年第77号
27	财政部关于下达财政管理工作绩效考核奖励资金的通知 (2019)	2019年5月23日	财预〔2019〕100号
28	财政部、商务部、文化和旅游部等关于印发《口岸出境免税店管理暂行办法》的通知	2019年5月17日	财关税〔2019〕15号
29	财政部办公厅、国家知识产权局办公室关于开展2019年知识产权运营服务体系建设工作的通知	2019年5月7日	财办建〔2019〕70号
30	财政部办公厅、商务部办公厅关于推动农商互联完善农产品供应链的通知	2019年5月5日	财办建〔2019〕69号
31	财政部办公厅、商务部办公厅、国务院扶贫办综合司关于开展2019年电子商务进农村综合示范工作的通知	2019年4月29日	财办建〔2019〕58号
32	财政部、税务总局关于扩大固定资产加速折旧优惠政策适用范围的公告	2019年4月23日	财政部、税务总局公告2019年第66号
33	国家邮政局、国家发展改革委、财政部、农业农村部、商务部、文化和旅游部、供销合作总社关于推进邮政业服务乡村振兴的意见	2019年4月15日	国邮发〔2019〕36号
34	财政部、发展改革委关于印发节能产品政府采购品目清单的通知	2019年4月2日	财库〔2019〕19号
35	财政部关于印发《服务业发展资金管理办法》的通知 (2019修订)	2019年3月15日	财建〔2019〕50号

（续）

序　号	名　　称	发布日期	文　号
36	财政部关于修改《代理记账管理办法》等 2 部部门规章的决定	2019 年 3 月 14 日	财政部令第 98 号
37	商务部、财政部、税务总局、统计局、外汇局关于开展 2019 年外商投资企业年度投资经营信息联合报告的通知	2019 年 3 月 12 日	商资函〔2019〕105 号
38	财政部、发展改革委、生态环境部、市场监管总局关于调整优化节能产品、环境标志产品政府采购执行机制的通知	2019 年 2 月 1 日	高资函〔2019〕105 号
39	财政部关于中央预算单位政府集中采购目录及标准有关问题的通知	2019 年 1 月 7 日	财库〔2019〕2 号
40	商务部办公厅、财政部办公厅关于支持服务贸易创新发展引导基金做好项目库工作的通知	2019 年 1 月 7 日	商办服贸函〔2019〕8 号
41	关于调整进出口货物报关单报文格式的公告	2019 年 12 月 31 日	海关总署公告 2019 年第 232 号
42	关于不再验核《外商投资企业批准证书》的公告	2019 年 12 月 27 日	海关总署公告 2019 年第 226 号
43	关于修订市场采购贸易监管办法及其监管方式有关事宜的公告	2019 年 12 月 27 日	海关总署公告 2019 年第 221 号
44	关于全面推广“两步申报”改革的公告	2019 年 12 月 26 日	海关总署公告 2019 年第 216 号
45	关于精简和规范作业手续　促进加工贸易便利化的公告	2019 年 12 月 26 日	海关总署公告 2019 年第 218 号
46	关于取消报关企业和报关企业分支机构注册登记有效期的公告	2019 年 12 月 24 日	海关总署公告 2019 年第 213 号
47	关于发布《海关统计贸易方式代码》等 5 项海关行业标准的公告	2019 年 12 月 19 日	海关总署公告 2019 年第 201 号
48	关于统一通过国际贸易“单一窗口”办理主要申报业务的公告	2019 年 12 月 12 日	海关总署、交通运输部、国家移民管理局公告 2019 年第 197 号
49	关于开展“证照分离”改革全覆盖试点的公告	2019 年 11 月 27 日	海关总署公告 2019 年第 182 号
50	关于开展进口商品样品预先归类咨询服务的公告	2019 年 11 月 6 日	海关总署公告 2019 年第 172 号
51	商务部办公厅、公安部办公厅、海关总署办公厅关于加快推进二手车出口工作有关事项的通知	2019 年 10 月 28 日	商办贸函〔2019〕335 号
52	关于对进口汽车零部件产品推广实施采信便利化措施的公告	2019 年 10 月 16 日	海关总署公告 2019 年第 157 号
53	关于执行《鼓励外商投资产业目录（2019 年版）》有关问题的公告	2019 年 7 月 24 日	海关总署公告 2019 年第 125 号
54	关于海关行政审批网上办理平台启用电子印章的公告	2019 年 6 月 28 日	海关总署公告 2019 年第 106 号

（续）

序　号	名　　称	发布日期	文　号
55	关于全面实施 TIR 公约的公告	2019 年 5 月 15 日	海关总署公告 2019 年第 90 号
56	关于对免予办理强制性产品认证的进口汽车零部件试点实施“先声明后验证”便利化措施的公告	2019 年 5 月 11 日	海关总署公告 2019 年第 87 号
57	关于公布《海关认证企业标准》财务状况类指标认定标准的公告	2019 年 3 月 19 日	海关总署公告 2019 年第 46 号
58	关于公布《中华人民共和国海关〈中华人民共和国政府和智利共和国政府自由贸易协定〉项下进出口货物原产地管理办法》的公告	2019 年 2 月 28 日	海关总署公告 2019 年第 39 号
59	国家邮政局、商务部、海关总署关于促进跨境电子商务寄递服务高质量发展的若干意见（暂行）	2019 年 2 月 23 日	国邮发〔2019〕17 号
60	海关总署关于印发《海关技术规范管理办法》的通知	2019 年 2 月 18 日	署综发〔2019〕39 号
61	海关总署关于印发《海关技术性贸易措施工作指南》的通知	2019 年 2 月 15 日	署综发〔2019〕37 号
62	关于支持综合保税区内企业承接境内（区外）企业委托加工业务的公告	2019 年 1 月 29 日	海关总署公告 2019 年第 28 号
63	关于《报关单位注册登记证书》（进出口货物收发货人）纳入“多证合一”改革的公告	2019 年 1 月 9 日	海关总署、市场监督管理总局公告 2019 年第 14 号
64	关于压缩“进出口商品检验鉴定业务的检验许可”审批时限的公告	2019 年 1 月 2 日	海关总署公告 2019 年第 6 号
65	市场监督管理执法监督暂行规定	2019 年 12 月 31 日	国家市场监督管理总局令第 22 号
66	药品、医疗器械、保健食品、特殊医学用途配方食品广告审查管理暂行办法	2019 年 12 月 24 日	国家市场监督管理总局令第 21 号
67	市场监督管理投诉举报处理暂行办法	2019 年 11 月 30 日	国家市场监督管理总局令第 20 号
68	消费品召回管理暂行规定	2019 年 11 月 21 日	国家市场监督管理总局令第 19 号
69	产品质量监督抽查管理暂行办法	2019 年 11 月 21 日	国家市场监督管理总局令第 18 号
70	市场监管总局关于调整完善强制性产品认证目录和实施要求的公告	2019 年 10 月 16 日	国家市场监督管理总局公告 2019 年第 44 号
71	自然资源部办公厅、国家市场监督管理总局办公厅关于推动信息共享促进不动产登记和市场主体登记便利化的通知	2019 年 10 月 12 日	自然资办发〔2019〕44 号
72	市场监督管理行政许可程序暂行规定	2019 年 8 月 21 日	国家市场监督管理总局令第 16 号
73	个人独资企业登记管理办法（2019 修订）	2019 年 8 月 8 日	国家市场监督管理总局令第 14 号

（续）

序　号	名　　称	发布日期	文　号
74	中华人民共和国企业法人登记管理条例施行细则（2019 修订）	2019 年 8 月 8 日	国家市场监督管理总局令第 14 号
75	个体工商户登记管理办法（2019 修订）	2019 年 8 月 8 日	国家市场监督管理总局令第 14 号
76	外商投资合伙企业登记管理规定（2019 修订）	2019 年 8 月 8 日	国家市场监督管理总局令第 14 号
77	禁止垄断协议暂行规定	2019 年 6 月 26 日	国家市场监督管理总局令第 10 号
78	禁止滥用市场支配地位行为暂行规定	2019 年 6 月 26 日	国家市场监督管理总局令第 11 号
79	制止滥用行政权力排除、限制竞争行为暂行规定	2019 年 6 月 26 日	国家市场监督管理总局令第 12 号
80	市场监管总局关于印发《2019 年度实施企业标准“领跑者”重点领域》的公告	2019 年 5 月 28 日	国家市场监督管理总局公告 2019 年第 27 号
81	市场监管总局关于发布《绿色产品标识使用管理办法》的公告	2019 年 5 月 5 日	国家市场监督管理总局公告 2019 年第 20 号
82	国家市场监督管理总局规章制定程序规定	2019 年 4 月 23 日	国家市场监督管理总局令第 8 号
83	免征车辆购置税的新能源汽车车型目录（第二十九批）	2019 年 12 月 25 日	中华人民共和国工业和信息化部、国家税务总局公告 2019 年第 62 号
84	工业和信息化部办公厅关于印发《民用爆炸物品生产和销售企业安全生产培训大纲》的通知（2019）	2019 年 12 月 25 日	工信厅安全〔2019〕94 号
85	工业和信息化部办公厅、国家发展改革委办公厅、国家卫生健康委办公厅关于进一步加强食盐专营管理有关工作的通知	2019 年 12 月 25 日	工信厅联消费〔2019〕92 号
86	《新能源汽车废旧动力蓄电池综合利用行业规范条件（2019 年本）》《新能源汽车废旧动力蓄电池综合利用行业规范公告管理暂行办法（2019 年本）》	2019 年 12 月 16 日	中华人民共和国工业和信息化部公告 2019 年第 59 号
87	工业和信息化部关于公布 2019 年消费品工业“三品”战略示范城市名单的通告	2019 年 12 月 10 日	工信部消费函〔2019〕409 号
88	工业和信息化部关于自由贸易试验区“证照分离”改革试点工作的通告	2019 年 11 月 30 日	工信部政函〔2019〕383 号
89	工业和信息化部办公厅关于组织申报 2019 年消费品工业“三品”战略示范城市的通知	2019 年 8 月 29 日	工信厅消费函〔2019〕191 号
90	财政部、科技部、工业和信息化部等关于开展财政支持深化民营和小微企业金融服务综合改革试点城市工作的通知	2019 年 7 月 16 日	财金〔2019〕62 号
91	财政部、工业和信息化部、交通运输部、发展改革委关于支持新能源公交车推广应用的通知	2019 年 5 月 8 日	财建〔2019〕213 号

（续）

序　号	名　　称	发布日期	文　号
92	266 项行业标准编号、名称、主要内容等一览表	2019 年 5 月 2 日	工业和信息化部公告 2019 年第 16 号
93	国务院减轻企业负担部际联席会议关于印发 2019 年减轻企业负担工作实施方案的通知	2019 年 4 月 29 日	工信部运行函〔2019〕120 号
94	工业和信息化部办公厅关于组织开展信息消费示范城市动态管理工作的通知	2019 年 4 月 19 日	工信厅信软函〔2019〕91 号
95	工业和信息化部关于印发《信息消费示范城市建设管理办法（试行）》的通知	2019 年 3 月 18 日	工信部信软〔2019〕63 号
96	工业和信息化部、国家发展和改革委员会、科学技术部等关于在部分地区开展甲醇汽车应用的指导意见	2019 年 3 月 12 日	工信部联节〔2019〕61 号

（卓　娜）

2019年国务院、商务部等有关部委和北京市相关文件目录（部分）

序　号	名　　称	发布日期	文　号
1	国务院办公厅关于印发国家组织药品集中采购和使用试点方案的通知	2019年1月1日	国办发〔2019〕2号
2	国务院办公厅关于开展城镇小区配套幼儿园治理工作的通知	2019年1月9日	国办发〔2019〕3号
3	国务院办公厅关于有效发挥政府性融资担保基金作用切实支持小微企业和“三农”发展的指导意见	2019年1月22日	国办发〔2019〕6号
4	国务院办公厅政府信息与政务公开办公室关于机构改革后政府信息公开申请办理问题的解释	2019年2月2日	国办公开办函〔2019〕14号
5	国务院办公厅关于成立中国国际进口博览会组委会的通知	2019年2月25日	国办函〔2019〕20号
6	国务院办公厅关于在制定行政法规规章行政规范性文件过程中充分听取企业和行业协会商会意见的通知	2019年3月1日	国办发〔2019〕9号
7	国务院办公厅关于全面开展工程建设项目审批制度改革的实施意见	2019年3月13日	国办发〔2019〕11号
8	国务院办公厅关于印发2019年政务公开工作要点的通知	2019年4月17日	国办发〔2019〕14号
9	国务院办公厅转发交通运输部等部门关于加快道路货运行业转型升级促进高质量发展意见的通知	2019年4月21日	国办发〔2019〕16号
10	国务院办公厅关于印发国务院2019年立法工作计划的通知	2019年5月1日	国办发〔2019〕18号
11	国务院办公厅关于对2018年落实有关重大政策措施真抓实干成效明显地方予以督查激励的通报	2019年5月7日	国办发〔2019〕20号
12	国务院办公厅关于印发职业技能提升行动方案（2019—2021年）的通知	2019年5月18日	国办发〔2019〕24号
13	国务院办公厅转发国家发展改革委关于深化公共资源交易平台整合共享指导意见的通知	2019年5月19日	国办函〔2019〕41号
14	国务院办公厅关于促进家政服务业提质扩容的意见	2019年6月16日	国办发〔2019〕30号
15	国务院办公厅关于印发交通运输领域中央与地方财政事权和支出责任划分改革方案的通知	2019年6月26日	国办发〔2019〕33号
16	国务院办公厅关于完善建设用地使用权转让、出租、抵押二级市场的指导意见	2019年7月6日	国办发〔2019〕34号
17	国务院办公厅关于加快推进社会信用体系建设构建以信用为基础的新型监管机制的指导意见	2019年7月9日	国办发〔2019〕35号
18	国务院办公厅关于促进平台经济规范健康发展的指导意见	2019年8月1日	国办发〔2019〕38号
19	国务院办公厅关于印发全国深化“放管服”改革优化营商环境电视电话会议重点任务分工方案的通知	2019年8月1日	国办发〔2019〕39号

（续）

序　号	名　　称	发布日期	文　号
20	国务院办公厅关于进一步激发文化和旅游消费潜力的意见	2019年8月12日	国办发〔2019〕41号
21	国务院办公厅关于加快发展流通促进商业消费的意见	2019年8月16日	国办发〔2019〕42号
22	国务院办公厅关于建立政务服务“好差评”制度提高政务服务水平的意见	2019年12月3日	国办发〔2019〕51号
23	国务院办公厅关于全面推进基层政务公开标准化规范化工作的指导意见	2019年12月26日	国办发〔2019〕54号
24	国务院办公厅关于印发国家政务信息化项目建设管理办法的通知	2019年12月30日	国办发〔2019〕57号
25	国务院办公厅关于支持国家级新区深化改革创新加快推动高质量发展的指导意见	2019年12月31日	国办发〔2019〕58号
26	国务院关于促进综合保税区高水平开放高质量发展的若干意见	2019年1月12日	国发〔2019〕3号
27	国务院关于在市场监管领域全面推行部门联合“双随机、一公开”监管的意见	2019年1月27日	国发〔2019〕5号
28	国务院关于取消和下放一批行政许可事项的决定	2019年2月27日	国发〔2019〕6号
29	国务院关于印发改革国有资本授权经营体制方案的通知	2019年4月19日	国发〔2019〕9号
30	国务院关于推进国家级经济技术开发区创新提升打造改革开放新高地的意见	2019年5月18日	国发〔2019〕11号
31	国务院关于促进乡村产业振兴的指导意见	2019年6月17日	国发〔2019〕12号
32	国务院关于印发6个新设自由贸易试验区总体方案的通知	2019年8月2日	国发〔2019〕16号
33	国务院关于加强和规范事中事后监管的指导意见	2019年9月6日	国发〔2019〕18号
34	国务院关于进一步做好利用外资工作的意见	2019年10月30日	国发〔2019〕23号
35	国务院关于在自由贸易试验区开展“证照分离”改革全覆盖试点的通知	2019年11月6日	国发〔2019〕25号
36	国务院关于加强固定资产投资项目资本金管理的通知	2019年11月20日	国发〔2019〕26号
37	国务院关于进一步做好稳就业工作的意见	2019年12月13日	国发〔2019〕28号
38	交通运输部办公厅、公安部办公厅、商务部办公厅关于加强城市绿色货运配送示范工程动态管理工作的通知	2019年1月4日	交办运函〔2019〕59号
39	国家中医药管理局办公室、商务部办公厅关于开展中医药服务贸易统计试点工作的通知	2019年1月7日	国中医药办国际函〔2018〕261号
40	商务部办公厅、财政部办公厅关于支持服务贸易创新发展引导基金做好项目库工作的通知	2019年1月7日	商办服贸函〔2019〕8号
41	商务部关于印发《对外承包工程业务统计调查制度》和《对外劳务合作业务统计调查制度》的通知（2019修订）	2019年1月8日	商合函〔2019〕10号
42	商务部、国家统计局、国家外汇管理局关于印发《对外直接投资统计制度》的通知（2019修订）	2019年1月8日	商合函〔2019〕3号
43	商务部办公厅关于印发《服务外包统计调查制度》的函	2019年1月14日	商办服贸函〔2019〕15号

（续）

序　号	名　　称	发布日期	文　号
44	市场监管总局、人力资源社会保障部、商务部等关于推进企业注销便利化工作的通知	2019年1月18日	国市监注〔2019〕30号
45	商务部等10部门关于印发《多渠道拓宽贫困地区农产品营销渠道实施方案》的通知	2019年1月23日	商建函〔2019〕25号
46	商务部关于印发《药品流通统计调查制度》的通知（2019修订）	2019年2月11日	商秩函〔2019〕59号
47	商务部等12部门关于推进商品交易市场发展平台经济的指导意见	2019年2月12日	商建函〔2019〕61号
48	商务部关于进一步优化对外贸易经营者备案登记工作的通知	2019年2月18日	商贸函〔2019〕72号
49	国家邮政局、商务部、海关总署关于促进跨境电子商务寄递服务高质量发展的若干意见（暂行）	2019年2月23日	国邮发〔2019〕17号
50	商务部市场运行和消费促进司关于开展2019年度原油成品油经营企业年度定期检查工作的通知	2019年3月6日	商市运函〔2019〕60号
51	商务部办公厅关于支持建设家政劳务输出基地的通知	2019年3月8日	商办服贸函〔2019〕83号
52	商务部、财政部、税务总局等关于开展2019年外商投资企业年度投资经营信息联合报告的通知	2019年3月12日	商资函〔2019〕105号
53	商务部办公厅关于做好2019年度典型电子商务服务企业统计调查工作的通知	2019年3月13日	商办电函〔2019〕90号
54	商务部办公厅、国家中医药管理局办公室关于开展中医药服务出口基地建设工作的通知	2019年3月27日	商办服贸函〔2019〕111号
55	商务部办公厅、海关总署办公厅关于做好境内举办涉外经济技术展览会备案管理工作的通知	2019年4月2日	商办服贸函〔2019〕113号
56	商务部办公厅关于进一步推动城乡便民消费服务中心建设的通知	2019年4月8日	商办服贸函〔2019〕132号
57	商务部市场秩序司关于印发《2019年市场秩序工作要点》等文件的通知	2019年4月9日	商秩司函〔2019〕221号
58	国家邮政局、国家发展改革委、财政部、农业农村部、商务部、文化和旅游部、供销合作总社关于推进邮政业服务乡村振兴的意见	2019年4月15日	国邮发〔2019〕36号
59	商务部流通发展司关于开展品牌连锁便利店发展情况调查摸底工作的通知	2019年4月15日	商流通司函〔2019〕46号
60	商务部、公安部、海关总署关于支持在条件成熟地区开展二手车出口业务的通知	2019年4月26日	商贸函〔2019〕165号
61	财政部办公厅、商务部办公厅、国务院扶贫办综合司关于开展2019年电子商务进农村综合示范工作的通知	2019年4月29日	财办建〔2019〕58号
62	商务部办公厅关于开展国家电子商务示范基地综合评价工作的通知	2019年4月30日	商办电函〔2019〕162号
63	财政部办公厅、商务部办公厅关于推动农商互联完善农产品供应链的通知	2019年5月5日	财办建〔2019〕69号

（续）

序　号	名　　称	发布日期	文　号
64	财政部、商务部、文化和旅游部等关于印发《口岸出境免税店管理暂行办法》的通知	2019年5月17日	财关税〔2019〕15号
65	国家发展改革委、生态环境部、商务部关于印发《推动重点消费品更新升级 畅通资源循环利用实施方案（2019－2020年）》的通知	2019年6月3日	发改产业〔2019〕967号
66	国家邮政局、商务部关于规范快递与电子商务数据互联共享的指导意见	2019年6月12日	国邮发〔2019〕54号
67	生态环境部办公厅、科技部办公厅、商务部办公厅关于公布2018年度国家生态工业示范园区复查评估结果的通知	2019年6月25日	环办科财函〔2019〕587号
68	商务部办公厅关于推动便利店品牌化连锁化发展的工作通知	2019年7月1日	商办流通函〔2019〕223号
69	商务部流通发展司关于征集品牌连锁便利店发展典型案例的通知	2019年7月2日	商流通司函〔2019〕105号
70	生态环境部、商务部、科技部关于批准上海市工业综合开发区等4家园区为国家生态工业示范园区的通知	2019年7月5日	环科财〔2019〕58号
71	国家发展改革委办公厅、商务部办公厅、教育部办公厅等关于开展2019－2020年家政培训提升行动的通知	2019年7月5日	发改办社会〔2019〕769号
72	商务部关于印发《商务信用联合惩戒对象名单管理办法》的通知	2019年7月17日	商秩规发〔2019〕222号
73	教育部办公厅、商务部办公厅、市场监管总局办公厅关于做好外商投资营利性非学历语言类培训机构审批登记有关工作的通知	2019年7月24日	教发厅函〔2019〕75号
74	商务部等18部门关于开展2019年“诚信兴商宣传月”活动的通知	2019年8月14日	商秩函〔2019〕453号
75	商务部办公厅关于印发《步行街改造提升评价指标（2019版）》的通知（2019修订）	2019年8月15日	商办流通函〔2019〕271号
76	商务部等七部门关于进一步促进汽车平行进口发展的意见	2019年8月19日	商建函〔2019〕462号
77	商务部、外交部、发展改革委等关于促进对外承包工程高质量发展的指导意见	2019年8月29日	商合发〔2019〕273号
78	国家发展改革委办公厅、商务部办公厅、公安部办公厅等关于开展家政服务领域信用建设专项行动的通知	2019年8月29日	发改办社会〔2019〕878号
79	商务部办公厅、海关总署办公厅关于二手车出口许可证申领无纸化作业有关事项的通知	2019年8月30日	商办贸函〔2019〕297号
80	商务部办公厅关于印发《推动步行街改造提升工作方案》的通知	2019年8月30日	商流通字〔2019〕8号
81	交通运输部办公厅、公安部办公厅、商务部办公厅关于组织开展第二批城市绿色货运配送示范工程申报工作的通知	2019年9月13日	交办运函〔2019〕1332号
82	商务部关于认定首批国家级国际营销服务公共平台的通知	2019年9月27日	商贸函〔2019〕572号
83	商务部办公厅关于下达2019年流通行业标准计划项目的通知	2019年10月10日	商办流通函〔2019〕320号

（续）

序　号	名　　称	发布日期	文　号
84	商务部等 14 部门关于培育建设国际消费中心城市的指导意见	2019 年 10 月 14 日	商运发〔2019〕309 号
85	生态环境部办公厅、商务部办公厅、科技部办公厅关于开展 2019 年度国家生态工业示范园区验收的通知	2019 年 10 月 14 日	环办科财函〔2019〕797 号
86	国家发展改革委、商务部关于印发《市场准入负面清单（2019 年版）》的通知（2019 修订）	2019 年 10 月 24 日	发改体改〔2019〕1685 号
87	商务部办公厅、公安部办公厅、海关总署办公厅关于加快推进二手车出口工作有关事项的通知	2019 年 10 月 28 日	商办贸函〔2019〕335 号
88	国家发展改革委办公厅、商务部办公厅关于进一步做好北方大城市冬春蔬菜储备工作的通知	2019 年 11 月 01 日	发改办经贸〔2019〕1043 号
89	商务部等 18 部门关于在中国（海南）自由贸易试验区试点其他自贸试验区施行政策的通知	2019 年 11 月 2 日	商自贸函〔2019〕619 号
90	商务部、中国工商银行关于组织供应链领域重点合作项目推荐工作的通知	2019 年 11 月 11 日	商建函〔2019〕631 号
91	商务部关于增补国家电子商务示范基地的通知	2019 年 11 月 28 日	商电函〔2019〕662 号
92	商务部关于印发《在自由贸易试验区开展“证照分离”改革全覆盖试点工作的实施方案》的通知	2019 年 11 月 30 日	
93	中国银保监会、商务部、国家外汇管理局关于完善外贸金融服务的指导意见	2019 年 12 月 10 日	银保监发〔2019〕49 号
94	交通运输部办公厅、公安部办公厅、商务部办公厅关于公布第二批城市绿色货运配送示范工程创建城市的通知	2019 年 12 月 10 日	交办运函〔2019〕1803 号
95	市场监管总局、商务部、外汇局关于做好年报“多报合一”改革有关工作的通知	2019 年 12 月 16 日	国市监信〔2019〕238 号
96	农业农村部、国家发展改革委、财政部、商务部关于实施“互联网 +”农产品出村进城工程的指导意见	2019 年 12 月 16 日	农市发〔2019〕5 号
97	商务部办公厅、发展改革委办公厅关于印发《绿色商场创建实施工作方案（2020—2022 年度）》的通知	2019 年 12 月 31 日	商办流通函〔2019〕417 号
98	北京市生产经营单位安全生产主体责任规定	2019 年 5 月 30 日	北京市人民政府令第 285 号
99	北京市内部审计规定	2019 年 10 月 17 日	北京市人民政府令第 289 号
100	北京市实施《规章制定程序条例》若干规定	2019 年 11 月 21 日	北京市人民政府令第 290 号
101	北京市人民政府办公厅关于印发《北京市服务贸易创新发展试点工作实施方案》的通知	2019 年 1 月 2 日	京政办发〔2018〕51 号
102	北京市人民政府办公厅转发市公安局《关于电子印章管理工作意见》的通知	2019 年 4 月 19 日	京政办发〔2019〕8 号
103	北京市人民政府办公厅印发《关于优化新建社会投资简易低风险工程建设项目审批服务的若干规定》的通知	2019 年 4 月 25 日	京政办发〔2019〕10 号

（续）

序　号	名　　称	发布日期	文　号
104	北京市人民政府办公厅关于进一步做好电子营业执照推广应用工作的通知	2019 年 4 月 28 日	京政办发〔2019〕12 号
105	北京市人民政府办公厅印发《关于推进城市安全发展的实施意见》的通知	2019 年 9 月 26 日	京政办发〔2019〕17 号
106	北京市人民政府办公厅关于印发《北京市新一轮深化“放管服”改革优化营商环境重点任务》的通知	2019 年 11 月 6 日	京政办发〔2019〕19 号
107	北京市人民政府办公厅关于印发《北京市进一步扩大和升级信息消费持续释放内需潜力的行动计划（2019—2022 年）》的通知	2019 年 12 月 9 日	京政办发〔2019〕21 号
108	北京市人民政府办公厅关于全面推行行政规范性文件合法性审核机制的实施意见	2019 年 12 月 31 日	京政办发〔2019〕23 号
109	北京市人民政府办公厅印发《关于在市场监管领域全面推行部门联合“双随机、一公开”监管的实施方案》的通知	2019 年 5 月 8 日	京政办发〔2019〕14 号
110	北京市人民政府办公厅关于印发《北京经济技术开发区企业投资项目承诺制改革试点实施方案（试行）》的通知	2019 年 1 月 28 日	京政办发〔2019〕3 号
111	北京市人民政府关于由北京经济技术开发区管理委员会行使部分行政权力和办理部分公共服务事项的决定	2019 年 12 月 31 日	京政发〔2019〕23 号
112	北京市人民政府关于加快推进北京经济技术开发区和亦庄新城高质量发展的实施意见	2019 年 12 月 31 日	京政发〔2019〕22 号
113	北京市人民政府关于印发《北京市交易场所管理办法》的通知	2019 年 3 月 22 日	京政发〔2019〕4 号

（卓　娜）

2019年北京市商务局行政规范性文件目录

序　号	名　　称	发布日期	文　号
1	北京市商务局 北京市财政局关于印发《北京市流通领域现代供应链体系建设试点项目与资金管理办法》的通知	2018年11月19日	京商物流字〔2018〕1号
2	北京市发展总部经济工作部门联席会议办公室关于印发《北京创新型总部经济优化提升三年行动计划（2018—2020年）》的通知	2018年12月12日	京商函字〔2018〕170号
3	北京市商务局关于印发《首届中国国际进口博览会北京市交易团采购商参会资金支持申报指南》的通知	2018年12月13日	京商函字〔2018〕180号
4	关于进一步优化营商环境提升京津跨境贸易便利化水平若干措施的公告	2018年12月29日	2018年联合公告第3号
5	北京市商务局 北京市财政局 北京市发展和改革委员会 北京市水务局关于实施节能减排促消费政策的通知	2019年01月31日	京商消促字〔2019〕3号
6	北京市商务局关于印发《北京市节能减排商品销售企业管理办法（试行）》的通知	2019年02月05日	京商消促字〔2019〕4号
7	北京市商务局关于申报2019年度商业流通发展项目的通知	2019年02月28日	京商财务字〔2019〕4号
8	北京市商务局关于申报2019年度外经贸发展资金项目的通知	2019年02月28日	京商财务字〔2019〕3号
9	北京市商务局关于印发《关于发展连锁经营促消费的若干措施》的通知	2019年04月09日	京商流通字〔2019〕7号
10	北京市商务局 北京市住房和城乡建设委员会 北京市城市管理委员会 北京市市场监督管理局 北京市公安局交通管理局关于印发《关于加强社区蔬菜直通车管理的指导意见》的通知	2019年01月16日	京商规字〔2019〕5号
11	北京市商务局 北京市财政局 北京海关关于印发《关于促进我市商业会展业高质量发展的若干措施（暂行）》的通知	2019年05月07日	京商贸发字〔2019〕12号
12	北京市商务局 北京市公安局 北京市交通委员会 北京海关关于印发《北京市促进二手车出口工作方案》的通知	2019年06月14日	京商外运字〔2019〕32号
13	北京市商务局关于印发《北京市关于进一步繁荣夜间经济促进消费增长的措施》的通知	2019年07月09日	京商函字〔2019〕724号
14	北京市商务局关于开展2019年度外经贸发展专项资金（进口贴息事项）申报工作的通知	2019年07月17日	京商外运字〔2019〕40号
15	北京市商务局、北京市公安局、北京市民政局等关于印发《北京市便民店建设提升三年行动计划》的通知	2019年08月08日	京商生活字〔2019〕13号
16	北京市商务局 北京市财政局关于印发《外经贸发展专项资金支持北京市参加第二届中国国际进口博览会实施方案》的通知	2019年08月26日	京商贸发字〔2019〕19号
17	北京市商务局 北京市财政局关于《北京市商业流通发展资金管理暂行办法》的补充通知	2019年08月09日	京商财务字〔2019〕7号

（续）

序 号	名 称	发布日期	文 号
18	北京市商务局 北京市财政局关于做好2019年中国（北京）跨境电子商务综合试验区服务体系建设专项资金重点工作的通知	2019年09月24日	京商电商字〔2019〕13号
19	北京市商务局关于申报2019年促进我市商业会展业高质量发展奖励项目的通知	2019年09月29日	京商贸发字〔2019〕22号
20	北京市商务局关于《关于申报2019年度外经贸发展资金项目的补充通知》和《第二届中国国际进口博览会北京市交易团采购商参会资金支持申报指南》的通知	2019年11月01日	京商办字〔2019〕30号
21	北京市商务局关于印发《北京市外商投资企业投诉工作管理办法》的通知	2019年11月22日	京商函字〔2019〕1272号

（卓 娜）

北京市商务局　北京市财政局关于印发《北京市流通领域现代供应链体系建设试点项目与资金管理办法》的通知

京商物流字〔2018〕1号

各有关单位：

为贯彻党的十九大关于深化供结侧结构性改革、发展现代供应链和加强物流基础设施网络建设的精神，加快推动现代供应链体系建设，促进经济发展提质增效降本，实现高质量发展，按照财政部、商务部关于开展流通领域现代供应链体系建设的有关通知精神，为做好北京市流通领域现代供应链体系建设试点工作，特制定《北京市流通领域现代供应链体系建设试点项目与资金管理办法》，现印发给你们，请遵照执行。

特此通知。

北京市商务局

北京市财政局

2018年11月16日

北京市流通领域现代供应链体系建设试点项目与资金管理办法

第一章　总　则

第一条　为贯彻党的十九大关于深化供给侧结构性改革、发展现代供应链和加强物流基础设施网络建设的精神，加快推动现代供应链体系建设，促进经济发展提质增效降本，实现高质量发展，按照财政部、商务部关于开展流通领域现代供应链体系建设的有关通知精神，依据《中华人民共和国预算法》《中华人民共和国预算法实施条例》和《中央财政服务业发展专项资金管理办法》的相关规定，特制定本办法。

第二条　本办法所称流通领域现代供应链体系建设试点资金（以下简称试点资金）是指中央财政下达北京市的2018年服务业发展专项资金，使用期限截至2020年，用于支持流通领域现代供应链体系建设。

第三条　市商务局负责相关业务管理工作，包括负责研究确定资金的支持方向、组织申报项目、进行项目业务审核、项目评审验收以及办理项目支持资金拨付。市财政局按照《财政部关于印发〈中央财政服务业发展专项资金管理办法〉的通知》（财建〔2015〕256号）要求，细化列支范围目录，加强资金监督，加强对项目承担单位财务人员的指导。

第四条　试点资金管理遵循公开、择优、规范、实效原则，资金分配和使用情况向社会公开，接受有关部门和社会监督。

第二章　资金支持范围和支持方式

第五条　试点资金重点支持农产品、快速消费品、医药以及餐饮、冷链、电子商务等民生消费行业领域，加快推进现代供应链体系建设。具体包括：

（一）支持具有基础性、公益性的物流设施节点标准化建设与改造。

（二）支持标准化托盘（推广1200mm×1000mm平面尺寸）、包装箱（推广600mm×400mm包装模数系列）、周转箱（筐）、货运车辆、集装箱等标准化物流载具的推广应用，及相关物流设施建设改造、物流设备购置。

（三）支持围绕打通供应链上下游信息流进行的信息化投入及系统研发改造、大数据应用、智能化建设改造等，支持商品信息和物流单元信息绑定，实现商流、物流、信息流、资金流“四流合一”。

（四）支持供应链绿色流程再造，支持绿色物流技术和设备的推广应用。

（五）支持其他事项，包括物流单元化载具质量标准认证费用，供应链专业培训，供应链相关标准的制定应用等。

第六条 资金支持方式主要采用以奖代补、贷款贴息、购买服务等方式，单个项目原则上只采用一种支持方式。

第七条 采取“以奖代补”方式的，对单个项目奖励额不超过项目总投资的40%，最高额度原则上不超过1000万元；采取“贷款贴息”方式的，贴息率不超过当期银行贷款基准利率、贴息额不超过同期实际发生的利息额，对项目支持最高额度原则上不超过1000万元。采用“购买服务”支持的项目，最高额度原则上不超过100万元。

第八条 试点资金列支范围主要包括项目建设、设备购置安装、信息系统开发等与项目建设实施直接相关的支出，不包括楼堂馆所、办公楼、道路建设、公用设施建设、征地拆迁、车辆购置、人员经费、办公桌椅以及设施维护等经常性开支。具体列支范围目录详见附件。

第九条 资金使用突破地域限制。优先支持京津冀地区企业和建设项目，促进京津冀区域“大市场、大流通”发展。

第三章 资金申报要求

第十条 结合供应链跨地域的特点，对在北京市注册法人、在京津冀有建设实体的，以及在津冀注册法人但在北京市有建设实体的机构，可在北京申报项目。

申报企业应符合以下基本条件：

（一）依法注册登记，具有独立法人资格；

（二）经营状况良好，财务管理制度健全；

（三）近五年内无违法违纪行为，信用记录良好；

（四）产业基础和业务能力良好。

第十一条 鼓励供应链链主企业对供应链建设整体设计，带领上下游企业联合申报、共同推进、协同共赢。经评审确定的联合申报企业，在项目建设过程中不得随意变更。在确保效果基础上，链主企业可单独申报。

第十二条 项目企业在申报项目时，需提供项目申报表、项目可行性报告、《流通领域现代供应链体系建设项目责任承诺书》等相关资料。有自筹经费来源的，需提供出资证明及其他相关财务资料。申报材料的内容必须真实、准确、完整。项目需具备较好的试点效应和可行性，能产生较好的经济效益和社会效益。

有下列情形之一的，不得参加项目申报：

（一）在享受各级政府财政资助中有严重违法行为的；

（二）参加项目申报前五年内，在经营活动中有重大违法记录或发生较大生产安全事故的；

（三）同一项目已享受政府相关专项资金支持的。

第十三条　申报企业不得将关联方交易额纳入申报项目总投资；不得将同一集团公司信息平台项目多地重复申报。

第四章　项目管理

第十四条　项目采取公开征集方式组织，由市商务局制定并公布项目申报指南。根据流通领域现代供应链体系建设试点年度重点工作，可制定试点资金年度支持重点内容或项目申报指南并对社会公布。

第十五条　市商务局聘请行业专家对申报企业资质和项目方案进行论证、筛选，确定试点企业和项目，会同市财政局报商务部、财政部备案。

第十六条　项目申报企业应承诺在试点期间向市商务局定期报送试点项目推进情况，以及企业供应链管理的效率提升、产品服务质量改善、成本下降情况，具体包括：平均库存周转率、订单服务满意度（及时交付率、客户测评满意率等）、重点供应商产品质量合格率、企业物流单元标准化率、与上下游系统数据对接畅通率、单元化物流占比、供应链综合成本（采购、库存、物流、交易成本）等指标变化情况。

第十七条　项目竣工后，试点企业向市商务局提出验收申请，由市商务局委托中介机构对项目进行评审，并对项目进行验收。通过评审及验收的项目，确定资金支持方案，并在北京市商务局网站公示（公示期不少于10个工作日）。公示无异议后，按国库管理制度相关规定办理资金拨付手续。

第十八条　试点企业收到专项资金后，需按国家相关规定进行账务处理，并按照国家和北京市预算、财务管理制度的有关规定严格项目资金管理，接受国家及市级有关部门的监督检查和审计。

第五章　监督检查

第十九条　获得资金支持的项目单位应主动接受监督、检查和审计，并及时汇报工作进展情况。

第二十条　本办法在执行过程中如资金支持对象或申请单位受到《社会信用体系建设规划纲要》及相关备忘录的联合惩戒，暂停或取消资金支持或申请资格。

第二十一条　对于截留、挪用、骗取财政资金等违法行为，依照《财政违法行为处罚处分条例》（国务院令第427号）等有关规定进行处理处罚。构成犯罪的，依法移交司法机关追究其刑事责任。

第六章　附　则

第二十二条　本办法由北京市商务局、北京市财政局负责解释。

第二十三条　本办法自发布之日起30日后施行。

附件：北京市流通领域现代供应链体系建设试点资金列支范围目录

附件

北京市流通领域现代供应链体系建设试点资金列支范围目录

列支内容	允许列支范围	不包括	备注
物流设施	供应链上有关通用仓库、冷库主体土建工程的标准化改造，节能技术应用建设与改造。	楼堂馆所、道路、拆迁等附属工程，制冷、消防、配电等附属设施。租赁仓库费用。	涉及设施建设安装的投资合同应能区分不同项目造价。
	月台、库门等标准化建设与改造，商超物流设施的标准化建设与改造。	生产车间、食堂、办公楼、店铺建设与改造、装修。	
	供应链上商圈、步行街的公共仓配中心设施建设与改造。	商圈连廊、道路、停车场等非供应链公共设施。	
	供应链上物流分拨中心、配送中心、末端配送点三级配送体系设施的标准化建设与改造。	非供应链上的三级配送体系设施建设与改造。	
物流设备	物流车辆的标准化改造（内廓2050mnm、2450mm）。	物流车辆及小轿车购置费，物流车辆租赁费，非标准化的物流车辆改造。	
	标准货架购置。	生产车间内生产设备，销售店铺内销售设备。	
	物流设备运营方购置标准化的托盘（笼）、周转箱（筐）、集装箱及可循环包装箱，须符合1200~1000mm托盘及600~400mm包装模数系列。	物流设备的生产方生产设备。	
	用户租赁标准托盘（笼）、周转箱（筐）及可循环包装箱。	用户购买标准托盘（笼）、周转箱（筐）及可循环包装箱。	
信息系统	物联网信息设备，管理系统研发投入，上下游各用户系统的对接改造升级，GS1信息采集和处理设备，物流作业监控设备，大数据应用，智能化建设改造，及服务于供应链各用户的具有“四流合一”功能的信息平台建设。	生产车间、办公楼、园区安全管理的可视化监控设备。同一集团公司或关联方信息平台项目多地重复申报。关联方交易额纳入申报项目总投资。	
其他	面向企业管理人员的业务培训，供应链信息、服务标准制定，物流单元载具质量标准认证费用，建立统计制度等。	电脑、桌椅等办公开支，差旅费、会议费、审计费、评审费等工作经费开支。	

北京市发展总部经济工作部门联席会议办公室关于印发《北京创新型总部经济优化提升三年行动计划（2018—2020年）》的通知

京商函字〔2018〕170号

各区人民政府、市政府各有关部门：

为贯彻落实《北京城市总体规划（2016年—2035年）》，构建“高精尖”经济结构，助力建设首都现代化经济体系，推动实现经济高质量发展，制定了《北京创新型总部经济优化提升三年行动计划（2018—2020年）》，现印发给你们，请结合实际认真贯彻执行。

特此通知。

市发展总部经济工作部门联席会议办公室

（北京市商务局代章）

2018年12月12日

北京创新型总部经济优化提升三年行动计划（2018—2020年）

创新型总部经济是首都经济的重要组成部分，对于落实“四个中心”城市战略定位，以及构建高精尖经济结构、实现高质量发展都具有重要的支撑作用。《北京城市总体规划（2016年—2035年）》明确提出“培育壮大与首都战略定位相匹配的总部经济，支持引导在京创新型总部企业发展，努力打造世界高端企业总部聚集之都。”为贯彻落实新版城市总体规划，推动创新型总部经济减量集约、提质增效发展，支撑北京经济高质量发展，助推国际一流的和谐宜居之都建设，特制定本行动计划。

一、总体思路

（一）指导思想

深入贯彻党的十九大精神，坚持以习近平新时代中国特色社会主义思想为指导，以习近平总书记视察北京重要讲话精神为根本遵循，紧紧围绕首都城市战略定位，以服务“四个中心”建设、实现提质增效为主线，以科技创新为引领，以改革开放为动力，加快培育和成长起一批创新型总部企业，推动总部企业能级提升与实体化经营，优化总部企业空间格局，促进创新型总部经济高质量发展，为构建“高精尖”经济结构和首都特色的现代化经济体系、建设国际一流的和谐宜居之都提供重要支撑。

（二）基本原则

坚持首都定位，服务大局。创新型总部经济发展必须符合首都“四个中心”城市战略定位，紧紧围绕构建“高精尖”经济结构和推动高质量发展的要求，重点引进和培育一批与首都城市战略定位相匹配的创新型总部企业，全面增强对“四个中心”建设的服务和支撑作用。

坚持创新驱动，高端引领。以科技创新为

核心驱动力，聚焦“高精尖”产业、现代服务业、文化产业等重点产业领域，深化文化科技融合创新，培育一批具有国际竞争力的创新型总部企业，引领创新链、产业链和价值链高端跃升，推动首都经济实现高质量发展。

坚持实体经营，提质增效。以创新型总部企业实体化经营为抓手，鼓励企业在京开展投资、研发、营销、结算、采购等实体业务，支持管理类总部拓展部分实体业务职能，全面提高创新型总部企业人均产出率、人均财税贡献和资源利用率，实现提质增效发展。

坚持双向开放，能级提升。实施创新型总部经济双向开放战略，以服务国家“一带一路”建设、深化服务业扩大开放综合试点为契机，吸引跨国公司地区总部、外资研发中心等企业入驻，鼓励在京创新型总部企业“走出去”跨国经营，增强对全球高端资源要素的配置力、控制力和话语权。

二、发展目标

到2020年，全市创新型总部经济发展质量显著提高，对“四个中心”功能建设的支撑作用更加凸显，对高精尖经济结构的引领效应显著增强，企业全球竞争力与资源配置力不断提升，世界高端企业总部聚集之都建设初具规模。

质量效益稳步提升。到2020年，创新型总部经济提质增效发展取得新进展，企业劳均产出率、人均一般公共预算收入、研发投入强度等相关指标实现稳步增长。

功能支撑明显增强。培育和引进一批科技创新总部、文化创意总部等与首都城市战略定位相匹配的国际一流的创新型总部企业，创新型总部经济对“四个中心”建设的支撑作用明显增强。

高精尖主体效应显现。到2020年，创新型总部经济成为北京现代化经济体系的重要组成部分，高新技术企业总部、高精尖企业总部等成为主导力量，上市公司、独角兽企业等成为新生力量，创新型总部经济主体活力稳步提升。

国际竞争力不断提高。聚焦世界500强，引进一批知名跨国公司地区总部、外资研发中心等外资总部，培育壮大一批具有国际影响力的本土跨国公司总部。到2020年，经认定的跨国公司地区总部数达到200家左右，创新型总部企业对全球高端资源的配置力和控制力不断增强。

空间布局持续优化。中心城区非首都功能疏解有序推进，总部功能区提质增效发展，到2020年城六区总部企业数量呈下降趋势；“三城一区”、城市副中心等各类总部企业加快发展，成为创新型总部经济发展的新空间；新城、新区特色总部基地初见成效。

三、重点任务

（一）实施重点领域创新型总部升级行动

1. 支持高精尖产业创新型总部发展壮大。聚焦新一代信息技术、人工智能、智能装备、医药健康、新能源智能汽车等十大“高精尖”产业领域，引进和培育一批掌握尖端技术、核心技术和关键技术的创新型总部企业。（市商务局、市经济信息化局、市科委牵头，市发展改革委、市卫生健康委、市药监局配合）研究鼓励高精尖产业创新型总部相关政策，支持创新型总部企业积极对接国家科技重大专项、科技创新2030—重大项目、重点研发计划等国家重大科技项目。鼓励高精尖产业创新型总部企业在技术研发、标准制定、绿色发展等领域先行先试。（市商务局、市科委牵头，市发展改革委配合）建立创新型总部上市后备企业资源库，集中筛选出一批高精尖产业创新型总部，推动其登陆A股市场、创业板市场，推动其在全国中小企业股份转让系统挂牌并进行融资、并购。

（市商务局牵头，市经济信息化局、市科委、市发展改革委、市地方金融监管局配合）

2. 促进高端服务业创新型总部提质升级。鼓励金融、商务服务、信息服务等服务业领域的创新型总部企业，采取在京增设子公司、职能机构及拓展实体业务等方式提升能级。支持具备条件的服务企业开展跨行业、跨部门整合与并购重组，探索资质平移、政府采购、指定试点等相关政策，培育一批高端服务业创新型总部企业。推动金融、设计服务、商务服务等领域创新型总部企业参与行业标准制定，支持其申报国家级标准化服务业试点项目。（市商务局牵头，市投资促进局、市地方金融监管局、市科委、市经济信息化局、市住房城乡建设委配合）

3. 加快文化科技融合的创新型总部培育。以创意设计、数字新媒体、VR/AR、动漫游戏、数字出版等文化科技融合型新业态为重点，加大对企业兼并重组、重大项目建设、人才引进、市场拓展等的扶持力度，培育一批引领中国、影响世界的“文化航母类”创新型总部企业。鼓励文化产业领域创新型总部企业加强资源整合、业务融合与创新合作，以“抱团出海”方式参与全球文化贸易市场竞争。（市商务局牵头，市科委、市经济信息化局、市投资促进局、市文化和旅游局、市文资办、市人力社保局配合）

4. 着力打造研发类创新型总部优势集群。以“三城一区”主平台为核心载体，引进一批具有全球影响力、掌握产业前沿核心技术的国内外企业研发中心、工程技术中心等研发类创新型总部。（市商务局牵头，市经济信息化局、市科委、“三城一区”各管委会配合）鼓励高精尖产业创新型总部企业与高校、科研院所合作，在新一代信息技术、人工智能、新能源汽车等领域共建技术研发中心、产业创新中心等项目。（市经济信息化局、市科委牵头）研究制定鼓励创新型总部企业加大研发投入的相关措施，在研发费用、技术合作、设备采购、成果转化、人才奖励等方面提供支持。推动重大科研设施和科研仪器向研发类总部机构开放，打造一批开放式共享实验室、共享技术创新中心。（市商务局牵头，市科委、市经济信息化局、中关村管委会配合）

（二）实施创新型总部国际化提升行动

5. 加快跨国公司地区总部引进与能级提升。深化服务业扩大开放综合试点，适当放宽跨国公司地区总部认定标准，鼓励与首都城市战略定位相匹配的跨国公司地区总部、投资性公司、外资研发中心等项目落地。重点支持跨国公司地区总部在京设立投资中心、运营中心、结算中心、采购中心等经营性机构，拓展实体业务领域。（市商务局牵头，市科委、市投资促进局、中关村管委会配合）为跨国公司地区总部外籍高层次人才出入境、随迁外籍子女入学等提供便利。（市人力社保局牵头，市公安局配合）加强商标、专利等知识产权保护，鼓励在京跨国公司地区总部等参与各类标准制定。（市知识产权局牵头）

6. 促进世界500强企业在京投资增资。加强与国际知名会计律师事务所、国际咨询公司等第三方机构合作，研究建立世界500强企业投资地图，及时关注企业的业务布局、投资动向、重组并购等信息。研究制定《世界500强企业跨国经营投资指南》，建立世界500强企业长效对接机制，开展精准招商、定向服务。（市商务局牵头，市投资促进局配合）

7. 鼓励创新型总部企业“走出去”跨国经营。支持和引导创新型总部企业在境外设立海外营销中心、生产基地等。鼓励企业参与“一带一路”重大基础设施、重点产业项目建设，加大“自主品牌、自主知识产权”产品和服务出口，培育一批具有国际竞争力的本土跨国公司。搭乘外经贸海外服务便车，实施“专业服务机构跟随创新型总部企业出海计划”，到2020年海外北京高端商务服务中心累计达12家。（市商务局牵头，中国国际贸易促进委员会北京市分会配合）

8. 支持创新型总部企业参与国际标准制定。鼓励创新型总部企业利用海外研发机构、海外科研平台等方式，积极参与相关产业领域国际标准研究与制定。（市商务局牵头，市科委配合）支持有条件的创新型总部企业通过PCT等途径向国外申请专利，将自主知识产权转化为行业标准，并升级为国际标准。（市知识产权局牵头，市商务局配合）

（三）实施创新型总部新动能培育行动

9. 培育一批新经济形态的创新型总部。聚焦数字经济、绿色经济、创意经济等新经济形态，优化投资服务环境，引进一批成长快、前景好的企业在京设立总部、研发中心或投资公司。（市商务局牵头，市经济信息化局、市科委、市投资促进局、中关村管委会配合）顺应消费升级趋势，在旅游休闲、冰雪体育、健康养老、新商业等新兴领域，加快培育创新型总部新动能。（市商务局牵头，市文化和旅游局、市体育局配合）

10. 扶持一批平台类的创新型总部。加快中国北京跨境电子商务综合试验区建设，壮大一批跨境电子商务平台企业，引导其向创新型总部企业升级。（市商务局牵头）聚焦互联网金融、在线教育、远程医疗、工业互联网等“互联网+”领域，培育一批平台型企业，支持其在全国乃至全球范围内开展跨区域经营，拓展总部业态。（市商务局牵头，市经济信息化局、市科委、市地方金融监管局、中关村管委会配合）

11. 建立“准创新型总部”企业发现培育机制。建立健全“准创新型总部”企业发现机制，对中关村领航企业、“瞪羚”企业、独角兽企业等开展常态化跟踪，遴选和储备一批“准创新型总部”企业。加强与互联网平台企业合作，加大对创新创业企业的孵化服务，培育一批“准创新型总部”企业。在研发投入、投融资、办公用房、人才引进等方面，为“准创新型总部”企业提供精准政策扶持。（市商务局牵头，中关村管委会、市科委、市经济信息化局、市地方金融监管局、市人力社保局配合）

（四）实施创新型总部企业提质增效行动

12. 支持创新型总部企业实体化经营。完善创新型总部企业开展实体化经营的相关办法，通过资助、配套、奖励等方式，鼓励企业在京增设投资中心、财务中心、研发中心、结算中心、销售中心等独立运营的职能机构或高端产业基地，拓展实体性经营业务。（市商务局牵头）支持创新型总部企业加强产学研用合作，推动具备条件的重大科技成果在京孵化转化和产业化。（市科委牵头，市商务局、市经济信息化局、市教委、中关村管委会配合）

13. 鼓励分支机构向创新型总部升级。鼓励在京跨国公司办事处、分公司逐步向跨国公司地区总部升级，形成具有决策、管理、研发、投资等高端职能的创新型总部企业。（市商务局牵头）

（五）实施创新型总部企业布局优化行动

14. 支持金融街、CBD、中关村等功能区提质增效。支持金融街金融类创新型总部能级提升，引进大型外资金融总部机构，提高国际化金融服务能力。（市地方金融监管局牵头，市商务局、西城区政府配合）推动CBD国际金融、商务服务、文化传媒等领域双向开放，提升精细化服务水平，集聚一批贡献大、占据产业链高端的跨国公司地区总部和投资性公司。（CBD管委会牵头，市商务局、朝阳区政府配合）进一步提升中关村高技术产业领域创新型总部的辐射力，有力支撑我市高精尖产业快速发展。（中关村管委会牵头，市商务局、海淀区政府配合）完善总部功能区基础设施、公共设施和配套服务体系，提升功能区公共服务水平，提高创新型总部企业承载力。（各功能区管委会、所属区政府牵头，市商务局配合）

15. 促进“三城一区”创新型总部企业发展。完善“三城一区”基础与配套服务设施，促进新一代信息技术、医药健康、人工智能、信息服务等高精尖产业领域的创新型总部企业成长。鼓励“三城一区”建立准创新型总部企业发现与储备机制，培育一批“瞪羚”企业、独角兽企业、隐形冠军等新动能强劲的企业。中关村科学城围绕原始创新，引进和培育一批研发中心、技术中心和企业研究院；怀柔科学城通过搭建大型科技服务平台，建立“总部+研发+孵化”的新型产业模式；未来科学城重点推进央地合作、军民融合，打造大型企业研发总部集群；推动北京经济技术开发区培育一批高精尖产业领域的创新型总部及研发、设计、营销、结算等职能机构。（“三城一区”各管委会牵头，市科委、市经济信息化局、市商务局配合）

16. 加快城市副中心高端服务业创新型总部引进。推进运河商务区重点商务楼宇等项目建设，积极承接中心城区部分竞争类市属国有企业总部疏解，吸引其新增的投资公司、财务公司、结算中心等职能机构落户。聚焦金融、商务、科技创新等产业领域，引进一批跨国公司地区总部及国内服务业500强、民营500强等企业创新型总部或职能机构。（通州区政府牵头，市商务局、市科委、市经济信息化局、市地方金融监管局、市投资促进局配合）

17. 推进新城、新区特色总部基地建设。支持新机场临空经济区航空企业、临空产业等创新型总部项目落地，打造临空经济特色总部基地。加快新首钢高端产业综合服务区、丽泽金融商务区等新区建设，引进和培育金融、商务服务、文化创意、科技服务等领域的创新型总部。加强分类指导，支持门头沟、房山、平谷、怀柔、密云、延庆等具备条件的园区，吸引特色产业领域的创新型总部、兼具总部功能和高端制造环节的企业入驻，打造特色总部基地或总部小镇。（各商务区管委会、所属区政府牵头，市商务局配合）

（六）实施创新型总部经济区域联动行动

18. 推动创新型总部企业构建跨区域产业链。支持外埠世界500强、中国500强、民营500强企业等采取“双总部”的模式，在中心城区以外区域设立第二总部。鼓励在京创新型总部企业通过设立分公司、生产基地或投资入股等方式，在国内其他地区拓展业务领域，构建“总部—分支机构”“总部—生产基地”的跨区域产业链。（市商务局牵头）

19. 以创新型总部经济模式助推京津冀协同发展。鼓励在京创新型总部企业积极拓展京津冀市场和资源空间，通过资本经营、战略合作、业务重组等方式，参与津冀企业改组或重大项目建设，推动产业链、价值链跨区域延伸。鼓励创新型总部企业在雄安新区设立第二总部或职能机构，搭建协同创新平台，全面参与雄安新区城市建设、产业发展和科技创新。（市商务局牵头，市国资委、市发展改革委、市科委、市经济信息化局、市地方金融监管局、中关村管委会配合）

四、保障措施

（一）加强组织实施

发挥市总部经济发展工作部门联席会议制

度的统筹协调作用，统筹解决创新型总部经济发展的重大问题，将本行动计划涉及的重点任务、重点工程等进一步拆解、细化，明确各项任务推进实施的牵头部门与责任单位。建立督查工作机制，强化对本行动计划实施进展情况的监督评估。（市商务局牵头，市发展总部经济工作联席会议成员单位配合）

（二）优化营商环境

进一步优化市场准入服务，深入推进商事制度改革，对连锁类创新型总部企业实行“一区一照”，提供无纸化申报、绿色通道、容错受理等便利措施，降低企业制度性成本。（市市场监督管理局牵头，市商务局配合）以创新型总部企业需求为导向，建立重大项目跟踪机制和意见反馈绿色通道，开展综合集成服务和个性化对接服务。（市商务局牵头、重大项目所涉及的相关单位配合）完善适应创新型总部经济发展的知识产权保护体系，整合国内外知识产权维权服务资源，为企业“走出去”提供海外维权公共服务通道。（市知识产权局牵头，市商务局配合）

（三）探索政策创新

加强对国内外大城市关于跨国公司地区总部、大企业总部相关政策的研究，适时对北京现行政策进行调整与修订，制定与首都城市战略定位相匹配的创新型总部经济政策及系列措施。（市商务局牵头）积极争取市级认定的创新型总部企业享受中关村示范区国际人才20条政策。鼓励创新型总部企业利用引智项目加大海外高层次人才引进，放宽人才引进条件，探索根据经营贡献和发展需求给予一定数量的人才引进指标。统筹做好创新型总部企业高管人员和专业人才子女入读幼儿园、义务教育阶段学校等工作。（市人力社保局、市教委牵头，市商务局配合）

（四）完善统计监测体系

进一步规范创新型总部企业统计体系，健全统计报送制度，引导企业强化母公司、子公司、分公司、分支机构数据的分类核算。建立创新型总部企业大数据库，联合统计局、财政局、税务局等部门开展企业数据入库工作。（市商务局牵头，市统计局、市市场监督管理局、市税务局、市财政局配合）支持北京总部企业协会、新型智库等社会组织，开展创新型总部经济发展第三方评估工作，对全市及16区创新型总部经济发展进行持续监测。根据创新型总部企业的行业和类型特点，设立针对性、差别化的评价指标体系，开展分类监测与评估，提供精准政策扶持。（市商务局牵头，各区政府配合）

（五）发挥中介组织作用

持续做好总部经济中介组织征集工作，支持和引导中介组织为创新型总部企业提供法律会计、投资管理、知识产权、人力资源、科技服务等专业服务。支持境外经贸类非政府组织在京代表机构发挥引资、引技、引智作用，提升服务创新型总部企业发展的能力。充分发挥北京总部企业协会、中介组织、跨国公司总部联盟的积极性，增强创新型总部企业的交流合作，搭建政府与企业长效对接机制。联合总部企业协会、中介组织和第三方权威机构，定期举行创新型总部经济论坛、政策宣讲会、企业联席会等活动。（市商务局牵头）

北京市商务局关于印发《首届中国国际进口博览会北京市交易团采购商参会资金支持申报指南》的通知

京商函字〔2018〕180号

各交易分团，各有关单位：

首届中国国际进口博览会于2018年11月5日至10日在上海举办，为圆满完成北京市交易团采购商参会、洽谈、采购等组织工作任务，根据《财政部　商务部关于2018年度外经贸发展专项资金重点工作的通知》（财行〔2018〕91号），制定了《首届中国国际进口博览会北京市交易团采购商参会资金支持申报指南》。现印发给你们，请结合实际贯彻执行。

特此通知。

中国国际进口博览会北京市交易团

2018年12月13日

（联系人：市商务局贸易发展处　赵晶、王孜；联系电话：87211890、87211892）

首届中国国际进口博览会北京市交易团采购商参会资金支持申报指南

为切实做好首届中国国际进口博览会北京市交易团采购商组织工作，根据《财政部　商务部关于2018年度外经贸发展专项资金重点工作的通知》（财行〔2018〕91号）精神，支持我市采购商到会洽谈采购，主动扩大进口，促进贸易平衡发展，对采购商参会发生的交通和住宿费用提供资金支持，具体申报条件及流程如下：

一、支持对象和申报条件

（一）支持对象

在中国国际进口博览会官网专业观众报名系统登记注册并通过审核的北京市交易团内中小企业和社会团体组织。

（二）申报条件

1. 申报主体为中小企业的，应在北京市办理工商注册，依法取得营业执照，且符合工业和信息化部、国家统计局、国家发展和改革委员会、财政部《关于印发中小企业划型标准规定的通知》（工信部联企业〔2011〕300号）关于中小企业分类及划型的标准；

2. 申报主体为社会团体组织的，应在北京市注册，并取得社会团体法人登记证书。

二、资金支持内容

1. 赴上海参加中国国际进口博览会的往返交通费用（飞机、火车）；

2. 参加中国国际进口博览会期间的住宿费用。

三、资金支持标准

1. 往返交通费用按实际选择交通方式给予补助，每家企业最多2人，补助金额不超过实际发生费用的50%（单程高铁补助上限为276.5元、单程飞机经济舱补助上限为680元）；

2. 住宿费用按进口博览会期间（11月3日—12日）实际发生住宿费用的50%予以补助，每家企业补助1个房间费用（住宿费用补助最高不超过750元/天，最多不超过6天）。

四、资金申请及拨付

（一）符合补助条件的参展企业及社会团体于2019年1月18日前向所属交易分团提交申请补助材料，由各交易分团初审；各交易分团初审后于1月31日前上报北京市交易团秘书处（市商务局）。

（二）申请资金支持的北京市中小企业及社会团体组织按要求提供书面申请材料及原始票据与记账凭证（详见附件）。

（三）北京市交易团秘书处（市商务局）委托第三方机构对书面申请材料及原始票据与记账凭证进行审核，审核通过后将在北京市商务局门户网站进行公示，公示期为7天。

公示期结束后，北京市交易团秘书处（市商务局）按照财务相关规定拨付资金。

附件：首届中国国际进口博览会北京市交易团采购商申请资金支持材料

附件

首届中国国际进口博览会北京市交易团采购商申请资金支持材料

一、补助资金申请表；

二、营业执照副本或社会团体法人证书、统一社会信用代码证书（复印件2份）；

三、企业及社团组织开户许可证（复印件2份）；

四、本单位参加中国国际进口博览会人员的入场证件包括专业观众证、VIP证等（复印件2份）；

五、本单位申请补助人员近半年内缴纳社保记录（复印件2份）；

六、往返机票、火车票或行程单、购票凭证（复印件2份），从北京以外地区出发去上海以及参会结束后从其他地区返京的企业需提交书面说明材料，由单位法人签字并加盖单位公章（原件2份）；

七、住宿发票，发票抬头须为本单位名称（复印件2份）；

八、资金申请承诺书（原件2份）；

九、其他申请资金支持的证明材料（视具体情况提供）。

注：以上所有材料均需加盖公章。

补助资金申请表

单位名称（盖章）		
统一社会信用代码		
开户许可证（对公账号）		
法人代表	身份证号	手机号
申请补助人员	身份证号	手机号
		单位法人签字：
		申请时间：　年　月　日

资金申请承诺书

北京市商务局：

我单位已认真阅读《首届中国国际进口博览会北京市交易团采购商参会资金支持申报指南》，并承诺符合《申报指南》规定的所有申请条件，保证全部申请资料真实、合规、有效。如违反相关规定我单位将承担一切责任。

申请单位法人代表（签字）：

（单位公章）

年　　月　　日

关于进一步优化营商环境提升京津跨境贸易便利化水平若干措施的公告

2018年联合公告第3号

为贯彻落实国务院《优化口岸营商环境促进跨境贸易便利化工作方案》（国发〔2018〕37号）要求，进一步提升京津跨境贸易便利化水平，结合实际，制定了具体措施，现公告如下：

一、优化报关放行模式

1. 推广应用“提前申报”模式。鼓励进口企业采用提前申报，提前办理单证审核和货物运输作业，非布控查验货物抵达口岸后即可放行提离。

2. 实行“先放行后改单”模式。对海关查验发现异常，而又不涉证、不涉税、不涉及检验检疫风险，仅涉及查验后改单放行的报关单，允许在海关放行后修改报关单数据。

3. 实施“先放行后缴税”模式。进一步推广“银关融”增信担保、“同业联合”增信担保、财务公司担保等，积极开展关税保证保险，提高通关效率和降低企业经营成本。根据企业信用等级分类实施差异化担保模式，探索实施AEO高级认证企业免担保验放，降低企业融资成本。

4. 扩大新一代海关税费电子支付系统适用范围，将税款类保证金、滞报金纳入其中，进一步提升支付海关税费的便捷性。

二、优化查验检测模式

5. 在货物监管现场实施“查检合一”作业。统筹整合辖区查验场地、设施设备等查验资源，加强查验指令统筹协调，严格执行一次查验，实现现场执法统一、通关流程优化、通关效率提高。

6. 推行“先验放后检测”检验监管模式。按照海关总署要求符合条件的进口商品，在口岸完成现场检验检疫工作并符合要求后，即允许提离海关监管现场，在货物提离后实施实验室检测，办理综合评定及证书签发手续，缩短在港堆放时间，降低堆存和装卸等费用。

7. 优化鲜活产品进口检验检疫流程。搭建肉类、生鲜水产品、水果、食用水生动物等商品通关便捷通道，加快口岸查验速度，支持扩大日用消费品进口。

8. 对用于备案注册、研发测试和贸易洽谈等进口食品化妆品样品，免予标签检验和备案，免予提供卫生评价资料和原产地证明，免于抽样检测。

9. 优化动植物及其产品、食品、化妆品、生物制品出口申报前监管流程，通过企业分类管理及产品风险分析等措施，强化出口检验检疫作业与通关作业的有机衔接与融合，形成电子底账，方便企业在出口申报前办结相关检验检疫手续。

10. 优化快件、电商监管模式，统一使用作业场所自动化机检线，实施“一屏作业”。

三、便利单证办理，推广无纸化

11. 实行进口许可证件申领和通关作业无纸化。除安全保密等特殊情况外，属于自动进口许可证管理的货物和属于进口许可证管理的货物（除消耗臭氧层物质以外）可以实现申报资料网上提交、网上审批、许可证件联网核查和通关作业无纸化，企业可无需再提交书面资料和领取纸质许可证。

四、大力推广应用国际贸易“单一窗口”

12. 企业可通过国际贸易“单一窗口”申报出口退税，实现报关单信息与出口退税申报信息自动转换，无须重复录入。

13. 加快推进电子口岸和国际贸易“单一窗口”升级改造，突出地方特色，丰富和完善功能，实现“一个平台、一次提交、一站办结”。将“单一窗口”功能覆盖至海关特殊监管区域和跨境电子商务综合试验区等相关区域。

五、清理规范降低口岸收费

14. 实行口岸收费目录清单制度。建立由地方财政局、商务局（口岸办）双牵头，价格、市场监管、交通、财政部财政监察专员办事处等共同参与的清理口岸收费工作机制，按照国家统一清单模板在国际贸易“单一窗口”、口岸管理部门网站、企业对外网站和口岸经营服务现场按照统一清单模板公示收费目录清单，清单之外不得收费。

15. 清理规范口岸经营服务性收费，对实行政府定价的，严格执行规定标准；对实行市场调节价的，督促收费企业执行有关规定，不得违规加收其他费用；鼓励竞争，破除垄断，推动降低报关、货代、船代、物流、仓储、港口服务等环节经营服务性收费。加强监督检查，依法查处各类违法违规收费行为，大幅降低进出口环节合规成本，力争港口综合费用水平在全国具有明显竞争力，服务好京津冀协同发展。

六、完善口岸服务机制

16. 推行“预约通关”模式。依托“互联网+海关”一体化网上办事平台，对适用于海关总署2018年第109号公告的三种货物，需在海关正常办公时间以外办理通关手续的，可向海关提出预约通关申请（失信企业除外），探索更大范围货物预约通关。

17. 通过建立归类先例库，推广归类预裁定服务，加强税政调研，开发商品归类信息服务等系统，支持和帮助企业提前确定涉税要素，帮助企业用足用好国家减税政策。

18. 提升企业信用管理水平。遵循“守法便利”原则，实施信用等级梯次分类管理，为高信用等级企业提供全方位便捷服务。积极培育和扩大认证企业数量，优化企业整体信用等级结构，开展AEO高级认证，应用AEO国际互认合作成果，支持企业“走出去”。

19. 为重点企业提供个性化服务。海关通过“企业协调员制度”、微信公众号新媒体等线上线下多种方式建立对企业日常跟踪服务机制，及时解决企业进出口过程中遇到的困难和问题。

20. 做好政策宣讲和解读。通过举办“进出口政策服务咨询会”、价格政策提醒告诫会、国际贸易“单一窗口”推介会及相关新政策措施宣传培训会等多种形式，加强政策宣传解读，引导口岸运营主体、进出口服务企业参与口岸提效降费工作，实现政企协同联动。

21. 完善口岸通关制度环境。围绕口岸提效降费，按照问题导向、需求导向和目标导向，探索从完善国际贸易“单一窗口”、扩大公开透明、优化服务流程、规范中介代理等方面逐步建立北京口岸制度体系，营造稳定公平透明、可预期的跨境贸易营商环境。

本公告自发布之日起施行。

北京市商务局（北京市政府口岸办）
天津市商务局（天津市政府口岸办）
中华人民共和国北京海关
中华人民共和国天津海关

北京市财政局

天津市财政局

北京市发展和改革委员会

天津市发展和改革委员会

北京市市场监督管理局

天津市市场监督管理委员会

北京天竺综保区管委会

2018 年 12 月 29 日

北京市商务局等4部门关于实施节能减排促消费政策的通知

京商消促字〔2019〕3号

各区商务委、财政局、发展改革委、水务局，各有关企业：

为进一步扩大消费需求，推动商业“规范化、连锁化、便利化、品牌化、特色化、智能化”发展，引导绿色消费理念，促进节能节水减排，引领供给侧结构性改革，促进消费高质量发展，我市自2019年2月1日开始，在全市范围内实施节能减排促消费政策，鼓励消费者购买使用节能减排商品，对符合条件的消费者给予一定额度的资金补贴。现将有关事项通知如下：

一、实施时间

2019年2月1日至2022年1月31日，实施期三年。

二、补贴范围

（一）本市户籍人员。

（二）驻京部队现役军人和现役武警。

（三）持有有效《北京市工作居住证》或《北京市工作居住确认单》的非本市户籍人员。

（四）持有有效《北京市居住证》或《北京市居住登记卡》的非本市户籍人员。

（五）本市公安机关认可的其他享受本市户籍同等待遇人员。

三、节能减排商品类别

节能减排商品包括电视机、电冰箱、洗衣机、空调、热水器、微波炉、吸油烟机、家用燃气灶、电饭锅、家用电磁灶、家用电风扇、坐便器、淋浴器、空气净化器、自行车15类产品。

（一）电视机、电冰箱、洗衣机、空调、热水器、吸油烟机、家用燃气灶、微波炉、电饭锅、家用电磁灶、家用电风扇的能效标识须为中国能效标识1级或2级。

（二）空气净化器符合国家电器安全标准（GB 4706.1—2005《家用和类似用途电器的安全通则》、GB 4706.45—2008《家用和类似用途电器的安全 空气净化器的特殊要求》）和产品性能标准（GB/T 18801—2015《空气净化器》，符合标准要求之外，颗粒物和甲醛净化能效达到高效级）。

（三）坐便器的水效等级须为1级或2级（以中国水效标识网备案产品信息为准）；淋浴器通过节水认证且水效等级2级及以上产品（商品目录由北京节约用水管理中心定期进行更新，待国家水效标准出台后，以中国水效标识网备案产品信息为准）。

（四）自行车符合GB/T 19994—2005《自行车通用技术条件》国家标准。

四、补贴标准

根据商品类别，采取不同的补贴比例和补贴限额（见附件）。

五、补贴数量

在政策实施期内，每个消费者每类商品只能有1台（个）享受补贴政策。

六、补贴流程

（一）消费者领取补贴流程

1. 消费者持有效身份证件（原件）到通过公开征集选定的销售企业（以下简称销售企业）购买节能减排商品。

2. 销售企业对消费者的补贴资格进行审核。审核通过后，将相关信息录入北京市节能减排促消费政策信息管理系统。

3. 消费者在《北京市节能减排商品补贴确认书》上签字确认。

4. 销售企业在《北京市节能减排商品补贴确认书》上加盖单位公章。《北京市节能减排商品补贴确认书》一式三份，消费者、销售企业和市商务局各存一份。

5. 销售企业直接向符合补贴条件的消费者垫付补贴资金，留存消费者身份证件复印件和发票复印件；对不符合条件的，现场告知。

6. 若消费者所购节能减排商品正开展打折促销活动，销售企业应按打折促销后的销售价格计算垫付补贴资金。

（二）销售企业垫付补贴资金清算流程

1. 市商务局在每月 15 日前根据北京市节能减排促消费政策信息管理系统统计的上一个月销售数据，测算上一个月节能减排商品补贴资金并拨付至销售企业。

2. 销售企业每季度初 10 日前将上一季度的申报资料进行整理报市商务局。销售资格到期后 15 个工作日内将所有未申报的资料全部报市商务局。

申报资料包括：消费者身份证件复印件、《北京市节能减排商品补贴确认书》、节能减排商品销售发票复印件、补贴资金垫付情况汇总表、评审已通过退货商品补贴资金核减情况汇总表（明细表）和承诺申报资料属实的承诺书。

3. 市商务局委托第三方评审机构对销售企业提交的申报材料进行评审，在 10 个工作日内向市商务局提交评审报告。

4. 市商务局每季度根据评审报告对上一季度节能减排商品补贴资金进行清算，并在 10 个工作日内将上一季度剩余补贴资金拨付至销售企业。

（三）退货处理

1. 购买节能减排商品的消费者有退货需求时，在符合国家有关规定的情况下，销售企业应按照正常流程为消费者办理退货手续。

2. 销售企业向市商务局递交补贴资金申请前发生退货的，销售企业应办理正常退货手续，核销垫付给消费者的补贴资金，在信息管理系统做退货处理。

3. 销售企业向市商务局递交补贴资金申请后发生退货的，销售企业应办理正常退货手续，在信息管理系统做退货处理，并在下一批申报补贴资金时如实向市商务局申报，市商务局将该部分补贴资金从应拨付给销售企业的资金中核减。销售资格到期后 10 个工作日内将所有应退资金全部退回市商务局，市商务局与市财政局清算后，将结余资金退回市财政局。

七、销售企业认定

（一）市商务局公开征集并会同相关部门择优确定销售企业。符合相关条件的实体商业零售企业和电子商务企业（自营）均可参加。2019 年 2 月 1 日，在上一轮政策实施中符合条件、实施效果较好的骨干企业率先启动。率先启动的节能减排企业也将参加公开征集和遴选程序。

（二）销售企业要严格遵守市商务局制定的《北京市节能减排商品销售企业管理办法（试行）》，安装节能减排促消费政策信息管理系统，签订承诺书并严守承诺，诚信经营，杜绝假冒伪劣、价格欺诈行为。

（三）销售企业每年征集一次，资格有效期一年。

（四）实施动态管理。如销售企业违反相关规定，市商务局将取消其销售企业资格，并向社会公示；如销售企业主动退出，应向市商务局提出书面申请，市商务局审核确认后取消其销售企业资格，并向社会公示。

八、监督管理

销售企业应当遵守有关法律、法规和本通知的相关规定，一经查实有违反规定、骗取财政补贴等行为的，视情节轻重，采取责令整改、追回财政补贴资金、取消销售企业资格等措施；情节严重构成犯罪的，移交司法机关处理。

九、组织实施

节能减排促消费政策由市商务局、市财政局、市发展改革委、市水务局四个部门联合实施。

市商务局负责公开征集并会同相关部门择优确定销售企业，优化节能减排促消费政策信息管理系统，开展政策宣传，做好政策在促进消费增长方面的绩效评估工作。

市财政局做好补贴资金的筹集和拨付工作，并安排必要的工作经费，确保政策的顺利开展，做好资金使用的绩效评估工作。

市发展改革委负责组织全市节能超市的节能产品推广工作，配合市商务局开展相关领域节能政策的宣传，绩效的测算等工作。

市水务局会同市商务局确定节水型淋浴器商品目录，定期更新，做好政策在节水方面的绩效测算和评估工作。

十、其他事项

本政策由市商务局、市财政局、市发展改革委、市水务局根据各自职责负责解释。

北京市商务局

北京市财政局

北京市发展和改革委员会

北京市水务局

2019 年 1 月 29 日

（联系人：市商务局　杨凌，联系电话：55579595；市财政局　陈晓笛，联系电话：55592161；市发展改革委　朱广慧，联系电话：55590322；市水务局　刘鹏，联系电话：68556733）

附件：节能减排商品补贴标准

附件

节能减排商品补贴标准

<table>
<tr><th>序号</th><th>节能减排商品</th><th>补贴标准
（按商品销售价格）</th><th>补贴限额
（元）</th></tr>
<tr><td>1</td><td>电视机</td><td rowspan="11">能效标识 1 级为 13%
能效标识 2 级为 8%</td><td rowspan="15">800</td></tr>
<tr><td>2</td><td>电冰箱</td></tr>
<tr><td>3</td><td>洗衣机</td></tr>
<tr><td>4</td><td>空调</td></tr>
<tr><td>5</td><td>热水器</td></tr>
<tr><td>6</td><td>微波炉</td></tr>
<tr><td>7</td><td>吸油烟机</td></tr>
<tr><td>8</td><td>家用燃气灶</td></tr>
<tr><td>9</td><td>家用电磁灶</td></tr>
<tr><td>10</td><td>电饭锅</td></tr>
<tr><td>11</td><td>家用电风扇</td></tr>
<tr><td>12</td><td>坐便器</td><td rowspan="2">水效等级 1 级、2 级为 20%</td></tr>
<tr><td>13</td><td>淋浴器</td></tr>
<tr><td>14</td><td>空气净化器</td><td rowspan="2">10%</td></tr>
<tr><td>15</td><td>自行车</td></tr>
</table>

北京市商务局关于印发《北京市节能减排商品销售企业管理办法（试行）》的通知

京商消促字〔2019〕4号

各区商务委，相关企业：

为规范节能减排商品销售企业经营行为，加强对销售企业的动态管理，提高服务质量，我们研究制定了《北京市节能减排商品销售企业管理办法（试行）》，现印发给你们，请遵照执行。

北京市商务局

2019年1月31日

（联系人：消费促进处　杨凌；联系电话：55579595）

北京市节能减排商品销售企业管理办法（试行）

第一章　总　则

第一条　为落实《关于实施节能减排促消费政策的通知》(京商务消促字〔2019〕3号)(以下简称《通知》）精神，规范销售企业经营行为，制定本办法。

第二条　本办法所称节能减排商品销售企业（以下简称销售企业）是指通过公开征集选定的销售节能减排商品的企业。

第三条　符合《通知》条件的消费者在销售企业购买符合政策的节能减排商品可享受政策补贴。

第二章　销售企业的选定

第四条　销售企业由市商务局通过公开征集的方式选定。在北京市登记注册、具有独立法人资格，并统一收银符合条件的实体商业零售企业和电子商务企业可提出申请。

第五条　我市于2019年2月1日正式实施新一轮节能减排促消费政策，在上一轮政策实施中符合条件、实施效果较好的骨干企业率先启动。率先启动的节能减排企业也将参加公开征集和遴选程序。

第六条　市商务局会同相关部门组织专家评审后，将确定的销售企业名录向社会公布。

第七条　销售企业每年征集一次，资格有效期一年。

第三章　销售企业的义务

第八条　销售企业应安装节能减排促消费政策信息管理系统客户端，设专人负责，并熟练操作。

第九条　销售企业应向市商务局提交承诺书。承诺书应包括但不限于以下内容：

（一）严格遵守《通知》和本管理办法的要求。

（二）诚信经营，杜绝假冒伪劣、价格欺诈行为。

（三）接受市商务局、市财政局、市发展改革委、市水务局的业务指导。

第十条　销售企业应履行向符合补贴条件的消费者在购买环节先行垫付补贴资金的义务。

第十一条　销售企业应严格执行《通知》要求，保证票据完整性和真实性，每季度初10日前将上一季度的资料进行整理报市商务局。

第十二条　销售企业应对生产企业提供的空气净化器、自行车类节能减排商品检测报告的真实性进行严格审核。

第十三条　销售企业应利用自身资源在店内或媒体广泛宣传政策内容，向消费者耐心解释政策内容，为消费者免费提供咨询服务，答疑解惑。

第十四条　实体销售企业应在店铺显著位置悬挂节能减排商品销售网点标识，张贴宣传海报。电子商务企业应在公司官方网站首页显著位置明示节能减排销售企业标识，并在显著位置设置宣传页面。

第十五条　实体销售企业应设置节能减排促消费政策服务台，为消费者购买节能减排商品提供便利服务。电子商务企业应设置节能减排商品专栏。

第四章　节能减排商品销售

第十六条　消费者购买节能减排商品时，销售企业对消费者补贴资格进行审核。

（一）对符合补贴条件的消费者，交易完成后，当即录入消费者身份信息和商品信息，开具发票。现场确认联系方式的真实性，并留存消费者联系方式。

（二）对不符合补贴条件的消费者，应现场告知，做好解释工作。

第十七条　在节能减排促消费政策信息管理系统打印《北京市节能减排商品补贴确认书》，消费者签字确认；如有代购商品情况，须提供本人和代购人的有效身份证件（原件）。将《北京市节能减排商品补贴确认书》复印两份，销售企业和消费者各留存一份复印件，将原件交市商务局。

第十八条　将消费者的身份证件（原件）和节能减排商品的销售发票复印在《北京市节能减排商品补贴确认书》背面；如有代购商品情况，将代购人、消费者本人的身份证件（原件）和节能减排商品的销售发票复印在《北京市节能减排商品补贴确认书》背面；电子商务企业可分别复印。

第十九条　销售企业为符合补贴条件的消费者直接垫付补贴资金。

第五章　节能减排商品价格管理

第二十条　节能减排商品销售价格采取备案制。销售企业将节能减排商品政策实施前三个月内的平均价格报市商务局备案，备案价格即为节能减排商品的最高售价。

第二十一条　节能减排商品在政策实施前的销售时间低于三个月的，按实际销售天数计算平均价格。

第二十二条　节能减排商品的备案价格应经销售企业的法定代表人或企业授权代表审核并签字确认。

第二十三条　原则上，销售企业销售的所有节能减排商品均应参与补贴政策，并将商品价格向市商务局备案。因故不能参加的，销售企业应向市商务局说明情况。

第二十四条　销售企业在资格有效期内不

得超过备案价格销售节能减排商品。若遇节能减排商品市场价格普遍上涨，经销售企业申请，市商务局将视情况调整最高限价。

第二十五条　销售企业申报节能减排商品备案价格时，空调类节能减排商品应备案两个限价，淡季采取淡季限价，旺季采取旺季限价。其中旺季为每年的5月—8月，其余月份为淡季。

第二十六条　销售企业销售未在市商务局备案价格的节能减排商品不得享受补贴政策。如销售企业增加符合《通知》要求的节能减排商品品类和型号，应向市商务局提出书面申请备案价格，审核通过后方能享受补贴政策。

第二十七条　节能减排商品目录发生调整时，销售企业应将新增的节能减排商品价格向市商务局备案。新增节能减排商品备案价格应不高于该商品的市场平均价。

第二十八条　若遇消费者所购节能减排商品开展打折促销活动，销售企业应按打折促销后的销售价格计算补贴资金。

第六章　节能减排商品退货

第二十九条　购买节能减排商品的消费者有退货需求时，在符合国家有关规定的情况下，销售企业应按照正常的流程为消费者办理退货手续。

第三十条　若销售企业向市商务局递交补贴资金申请前发生退货的，销售企业应办理正常退货手续，核销垫付给消费者的补贴资金，在信息管理系统做退货处理。

第三十一条　若销售企业向市商务局递交补贴资金申请后办理退货的，销售企业应办理正常退货手续，在信息管理系统做退货处理，并在下一个季度申报补贴资金时如实向市商务局申报，市商务局将该部分补贴资金从应拨付给销售企业的资金中核减。销售企业不再具有本办法规定的销售企业资格后10个工作日内将所有应退的资金全部退回市商务局。

第七章　监督检查

第三十二条　销售企业应主动接受市商务局、市财政局、市发展改革委、市水务局等政府部门和社会的监督。

第三十三条　市商务局和委托的第三方机构对销售企业进行不定期抽查。

第三十四条　市商务局每年委托第三方机构对销售企业进行考评，对考核结果为优秀的销售企业，下一年度征集销售企业时优先纳入。

第三十五条　加强对销售企业的动态管理。销售企业出现下列第（一）项至第（七）项情形之一的不良行为，市商务局将责令销售企业在限期内改正；在限期内没有改正的，市商务局将约谈销售企业，并暂停其销售企业资格。

销售企业出现下列第（一）项至第（七）项情形之一且达到三次的严重不良行为，或出现下列第（八）至第（十二）项情形之一的，将取消其销售企业资格，并向社会公示。

（一）没有节能减排销售企业标识；

（二）没有按规定宣传政策；

（三）未及时向消费者垫付补贴资金；

（四）未及时录入消费者身份信息和节能减排商品信息；

（五）未核实生产企业资质证明材料的真实性；

（六）未设立节能减排政策服务台或专栏；

（七）没有正当理由未备案节能减排商品价格；

（八）节能减排商品打折促销时，未按打折促销后的价格计算补贴资金；

（九）虚报节能减排商品备案价格；

（十）未使用有效身份证件（原件）办理节能补贴；

（十一）违反节能减排商品限价规定；

（十二）消费者实际退货后，销售企业未及时在信息管理系统作退货处理。

销售企业违规情节严重构成犯罪的，移交司法机关处理。

第三十六条 销售企业应保持社会消费品零售总额（以下简称“社零额”）稳定增长。社零额（以统计局数据为准）出现连续两个月下降的，由销售企业说明情况；出现连续三个月下降的，从下一个月开始暂停新增节能商品型号；出现连续六个月下降的，暂停其销售企业资格；出现全年下降的，下一年不再列入节能减排商品定点销售企业。

第八章 退出机制

第三十七条 如销售企业违反本管理办法规定或《通知》的，清算垫付的补贴资金后，市商务局将取消其销售企业资格，并向社会公示。

第三十八条 如销售企业主动退出，应向市商务局提出书面申请，清算垫付的补贴资金后，市商务局将终止其销售企业资格，并向社会公示。

第九章 附 则

第三十九条 本办法自颁布之日起施行，每年修订一次。

北京市商务局关于申报2019年度商业流通发展项目的通知

京商财务字〔2019〕4号

各区商务委、市属国有企业集团、总部企业、有关单位：

为进一步增强消费动力，提升开放水平，改善民生品质，聚焦创新发展，优化营商环境，全面推动北京商务高质量发展。根据《北京市商务委员会　北京市财政局关于印发〈北京市商业流通发展资金管理暂行办法〉的通知》（京商务财务字〔2017〕47号），现将申报2019年度商业流通发展项目的有关事项通知如下：

一、支持方向和重点

资金主要支持12个方向，重点支持商务发展领域内符合首都城市战略定位的促消费、稳增长，推动保障民生的项目；促进生活性服务业品质提升，推动商业便民利民发展的项目等。优先支持符合政策的公共平台建设和典型示范类项目。对符合标准和要求的项目采取项目补助、以奖代补等形式给予支持。

二、申报条件

（一）在北京地区注册且具有独立法人资格，从事商贸流通业经营、服务、管理的企业、机构、经济组织等单位；

（二）项目单位的申报材料应准确、真实；

（三）项目申报单位经营状况良好，财务管理制度健全；

（四）申报项目能够按计划实施；

（五）项目已获得或将获得其他部门资金支持的不得重复申报。

三、申报材料要求

（一）项目申报书；

（二）项目已发生费用明细表；

（三）项目申报单位承诺书；

（四）2019年商业流通发展项目申报情况表；

（五）项目单位法人营业执照、组织机构代码证书、法定代表人身份证复印件；

（六）项目单位近两年财务报表（资产负债表、损益表、现金流量表）；

（七）升级改造类项目需提供改造前后的对比资料；

（八）其他与项目相关的材料。

除上述材料外，各申报指南中有明确材料要求的还应一并提供。项目申请材料一式两份，应按顺序装订成册，并加盖单位公章。项目申报材料不予退回。

四、申报流程

（一）项目申报。自通知发布之日起，项目申报单位根据隶属关系将申报材料报区级商务委、市属国有企业集团或总部企业。

（二）项目审核。按照隶属关系，由各区商务委、市属国有企业集团和总部企业对申报项目进行初审；通过初审的项目汇总后报市商务局进行复审。

五、申报时限

凡符合申报条件的企业可全年申报项目，我局将根据申报项目内容择优予以支持。为提高项目申报、审核效率，各区商务委、市属国有企业集团和总部企业第一批项目请于2019年4月15日前汇总上报。

六、工作要求

（一）各项目申报单位应确保申报材料真实、准确、完整，保证项目各项建设手续合规、按时间进度推进。

（二）对于伪造、提供虚假材料的项目申报单位，按《北京市商务领域不良信用记录名单管理办法（试行）》规定进行处理。

（三）获得专项资金支持的项目申报单位应积极配合相关监督检查、审计等工作。

（四）各初审单位应积极组织指导项目申报，按照规定程序严格审核把关。对已支持项目的后续指导和跟踪监管，确保项目实施效果，充分发挥财政资金使用效益。

（五）项目单位收到财政资金后，应按照《企业会计准则第16号——政府补助》相关规定进行账务办理，相关法律法规另有规定的从其规定。

七、其他事项

（一）具体支持内容及咨询电话：详见附件1-12。

（二）市商务局对本通知负责解释。

（联系人：财务处 宋欣；联系电话：55579331）

附件：

1. 2019年新建基本便民商业网点项目申报指南

2. 推进连锁经营发展项目申报指南

3. 促进餐饮业发展项目申报指南

4. 居民服务业规范化项目申报指南

5. 农产品批发市场建设项目申报指南

6. 肉菜流通追溯建设项目申报指南

7. 老字号传承发展项目申报指南

8. “互联网+流通”创新示范项目申报指南

9. 促进现代物流发展项目申报指南

10. 商业流通发展领域节能降耗项目申报指南

11. 支持商务服务业发展项目申报指南

12. 总部经济公共服务平台建设项目申报指南

附件1

2019年新建基本便民商业网点项目申报指南

建设提升1000个基本便民商业网点已纳入2019年市政府民生实事任务，为加快推动此项任务落实，更好地满足市民便利化生活需求，特制定此申报指南。

一、支持方向

对符合相关法律、法规及行业标准规范的要求，且营业执照取得日期[①]在2018年1月1日以后的蔬菜零售（含社区菜市场、社区菜店、生鲜超市）、便民早餐（含早餐固定门店、经营早餐的西点烘焙店等）、便利店、社区超市、末端配送（快递）、家政服务、洗染、理发、居民维修、摄影等连锁化便民商业网点及厢（柜）

① 本文所指营业执照取得日期：对于初次领取营业执照的网点，以其营业执照上的成立日期为准；对于在现有营业执照经营范围上增加基本便民商业服务项目的网点，以该营业执照经营范围上增项的初次换证日期为准。

式便利设施、蔬菜直通车等连锁化便民商业设施给予支持。

二、支持内容

对新建直营网点及设施2018年1月1日以后的店面装修、硬软件设备购置以及连续12个月的房租等支出给予支持，其中摄影网点、厢（柜）式便利设施、蔬菜直通车只支持店面装修及硬软件设备购置等支出。

三、支持条件

除社区菜市场外，申报主体原则上为连锁经营企业，实行“统一标识、统一经营、统一价格、统一核算、统一配送、统一质量”，且在本市行政区域内开设5家（含）以上的直营门店或网点（含新建网点数量）。

四、支持标准

对符合支持条件的项目，根据新建基本便民商业网点所在区域、行业（业态）按不同标准给予租金补助。其中最高租金限价为东西城区8元/m²/日；朝海丰石城区及通州副中心155平方公里以内区域6元/m²/日；其他区域4元/m²/日。根据行业（业态）划分，蔬菜零售、便民早餐、便利店和社区超市按照不超过最高租金限价的50%给予租金补助；末端配送（快递）、家政服务、洗染、理发和居民维修按照不超过最高租金限价的40%给予租金补助；其他生活性服务业按照不超过最高租金限价的30%给予租金补助。除租金外其他投资，原则上按照不超过实际审定投资额50%的标准给予资金补助；但对在基本便民商业服务功能空白区域新建的实体网点和24小时运营的便利店和社区超市（经区商务部门书面确认），可按照不超过实际审定投资额70%的标准给予资金补助（具体标准详见附表）。

五、最低经营期限

申报主体需保证获得财政资金支持的所有便民商业网点自取得营业执照之日起持续经营时间不少于1年，厢（柜）式便利设施自属地街道（乡镇）或商务部门备案之日起持续服务社区时间不少于1年。对获得财政资金支持的便民商业网点及设施1年内有拆迁、关闭、解散、停止营业、被吊销营业执照等影响或停止经营的情况，需在原址附近予以补齐或退回所获得的财政奖励补助资金。

六、其他

1. 除统一要求提交的申报材料外，新建基本便民商业网点项目还需提交房屋租赁合同、租金银行转账凭证及发票（其中房屋产权自有的网点项目需提交房屋产权证、房屋购买合同等相关材料）的复印件，原件待查；厢（柜）式便利设施、蔬菜直通车项目还需提交设施明细表、服务社区明细表及与有关部门备案、签订的服务协议等相关材料的复印件，原件待查。

2. 对同时搭载两种及以上符合支持方向的基本便民服务功能的新建直营网点，申报主体应自行选择其中一种主要服务功能作为主营业务进行项目申报。

（联系人：服务交易处 王璇；联系电话：55579421）

附表：2019年新建基本便民商业网点项目标准

附表：2019年新建基本便民商业网点项目标准

序号	类　别	支持面积	支持标准
1	蔬菜零售网点	网点租赁面积不低于30平方米，且单个网点支持面积不超过1000平方米。	1. 补助金额不超过网点年租金的50%及除租金外其他实际投资的50%之和（需经第三方评审机构审定）； 2. 东西城区：单个网点补助金额不超过100万元，其中租金补助不超过50万元； 3. 朝海丰石城区及通州副中心155平方公里以内区域：单个网点补助金额不超过75万元，其中租金补助不超过35万元； 4. 其他区域：单个网点补助金额不超过65万元，其中租金补助不超过25万元。
2	便民早餐网点	网点租赁面积不低于60平方米，且单个网点支持面积不高于1000平方米。	1. 补助金额不超过网点年租金的50%及除租金外其他实际投资的50%之和（需经第三方评审机构审定）。 2. 东西城区：单个网点补助金额不超过80万元，其中租金补助不超过40万元； 3. 朝海丰石城区及通州副中心155平方公里以内区域：单个网点补助金额不超过70万元，其中租金补助不超过30万元； 4. 其他区域：单个网点补助金额不超过60万元，其中租金补助不超过20万元。
3	便利店网点	网点租赁面积不低于30平方米，且单个网点支持面积不超过300平方米。	1. 对于搭载蔬菜零售、早餐服务、针头线脑、符合条件的药品及医疗器械、书刊报纸杂志、收衣、便民维修、末端配送等至少四种服务功能的网点，补助金额不超过网点年租金的50%及除租金外其他实际投资的50%之和（需经第三方评审机构审定）；对不满足前述搭载要求的网点，补助金额不超过网点年租金的30%及除租金外其他实际投资的30%之和（需经第三方评审机构审定）； 2. 东西城区：单个网点补助金额不超过70万元，其中租金补助不超过25万元； 3. 朝海丰石城区及通州副中心155平方公里以内区域：单个网点补助金额不超过60万元，其中租金补助不超过20万元； 4. 其他区域：单个网点补助金额不超过45万元，其中租金补助不超过10万元。
4	社区超市网点	网点租赁面积不低于500平方米，且单个网点支持面积不超过2000平方米。	1. 对于搭载蔬菜零售、早餐服务、针头线脑、符合条件的药品及医疗器械、书刊报纸杂志、收衣、便民维修、末端配送等至少四种服务功能的网点，补助金额不超过网点年租金的50%及除租金外其他实际投资的50%之和（需经第三方评审机构审定）；对不满足前述搭载要求的网点，补助金额不超过网点年租金的30%及除租金外其他实际投资的30%之和（需经第三方评审机构审定）； 2. 东西城区：单个网点补助金额不超过170万元，其中租金补助不超过70万元； 3. 朝海丰石城区及通州副中心155平方公里以内区域：单个网点补助金额不超过135万元，其中租金补助不超过55万元； 4. 其他区域：单个网点补助金额不超过115万元，其中租金补助不超过35万元。

（续）

序号	类　别	支持面积	支持标准
5	末端配送（快递）网点	网点租赁面积不低于50平方米，且单个网点支持面积不超过300平方米。	1. 补助金额不超过网点年租金的40%及除租金外其他实际投资的50%之和（需经第三方评审机构审定）； 2. 东西城区：单个网点补助金额不超过20万元，其中租金补助不超过15万元； 3. 朝海丰石城区及通州副中心155平方公里以内区域：单个网点补助金额不超过15万元，其中租金补助不超过10万元； 4. 其他区域：单个网点补助金额不超过12万元，其中租金补助不超过7万元。
6	家政服务网点	网点租赁面积不低于50平方米，且单个网点支持面积不超过500平方米。	1. 补助金额不超过网点年租金的40%及除租金外其他实际投资的50%之和（需经第三方评审机构审定）； 2. 东西城区：单个网点补助金额不超过30万元，其中租金补助不超过20万元； 3. 朝海丰石城区及通州副中心155平方公里以内区域：单个网点补助金额不超过25万元，其中租金补助不超过15万元； 4. 其他区域：单个网点补助金额不超过20万元，其中租金补助不超过10万元。
7	洗染门店、洗衣代收网点	网点租赁面积不低于15平方米，且单个网点支持面积不超过300平方米。	1. 补助金额不超过网点年租金的40%及除租金外其他实际投资的50%之和（需经第三方评审机构审定）； 2. 东西城区：单个网点补助金额不超过32万元，其中租金补助不超过12万元； 3. 朝海丰石城区及通州副中心155平方公里以内区域：单个网点补助金额不超过29万元，其中租金补助不超过9万元； 4. 其他区域：单个网点补助金额不超过26万元，其中租金补助不超过6万元。
8	理发网点	网点租赁面积不低于60平方米（免洗快剪便民理发模式除外），且单个网点支持面积不超过400平方米。	1. 补助金额不超过网点年租金的40%及除租金外其他实际投资的50%之和（需经第三方评审机构审定）； 2. 东西城区：单个网点补助金额不超过35万元，其中租金补助不超过20万元； 3. 朝海丰石城区及通州副中心155平方公里以内区域：单个网点补助金额不超过30万元，其中租金补助不超过15万元； 4. 其他区域：单个网点补助金额不超过25万元，其中租金补助不超过10万元。
9	居民维修网点	网点租赁面积不低于10平方米，且单个网点支持面积不超过400平方米。	1. 补助金额不超过网点年租金的40%及除租金外其他实际投资的50%之和（需经第三方评审机构审定）； 2. 东西城区：单个网点补助金额不超过25万元，其中租金补助不超过15万元； 3. 朝海丰石城区及通州副中心155平方公里以内区域：单个网点补助金额不超过20万元，其中租金补助不超过10万元； 4. 其他区域：单个网点补助金额不超过15万元，其中租金补助不超过5万元。

（续）

序号	类　别	支持面积	支持标准
10	摄影网点	网点租赁面积不低于100平方米（其中摄影室面积不低于20平方）。	1. 补助金额不超过实际投资的50%（需经第三方评审机构审定）； 2. 单个网点补助金额不超过20万元。
11	厢（柜）式便利设施	单个网点设施租赁面积不低于20平方米，主要包括提供蔬菜零售、早餐、日常用品等一种或多种便民服务功能的厢（柜）式设施。	1. 补助金额不超过实际投资的50%（需经第三方评审机构审定）； 2. 单个网点补助金额不超过10万元。
12	蔬菜直通车	符合《社区蔬菜（肉类）直通车设置和管理规范》。	1. 2018年以来在社区服务满一年的社区蔬菜直通车项目，按每个企业每社区1万元标准予以奖励；对2018年以来新购置的社区蔬菜直通车（含新增购置车辆及更新购置车辆，国Ⅴ标准），每辆奖励5万元； 2. 单个企业补助金额不超过200万元。

备注：对在基本便民商业服务功能空白区域新建的实体网点和24小时运营的便利店和社区超市（经区商务部门书面确认），可按照不超过实际审定投资额70%的标准给予资金补助。

附件2

推进连锁经营发展项目申报指南

一、支持方向和内容

（一）鼓励连锁超市和专业专卖店新建直营门店，支持装修、软硬件设备购置等。

（二）鼓励连锁超市新建或改造配送中心，支持装修，软硬件设备购置等。

（三）鼓励连锁超市开展农超对接，支持服务于农产品直采直供的分拣加工设备购置，以及销售直采农产品门店的生鲜区域改造和设备购置等。

（四）鼓励实体零售企业创新转型，支持电子价签、智能货架、自助收银等卖场数字化升级改造的硬件设备购置等。

（五）鼓励连锁企业在农村地区新建或规范提升便民店，支持装修、设备购置等。

二、支持条件

（一）申报项目的连锁企业应具有良好的品牌影响力，并在本市行政区域内至少拥有5家直营门店。申报新建或改造配送中心方向的企业，应在本市行政区域内至少拥有10家直营门店。

（二）新建直营门店项目的证照应为2018年1月1日以后颁发。新建连锁超市和专业专卖直营门店经营面积不超过3000平米。

（三）申报农超对接方向的企业还应同时具备以下条件：

1. 果蔬生鲜商品年直采量不低于2000

万元。

2. 能够提供 2019 年 1 月 1 日至 2019 年 4 月 30 日期间完整的生鲜农产品直采清单。

（四）申报在农村地区新建或规范提升便民店的连锁企业，应统一门店品牌、形象，实行统一配送管理。

（五）对积极采购本市对口扶贫协作地区农产品且设置北京消费扶贫专区专柜的企业优先予以支持。

三、支持标准

支持资金比例原则上不超过项目审定实际投资额的 50%，最高不超过 500 万元。

（联系人：流通发展处　新建直营门店、配送中心和农超对接方向：魏新宇，联系电话：55579589；实体零售创新转型方向：耿英贞，联系电话：55579590；连锁企业乡镇村新建或规范提升便民店方向：张爽，联系电话：55579588）

附件 3

促进餐饮业发展项目申报指南

一、支持方向及内容

支持餐饮企业品牌连锁发展，鼓励新建连锁餐厅，建设中央厨房（主食加工配送中心）；支持建设深夜食堂特色餐饮街区，鼓励餐厅夜间延时经营；支持开展“厕所革命”，鼓励建设提升餐厅卫生间；支持开展阳光餐饮，鼓励企业提升食品安全水平；支持开展“绿色餐饮”，鼓励企业升级改造高效油烟净化装置。支持内容是项目工程建设费用和设施设备费用。

二、支持条件

1. 申报主体原则上为品牌连锁经营企业，实行“统一品牌、统一管理、统一标准、统一服务、统一配送”，且在本市行政区域内开设 5 家（含）以上直营门店。

2. 连锁餐厅和中央厨房（主食加工配送中心）的项目实施建设时间须在 2018 年 1 月 1 日以后开始。

3. 深夜食堂、厕所革命、阳光餐饮、绿色餐饮的项目建设时间须在 2019 年 1 月 1 日以后开始。

三、项目建设及运营标准

餐饮业发展项目建设需符合食品安全、生产安全等各项法律法规的有关规定，同时运营管理需达到相关标准和规范。

（一）新建连锁餐厅项目：符合各项经营规范，实行连锁直营。

（二）中央厨房（主食加工配送中心）项目：符合《主食加工配送中心建设规范》。

（三）深夜食堂项目：符合《“深夜食堂”特色餐饮项目建设指引》。

（四）厕所革命项目：符合《餐厅卫生间建设指引》。

（五）阳光餐饮项目：符合《北京市推进“阳光餐饮”工程实施方案》有关要求。

（六）绿色餐饮项目：符合《餐饮业大气污染物排放标准》（DB11/1488—2018）。

四、支持标准

每个项目的资金支持比例不超过该项目该项目审定实际投资额的 50%，其中：

（一）每个新建餐厅最高支持 40 万元。

（二）每个“深夜食堂”特色餐饮街区最高支持500万元，每个“深夜食堂”门店最高支持50万元。

（三）每个中央厨房（主食加工配送中心）最高支持300万元。

（四）每个厕所最高支持10万元。

（五）每个阳光餐饮餐厅最高支持20万元。

（六）每个绿色餐厅最高支持20万元。

（联系人：消费促进处 李志鹏；联系电话：55579598）

附件3-1

中央厨房（主食加工配送中心）建设规范

一、基本要求	
（一）建筑面积	中央厨房（主食加工配送中心）建设面积以加工面积为主，并辅以适度比例的仓储、配送、包装、洗消等面积。建筑面积一般不少于1000㎡。
（二）资质要求	具有营业执照、卫生许可、消防许可、环保许可及相关资质。通过ISO22000食品安全管理体系认证或ISO9000系列、HACCP一种认证。
（三）专业保证	具有主食等餐饮食品生产加工厂区或中央厨房； 具有采购、仓储、品控、包装、配送等配套功能设施； 实行统一标准、统一加工、统一配送、统一管理； 具有产品标准、工艺流程、工作制度、品质控制、安全保障、回收与召回等各项制度措施。
（四）生产服务规模	日均产能10万份以上，能够为50个以上早餐网点提供配送服务。
二、设备设施及功能	
（一）采购功能	具备原辅料与工器具的遴选、采购、验收、入库等功能。
（二）仓储功能	具备原辅料与工器具的仓储、存放、分发功能，包括验货、分类、管理、出货等。设有常温、冷藏、冷冻库。
（三）加工功能	具备所有原辅料和产成品的粗精加工功能。配有主食品类（米饭、面食等）、流质类（豆浆、米粥等）和菜肴类生产线。如生产定型包装食品，应配有相应的食品包装设备。
（四）配送功能	具备所有产成品的配送功能或相对固定的第三方物流，并符合食品安全卫生条件（配送系统应有封闭的恒温和冷藏配送车等）。
（五）品质控制	配置对原辅料和产成品进行理化、微生物、农药残留等化验、检测、留样的仪器与设备； 对采购、仓储、加工、配送等环节进行全过程品质监控。
（六）安全控制	具备对采购、仓储、加工、配送等环节的安全、卫生控制功能。具有对生产加工的监控设施。
（七）信息管理系统	设立信息中心，实现对各种信息汇总、分类、处理、下单、传送、登记、检索的快速技术处理； 销售终端通过收银POS系统、电脑终端、通信工具向主食加工配送中心订货，实现信息收集、处理和监控； 仓储部门对入库出库管理、货位货号管理、盘点管理、需求预测所实施的计算机管理； 接受销售终端订购申请，并以此进行加工、生产、制作、包装等的信息管理； 配送部门运用计算机系统，对出货配送作业所实施的分拣、货箱排列、装卸搬运、运送指导。

（续）

三、管理制度	
（一）产品标准	具有本加工配送中心所生产的各类产成品生产标准。
（二）企业规章制度	建立员工守则、组织机构、岗位职责、考勤、奖惩制度等。
（三）食品安全管理制度	建立采购与溯源、仓储、加工、包装、配送、回收、召回和食品“反恐”等各个环节的食品安全管理制度。具有员工健康检查制度。
（四）检验室管理制度	建立留样、抽捡、复检、数据纪录、工作职责等制度。
（五）应急预案	对突发公共卫生安全事件和服务质量制定应急方案和工作流程。
（六）流程管理	建有完善的工序、工艺及品控流程。
（七）安全评价	具有对采购、仓储、加工、配送等各环节的安全监测与评价。
四、其他要求	
（一）总体要求	符合国家相关法律法规和行业标准。
（二）自律要求	应向销售终端（店铺、超市、摊商）明示包装品和散装品的生产日期和保质日期，及时自行销毁过期或有质量问题的产成品。
（三）品质要求	必须保证各种产、成品包括原、辅料、水质和各个加工环节的品质控制，符合国家食品安全卫生标准。
（四）机械水平	引入机械加工水平高的加工设备，实现人工与机械、烹饪加工与食品工业的有机结合，不断提高机械化水平。
（五）节能要求	引入节能水平高的加工设备，在最大程度上节约用水、用电与燃气。
（六）环保要求	加工过程所排放的废水、废油、废物、废气和噪音要符合标准。
（七）选址要求	符合国家食品加工（含餐饮）行业的选址要求。

附件 3-2

“深夜食堂”特色餐饮项目建设指引

一、基本要求

1. 项目符合城市功能定位和城市规划，特色元素较为显著，具有良好的社会效益和经济效益。

2. 项目营业时间一般应至少到每天晚上 12 时（含 24 小时经营店，夏秋季可适当延长），符合相关经营规范。

二、“深夜食堂”特色餐饮街区建设及运营标准

1. 具备“业态丰富、特色鲜明、消费便利、市场繁荣”特征，在本市餐饮消费市场享有较高的知名度。

2. 餐饮街区长度一般不小于 100 米，餐饮企业数量一般不少于 20 家。

3. 街区夜间景观建设特色、美观，管理规范。

4. 街区内餐饮企业均按照“深夜食堂”要求进行经营。

三、“深夜食堂”延时经营标准

1. 应为品牌和连锁餐饮企业，原则上应取得经营证照两年以上，经营品种丰富，特色鲜明。

2. 符合阳光餐饮要求。

3. 符合相关的厕所建设和管理标准，厕所干净、卫生、无异味。

4. 符合餐饮油烟排放标准。

5. 餐厅管理规范。

附件 3-3

餐厅卫生间建设指引

一、符合《城市公共厕所设计标准》（CJJ14—2016）等标准规范。

二、具备明确指示标识，原则上应向社会公众开放。

三、应采用节水、节电、除臭等有利于节约资源、保护环境的技术和设备；适当增加女厕数量，优化女厕蹲位；有条件的可设置母婴、老年人、残疾人专用厕位或专用卫生间等无障碍设施，方便特殊人群使用。

四、地面一般应防滑，室内具备照明、通风设备以及防蚊蝇、防老鼠等设施。

五、小便厕位可设置隔断板，大便厕位应设置隔断板和门，具备挂衣钩、手纸架、废纸容器等设施，门锁应能显示有（无）人上厕。

六、具备温度调节装置（空调或其他供暖供冷设备）、自动洗手设备、干手设备（烘手器或提供纸巾）、洗手液、面镜和除臭设备等设施。

七、悬挂或粘贴“禁止室内吸烟”等公益标识，有条件的可悬挂或粘贴艺术装饰画，并摆放相关艺术品、绿植和花卉，开放时间内播放背景音乐。

八、有条件的企业可在公共卫生间内部增设 LED 显示屏，实时显示厕所使用情况，提供无线网络、路线查询、活动宣传等服务，延伸公共卫生间功能。

九、应安排专职或兼职清洁人员加强维护管理，具有清洁工作记录簿并按要求登记，达到“四净、三无、两通、一明”（地面净、墙壁净、厕位净、周边净；无溢流、无蚊蝇，无异味；水通、电通；电明）。

十、符合国家和本市其他法律法规、规章制度和标准规范。

附件 4

居民服务业规范化项目申报指南

一、支持方向

包括生活性服务业企业、行业组织建设行业服务平台、典型示范项目；中华传统技艺技能大师工作室建设项目；生活性服务业示范街区建设项目；汽车流通行业规范化建设项目等。

二、支持内容

（一）行业服务平台项目对服务平台开发及其配套设备设施购置等内容给予支持。

（二）典型示范项目对企业为实现规范化、连锁化等目标而进行软件开发、网站建设、装修改造及相关配套设备设施购置等内容给予支持。

（三）中华传统技艺技能大师工作室项目对与大师工作室（含工作场所）房屋装修、硬软件设备购置（主要包括与大师工作、教学相关的仪器设备、书籍、资料、软件和信息系统开发）等支出给予支持。

（四）生活性服务业示范街区项目对示范街区前期规划、停车、标志、标识、街景美化、开放空间等为街区提供公共服务的设施改造，为街区提供公共服务管理信息系统的建设与改造，公共区域的经营配套服务功能区布局和经营环境改造等方面给予支持；

对以连锁经营等方式入驻的基本便民服务［包括蔬菜零售、便利店（超市）、早餐（餐饮）、洗染、美容美发、家政服务和末端配送］门店给予支持；

对以连锁经营等方式入驻的其他业态生活性服务业门店装修、服务经营设备设施购置、信息系统开发建设等方面给予支持。

（五）汽车流通行业规范化建设项目对新能源汽车销售企业经营场所升级改造，报废汽车回收拆解企业购置现代拆解设备（含新能源汽车拆解设备）、进行技术改造、提升信息化水平，对二手车交易市场、二手车经营主体新建或提升二手车交易服务管理信息系统给予支持。

三、支持条件

（一）家政、摄影、维修、沐浴、美容美发、洗染等行业的企业应至少在北京拥有 5 家以上直营门店或网点（在本市拥有至少一个占地面积 2500 平方米以上洗涤场所的洗染行业项目申报企业除外）。

（二）大师工作室项目申报主体应为经北京市商业服务业中华传统技艺高技能人才工作领导小组认定的中华传统技艺技能大师本人所在工作单位或聘任单位。原则上每位大师只支持建设 1 个大师工作室。

（三）新能源汽车销售企业、报废汽车回收拆解企业、二手车交易市场和二手车经营主体需在我市商务部门备案且项目建设相关手续合规。

四、支持标准

（一）大师工作室项目支持资金比例不超过该项目审定实际投资额的 50%，最高不超过 50 万元。

（二）汽车流通行业规范化项目支持资金比例不超过该项目审定实际投资额的 50%，最高不超过 200 万元。

（三）生活性服务业示范街区项目支持标准参照《北京市商务委员会关于开展生活性服务业示范街区征集培育工作的通知》（京商务交字〔2016〕104 号）执行。

（四）其他项目支持资金比例不超过该项目审定实际投资额的50%，最高不超过500万元。

（联系人：服务交易处 王喜艳；联系电话：55579415）

附件5

农产品批发市场建设项目申报指南

一、支持方向及内容

支持符合《北京市“十三五”时期农产品流通体系发展规划》的本市农产品批发市场，进一步优化空间布局，升级改造，转变经营方式和交易模式，不断增强农产品日常供应保障能力，持续提升满足市民多样化需求的供给水平。支持完善标准化交易专区、集配中心、冷藏冷冻、电子结算、信息化、电子商务平台、检验检测、废弃物循环利用与处理、安全监控等设施设备建设。

二、支持条件

（一）农产品批发市场符合《北京市“十三五”时期农产品流通体系发展规划》，市场具有较好的社会效益和经济效益。

（二）农产品批发市场升级改造需符合《农产品批发市场管理技术规范》（GB/T 19575—2004）。

三、支持标准

对2018年以来升级改造的农产品批发市场项目，支持资金比例不超过该项目审定投资额的50%，最高不超过500万元。

（联系人：规划建设处 林英杰；联系电话：55579570）

附件6

肉菜流通追溯建设项目申报指南

一、支持方向

结合本市肉菜流通特点，针对猪肉、蔬菜产品及本市老字号企业生产的涉及猪肉与蔬菜的产品，鼓励生产企业、流通企业、电商平台、第三方追溯平台等企业采用先进追溯技术手段自行建设、改造并维护统一数据传输格式和接口规范的追溯系统，并对接至本市重要产品追溯统一平台，为公众提供相应追溯服务。

二、支持内容

（一）支持企业自建及升级改造猪肉蔬菜追溯体系，实现从产地到零售终端的全链条追溯，并对接至本市重要产品追溯统一平台；

（二）支持涉及猪肉及蔬菜产品的老字号企业建设从原材料采购到终端销售的全过程追溯体系，并对接至本市重要产品追溯统一平台；

（三）支持第三方追溯平台建设，实现猪

肉、蔬菜及涉及猪肉与蔬菜的本市老字号产品的全链条追溯，并将追溯数据对接至本市重要产品追溯统一平台；

（四）支持追溯技术与追溯模式创新应用，进一步提升追溯水平。

三、支持条件

（一）建设内容应符合北京市人民政府办公厅关于印发《北京市加快推进重要产品追溯体系建设实施方案的通知》（京政办字〔2016〕60号）有关要求。对接本市重要产品追溯统一平台后，应保持稳定的数据传输，保证消费者通过平台或移动终端进行追溯查询。

（二）优先重点支持获得全国性、专业性第三方认证机构追溯体系认证的信息追溯管理平台和应用企业示范项目申报，以及有应用企业运行数据的第三方信息追溯管理平台示范项目申报。

四、支持标准

支持资金比例不超过该项目审定实际投资额的50%，最高不超过500万元。

（联系人：储备调控处　侯学群；联系电话：55579558）

附件7

老字号传承发展项目申报指南

一、支持方向及内容

（一）老字号传承发展

1. 支持传统技艺传承，支持内容包括传承人工作室的装修改造、软硬件设备购置。

2. 支持原料基地、配送中心建设，加强源头管控、保证成品质量，支持内容包括装修改造、软硬件设备购置。

3. 支持博物馆、史料馆、品牌展览馆、非遗展厅等建设，鼓励宣传展示老字号文化和传统技艺，支持内容包括装修改造、软硬件设备购置。

4. 鼓励和支持老字号企业进行商标、域名注册、地理标志认证、专利等品牌建设，支持内容包括注册、续展、认证等相关费用。

5. 鼓励老字号企业创新经营方式和营销模式，支持新建或改造老字号门店的装修改造和软硬件设备购置；支持线上线下融合，积极对接电商、快闪店等新零售模式。

6. 支持工艺技术改造、新产品研发、产品包装改良和创新设计、企业整体形象设计等，支持内容包括购置技术改造和产品研发的生产线等相关设备，企业形象、产品包装、老字号文创产品的设计费用。

（二）老字号公共服务平台建设

鼓励相关机构为老字号企业提供海内外知识产权保护及维权服务，支持内容包括注册、续展、认证等相关费用。

二、支持条件

（一）老字号传承发展项目申报主体须为商务部认定的中华老字号企业或北京市老字号协会认定的北京市老字号企业。

（二）公共服务平台建设项目申报主体应为5家以上老字号企业提供至少持续一年的相关服务。

三、支持标准

资金支持比例不超过项目实际审定投资的50%，最高不超过300万元。

（联系人：流通发展处　王翰阳；联系电话：55579591）

附件 8

“互联网 + 流通”创新示范项目申报指南

一、支持方向

（一）发展智慧流通新业态、新模式

1. 鼓励商贸流通企业应用大数据、云计算、人工智能等新技术、新装备创新服务模式，拓展营销渠道，提升供应链效率，发展智能零售新业态。如建设新零售门店、消费体验中心等。

2. 鼓励电商企业、快递企业与超市、便利店、社区综合体等合作开展末端共同配送服务，支持在社区、办公楼、商圈、学校等场所建设智能自提柜等末端共同配送网点。

3. 鼓励电商、快递和第三方企业，在具备条件的末端配送网点，建设配套充电设施。

（二）支持建设智慧流通服务平台

1. 支持商务大数据服务平台建设，为商贸流通企业提供消费大数据分析、线上线下营销咨询、信用评价等专业服务。

2. 鼓励发展“互联网 + 生活性服务业”，支持蔬菜零售、家政、洗染、维修、末端配送等生活性服务业领域线上服务平台建设。

3. 支持电子商务与快递物流信息服务平台建设，为电子商务、快递等企业提供数据共享、订单匹配、配载优化等服务。

（三）支持农村电子商务消费帮扶

1. 支持电商企业、连锁企业等完善农村流通服务体系，提升农产品产销对接、在线交易、营销推广、物流配送等服务能力。

2. 支持涉农企业等与电商平台开展多种形式的合作，创新生产经营模式，加强品牌培育，拓展优质特色农产品线上销售渠道。

3. 支持企业应用“互联网 +”，在乡镇建设便民服务网点，开展品牌消费等活动，优化农村消费服务供给。

（四）发展绿色流通

1. 支持商贸流通企业自建平台或对接第三方电子发票综合服务平台，推广应用电子发票。鼓励企业开展电子发票电子化入账报销。

2. 支持电商、快递企业等研发使用循环包装容器、信息系统和回收装备，加快发展包装物回收再利用新模式。

二、支持内容

对建设项目的系统平台研发、软硬件设备购置、线下服务网点信息化配套设施建设及装修改造等相关费用给予支持。

三、支持条件

申报末端配送网点、农村电子商务消费帮扶及电子发票应用项目的须具备以下相应条件：

（一）企业 2018 年 1 月 1 日起投资新建末端共同配送网点或新增布放智能自提柜网点不少于 20 处。

（二）农村电商消费帮扶示范项目，涉农企业年均（项目建设期内自然年）线上销售额不低于 500 万元。

（三）商贸流通企业应用电子发票年均（项目建设期内自然年）开具量不低于企业开具总量的 50%。

四、支持标准

支持资金比例不超过该项目审定实际投资额的 50%，最高不超过 500 万元。

（联系人：电子商务处 刘扬阳；联系电话：55579370）

附件 9

促进现代物流发展项目申报指南

一、支持方向

符合首都城市战略定位，促进本市物流降本增效、提升物流服务保障的能力和水平、加快城市物流的转型升级，推动首都城市物流安全、高效、绿色、智慧发展的现代物流项目。

（一）支持冷链物流基础设施建设，冷链物流装备与技术升级，支持上下游高效衔接的全程冷链物流服务，鼓励冷链配送及模式多元化创新发展。

（二）支持城市运行保障物流、现代物流新模式等示范类建设项目。推进传统仓储企业转型升级，提高配送效率和仓储能力。鼓励共同配送、统一配送、集中配送等先进模式的发展。

（三）支持供应链物流创新与发展示范应用，支持物流技术应用、物流信息化、智能化、标准化建设项目，进一步规范物流作业流程，提高企业运作效率，提高物流技术及设备应用水平。鼓励物流企业设施设备及信息化的标准化改造建设，逐步提升物流行业标准化水平。支持绿色物流技术和模式创新应用。

（四）支持商贸物流领域公共信息平台建设。提高社会物流效率，推动物流信息高效交换和共享，推进建立统一信息交换标准，连通各专业领域物流信息平台建设，推动共享物流规范发展，有效降低空载率。

二、支持内容

支持本市商贸物流企业的设施设备、信息化、智能化投资及升级改造，供应链体系建设投资，公共性信息平台建设投资等。

具体支持内容包括：通用仓库及冷库的基础设施升级改造、节能技术应用及改造投入；制冷设备升级改造投入；物流智能化、信息化、标准化软件开发及硬件采购；自动分拣设备采购；货架、叉车、手持终端设备、托盘及周转筐等标准载具、GS1 信息采集和处理设备、物流作业监控等物流设备采购。

三、支持条件

（一）项目建设应符合《北京市“十三五”时期物流业发展规划》和《北京市物流业提升三年行动计划（2018—2020 年）》。

（二）项目建设已取得环保等相关政府部门许可手续文件。

（三）申报的物流建设项目需已建设完成，并已投入使用。

四、支持标准

支持资金比例不超过该项目审定实际投资额的 50%，最高不超过 500 万元。

（联系人：物流发展处 张松原；联系电话：55579408）

附件 10

商业流通发展领域节能降耗项目申报指南

一、支持方向及内容

（一）鼓励企业开展节能改造项目。支持企业开展动力、照明、供暖制冷、通风空调、冷冻冷藏、电梯、厨房设备等能耗设施设备的节能改造。

（二）鼓励企业合理利用新能源、分布式能源，提倡推广 LED、热泵、蓄冷蓄热、变频等新产品、新设备、新技术应用。

（三）鼓励企业采用信息化、自动化等先进技术和手段，提高设备能源利用效率，提高企业节能低碳管理水平。

（四）支持企业开展“绿色商场”创建活动。

二、支持条件

（一）节能改造项目综合节能率不小于 15%。

（二）新产品、新能源、新技术应用项目覆盖率达 80% 以上。

（三）能源管理项目主门店二级计量器具配备率达 95% 以上，实现在线监测率达 90% 以上。

（四）“绿色商场”项目符合行业标准（SB/T 11135—2015）相关要求。

三、支持标准

（一）支持资金比例不超过该项目审定实际投资额的 50%，最高不超过 300 万元。

（二）单个“绿色商场”项目支持资金不超过 15 万元。

（联系人：流通秩序处　孙景东；联系电话：55579320）

附件 11

支持商务服务业发展项目申报指南

一、支持方向

（一）支持商务服务业创新发展。支持商务服务领域企业利用新兴信息技术实施改造提升，推动技术、模式、业态和管理创新，加强自主品牌建设，引进培养领军人才；鼓励跨行业、跨区域融合创新，形成跨界融合的商务服务创新生态体系。

（二）支持智慧化商务服务平台建设。以智慧主题商务楼宇（产业园区）为载体，为商务服务领域企业搭建数字化、智能化公共服务平台，提升服务功能，示范带动商务服务领域企业集聚发展。

二、支持条件

（一）商务服务业创新和国际化平台项目申报主体为商务服务领域企业，主要包括：组织管理服务（企业总部管理等）、创业空间服务、综合管理服务、会议、展览及相关服务、广告业、咨询与调查（会计、审计及税务服务等）、法律服务、知识产权服务、人力资源服务、安全保护服务企业。

（二）智慧化商务服务平台项目由商务楼宇（产业园区）业主单位或经营单位、物业管理单位自主申报，需符合下列条件：

1. 楼宇有明确的产权归属，业主为在本市注册、具有独立法人资格、独立核算的企业或单位；整栋楼宇或同属一个业主（或经营单位、物业管理单位）的连片楼宇，视同一个项目主体。楼宇具有规划建设手续并符合首都城市功能定位；产业园区由相关政府部门批准设立，四至范围明确。楼宇（产业园区）运营管理机构建有科学规范的管理和运营机制，有效开展楼宇运营管理和服务工作。

2. 楼宇具备一定建筑规模和企业入驻规模。原则上综合性楼宇建筑面积不少于 20000 平方米，专业性楼宇建筑面积不少于 5000 平方米。驻楼企业数 20 家（含）以上，其中商务服务领域企业数占比超过 25% 为综合性楼宇；同类别商务服务领域企业数占比超过 50% 为专业性楼宇。产业园区内商务服务领域企业数 50 家（含）以上。

三、支持内容和标准

（一）对商务服务业创新项目相关研发、软硬件信息化设施设备购置以及应用创新项目的配套系统改造、管理和运维等相关费用给予支持，支持资金比例不超过该项目审定实际投资额的 50%，最高不超过 200 万元。

（二）对智慧化商务服务平台项目的智能系统研发、软硬件设施设备购置、智能系统管理及运维、配套信息化系统建设升级等相关费用给予支持，支持资金比例不超过项目审定实际投资额的 50%，单个项目最高不超过 100 万元。

（联系人：商务服务业发展协调处　创新项目：曾青，联系电话：55579305；智慧化商务服务平台项目：许凤伟，联系电话：55579306）

附件 12

总部经济公共服务平台建设项目申报指南

一、支持方向和内容

支持符合条件的园区的公共服务设施改造升级、公共信息系统建设等相关项目，提升园区综合服务能力与服务品质，为跨国公司地区总部、总部型企业开展实体化经营、战略提升、模式创新等提供基础条件，培育一批创新力强、成长性好、潜力大的企业。

重点支持“三城一区”、城市副中心、大兴国际机场和天竺综保区、城南、京西等市委市政府重点发展区域所在区的项目。

（一）公共服务信息系统建设项目

完成基础设施资源（通信中心、数据中心等）的建设与改造，为园区实现平台服务及其各项应用提供基础保障；为园区总部型企业、总部经济中介机构、非企业经济组织提供基于移动互联网的综合企业服务。

（二）公共服务设施改造升级项目

包括公共空间绿化、公共设施的改造；办公楼或厂房楼体改造、老旧电梯更换维修、室内装修改造；新建或改建展示厅、会议室、公共休闲场所、餐饮娱乐场所、停车系统等；项目实施后为园区总部型企业、总部经济中介机构、非企业经济组织提供良好的服务设施。

二、支持条件

（一）项目建设符合《北京市人民政府关于印发加快总部企业在京发展工作意见的通知》（京政发〔2013〕29号）。

（二）申报项目所在园区为总部经济集聚区（或总部经济发展新区）、科技创新型、文化创意类准总部企业相对集中的园区、总部型企业（总部经济中介机构）相对集中的其他园区。

三、支持标准

支持资金比例不超过该项目审定实际投资额的50%，最高不超过500万元。

（联系人：总部经济处　杜大琳；联系电话：55579300）

北京市商务局关于申报 2019 年度外经贸发展资金项目的通知

京商财务字〔2019〕3 号

各区商务委、经济开发区商务主管部门、相关企业：

为做好 2019 年度外经贸发展资金项目申报工作，依据《财政部　商务部关于 2018 年度外经贸发展专项资金重点工作的通知》（财行〔2018〕91 号）、《北京市商务委员会　北京市财政局关于印发〈北京市外经贸发展资金管理实施细则〉（修订稿）的通知》（京商务财务字〔2018〕23 号）等文件，现将申报 2019 年度外经贸发展资金项目的有关事项通知如下：

一、支持方向和重点

外经贸发展资金主要支持外经贸发展领域内稳增长、调结构；支持跨境电子商务发展；推动服务贸易创新发展；引导有序开展对外投资合作业务等 4 个方向，对符合标准和要求的项目采取补助、以奖代补等形式给予支持。包括：

（一）外贸企业提升国际化经营能力、外贸转型升级及优化外贸结构、鼓励培育外贸新业态模式；

（二）服务外包发展、试点地区及示范城市服务贸易创新发展、服务贸易境外拓展、服务贸易发展；

（三）对外投资合作主要支持：境外投资、对外承包工程、对外劳务合作、境外经济贸易合作区建设、支持和建设企业“走出去”平台、受主管部门委托的本市地方企业（单位）组织的促进我市对外投资合作发展相关活动、建设省级境外企业和对外投资联络服务分平台其他纳入国家有关重点投资合作规划等项目；

（四）跨境电子商务发展主要支持：跨境电子商务综合试验区服务体系建设、跨境电子商务平台及相关信息系统、进出口通关服务设施、跨境电子商务仓储设施及跨境电子商务体验店等项目。

二、申报流程

（一）项目申报。自通知发布之日起，项目申报原则上按照属地管理，由各区商务委、北京经济技术开发区商务管理部门初审后上报市商务局。

（二）项目审核。按照隶属关系，由各区商务委、北京经济技术开发区商务管理部门对申报项目进行初审；通过初审的项目汇总后报市商务局进行复审。

三、申报时限

除有明确时间要求的支持方向外，凡符合项目申报条件的企业可全年申报（有具体申报时限要求的除外，详见各支持方向申报指南），我局将根据申报项目内容择优予以支持。

四、申报条件

见各支持方向申报指南具体要求。

五、申报材料要求

见各支持方向申报指南具体要求。

六、工作要求

有下列情形的不予支持：

（一）申报企业被列入《北京市新增产业的禁止和限制目录》禁止类和限制类范围的；

（二）申报企业被纳入北京市商务领域不良信用记录名单应受到“不予支持”信用惩戒或

全市联合惩戒“黑名单”的；

（三）项目已获得中央财政资金支持或其他市级财政资金支持的；

（四）申报企业近三年在外经贸业务管理、财务管理、税收管理、外汇管理、海关管理、统计管理等方面存在严重违法违规行为，拖欠应缴还财政性资金的；

（五）经审议其他不予支持的。

七、其他事项

（一）具体支持内容及咨询电话：详见附件1—6。

（二）市商务局对本通知负责解释。

（联系人：财务处郭建安；联系电话：55579330）

附件：1.2019年度促进服务外包发展资金申报指南

2.2019年度支持试点地区及示范城市服务贸易创新发展资金申报指南

3.2019年度支持服务贸易境外拓展资金申报指南

4.2019年北京市对外投资合作资金项目申报指南

5.2019年支持北京市外贸企业提升国际化经营能力项目申报指南

6.2019年支持跨境电子商务发展项目申报指南

附件1

2019年度促进服务外包发展资金申报指南

一、支持内容

支持在上一年度1月1日至12月31日期间发生的服务外包业务，主要包括：

（一）国际资质认证项目

（二）新录用人员补助项目

（三）培训机构培训后补助项目

（四）创新研发项目

（五）在职人员专业资格认证项目

（六）境外设点项目

（七）实习生经济补贴项目

（八）办公用房租赁补贴项目

（九）北京服务外包行业整体促进项目

（十）服务外包业务贴息项目

（十一）离岸业务奖励项目

二、申请条件

（一）在我市行政区域内依法登记注册、具有独立法人资格。

（二）企业、单位通过商务部业务系统统一平台“服务外包信息管理应用”如实填报《服务外包统计报表制度》规定的报表。

（三）申请“支持内容”前8项的企业，以服务外包信息管理应用核准的执行额为依据，且上一年度服务外包执行额满足以下条件之一：

1. 服务外包执行额不低于50万美元，其中向境外最终客户提供服务外包执行额占比不低于50%。

2. 服务外包执行额不低于500万美元，其中向境外最终客户提供服务外包执行额占比不低于35%。

3. 服务外包执行额不低于1000万美元，其中向境外最终客户提供服务外包执行额占比不低于20%。

（四）申请“支持内容”第3项的培训机构，还应具有符合条件的场地、设施、专业教材和师资力量。

（五）申请“支持内容”第9项的企业，符合《中华人民共和国政府采购法》《北京市财政局关于推进和完善服务项目政府采购有关问题的通知》（京财采购〔2014〕1152号）等有关法规要求。

（六）申请“支持内容”第10项的企业，上一年度离岸服务外包业务收入与前一年度同比增长不低于10%。

（七）申请“支持内容”第11项的企业，上一年度服务外包离岸执行额需达到1000万美元（含）以上，且较前一年度同比有增长。

三、支持方式

（一）国际资质认证项目。对服务外包企业取得的以下认证及认证的系列维护、升级给予支持，额度不超过认证费用支出的50%，每个企业支持项目不超过5个，每个项目补助不超过50万元。包括：软件能力成熟度模型认证（CMM）、软件能力成熟度模型集成认证［CMM(I)］、人力资本成熟度模型（PCMM）、信息安全管理认证（ISO27001/BS7799）、信息技术服务管理体系认证（ISO20000）、服务提供商环境安全性认证（SAS70）、国际实验动物饲养评估认证（AAALAC）、药物非临床研究质量管理规范（GLP）、信息技术基础架构库规范（ITIL）、客户服务提供商标准（COPC）、环球同业银行金融电讯协会认证（SWIFT）、国际质量管理体系标准（ISO9001）、业务连续性管理标准（ISO22301）、环境管理体系认证（ISO14001）、能源管理体系标准（ISO50001）、职业健康安全管理体系认证（OHSAS18001）、客户中心能力成熟度模型认证（CC-CMM）、支付卡行业数据安全标准（PCIDSS）等。

（二）新录用人员补助项目。对服务外包企业上年度新录用大学本科以上学历的员工（申报年度之前3年内毕业），在职满1年或申报审核期间在职的，按照每人不超过7000元的标准给予企业补助。

（三）培训机构培训后补助项目。对培训机构新培训从事服务外包业务、大学本科以上学历人员，通过服务外包业务专业知识和技能培训考核的，按照每人不超过500元的标准给予培训机构培训后补助。

（四）创新研发项目。对上一年度通过自主研发取得的专利、注册商标、软件著作权等给予注册费实际支出额不超过50%的资金支持。其中，给予每个企业发明专利不超过20万元、国际专利不超过20万元、实用新型专利不超过5万元、外观设计专利不超过5万元、注册商标不超过5万元、软件著作权不超过5万元。

（五）在职人员专业资格认证项目。对在服务外包企业连续任职3年以上（含3年）员工进行在职能力培训，并取得以下认证的，给予不高于考试认证费用50%的补助，每个企业当年支持金额不超过100万元。包括：国家计算机技术与软件专业技术中、高级专业资格（水平），项目管理专业人士资格（PMP），网络高级工程师，网络安全专家，解决方案开发专家，执业药师等相关认证。

（六）境外设点项目。每个境外分支机构或办事机构支持30万元。采取分期拨付方式，首次申请拨付支持总额的50%，一年后上报运行情况报告，如经营正常拨付后续50%。原则上一家企业申请境外分支机构或办事机构累计不超过三个。一家企业在同一国别或地区申请境外分支机构或办事机构累计不超过两个。

（七）实习生经济补贴项目。与京内高校签订共建北京服务外包实习实训基地协议的服务外包企业可申请该项目。对在实习实训基地内实习的在京高校学生，实习期在3个月以上，且由企业提供生活或实习补助的，给予企业每人每月不超过500元的实习补贴，补贴期不超过6个月。

（八）办公用房租赁补贴项目。上一年度离岸外包业务额达到1500万美元（含）以上，且同比有增长的服务外包企业，可以申请该项目。办公用房租赁补贴面积按企业离岸业务年收入测算出的有效面积核定。有效面积测算基准为每人每年4万美元产值、每人办公用建筑面积10平方米［测算面积（㎡）= 上一年度离岸外包业务额（万美元）÷4（万美元）×10（㎡）］。如测算面积大于企业在京实际办公用房租赁建筑面积，以在京实际办公用房租赁建筑面积为补贴面积。补贴标准为不超过20元/每平方米/月标准，且企业租房费用应大于享受补贴费用，每家企业年补贴金额不超过300万元。

（九）北京服务外包行业整体促进项目。对促进我市服务外包业务整体发展的项目按照相关规定予以资金支持。

（十）服务外包业务贴息项目。以上一年度实际发生的服务外包业务增量作为计算贴息的本金，按照不超过中国人民银行公布的上一年度最后一期1年期人民币贷款基准利率给予贴息支持。上一年度新注册的服务外包企业，当年实际发生的服务外包业务视同增量。

（十一）离岸业务奖励项目。离岸外包业务执行额达到1000万美元（含）以上，且同比有增长的企业可以申请该项目。离岸外包业务额较上年增长超过300万美元的企业，奖励金额不超过50万元；增长超过500万美元的企业，奖励金额不超过100万元；增长超过1000万美元的企业，奖励金额不超过200万元。

四、申报材料

（一）基本材料

1. 由企业法定代表人签字的《承接国际服务外包业务资金补助申请报告》，内容包括：企业基本情况，开展服务外包业务情况，申请项目执行或完成情况，近三年无严重违法违规行为、无拖欠应缴还的财政性资金、同一项目未申请或享受其他财政资金等；

2. 企业法律地位证明文件复印件；

3. 经会计师事务所审计的上一年度财务会计报告复印件；

4. 上一年度服务外包业务专项审计报告原件；

5. 上一年度服务外包合同或协议的复印件；

6. 离岸服务外包业务年度收入明细表；

7. 结汇凭证及涉外收入申报单复印件（承接跨国公司的离岸服务外包业务，而由跨国公司境内机构代为支付的服务外包业务收入，须提供相关业务凭证复印件）；

8. 由企业法定代表人签字的《北京市服务外包业务专项资金申请承诺书》。

（二）项目申请材料

1. 申请国际资质认证项目时还需提供：

（1）北京市服务外包企业国际资质认证补助申请表；

（2）国际资质认证证书复印件；

（3）与相关国际认证评估顾问公司签订的合同协议复印件；

（4）缴纳认证费用凭证的复印件，包括认

证费用发票和相对应的银行出具的支付凭证。

2. 申请新录用人员补助项目时还需提供：

（1）北京市服务外包企业新录用人员补助申请表；

（2）当年新录用人员若属于分公司，需提供分公司营业执照复印件；

（3）当年新录用人员身份证复印件、大学本科以上学历证明，以及签订 1 年以上的《劳动合同》的复印件；

（4）企业为新录用人员缴纳的社会保险证明或个税证明（时间由入职至申报当月）的复印件。

3. 申请培训机构培训后补助项目时还需提供：

（1）北京市服务外包培训机构培训后补助申请表；

（2）培训人员身份证复印件、大学以上学历证明；

（3）培训机构颁发被培训人员专业知识和技能培训考核合格证书，以及被培训人员缴费凭证的复印件。培训机构为学校的需提供《全国普通高等学校毕业生就业协议书》（协议三方为：培训学校、服务外包企业、毕业学生）复印件；其他培训机构需提供培训人员缴费证明、与在我市“服务外包业务管理和统计系统”中登记的服务外包企业签订 1 年以上的《劳动合同》的复印件（或培训人员为近三年在京大学毕业的，提供毕业证书复印件）。

4. 申请创新研发项目还需提供：

（1）北京市服务外包企业创新研发补助申请表；

（2）企业所获得的专利证书、商标注册证书、软件著作权证书复印件；

（3）专利、商标、软件著作权等申请过程中的注册费用凭证复印件。

5. 申请在职人员专业资格认证项目时还需提供：

（1）北京市服务外包企业在职人员专业资格认证补助申请表；

（2）申请人员身份证复印件，在企业连续任职满 3 年以上的任职证明（包括个人简历、任职情况等）、劳动合同，企业为申请人员在任职期间连续缴纳社会保险满 3 年（含 3 年）以上的证明复印件；

（3）参加相关专业资格考试的准考证、通过考试获得的证书复印件；

（4）企业报销报名考试费用相关凭证或企业银行付款凭证复印件。

6. 申请境外设点项目时还需提供：

（1）北京市服务外包企业境外设点补助申请表；

（2）商务主管部门颁发的《企业境外投资证书》《企业境外机构证书》复印件；

（3）境外注册文件、境外企业房产证明或租房协议；

（4）外派人员护照、签证；

（5）境外设点专项审计报告（复印件、翻译件）；

（6）境外设点运行情况报告。

7. 申请实习生经济补贴项目时还需提供：

（1）北京市服务外包企业实习生经济补贴申请表；

（2）校企合作协议；

（3）企业和实习生的实习协议书；

（4）实习登记表；

（5）实习学生学历证明或在学证明；

（6）实习学生名单（含身份证号）；

（7）实习生津贴发放凭证。

8. 申请办公用房租赁补贴项目时还需提供：

（1）北京市服务外包企业办公用房租赁补

贴申请表；

（2）企业上一年度离岸服务外包业务执行情况清单及收入凭证；

（3）办公用房租赁协议、房租支付凭证及房屋产权证明；

（4）企业租赁办公用房情况的专项审计报告。

9. 申请北京服务外包行业整体促进项目还需：

根据《中华人民共和国政府采购法》《北京市财政局关于推进和完善服务项目政府采购有关问题的通知》（京财采购〔2014〕1152 号）等有关法规执行。

10. 申请服务外包业务贴息项目时还需提供：

（1）北京市服务外包企业服务外包业务贴息申请表；

（2）企业上一年度和前一年度离岸外包业务执行情况清单及相关凭证。（上一年度新注册的服务外包企业，只交上一年度离岸外包业务执行情况清单及相关凭证）

11. 申请离岸业务奖励项目时还需提供：

（1）北京市服务外包企业离岸业务奖励申请表；

（2）企业上一年度和前一年度离岸外包业务执行情况清单及相关凭证。

五、申报工作要求：

（一）5 月 30 日前，请各项目申报单位将申报材料（公共服务平台项目和服务外包整体促进项目除外）一式两份（含电子版）报辖区商务主管部门。

（二）6 月 21 日前，各区商务主管部门将初审汇总情况、企业申报材料各 1 份（含电子版）报市商务局。申请公共服务平台项目的单位，直接将申报材料报市商务局。服务外包整体促进项目按政府采购网公示时间为准执行。

（三）7 月 31 日前，市商务局委托中介机构进行项目审核，对审核通过的项目，在市商务局官方网站上予以公示，公示期为 7 天，公示期满无异议后按规定进行资金拨付。

（四）如在本通知执行中，商务部、财政部出台新规定的，则以新规定为准。

（联系人：许鑫　于新成；电话 :55579495/9491　邮箱：xx@bjcoc.gov.cn）

附件 1-1

北京市服务外包业务资金申请承诺书

__________公司郑重承诺：

我单位申请 2019 年度北京市服务外包业务资金所提供的申报材料均真实、准确、合法。如有不实之处，愿负相应法律责任，并承担由此产生的一切后果。

特此承诺。

申请人：(法人代表签字并加盖公章)

申请日期：　　年　　月　　日

注：1. 法人代表签字必须手签，盖名章无效；

2. 如代签，需附法人代表授权委托书原件。

北京市服务外包业务资金使用承诺书

__________公司郑重承诺：

为确保 2019 年度北京市服务外包资金安全、高效使用，保证做到：

一、自觉接受市商务局、市财政局对服务外包业务资金使用情况进行的监督、检查，并接受同级及上级审计部门的审计检查。

二、积极配合专项资金绩效考评工作，按要求及时向市、区商务及财政主管部门提供专项资金使用绩效报告。

三、如在专项审计与监督检查中存在严重问题，除按要求退还所得资金外，自发现之日起三年内不得申报政府专项资金支持。

特此承诺。

(法人代表签字并加盖公章)

年　　月　　日

企业银行账户账号信息

开户银行名称：	联系人：
开户银行地址：	联系电话与传真：
银行账户户名：	手机号码：
银行账户账号：	电子邮箱：

附件 1-2

北京市服务外包企业国际资质认证补助申请表

（申报年度）

申报单位（盖章）：　　　　页码 / 总页

序号	国际认证名称	证书号	获得日期（年/月/日）	认证、维护费（万元）	备注
合　计					

联系人：　　　　联系电话：

附件 1-3

北京市服务外包企业新录用人员补助申请表

（申报年度）

申报单位（盖章）： 页码 / 总页

序号	姓名	性别	身份证号	毕业院校	所学专业	学历	毕业日期（年月日）	劳动合同签订日期（年月日—年月日）	缴纳社保日期（年月日—年月日）	备注

联系人： 联系电话：

附件 1-4

北京市服务外包培训机构培训后补助申请表

（申报年度）

申报单位（盖章）：　　　　页码 / 总页

序号	姓名	性别	身份证号	毕业院校、接收服务外包企业	培训内容	学历	培训日期（年月日—年月日）	培训费用（万元）	备注

联系人：　　　　联系电话：

附件 1-5

北京市服务外包企业服务外包业务贴息申请表

（申报年度）

序号	企业名称	去年离岸业务额（万美元）	前年离岸业务额（万美元）	去年相对前年增长量（万美元）	增长率（%）	贷款基准利率	拟补贴金额（万元）
	合　计：						

联系人：　　　　　　　　　　联系电话：

附件 1-6

北京市服务外包企业创新研发补助申请表

（申报年度）

申报单位（盖章）： 页码 / 总页

序号	专利证书、商标注册证书、软件著作权登记证书名称	证书号	专利号、登记号	获得日期（年 / 月 / 日）	费用（万元）	备注
	合 计					

联系人： 联系电话：

附件 1-7

北京市服务外包企业在职人员专业资格认证补助申请表

（申报年度）

申报单位（盖章）：　　　　页码 / 总页

序号	姓 名	性 别	身份证号	学 历	职 务	任职日期（年月日—年月日）	培训院校（机构）	培训内容	培训日期（年月日—年月日）	获得证书名称	培训费用（万元）	备注

联系人：　　　　联系电话：

附件 1-8

北京市服务外包企业境外设点补助申请表

（申报年度）

申报单位（盖章）：

序号	企业（投资主体）名称	境外机构国别或地区	境外机构名称	设立时间	批准证书号及批准时间	申请金额（万元）	拟拨付金额（万元）
	合　　计：						

联系人：　　　　　　　　　　　　　　联系电话：

附件 1-9

北京市服务外包企业实习生经济补贴申请表

（申报年度）

申报单位（盖章）：　　　　页码 / 总页

序号	企业名称	实习生人数	资金补贴期数（月）	申请补贴金额	拟补贴金额
			1		
			2		
			3		
			4		
			5		
			6		
			1		
			2		
			3		
			4		
			5		
			6		
	合　　计				

联系人：　　　　联系电话：

附件 1-10

北京市服务外包企业办公用房租赁补贴申请表

（申报年度）

申报单位（盖章）：

序号	企业名称	去年离岸业务额	前年离岸业务额	增长率（%）	折算补贴面积（平方米）	实际用房面积（平方米）	补贴面积（平方米）	拟补贴金额（万元）
	合　　计：							

联系人：　　　　　　　　　　　　　　　　　　　　联系电话：

附件 1-11

北京市服务外包企业离岸业务奖励申请表

（申报年度）

申报单位（盖章）：

序号	企业名称	去年离岸业务额（万美元）	前年离岸业务额（万美元）	去年相对前年增长量（万美元）	奖励基准	拟奖励金额（万元）
	合　计：					

联系人：　　　　　　　　　　　　　　　　　联系电话：

附件 1-12

20XX 年 XXXX 公司离岸服务外包业务收入明细表

序号	合同号	合同名称	发包商	发包商国别	实际发包商	实际发包商国别	合同金额（万美元）	实际收入金额（万美元）
1								
2								
3								
4								
…								
…								
…								
…								
…								
…								
…								
离岸服务外包业务额合计								
外包企业声明	郑重声明： 1. 上述内容准确、真实、完整和有效； 2. 对应资料已完整存档，随时备查； 3. 承诺接受有关审核部门为审核本申请而进行的必要核查和相关法律责任。 法人签字 盖章							

附件 2

2019 年度支持试点地区及示范城市服务贸易创新发展资金申报指南

一、提升公共服务能力项目

（一）支持对象

1. 服务贸易公共服务平台。

2. 服务外包公共服务平台。

（二）支持方式

综合考虑我市服务贸易和服务外包产业发展需要，对完善和建设公共服务平台给予支持。资金用于公共服务平台所需设备购置、运营及维护，信息系统，信息安全及知识产权保护体系建设，为服务贸易企业提供共性技术支撑、云服务、检验检测、统计监测、信息共享、品牌建设推广、人才培养和引进、贸易促进、知识产权等公共服务。

提升公共服务能力项目资金面向全市服务贸易（服务外包）平台项目。在建、新建项目支持资金不超过平台项目建设所需设备购置、软件购置（或委托开发）费用的 50%，支持金额不超过 200 万元；已完成项目，支持资金不超过服务贸易（服务外包）平台项目建设所需设备购置、软件购置（或委托开发）费用的 40%，支持金额不超过 200 万元；运营及维护项目费用，按照年度实际发生费用的 50% 给予支持，支持金额不超过 50 万元，原则上运营及维护费用支持年限不超过三年。

（三）申请条件

项目申报单位须符合以下条件：

1. 在京注册，具有独立的企业法人资格，且为公共服务平台项目的实际投资运营单位；

2. 服务的对象包括承接国际服务贸易（服务外包）业务的企业及培训机构；

3. 具有一定数量与业务相适应的专业人员、管理人员，具备满足公共服务平台运营必要的场地、设备等；

4. 公共服务平台建设和运营的所有相关工作符合国家有关法律法规的要求。

（四）申报材料

项目申报单位应提供如下材料：

1. 在建、新建公共服务平台项目

（1）《提升公共服务能力事项申报说明》《提升公共服务能力事项申请表》；

（2）项目申请报告及项目申请承诺书，由法人代表签字并加盖公章；

（3）项目可行性研究报告，包含项目设立背景和基本情况、国内外相关产业发展与市场情况说明、项目申报单位基本情况和已有工作基础、项目具体实施方案、预期达到的技术经济指标及效果、承担项目的可行性分析、项目进度安排与考核指标、经费预算和使用方案等。可行性研究报告需经法人代表签字、加盖公章，并将作为后续专家评审及项目验收的主要依据；

（4）项目申报单位法律地位证明文件以及上年度审计报告（加盖公章）；

（5）公共服务平台设备购置、系统和软件购置（或委托开发）清单，已实施部分需提供付款凭证；

（6）与项目申报有关的其他材料。

2. 已完成的公共服务平台项目

（1）《提升公共服务能力事项申报说明》《提

升公共服务能力事项申报表》；

（2）项目申请报告及项目申请承诺书，由法人代表签字并加盖公章；

（3）项目完成验收报告，公共服务平台项目目前运行情况与服务企业情况等；

（4）项目申报单位法律地位证明文件以及上年度审计报告（加盖公章）；

（5）完成项目的专项报告［含服务贸易（服务外包）平台设备购置、系统和软件购置（或委托开发）清单及付款凭证］；

（6）与项目申报有关的其他材料。

3. 平台运营维护项目

（1）《提升公共服务能力事项申报说明》《提升公共服务能力事项申请表》；

（2）项目申请报告及项目申请承诺书，由法人代表签字并加盖公章；

（3）项目运行情况报告，包含项目申报单位基本情况、项目基本情况及运营情况、运营和维护费用明细、申请资金补助的金额、项目上年度运营及维护费用支出审计报告等，项目运行情况报告需由法人代表签字并加盖公章；

（4）项目上年度运营及维护费用支出凭证复印件；

（5）项目申报单位法律地位证明文件以及上年度审计报告（加盖公章）；

（6）与项目申报有关的其他材料。

（五）申报流程

1. 项目申报单位将申报材料（一式两份）在规定的时间内提交至市商务委。

2. 市商务委对申报材料进行审核，并将审核结果公示后拨付资金。市商务委和市财政局可视情况聘请中介机构开展专项审核工作。

3. 在建、新建项目，预拨补助金额的70%，项目完成并通过市商务委组织的验收后，拨付剩余资金；已建成公共服务平台项目、运营及维护费项目，根据审定的补助金额予以拨付。

二、促进新兴服务出口项目

（一）申请条件

1. 申请企业应当在京注册，具有独立法人资格、正常经营；

2. 认真执行《国际服务贸易统计监测制度》和《服务外包统计报表制度》，在商务部“服务贸易统计监测管理信息系统”或“服务外包信息管理应用”中如实登记；

3. 申请支持的项目贷款须用于促进新兴服务出口事项；

4. 出口的服务应列入商务部发布的《服务出口重点领域指导目录》（运输及相关服务、旅游服务、建筑和工程服务、加工服务和政府服务除外）；

5. 申请企业应当在上年1月1日至12月31日期间实现不低于50万美元的服务出口，以银行出具的收汇凭证为准。

（二）支持方式

对企业上年度开展的新兴服务出口取得的项目贷款（已享受政策性优惠利率贷款的除外），按照不超过1%的利率水平给予贴息支持，每户企业贴息金额不超过实际利息支出额，且总额不超过500万元人民币。

（三）申报材料

1. 《新兴服务出口事项申报说明》《新兴服务出口事项申报表》及项目申请承诺书；

2. 企业营业执照（复印件）、服务出口合同（复印件）、贷款合同（复印件）和利息支付凭证（复印件）。

以上材料均需加盖企业公章。

（四）申报流程

1. 申报单位按属地原则将申报材料（一式两份）在规定的时间内报送至所在区商务委，区商务委初审后上报市商务委。

2. 市商务委对申报材料进行审核，并将审核结果公示后报市财政局审核拨付资金。市商务委和市财政局可视情况聘请中介机构开展专项审核工作。

三、鼓励重点服务进口项目

（一）申请条件

1. 申请企业应当在京注册，具有独立法人资格、正常经营；

2. 进口的服务列入商务部、财政部、发展改革委发布的《鼓励进口服务目录》；

3. 进口服务应当在上年 1 月 1 日至 12 月 31 日期间执行合同，并取得银行出具的进口服务付汇凭证，且付汇金额不低于 50 万美元。

（二）支持方式

对申请企业在上年 1 月 1 日至 12 月 31 日期间取得付汇凭证的服务进口业务，以服务进口的付汇金额作为计算贴息的本金，按照不超过中国人民银行公布的上年最后一期 1 年期人民币贷款基准利率给予贴息支持。每户企业贴息金额不超过 500 万元人民币。

（三）申报材料

1. 企业法定代表人签字的申请文件，包括：企业基本情况、进口用途、预计可产生的效益等，企业更名的应说明相关情况并附证明材料；

2.《服务进口贴息事项申报说明》《服务进口贴息事项申报表》及项目申请承诺书；

3. 企业营业执照（复印件）、进口服务合同（复印件）及付汇凭证（复印件）。

以上材料均需加盖企业公章。

四、申报工作要求：

（一）5 月 30 日前，请各项目申报单位将申报材料（公共服务平台项目和服务外包整体促进项目除外）一式两份（含电子版）报辖区商务主管部门。

（二）6 月 21 日前，各区商务主管部门将初审汇总情况、企业申报材料各 1 份（含电子版）报市商务局。申请公共服务平台项目的单位，直接将申报材料报市商务局。服务外包整体促进项目按政府采购网公示时间为准执行。

（三）7 月 31 日前，市商务局委托中介机构进行项目审核，对审核通过的项目，在市商务局官方网站上予以公示，公示期为 7 天，公示期满无异议后按规定进行资金拨付。

（四）如在本通知执行中，商务部、财政部出台新规定的，则以新规定为准。

（联系人：李倩、郑勇；电话 :55579490/9489；邮箱：lq@bjcoc.gov.cn）

附件 2-1

北京市外经贸发展资金支持试点地区及示范城市服务贸易创新发展项目申请承诺书

（　　年度）

根据 20___年度北京市外经贸发展资金支持试点地区及示范城市服务贸易创新发展实施方案的有关要求，我单位（　　单位名称　　　　）拟申请□提升公共服务能力、□促进新兴服务出口、□鼓励重点服务进口（请在申请的项目前的方框内划√）。

并作出以下承诺：

1. 已认真阅读和全面了解专项资金申报规定及资金使用管理办法，承诺严格符合申报条件和要求，并将严格按照专项资金管理办法组织项目的实施；

2. 保证提供的所有申报文件和资料真实有效，并承担相应的法律责任；

3. 接受有关部门及市商务委、市财政局组织的验收及指派的审计机构和评估机构的监督、评估；

4. 如违反专项资金管理制度或有违法违纪行为，将承担一切责任，并在规定的时限内如数退还资金。

5. 保证配合相关部门工作要求，按期提供申报项目相关信息和统计数据。

申请人：(法人签字并加盖公章)

申请日期：　　　年　　月　　日

（说明：法人必须手签字，盖名章无效；如授权签字需付授权委托书原件）

附件 2-2

提升公共服务能力事项申报说明

（　　年度）

<table>
<tr><td>申请企业名称</td><td colspan="3"></td></tr>
<tr><td>法定代表人姓名</td><td></td><td>企业注册地址</td><td></td></tr>
<tr><td>企业性质</td><td></td><td></td><td></td></tr>
<tr><td>通信地址</td><td></td><td>邮政编码</td><td></td></tr>
<tr><td colspan="4">申请人郑重声明如下：
1. 申请人共上报申报文件资料____页；
2. 申请人依法注册，具有独立法人资格，并合法经营；
3. 申请人申报的所有文件、单证和资料是准确、真实、完整和有效的；
4. 申请人申报的所有复印件均与原件核对，完全一致；
5. 申请人承诺接受有关主管部门为审核本申请而进行的必要核查。

申请企业法定代表人或授权人：（签名）

申请企业盖章：

日期：　年　月　日</td></tr>
</table>

（续）

开户银行账户账号		开户银行账户户名	
开户银行名称		开户行地址	
企业联系人		联系电话	
电子邮件		移动电话	
联系传真			

说明：1. 申请企业法定代表人或授权人签名栏必须手签，使用名章无效；

2. 若由授权人签署，需提交由法定代表人手签并加盖公司印章的授权书原件；

3. 银行账户信息必须为公司账户，用于拨付贴息资金，务必正确填写；

4. 企业性质：国有、集体、民营、三资、研究院所、高校、其他。

附件 2-3

提升公共服务能力事项申报表

（　　年度）

<table>
<tr><td colspan="6">一、申报单位基本情况</td></tr>
<tr><td>名称</td><td colspan="5"></td></tr>
<tr><td>企业代码</td><td colspan="2"></td><td>信用等级</td><td colspan="2"></td></tr>
<tr><td>单位负责人</td><td colspan="2"></td><td>联系电话（手机）</td><td colspan="2"></td></tr>
<tr><td>主管部门</td><td colspan="5"></td></tr>
<tr><td>注册登记类型</td><td colspan="5">1. 国有企业　2. 集体企业　3. 股份合作企业　4. 联营企业　5. 有限责任公司　6. 股份有限公司
7. 私营企业　8. 外商投资企业　9. 其他（请注明：　　　　　　）</td></tr>
<tr><td>注册资金</td><td colspan="2">万元</td><td colspan="2">其中外资（含港澳台）比例</td><td>%</td></tr>
<tr><td>职工总数</td><td>人</td><td>其中本科以上</td><td>人</td><td>其中研究开发人员</td><td>人</td></tr>
<tr><td colspan="2">上年度企业总收入</td><td>万元</td><td colspan="2">上年度企业净利润</td><td>万元</td></tr>
<tr><td colspan="2">上年末企业总资产</td><td>万元</td><td colspan="2">上年度企业交税总额</td><td>万元</td></tr>
<tr><td colspan="2">获得的相关企业认证：</td><td></td><td colspan="2">获得的专利：</td><td></td></tr>
<tr><td colspan="2">通过的相关产品认证：</td><td></td><td colspan="2">企业拥有的品牌：</td><td></td></tr>
<tr><td colspan="6">申报单位简介（限 500 字以内）：</td></tr>
</table>

（续）

<table>
<tr><td colspan="4">二、项目基本情况</td></tr>
<tr><td>项目名称</td><td colspan="3"></td></tr>
<tr><td>合作单位名称</td><td colspan="3"></td></tr>
<tr><td>项目起始时间</td><td>年　　月</td><td>项目计划完成时间</td><td>年　　月</td></tr>
<tr><td>项目负责人</td><td></td><td>联系电话（手机）</td><td></td></tr>
<tr><td>项目现处阶段</td><td colspan="3">1. 新建阶段，已做的相关准备：________________
2. 在建（或已建成）阶段，已开展的服务内容：________________</td></tr>
<tr><td>项目主要
建设内容</td><td colspan="3">（限500字以内）</td></tr>
<tr><td>项目实施场地</td><td colspan="3"></td></tr>
<tr><td>现有服务设施</td><td colspan="3"></td></tr>
<tr><td>技术来源</td><td colspan="3">1. 自有技术　2. 产学研合作开发技术　3. 国内其他单位技术　4. 引进技术本企业消化创新
5. 国外技术</td></tr>
<tr><td>项目主要优势</td><td colspan="3">1. 市场发展前景很好　2. 产品或工艺创新性突出　3. 经济效益显著　4. 社会效益显著
5. 其他（请注明：　　　　　　）</td></tr>
<tr><td>项目完成后
验收指标</td><td colspan="3">1.
2.
3.</td></tr>
<tr><td>项目完成后
计划实现指标</td><td colspan="3"></td></tr>
<tr><td colspan="4">三、项目资金情况</td></tr>
<tr><td rowspan="3">项目计划总投资金额</td><td>合　计</td><td colspan="2">万元</td></tr>
<tr><td>固定资产投资</td><td colspan="2">万元</td></tr>
<tr><td>流动资金投资</td><td colspan="2">万元</td></tr>
</table>

（续）

<table>
<tr><td rowspan="4">已投资金额</td><td>企业自筹</td><td colspan="3">万元</td></tr>
<tr><td>银行贷款</td><td colspan="3">万元</td></tr>
<tr><td>财政拨款</td><td colspan="3">万元</td></tr>
<tr><td>其他</td><td colspan="3">万元</td></tr>
<tr><td rowspan="5">计划新增投资来源</td><td>企业自筹</td><td colspan="3">万元</td></tr>
<tr><td>银行贷款</td><td colspan="3">万元</td></tr>
<tr><td rowspan="2">财政拨款</td><td rowspan="2">万元</td><td>其中专项资金资助</td><td>万元</td></tr>
<tr><td>其中地方政府配套</td><td>万元</td></tr>
<tr><td>其他</td><td colspan="3">万元</td></tr>
<tr><td colspan="3">本次计划申请专项资金资助金额</td><td colspan="2">万元</td></tr>
<tr><td>申请专项资金用途</td><td colspan="4">（请选择并另附费用计划使用明细）
1. 固定资产购置费用　2. 运营维护费用　3. 与项目相关的其他支出</td></tr>
</table>

附件 2-4

新兴服务出口事项申报说明

（　　年度）

<table>
<tr><td>申请企业名称</td><td colspan="3"></td></tr>
<tr><td>法定代表人姓名</td><td></td><td>企业注册地址</td><td>省　　市</td></tr>
<tr><td>企业性质</td><td></td><td></td><td></td></tr>
<tr><td>通信地址</td><td></td><td>邮政编码</td><td></td></tr>
<tr><td colspan="4">申请人郑重声明如下：
1. 申请人共上报申报文件资料____页；
2. 申请人依法注册，具有独立法人资格，并合法经营；
3. 申请人申报的所有文件、单证和资料是准确、真实、完整和有效的；
4. 申请人申报的所有复印件均与原件核对，完全一致；
5. 申请人承诺接受有关主管部门为审核本申请而进行的必要核查。

申请企业法定代表人或授权人：（签名）

申请企业盖章：

日期：　年　月　日</td></tr>
</table>

（续）

开户银行账户账号		开户银行账户户名	
开户银行名称		开户行地址	
企业联系人		联系电话	
电子邮件		移动电话	
联系传真			

说明：1. 申请企业法定代表人或授权人签名栏必须手签，使用名章无效；

2. 若由授权人签署，需提交由法定代表人手签并加盖公司印章的授权书原件；

3. 银行账户信息必须为公司账户，用于拨付贴息资金，务必正确填写；

4. 企业性质：国有、集体、民营、三资、研究院所、高校、其他。

附件 2-5

新兴服务出口事项申报表

（　　年度）

申报企业：

出口服务描述	上年服务出口金额（美元）	贷款合同编号	贷款金额	贷款批准时间	贷款利率（%）

说明：1. 出口服务描述请对照《服务出口重点领域指导目录》填写具体出口领域；

2. 服务出口金额以取得银行收汇凭证为准；

3. 贷款金额、贷款批准年号、贷款利率以贷款文件（合同）为准，企业须提供贷款合同文件复印件。

附件 2-6

服务进口贴息事项申报说明

（　　年度）

<table>
<tr><td>申请企业名称</td><td colspan="3"></td></tr>
<tr><td>法定代表人姓名</td><td></td><td>企业注册地址</td><td>省　　市</td></tr>
<tr><td>企业性质</td><td></td><td></td><td></td></tr>
<tr><td>通信地址</td><td></td><td>邮政编码</td><td></td></tr>
<tr><td colspan="4">申请人郑重声明如下：
1、申请人共上报申报文件资料____页；
2、申请人依法注册，具有独立法人资格，并合法经营；
3、申请人申报的所有文件、单证和资料是准确、真实、完整和有效的；
4、申请人申报的所有复印件均与原件核对，完全一致；
5、申请人承诺接受有关主管部门为审核本申请而进行的必要核查。

申请企业法定代表人或授权人：（签名）

申请企业盖章：

日期：　　年　月　日</td></tr>
<tr><td>开户银行账户账号</td><td></td><td>开户银行账户户名</td><td></td></tr>
<tr><td>开户银行名称</td><td></td><td>开户行地址</td><td></td></tr>
<tr><td>企业联系人</td><td></td><td>联系电话</td><td></td></tr>
<tr><td>电子邮件</td><td></td><td>移动电话</td><td></td></tr>
<tr><td>联系传真</td><td></td><td></td><td></td></tr>
</table>

说明：1. 申请企业法定代表人或授权人签名栏必须手签，使用名章无效；

2. 若由授权人签署，需提交由法定代表人手签并加盖公司印章的授权书原件；

3. 银行账户信息必须为公司账户，用于拨付贴息资金，务必正确填写；

4. 企业性质：国有、集体、民营、三资、研究院所、高校、其他。

附件 2-7

服务进口贴息事项申报表

（　　年度）

上报单位

序　号	服务进口合同号	服务代码及名称	服务描述	实际服务进口额（美元）	进口服务国别地区
总　计					

联系人：
联系电话：

附件 3

2019 年度支持服务贸易境外拓展资金申报指南

一、支持范围

支持内容以商务部 2016 年第 58 号公告提出的《服务出口重点领域指导目录》为基础，重点支持北京市服务业扩大开放综合试点的六个领域：科学技术服务领域、互联网和信息服务领域、文化教育服务领域、商务及旅游服务领域、健康医疗服务领域的服务贸易出口，以及北京加快培育的金融、科技、信息、文化创意、商务服务等现代服务业领域的相关服务贸易出口。

二、申请条件

1. 依法在北京登记注册，具有独立法人资格；

2. 按照有关规定已取得开展相关业务资格或已进行核准或备案；

3. 通过商务部业务系统统一平台中的“技术贸易管理信息应用”或“服务贸易统计监测管理业务应用”如实填报有关统计资料。

三、支持项目

（一）服务贸易出口贴息项目

1. 支持内容

对上述所列支持范围中的服务贸易出口给予贴息支持，优先支持其中的技术出口项目。技术出口，是指我国境内企业通过贸易、投资或经济技术合作方式向境外实施的专利权转让、专利申请权转让、专利实施许可、专有技术转让或许可等技术转移，以及技术转让或许可合同项下提供的技术服务。不包括《中国禁止出口限制出口技术目录》（商务部、科技部令2008年第12号）所列的出口技术。重点支持具有国际竞争力、成熟的产业化技术出口及技术服务出口。

2. 申报单位除满足基本条件外还应满足以下条件：

（1）技术出口业务应根据《中华人民共和国技术进出口管理条例》（中华人民共和国国务院令第331号），已在商务部“技术进出口信息管理系统”中登记上一年度实际出口额。其他服务贸易业务应已在商务部服务贸易系统中登记；

（2）相关业务应当在上一年1月1日至12月31日期间取得银行出具的收汇凭证，服务贸易出口额应达到50万美元（含）以上；

（3）其他按规定应满足的条件。

3. 支持标准和方式

对申报单位在上一年1月1日至12月31日期间取得收汇凭证的服务贸易出口业务，以审定的出口收汇金额作为计算贴息的本金，按照不超过中国人民银行公布的上一年度最后一期1年期人民币贷款基准利率给予贴息支持。对同一申报单位的贴息总额最高不超过800万元人民币。服务外包企业开展的技术出口适用于以上出口贴息政策。

4. 申报材料

（1）由法定代表人签字的项目申请报告，内容包括：申报单位基本情况、出口概要、本申报单位近三年无严重违法违规行为，是否拖欠政府性资金、同一项目是否已申请或享受其他财政资金等，以及申报说明；

（2）《服务贸易境外拓展资金项目申请表》电子数据；

（3）由法定代表人签字的《服务贸易境外拓展资金项目申请承诺书》；

（4）营业执照复印件；

（5）服务贸易出口合同复印件；

（6）银行出具的收汇凭证复印件（收汇凭证以非美元作为计价币种的，应将出口额换算成美元，折算率使用国家外汇管理局公布的上一年第12期《各种货币对美元折算率表》汇率）；

（7）相关涉外收入申报单复印件；

（8）涉及专利权转让的单位需提供著录项目变更手续合格通知书复印件；

（9）经会计师事务所审计的上一年度财务会计报告复印件；

（10）技术出口项目还要提供《技术出口合同登记证书》和《技术出口合同数据表》及《技术出口数据变更记录表》复印件；

以上材料均须加盖申报单位公章。

（二）鼓励会计事务所参与国际竞争项目

1. 支持对象

（1）会计师事务所应在北京市注册登记，并具有经北京市财政局行政许可的会计师事务所执业证书；

（2）会计师事务所近三年以来无严重违法违规行为。

2. 支持标准和方式

（1）鼓励会计师事务所在境外以自有品牌设立分支机构（含并购吸收所在国家和地区的会计师事务所成为其成员所）。上年度，每在境外自主设立一家分支机构（含并购吸收所在国家和地区的会计师事务所成为其成员所），实现品牌统一，正常开展业务，经申请审核，给予15万元奖励，每年每家会计师事务所奖励最高限额为100万元。

（2）鼓励会计师事务所以自有品牌参与权威国际会计公司网络排名。上年度，会计师事务所在境外以自有品牌设立分支机构两家以上，并以自有品牌参与权威国际会计公司网络排名，分三档进行奖励：进入全球前30名，一次性给予30万元奖励；进入全球前20名，一次性给予40万元奖励；进入全球前10名，一次性给予50万元奖励。国际排名名次以会计师事务所上年度参与权威国际会计公司网络排名较为靠前的名次为准，符合条件的会计师事务所不重复享受奖励。

3. 申报材料

（1）由法定代表人签字的《服务贸易海外拓展资金项目申请表》，内容包括：企业基本情况、出口概要、本企业近三年无严重违法违规行为，是否拖欠政府性资金、同一项目是否已申请或享受其他财政资金等，以及申报说明；

（2）营业执照复印件；

（3）由法定代表人签字的《服务贸易海外拓展资金项目申请承诺书》；

（4）经会计师事务所审计的上一年度财务会计报告复印件；

（5）以自主品牌参与权威国际会计公司网络排名所获得较高名次的证明材料（中英文）；

（6）事务所自主品牌情况说明；

以上材料均须加盖企业公章。

四、申报工作要求：

（一）5月30日前，请各项目申报单位将申报材料（公共服务平台项目和服务外包整体促进项目除外）一式两份（含电子版）报辖区商务主管部门。

（二）6月21日前，各区商务主管部门将初审汇总情况、企业申报材料各1份（含电子版）报市商务局。申请公共服务平台项目的单位，直接将申报材料报市商务局。服务外包整体促进项目按政府采购网公示时间为准执行。

（三）7月31日前，市商务局委托中介机构进行项目审核，对审核通过的项目，在市商务局官方网站上予以公示，公示期为7天，公示期满无异议后按规定进行资金拨付。

（四）如在本通知执行中，商务部、财政部出台新规定的，则以新规定为准。

（联 系 人：李倩、郑勇；电话：55579490/9489；邮箱：lq@bjcoc.gov.cn）

附件3-1

服务贸易境外拓展资金项目申报说明

（ 年度）

申请企业名称			
企业注册地址		法定代表人姓名	

（续）

办公地址		邮政编码	
申请人郑重声明如下： 1. 申请人共上报申报文件资料____页； 2. 申请人依法注册，具有独立法人资格，并合法经营； 3. 申请人申报的所有文件、单证和资料是准确、真实、完整和有效的； 4. 申请人申报的所有复印件均与原件核对，完全一致； 5. 申请人承诺接受有关主管部门为审核本申请而进行的必要核查。 申请企业法定代表人或授权人：（签名） 申请企业盖章： 日　　期：　　　　年　　月　　日			
申请项目 （请在申请的项目前的方框内划√）	□**服务贸易出口贴息项目** 其中：□技术出口贴息项目 　　　□其他服务出口贴息项目 □**鼓励会计师事务所参与国际竞争项目**		
银行账户账号		银行账户户名	
开户银行名称		开户行地址	
企业联系人		联系电话	
电子邮件		移动电话	
联系传真			

备注：1. 申请企业法定代表人或授权人签名栏必须手签，使用名章无效；

2. 若由授权人签署，需提交由法定代表人手签并加盖公司印章的授权书原件；

3. 银行账户信息必须为公司账户，用于拨付贴息资金，务必正确填写。

附件 3-2

服务贸易境外拓展资金项目申请承诺书

（　　年度）

根据20××年度北京市外经贸发展资金支持北京市服务贸易境外拓展实施方案的有关要求，我单位（　单位名称　　）拟申请□服务贸易出口贴息项目或□鼓励会计师事务所参与国际竞争项目专项资金项目（请在申请的项目前的方框内划√）。

并作出以下承诺：

1. 已认真阅读和全面了解专项资金申报规定及资金使用管理办法，承诺严格符合申报条件和要求，并将严格按照专项资金管理办法组织项目的实施；

2. 保证提供的所有申报文件和资料真实有效，并承担相应的法律责任；

3. 接受有关部门及市商务委、市财政局组织的验收及指派的审计机构和评估机构的监督、评估；

4. 如违反专项资金管理制度或有违法违纪行为，将承担一切责任，并在规定的时限内如数退还资金。

5. 保证配合相关部门工作要求，按期提供申报项目相关信息和统计数据。

申请人：（法人签字并加盖公章）

申请日期：　　年　月　日

（说明：法人必须手签字，盖名章无效；如授权签字需付授权委托书原件）

附件 3-3

服务贸易境外拓展资金申请表（服务贸易出口贴息项目）

（　　年度）

申请企业（加盖单位公章）：　　　　企业注册地

序号	合同登记证书号（技术出口企业填此项）	合同号	合同名称	合同金额（美元）	涉外收入申报单号	××××年实际出口额（原币）	××××年实际出口额（美元）	备注
合计								

企业联系人：　　　　联系电话：

附件 3-4

服务贸易境外拓展资金申请汇总表（服务贸易出口贴息项目）

（　　年度）

区（开发区）：

序号	企业名称	合同数量	实际出口总额（美元）	备注
1				
2				
3				
4				
5				
6				
7				
8				
9				
10				
11				
12				
13				
14				
15				
16				
17				
18				
19				
20				
21				
22				
23				
24				
25				
26				
27				
28				
总计				

商务部门联系人：　　　　　　　　　　　　　　　　　联系电话：

附件 4

2019 年北京市对外投资合作资金项目申报指南

一、资金支持重点

以推进“一带一路”国际合作为重点，根据国家有关重点规划和北京市“四个中心”建设，围绕交通运输、电力、通信设施、能源资源、航空航天、海洋工程、环境保护、新兴产业、农林牧渔领域，开展互利共赢的对外承包工程及境外投资业务，建设省级境外企业和对外投资联络服务平台。鼓励开展技术、品牌、专利、营销网络的境外合作，优化全球布局，打造国际品牌。境外投资是指我国境内企业通过新设、并购等方式在境外设立非金融企业或取得既有非金融企业的所有权、控制权、经营管理权等权益的行为。对外承包工程是指我国境内企业承包境外建设工程项目，包括咨询、勘察、设计、监理、建造、采购、施工、安装、调试、运营、管理等活动。

按照《商务部 财政部 国务院扶贫办 共青团中央关于印发〈进一步加大对外劳务扶贫力度工作方案〉的通知》（商合函〔2017〕967 号）和《商务部 外交部 公安部 工商总局关于印送〈对外劳务合作服务平台建设试行办法〉的函》（商合函〔2010〕484 号）规定，支持对外劳务扶贫和公共服务平台提升服务质量，强化信息咨询、素质培训、权益保障、规范引导等服务功能，实现跨区域提供服务，对提升贫困县外派劳务人员报名、培训、输送等公共服务能力建设给予重点支持。对外劳务合作是指企业组织劳务人员赴其他国家或地区为境外的企业或者机构工作的经营性活动。

以上支持重点的依据为财行〔2018〕91 号文件，待 2019 年财政部、商务部关于 2019 年外经贸发展资金重点工作通知发布后，如有变化，变化内容以新通知为准。

二、申请企业和项目的基本条件

（一）申请企业必须具备以下条件

1. 在我市依法注册，具有独立企业法人资格，已经市商务局或由市商务局报经商务部批准（核准或备案）开展对外投资合作业务的本市地方企业（对于境外渔业合作的企业根据国家有关规定在口岸城市或港口城市注册的，可不受注册地必须为我市的相关限制）；

2. 按照商务部、国家统计局《对外直接投资统计制度》《对外承包工程业务统计制度》和《对外劳务合作业务统计制度》的规定按时报送统计资料；

3. 当年未获得相同性质的其他同级资金的支持；

4. 其他按规定应满足的条件。

（二）申请项目应具备以下条件

1. 经有关部门批准、登记或备案；

2. 在项目所在国（地区）依法注册、登记或备案，项目依法生效；

3. 项目金额标准

境外投资：境外投资项目中方直接投资额不低于 500 万美元或等值货币；在“一带一路”沿线国家新设或并购企业，境内投资者拥有该境外企业 50%（含）以上权益的境外投资，中方投资总额超过 300 万美元的；涉及装备制造和国际产能合作（钢铁企业、水泥企业、平板玻璃生产企业、火力发电厂、水力发电厂、核能发电厂、风力发电厂、太阳能光伏电站、汽车生产）的境外投资，中方占有该境外企业10%以上权益，中方投资总额超过300万美元的；涉及境外主要矿产资源开发（能源类矿产、金属矿产、非金属矿产）的境外投资，中方占有该境外企业10%以上权益，中方投资总额超过300万美元的；能够带动北京市企业技术转型升级，填补我市企业在技术方面的空白的并购项目，中方占有该境外企业50%以上权益，中方投资总额超过300万美元的；在境外设立研发中心、实验室及科技企业孵化器，中方占有该境外企业50%以上权益，中方投资总额超过100万美元的；能够带动“中华传统文化”走出去，有利于传播优秀传统文化的境外投资，中方投资总额超过50万美元的；在境外开展农业种植、畜禽养殖、奶业生产加工，农产品生产加工，参与海外农业技术示范项目和农业科技合作示范园区建设的境外投资，中方占有该境外企业50%以上权益，中方投资总额超过50万美元的。

对外承包工程：对外承包工程项目合同额不低于500万美元或等值货币（设计、咨询类项目除外）。

对外劳务合作：对按商务部、北京市规定开展对外劳务人员适应性培训和为劳务人员购买在国外工作期间人身意外伤害保险的企业，根据实际派出人数进行补助。

4. 项目适用时间

（1）申请贷款贴息的项目，项目合同和贷款合同须为在申报年度内正在执行并按合同支付利息的；

（2）申请一次性直接补助的境外投资项目，新设（并购）境外企业须在申报年度内备案并设立；

（3）申请对外承包工程营业额直接补助的，项目须在申报年度内正在执行项目所发生的营业额；

（4）申请外派劳务人员直接补助的，项目须在申报年度内实际派出劳务人员；

（5）申请海外投资保险保费直接补助的，项目须为申报年度内执行的投保协议并支付保费的；

（6）申请资源回运保费的直接补助，其项目合同（协议）在申报年度内正在执行，并在此期间内运回权益内资源产品（以海关报关单为准）；

（7）申请对外承包工程项目投标、履约保函费用的直接补助，项目须为申报年度内正在执行的项目开具的保函并支付费用的；

（以上项目适用时间：2018年1月1日至2018年12月31日）

（8）2019年度受主管部门委托的企业（单位）为促进我市企业开展对外投资合作业务而组织的促进活动，按组织开展促进活动实际发生的费用进行补助。

三、支持内容和支持标准

（一）贷款贴息

1. 支持内容：为一年以上（含一年）中长期境内非政策性贷款，贷款可从境内银行取得，也可由我国企业在境外设立的控股企业从我国银行在境外的分支机构取得；特许经营类对外承包工程项目的贷款可由境外项目公司从境内银行取得，也可从我国银行在境外的分支机构取得；贷款用于对外投资合作项目的建设及运营；申报项目贷款额不超过《企业境外投资证书》备案的贷款额度和对外承包工程项目合同额；人民币贷款贴息率不超过中国人民银行公布执行的基准利率，实际利率低于基准利率的，不超过实际利率；外币贷款年贴息率不超过3%，实际利率低于3%的，不超过实际利率。

2. 支持标准：用于支持对外投资合作项目

的贷款贴息，不超过贷款实际支付利息的 50%；每个项目可获得累计不超过 3 年的贷款贴息支持，每年度不超过 1000 万元人民币。

（二）境外投资的直接补助

1. 支持内容

申请境外投资项目直接补助的须是经市商务局或经市商务局报经商务部备案或核准取得《企业境外投资证书》，已在项目所在国（地区）依法注册，已履行完境内外全部手续。

在“一带一路”沿线国家新设或并购企业，境内投资者拥有该境外企业 50%（含）以上权益的境外投资，中方投资总额超过 300 万美元的；涉及装备制造和国际产能合作（钢铁企业、水泥企业，平板玻璃生产企业，火力发电厂、水力发电厂、核能发电厂、风力发电厂、太阳能光伏电站、汽车生产）的境外投资，中方占有该境外企业 10% 以上权益，中方投资总额超过 300 万美元的；涉及境外主要矿产资源开发（能源类矿产、金属矿产、非金属矿产）的境外投资，中方占有该境外企业 10% 以上权益，中方投资总额超过 300 万美元的；能够带动北京市企业技术转型升级，填补我市企业在技术方面的空白的并购项目，中方占有该境外企业 50% 以上权益，中方投资总额超过 300 万美元的；在境外设立研发中心、实验室及科技企业孵化器，中方占有该境外企业 50% 以上权益，中方投资总额超过 100 万美元的；能够带动“中华传统文化”走出去，有利于传播优秀传统文化的境外投资，中方投资总额超过 50 万美元的；在境外开展农业种植、畜禽养殖、奶业生产加工，农产品生产加工，参与海外农业技术示范项目和农业科技合作示范园区建设的境外投资，中方占有该境外企业 50% 以上权益，中方投资总额超过 50 万美元的。

2. 支持标准

境外投资项目在申报年度内直接投资额超过 500 万美元的投资，给予额度不超过 100 万元人民币的一次性补助；

符合支持重点且在申报年度内累计中方直接投资完成中方投资额 60% 以上的，一般给予额度不超过 50 万元人民币的一次性直接补助。

（三）对外承包工程的直接补助

1. 支持方向：开展对外承包工程业务，申请营业额补助的应为申请企业直接中标项目，不含从其他对外承包工程企业获得的工程分包项目；项目合同总额大于 500 万美元（设计、咨询类项目除外）；以联营体形式承包工程的，企业承担项目情况按合同比例计算工程合同额。

2. 支持标准：用于支持企业取得对外承包工程项目的补助，按照不超过项目申报期内已完成营业额的 0.5％进行补助。用于支持企业对外承包工程项目投标、履约保函费用的补助，不超过实际支付费用的 50%，一个项目当年补助额最高不超过 100 万元人民币。

（四）外派劳务人员的直接补助

1. 支持方向

对按商务部和北京市规定开展对外劳务人员适应性培训的企业进行直接补助；为“一带一路”沿线国家输出劳务人员购买在国外工作期间人身意外伤害保险的企业进行直接补助；对外派劳务人员户籍所在地为“京津冀”协同发展区域内或全国范围内“国家级贫困县”（以商务部提供的国家级贫困县名单为准）的企业、符合打造对外劳务合作“北京服务”品牌高端劳务的企业进行直接补助。

2. 支持标准

适应性培训每人补助不超过 500 元人民币；为派出劳务人员购买在国外工作期间人身意外伤害保险的，按每人实际发生保费的 50%，给予不超过 500 元人民币的补助；对派出人员户籍所在地为“京津冀”协同发展区域内或全国范围内“国家级贫困县”的，每人补助不超过1000元人民币。

（五）资源回运运保费的直接补助

1. 支持方向

我市企业开展境外能源资源开发，将其所获合作权益以内的产品运回国内，对从境外起运至国内口岸间的运保费给予补助；计算运保费的资源产品进口数量以海关统计数据为准；企业实施对外承包工程项目换回的，不超过与外方签署的开发投资合作协议合同总金额的资源产品运回国内，对从境外起运地至国内口岸间的运保费给予补助；享受补助的回运资源种类比照上述境外资源、能源开发合作项目执行。

2. 支持标准

企业申报资源回运运保费支持金额不超过实际支付费用的50%，一个项目当年补助额最高不超过1000万元人民币。

（六）海外投资保险保费的直接补助

1. 对企业开展对外投资合作业务投保海外投资保险的保费进行补助。

2. 支持标准：给予不超过申请企业实际支付保险费用50％的补助，一个项目当年补助额最高不超过1000万元人民币。

（七）对外投资合作业务促进活动的直接补助

1. 支持方向：对受主管部门委托的企业（单位）为促进我市企业开展对外投资合作业务而组织的促进活动，按组织开展促进活动实际发生的费用进行补助。

2. 支持标准：按实际发生的费用予以补助。

四、项目申报、审核和拨付程序

（一）项目申报

符合条件的企业，根据2019年申报通知提供书面申报材料（一式两份，对外投资合作项目申报材料样表附后）并在“商务部外经贸发展专项资金管理系统”上进行项目申报；同一单位申报境外投资、对外承包工程、对外劳务合作业务资金的材料必须分别装订；项目申报材料中须报送“项目申报书”和提供我驻项目所在国使馆“经商参处（室）意见”，如有外文须附加中文译本；申报材料中的具体数据要按资料要求的币种及单位填写，汇率按2018年12月31日汇率计算，并保留两位小数；复印件须加盖单位公章。

（二）项目审核

原则上由各区、北京市经济技术开发区商务主管部门初审，市商务局负责复审并委托中介机构进行项目评审，在评审基础上确定予以支持的项目。

（三）资金拨付

市商务局根据审核结果（涉密及不宜公示事项除外）和年度资金预算规模，由市商务局在官方网站上予以公示，公示期为7天，公示期满无异议后按国库管理制度相关规定办理资金拨付手续，并将支持企业、项目情况通报各区、北京市经济技术开发区商务主管部门。项目单位收到资金后，需按国家相关规定进行账务处理，并接受市财政局、市商务局对资金使用的后期监管和绩效管理；各申报企业在收到资金30日内，向北京市商务局提交“绩效管理报告”。

五、时间安排

符合申报条件的企业请于2019年8月12日（星期一）至2019年8月16日（星期五）16:00前集中申报，将项目申请材料（一式两份）报送至北京市政府服务中心北京市商务局窗口，逾期不予受理。由市商务局将一份材料转送各区、北京市经济技术开发区商务主管部门。各申报企业报送申请材料前将《北京市使用对外投资合作资金申请表》《对外投资合作资金项目申报书》《申报项目明细表》的电子版发送到外经处邮箱（wjc@bjcoc.gov.cn）。

［联系人：孙健（外经处）；联系电话：55579393］

附件 4-1

项目申报书

一、基本情况

（一）项目单位情况

（二）项目基本情况

1. 项目投资情况

2. 项目建设具体情况（项目建设完成数量、项目实施进度、项目完成质量情况）

二、项目组织情况

三、项目实施效果

（一）项目实施背景（企业实施该项目受益情况分析、企业对该项目需求分析等）

（二）项目实施的社会效益（务必结合项目本身实际情况进行量化的分析，便于后期考核）

（三）项目实施的经济效益（务必结合项目本身实际情况进行量化的分析，便于后期考核，切勿夸大数据）

附件 4-2

申报单位承诺书应包含的主要内容

一、了解合作资金管理制度并严格按照资金管理制度组织实施；

二、本次申报中提供的所有申报文件和资料真实有效，并承担相应法律责任；

三、接受有关部门及市商务局审计联席工作小组指派的审计机构和评估机构的监督、评估；

四、如违反资金管理制度或有违法违纪行为，将承担一切责任并如数退还资金；

五、法定代表人或负责人签字及单位公章。

附件 4-3

北京市使用对外投资合作资金申请表

1. 申请单位名称		2. 法定代表人姓名	
3. 联系人		4. 联系电话	
5. 开户银行名称		6. 银行账号	
7. 账户名称			

8. 申请资金支持的境外企业（机构），对外承包劳务项目	名称	批准证书、资格证书号或批准文件

9. 贷款贴息申请						
贷款金融机构	贷款期限	贷款金额	贷款用途	本次申请贴息起止时间	支付利息额	资金贴息次数

10. 资金补助申请			
项目名称、合同额、申报期完成营业额（万美元）	申请补助的类型①	申请补助金额	资金补助次数

11. 本次申请共计：

申请贴息项目　　　　个，申请贴息　　　　　　万元人民币；

申请资金补助项目　　个，申请补助金额　　　　万元人民币。

备注：

法定代表人（签字）：　　　　　　　　　　　　单位盖章：

申报日期：　　年　　月　　日

填表须知：1. 申报单位按此表样制作、填写并打印报送；2. 申报单位银行账户信息若有变动，请及时报告；3. 资金单位为万元（人民币或外币）；4. 项目较多时，可将表中 8、9、10 栏按表中栏目式样另纸制表并加盖公章，作为本表附件，并在本表备注栏说明。本表相应栏目不再填写。

注释①：按《实施细则》第七条（二）至（六）项划分。填写时，分别对应以下简称：对外承包工程类、对外投资类、对外劳务类、保险费用类、促进工作类。

附件 4-4

驻外经济商务参赞处（室）意见

<table>
<tr><td colspan="3">申报企业名称（盖章）：</td></tr>
<tr><td colspan="3">项目名称：</td></tr>
<tr><td colspan="3">项目所在国家、城市：</td></tr>
<tr><td colspan="3">项目是否正常运营：</td></tr>
<tr><td colspan="3">合作项目合同起止日期：</td></tr>
<tr><td colspan="3">是否为进入经确任的境外经贸合作区项目：</td></tr>
<tr><td colspan="3">经济商务参赞处（室）意见：</td></tr>
<tr><td>参赞：</td><td>（签字）</td><td>经商处（室）盖章：</td></tr>
<tr><td>日期：</td><td colspan="2">年　　月　　日</td></tr>
<tr><td colspan="3">经商处（室）联系人：</td></tr>
<tr><td>电话：</td><td>传真：</td><td>电子邮件：</td></tr>
</table>

附件 4-5-1

外派劳务人员适应性培训审查明细表

申报单位名称：

序号	姓名	外派劳务人员（研修生）培训合格证编号	护照号	护照复印件	项目审查表	项目或雇主名称	出境期间	工作准证复印件	省级审核情况
上述内容审核完毕，共计______名人员符合条件。 主管负责人签字：　　　　　（公章）									

注：1. 表内所列资料另行报送商务主管部门，无须装订入册。

2. 内地输港澳劳务人员持往来港澳通行证代替护照。

3. 外派海员持海员证代替护照，以出境记录代替“工作准证”。

4. 对台渔渔船船员持《大陆居民往来台湾通行证》或《对台劳务人员登轮作业证》代替护照；持台湾“渔业署”颁发的《大陆地区渔船船员来台履行海峡两岸渔船船员劳务合作协议许可证》代替“工作准证”。

附件 4-5-2

外派劳务人员补助审查明细表
（京津冀区域和国家级贫困县）

申报单位名称：

序号	姓名	外派劳务人员户籍所在地（省/市/县）	（研修生）培训合格证编号	护照号	身份证号	身份证复印件	护照复印件	项目审查表	项目或雇主名称	出境期间	工作准证复印件	省级审核情况

上述内容审核完毕，共计______名人员符合条件。

主管负责人签字：（公章）

注：1. 表内所列资料另行报送商务主管部门，无须装订入册。

2. 内地输港澳劳务人员持往来港澳通行证代替护照。

3. 外派海员持海员证代替护照，以出境记录代替“工作准证”。

4. 对台渔渔船船员持《大陆居民往来台湾通行证》或《对台劳务人员登轮作业证》代替护照；持台湾“渔业署”颁发的《大陆地区渔船船员来台履行海峡两岸渔船船员劳务合作协议许可证》代替“工作准证”。

附件 4-6

申请贴息项目基本情况及 2018 年度银行贷款付息一览表

<table>
<tr><td colspan="3">申请企业名称</td><td colspan="3"></td></tr>
<tr><td colspan="3">借款企业名称</td><td colspan="3">（公章）</td></tr>
<tr><td colspan="3">项目名称</td><td></td><td>申报补贴类型</td><td></td></tr>
<tr><td colspan="3">项目总金额（万美元）</td><td></td><td>贷款银行</td><td></td></tr>
<tr><td colspan="3">中方投资金额（万美元）</td><td></td><td>贷款合同号</td><td></td></tr>
<tr><td colspan="3">境外企业名称</td><td></td><td>贷款金额（万元）</td><td></td></tr>
<tr><td colspan="3">境外企业注册登记时间</td><td></td><td>贷款起止时间</td><td></td></tr>
<tr><td colspan="3">项目有效期</td><td></td><td>贷款利率</td><td></td></tr>
<tr><td colspan="6">本项目已获得贷款贴息的年度：20　年、20　年、20　年</td></tr>
<tr><td rowspan="3">提款情况</td><td></td><td>提款时间</td><td>提款金额
（万元）</td><td>提款凭证（借款借据）
复印件页码</td><td>备注</td></tr>
<tr><td>第一次</td><td></td><td></td><td></td><td></td></tr>
<tr><td>…</td><td></td><td></td><td></td><td></td></tr>
<tr><td rowspan="3">还款情况</td><td></td><td>还款时间</td><td>还款金额
（万元）</td><td>还款凭证复印件页码</td><td>备注</td></tr>
<tr><td>第一次</td><td></td><td></td><td></td><td></td></tr>
<tr><td>…</td><td></td><td></td><td></td><td></td></tr>
<tr><td colspan="6">2016 年付息情况</td></tr>
<tr><td>付息时间</td><td>利息所属期间</td><td>付息金额
（人民币元）</td><td colspan="2">付息凭证复印件页码</td><td>备注</td></tr>
<tr><td></td><td></td><td></td><td colspan="2"></td><td></td></tr>
<tr><td></td><td></td><td></td><td colspan="2"></td><td></td></tr>
<tr><td colspan="2">合计</td><td></td><td colspan="2"></td><td></td></tr>
</table>

备注：1. 提款、还款情况和年度付息情况行数不够及多笔贷款情况可复印本表，但须加盖公司印章。

2. 境外企业投资额以境外企业批准证书上相应金额填，其他类项目以项目合同签订金额填列。

附件 4-7

银行贷款收息结算情况表

申请企业名称：　　　　　　　　　　　　　　　　　　　　　　　　金额单位：

利息清单序号	放贷银行	贷款合同号	贷款本金	贷款利率	贷款期间	申请贴息期间	贴息天数	本次贴息期间应支付利息	本次贴息期间已支付利息

备注：贴息期为 2017 年 1 月 1 日至 12 月 31 日；贴息天数为贷款期与贴息期的重合期间。

企业不存在欠息情况

放贷银行签章：　　　　　日期：　　　　　银行经办人签名：

企业存在欠息情况（请注明欠息金额及欠款所属期间）

放贷银行签章：　　　　　日期：　　　　　银行经办人签名：

本表由放贷银行填报，仅证明企业银行贷款及付息情况的真实性。

附件 4-8

直接补助项目基本情况及费用支出情况明细表

申请企业名称：　　　　项目名称：　　　　项目总金额：　　　　万美元

境外企业名称：　　　　境外公司注册登记时间：　　　　中方投资额：　　　　万美元

序号	费用名称	费用金额人民币元	支付凭证				费用合同				费用发票				备注
			金额			页码	金额			页码	金额			页码	
			原币（× 币种）	期末汇率	折合人民币		原币（× 币种）	期末汇率	折合人民币		原币（× 币种）	期末汇率	折合人民币		
合计		—	—		—		—		—		—		—		

备注：1. 支付凭证要求提供费用支付的银行单据，如果存在代付转付情况，需附各环节银行支付单据及相关说明。

2. 境外企业投资额以境外企业批准证书上相应金额填列，其他类项目以项目合同签订金额填列。

3. 原币（× 币种）由申请企业填写。

4. 支付凭证、费用合同、费用发票金额不一致时，取最小值填入费用金额列。

附件 4-9

资源回运费用单据明细表——陆运项目

项目名称：　　　　　　　　　　　　　　　　　　　　编制单位：

项目期间：　　　　　　　　权益数量：　　　　　　　编制人：　　　　　　　　日期：

序号	海关报关单		购货发票			提单项目			保险发票			保险单			运费发票		实际支付运费		实际支付保险费用	
	编号	数量（×）	数量（×）	单价（×币种）	总计（×币种）	号码	数量（×）	湿重（×）	数量（×）	单价（×币种）	金额（×币种）	运费（×币种）	保险总额（×币种）	保险费（×币种）	数量（×）	运费发票（×币种）	原币（×币种）	折合人民币	原币（×币种）	折合人民币
合计																				

备注：1. 实际以外币支付的运费及保险费按照年末汇率中间价折合成人民币金额，在合计栏中填列。如果是人民币支付直接填人民币金额。

2. 购货发票、提单项目、运费发票、保险费用发票中的数量单位未标注，由申请企业自行填写数量单位。一般木材回运数量单位填写立方米，渔业和矿业数量单位填写吨。由企业自行填列。

附件 4-10

资源回运费用单据明细表——海运项目

项目名称：　　　　　　　　　　　　　　　　编制单位：

项目期间：　　　　　　权益产量：　　　　　编制人：　　　　　　　　　　日期：

序号	海关报关单项目				购货发票			提单项目			运费发票				保险费用发票			实际支付运费		实际支付保险费用	
	编号	毛重（kg）	净重（kg）	数量（kg）	湿重（×）	干重（×）	总计金额（×币种）	号码	数量（×）	湿重（×）	提单号码	数量（×）	单价	运费（×币种）	提单号码	数量（×）	保费（×币种）	原币（×币种）	折合人民币	原币（×币种）	折合人民币
合计																					

备注：1. 实际以外币支付的运费及保险费按照年末汇率中间价折合成人民币金额，在合计栏中填列。如果是人民币支付直接填人民币金额。

2. 购货发票、提单项目、运费发票、保险费用发票中的数量单位未标注，由申请企业自行填写数量单位。一般木材回运数量单位填写立方米，渔业和矿业数量单位填写吨。由企业自行填列。

附件 4-11

资源回运费用单据明细表——渔业项目

项目名称：　　　　　　　　　　　　　　　　编制单位：

项目期间：　　　　　权益产量：　　　　　　编制人：　　　　　　日期：

序号	海关报关单项目				运费发票			提单项目		实际支付运费	
	编号	毛重（kg）	净重（kg）	数量（kg）	提单号码	数量（吨）	运费（× 币种）	号码	毛重（kg）	原币（× 币种）	折合人民币
合计		—	—	—		—	—		—	—	—

备注：实际以外币支付的运费按照年末汇率中间价折合成人民币金额，在合计栏中填列。如果是人民币支付直接填人民币金额。

附件 4-12

对外投资合作资金到账确认函

北京市商务局：

我单位已收到贵局拨付的 2019 年对外投资合作资金 ××× 万元。我公司承诺将严格按照资金使用管理相关规定使用，不出现任何违法违规行为。具体信息确认如下：

<table>
<tr><td>申请企业名称</td><td colspan="2"></td><td>备注</td></tr>
<tr><td>申请项目名称</td><td colspan="2"></td><td></td></tr>
<tr><td>资金到账金额</td><td colspan="2"></td><td></td></tr>
<tr><td>到账日期</td><td colspan="2"></td><td></td></tr>
<tr><td>企业联系人</td><td colspan="2"></td><td></td></tr>
<tr><td>联系电话/手机</td><td colspan="2"></td><td></td></tr>
<tr><td>申请企业法人或授权人签字</td><td></td><td>申请企业盖章</td><td></td></tr>
</table>

附件 4-13

2019 年对外投资合作资金申报项目明细表

金额单位：万元人民币

序号	申请企业名称	注册地所在区	项目名称	项目国别（地区）	项目业务类型	申请支持方式	境外投资中方投资额（万美元）	对外承包工程项目合同总金额（万美元）	对外投资合作资金申报金额	往年享受对外投资合作资金支持年度贴息起止时间	是否已享受其他资金情况	项目的社会经济效益
1	××××××公司											
2												
3												
4												
5												
说明	1. 项目业务类型包括：对外投资、对外承包工程、对外劳务合作； 2. 项目支持方式包括：直接补助、贷款贴息； 3. 往年享受对外投资合作资金支持年度：请注明往年该项目享受对外投资合作资金支持的年度； 4. 项目的社会经济效益请注明该项目是否获取世界领先技术或重要资源，以及该项目是否形成重大国际影响等。											

附件 5

2019 年支持北京市外贸企业提升国际化经营能力项目申报指南

一、支持对象和申报条件

外贸企业独立开展提升国际化经营能力的项目为企业项目；事业单位或社会团体（以下简称“项目组织单位”）组织外贸企业参加培训的项目为团体项目。

（一）申请企业项目的外贸企业应符合以下条件

1. 在北京市办理工商注册，依法取得进出口经营资格或依法办理对外贸易经营者备案登记的企业法人；

2. 拥有从事国际市场开拓的专业人员，对开拓国际市场有明确的工作安排和市场开拓计划。

3. 企业分类

（1）中小外贸企业

除满足第 1、第 2 条规定的外贸企业条件外，上年度海关统计进出口额应低于 6500 万美元。

（2）“双自主”企业

除满足第 1、第 2 条规定的外贸企业条件外，还应符合下列条件之一：

①拥有境内及境外市场（含港、澳、台地区，下同）注册商标。

②拥有境内及境外市场专利（包括发明专利、实用新型专利和外观设计专利，下同）。

③拥有境外市场注册商标及境外市场专利；

商标及专利持有者原则上应为申请支持资金的企业（以下简称“该企业”）。

以下情形视同该企业持有商标及专利：

一是持有者为全资控股该企业的境内母公司；

二是持有者为该企业全资控股的境内子公司；

三是持有者为该企业全资控股的境内子公司在境内独立投资设立的子公司。

④获得商务部认定的“中华老字号”企业。

（3）外贸综合服务企业

外贸综合服务企业是指具备对外贸易经营者资质，接受国内外客户委托，为客户提供报关报检、物流、退税、结算、融资、信用保险、保理、供应链管理等综合服务的企业。

除满足第 1、第 2 条规定的外贸企业条件外，还应当为已经纳入商务部外贸综合服务试点企业或北京市认定的外贸综合服务示范企业。

（二）申请团体项目的项目组织单位应符合下列条件

1. 在北京市注册，具有培训资格；

2. 培训内容应以支持企业提升国际化经营能力为目的；

3. 未拖欠应缴还的财政性资金。

二、资金支持方向

（一）企业项目

支持方向包括：国际性展会、管理体系认证、产品认证、境外专利申请、商标注册、境外广告、国际市场宣传推介、外贸软件云服务等信息化建设、国际市场考察（国际性展会参展人员费）、境外投（议）标、提高经营管理信息化水平、提高经营管理科学决策水平和改善融资服务等 13 类项目。

企业项目支持方向表

（标注√为可申报项目）

	中小外贸企业	“双自主”企业 外贸综合服务企业
（一）国际性展会	√	√
（二）管理体系认证	√	√
（三）产品认证	√	√
（四）境外专利申请	√	√
（五）商标注册	√	√
（六）境外广告		√
（七）国际市场宣传推介		√
（八）外贸软件云服务等信息化建设		√
（九）国际市场考察（国际性展会参展人员费）		√
（十）境外投（议）标		√
（十一）提高经营管理信息化水平	√	√
（十二）提高经营管理科学决策水平	√	√
（十三）改善融资服务	√	√

（二）团体项目

支持方向为企业培训。

三、支持重点

（一）优先支持拥有自主品牌、自主知识产权的“双自主”企业开拓国际市场的活动；

（二）优先支持企业参加国际性展会、取得产品认证、境外商标注册及境外专利申请等活动；

（三）优先支持面向拉美、非洲、中东、东欧、东南亚和中亚等新兴国际市场的拓展。

四、资金支持内容及标准

（一）对于符合支持内容且支出金额大于1万元（含1万元）的项目予以支持（国际市场考察及管理体系再认证项目除外）；

（二）支持比例一般为支持内容所需金额的50%，拓展面向拉美、非洲、中东、东欧、东南亚和中亚等新兴国际市场的支持比例可提高到70%；

（三）每个企业项目支持金额最高不超过30万元（改善融资服务项目除外）；

（四）每个企业当年累计获得市场开拓资金支持最多不超过100万元（“双自主”企业及外贸综合服务企业除外）；

（五）连续五年获得支持资金的外贸企业（“双自主”企业及外贸综合服务企业除外），从第六年起不再享受此支持政策。

支持北京市外贸企业提升国际化经营能力支持内容及标准

金额单位：%，元

<table>
<tr><th>序号</th><th colspan="2">支持方向及内容</th><th>最高支持比例</th><th>每个项目最高支持限额（人民币）</th><th>备　注</th></tr>
<tr><td rowspan="2">一</td><td rowspan="2">国际性展会</td><td>展位费</td><td>50 或 70</td><td>30000/每个展位（9 平方米），企业可申请多个展位，支持不超过 30 万元。</td><td>只支持展位费，不支持企业注册费和展位搭建费。</td></tr>
<tr><td>其他费用（大型展品回运费）</td><td>50 或 70</td><td>100000</td><td>大型展品回运费只支持单个展品达到体积 1 立方米且重量 1 吨以上的大型展品回运费用。</td></tr>
<tr><td>二</td><td>管理体系认证</td><td>ISO9000 系列质量管理体系标准认证、ISO14000 系列环境管理体系标准认证、职业安全管理体系认证、卫生管理体系认证等管理体系认证</td><td>50</td><td>50000</td><td>1. 认证机构应经中国认证认可监督管理委员会批准。
2. 企业须在认证结束并取得相应认证证书的当年提交资金拨付申请。
3. 支持企业初次认证费及再认证，不支持年度审核费、咨询费、培训费。</td></tr>
<tr><td rowspan="2">三</td><td rowspan="2">产品认证</td><td>开发能力成熟度模型集成（CMMI）认证、开发能力成熟度模型（CMM）认证、人力资源成熟度模型（PCMM）认证、信息安全管理认证、IT 服务管理认证、服务提供商环境安全性认证</td><td>50</td><td>300000</td><td rowspan="2">1. 支持根据产品进口国的有关法规或合同要求进行的产品认证（国内认证不支持）。
2. 产品认证机构应具有产品认证资格。
3. 产品认证须在认证结束并取得相应资质证书的年度申请资金支持。只支持认证费、认证过程中的检测费。</td></tr>
<tr><td>其他产品认证</td><td>50</td><td>300000</td></tr>
<tr><td rowspan="3">四</td><td rowspan="3">境外专利申请</td><td>发明专利</td><td>50 或 70</td><td>50000</td><td rowspan="3">1. 专利申请项目是指中小企业通过巴黎公约或 PCT 专利合作条约（PATENT COOPERATION TREATY）成员国提出的专利申请。
2. 专利申请须在申请获得通过并取得专利证书的当年申请资金支持。
3. 只支持注册费，不支持支付境内中介机构的代理费。不同类别的专利项目应分别申请。每个专利最多支持在 5 个国家的申请。</td></tr>
<tr><td>实用新型专利</td><td>50 或 70</td><td>50000</td></tr>
<tr><td>外观设计专利</td><td>50 或 70</td><td>50000</td></tr>
<tr><td>五</td><td>商标注册</td><td>境外商标注册</td><td>50 或 70</td><td>50000</td><td>每个企业每种产品在一个国别（地区）只支持一次商标注册费用，应在取得注册证书的当年申请资金支持。</td></tr>
</table>

（续）

序号	支持方向及内容		最高支持比例	每个项目最高支持限额（人民币）	备　注
六	国际市场宣传推介	宣传材料制作	50	15000	1. 宣传材料和宣传视频至少具有一种外国文字或语音。 2. 宣传材料不少于2000份，宣传视频不少于5分钟。 3. 不支持产品外包装的制作费。 4. 宣传材料和宣传视频应分别申请。
		宣传视频制作		20000	
七	外贸软件云服务等信息化建设	创建中小企业网站	50	50000	1. 信息化建设项目的实施，应有助于企业开拓国际市场。 2. 企业网站应具有较丰富的内容，至少有一种外国文字或语言。 3. 企业网络营销活动是指企业在国内、国际有影响的互联网网站进行广告宣传、商品营销等活动。 4. 企业信息管理系统是指开发外贸业务单证管理、客户供应商管理、产品管理等外贸业务流程一体化的信息化管理项目。 5. 为企业提供信息化建设活动的服务商，应是依法注册、具有相应资质的法人企业。 6. 创建企业网站和开发信息管理系统只支持一次性的建设开发费用，不支持后期维护、改版、升级等费用。 7. 此项目依据评审结果给予资金支持，不超过政策规定最高限额。
		企业网络营销活动	50	50000	
		企业信息管理系统	50	50000	
八	境外广告	境外广告	50或70	50000	1. 境外广告只支持面向境外客户的报纸、杂志广告。 2. 报纸、杂志广告需在样品中注明广告位置及相应中文翻译。
九	国际市场考察（国际性展会参展人员费）	交通费	50或70		1. 企业参加境外展览会支持出访国家（地区）为1个、支持人数不超过2人。参展天数为会期加上布展和撤展各一天，总天数不超过6天。 2. 交通费只支持国际航班的往返经济舱费用。生活补贴（包括住宿费和伙食费）按国家规定的访问国补助标准核算。
		生活补助	50或70		

（续）

<table>
<tr><th>序号</th><th colspan="2">支持方向及内容</th><th>最高支持比例</th><th>每个项目最高支持限额（人民币）</th><th>备　注</th></tr>
<tr><td rowspan="3">十</td><td rowspan="3">境外投（议）标</td><td>标书购置费</td><td>50 或 70</td><td>30000</td><td rowspan="3">1. 只支持未中标企业开展的境外投（议）标活动。
2. 境外投（议）标项目包括：成套设备和大型单机境外投（议）标、对外工程承包投（议）标和大宗商品采购投（议）标等。
3. 标书购置费指企业从项目发标方直接购买标书所支出的费用；项目设计费指企业委托专门设计研究机构进行设计所支出的费用。
4. 考察交通费与国际市场考察项目中的交通费核算方法相同。
5. 境外投（议）标项目应在投（议）标工作结束的当年申请，同一个项目只能申请一次。</td></tr>
<tr><td>项目设计费</td><td>50 或 70</td><td>50000</td></tr>
<tr><td>境外市场考察交通费</td><td>50 或 70</td><td></td></tr>
<tr><td>十一</td><td>提高经营管理信息化水平</td><td>系统对接改造费用</td><td>50</td><td>1. 外贸综合服务企业 20 万元。
2. “双自主”企业 10 万元。
3. 中小外贸企业 5 万元。</td><td>支持外贸企业外贸软件（ERP）云服务平台与中国出口信用保险公司“信保通”系统实现电子数据交换，系统对接过程发生的系统改造费用。</td></tr>
<tr><td>十二</td><td>提高经营管理科学决策水平</td><td>资信产品
购买费用</td><td>50</td><td>1. 外贸综合服务企业 30 万元。
2. “双自主”企业 15 万元。
3. 中小外贸企业 10 万元。</td><td>支持外贸企业购买获得财政部批准开展信用保险业务保险公司的海外企业标准资信报告、海外目标国家指定产品进口采购分析报告、海外采购商（供应商）名录报告、重点行业研究报告及重点国别风险分析报告所发生的费用。
此项目依据评审结果给予资金支持，不超过政策规定最高限额。</td></tr>
<tr><td>十三</td><td>改善融资服务</td><td>融资
贷款贴息</td><td>50</td><td>1. 外贸综合服务企业 500 万元。
2. “双自主”企业 100 万元。
3. 中小外贸企业 20 万元。</td><td>支持外贸企业利用出口信用保险保单质押项下的贸易融资，以及在外经贸担保服务平台和“政保贷”融资服务平台项下的融资。对于贷款利息给予一定比例支持。</td></tr>
<tr><td rowspan="2">十四</td><td rowspan="2">企业培训</td><td rowspan="2">培训会务费</td><td rowspan="2">50</td><td>22000
（50~99 家企业）</td><td rowspan="2">1. 企业培训项目只支持为提高北京地区中小企业国际竞争力，在本市组织的免费培训，参加的中小企业不少于 50 家。
2. 企业培训项目按照实际费用给予支持，主要包括培训资料费、场地租赁费等，人均标准一般不超过 200 元，资料费不得超过会务费的 10%。
3. 依据实际费用按比例给予支持，不超过政策规定最高限额。</td></tr>
<tr><td>50000
（100 家企业以上）</td></tr>
</table>

备注：“双自主”企业须在“企业信息管理系统”（北京市商务局门户网站—外贸稳增长）上注册并取得资格。

五、申报方式及要求

2019年分两次申报。符合申报条件的单位登录商务部业务系统统一平台 zxkt.mofcom.gov.cn 申请2019年已经实施完成的项目，无须提交书面材料。

第一次：2019年7月份申请1—7月实施完成的项目；

第二次：2019年12月份申请8—12月实施完成的项目。

申报过程中遇到问题请与北京市商务局外贸运行处联系。

联系电话：55579517 55579519 55579511 55579513

附件6

2019年支持跨境电子商务发展项目申报指南

一、支持对象

（一）跨境电子商务企业。包括自建跨境电子商务销售平台的进出口企业、利用第三方跨境电子商务平台开展进出口业务的企业和第三方跨境电子商务平台企业。

（二）跨境电子商务服务企业。包括为跨境电子商务企业提供交易、支付、通关、仓储、物流等相关服务的企业。

（三）在市内开设跨境电子商务体验店，采取线上下单、线下展示销售等方式，开展跨境电子商务销售的企业。

二、支持方向及内容

（一）支持跨境电子商务平台及相关信息系统建设，包括软件系统开发及配套硬件设施建设等。

（二）支持用于跨境电子商务进出口通关服务的项目建设，包括安检设备、查验设备、机检线等设备购置和管理信息系统开发等。

（三）支持海外仓、保税仓、出口集货仓等跨境电子商务仓储设施建设，包括货架（货柜）、仓储搬运设备、分拣机等设备购置和管理信息系统开发等。

（四）支持2018年1月1日后投资新建的跨境电子商务体验店连续12个月房租、店面装修、设备购置和线上销售平台建设等。

三、支持条件

（一）项目申报主体需在北京市注册，具有独立法人资格，《工商营业执照》等法律必备证照齐全有效。

（二）项目申报单位经营状况良好，财务管理制度健全。

（三）跨境电子商务体验店面积不少于100平方米，店内现场展示商品的SKU数量不少于1000种，通过线上售卖的商品SKU数量不少于2000种，单店年度销售额（含线上线下）不少于500万元（或月均不少于40万元）。

（四）投入运营的自建海外仓（海外仓储物流等综合服务设施）总面积不低于5000平方米，配套完善的仓储管理信息化系统和线上信息平台（如ERP、WMS系统等），服务企业数量不低于100家，对当地跨境电商B2B业务有较强带动作用。能够为企业开拓市场提供国际仓储和物流配送服务的同时，还能提供如下所列明2项以上（含）内容的服务，包括：国际货运代理、通关服务、营销推广、金融保险服务对接、售后维修服务、退换货服务。

（五）项目已投资额不低于计划总投资额的70%，申报项目能够按申报计划组织实施。

四、支持标准

（一）对新建跨境电子商务体验店支持标准：

对体验店租金按照实际租赁面积进行补助，补助金额不超过体验店实际年租金的30%。补助标准：东西城区1.8元/㎡/日、朝海丰石城区及通州副中心155平方公里以内区域1.35元/㎡/日、其他区域0.75元/㎡/日。单店年度租金支持金额不超过200万元。

对除租金外其他投资，按照不超过审定实际投资50%的标准给予资金支持。

（二）对其他项目支持标准：依据审定实际投资给予不超过50%的资金支持。

（三）单个项目最高支持额度不超过500万元。

五、申报材料

（一）项目申报书（含项目可行性报告）；

（二）项目已发生费用明细表；

（三）项目申报情况表；

（四）项目申报单位承诺书；

（五）项目单位法人证明文件复印件（营业执照、组织机构代码证书、法定代表人身份证明等）；

（六）项目单位近两年财务报表（资产负债表、损益表、现金流量表）；

（七）申报跨境电子商务体验店租金的企业需提交年度房屋租赁合同、租金银行转账凭证及发票；

（八）其他与项目相关的证明材料。

项目申报材料一式两份，按顺序装订成册，并加盖单位公章。项目申报材料不予退回。

附件：1. 项目申报书

2. 项目已发生费用明细表

3. 2019年外经贸发展项目申报情况汇总表

4. 项目申报单位承诺书

（联系人：宋志雷；联系电话：55579371）

附件6-1

项目申报书

附表6-1-1　项目申报表

项目名称：	
项目单位：	
企业注册地：	
申报日期：	

附表 6-1-2　项目信息表

<table>
<tr><td>项目名称</td><td colspan="2"></td><td>申报方向</td><td></td></tr>
<tr><td>项目负责人</td><td colspan="2"></td><td>手机电话</td><td></td></tr>
<tr><td>单位地址</td><td colspan="2"></td><td>邮政编码</td><td></td></tr>
<tr><td>注册资本</td><td colspan="2"></td><td>办公电话</td><td></td></tr>
<tr><td>上年收入</td><td colspan="2"></td><td>企业规模</td><td></td></tr>
<tr><td>项目申请理由及
项目主要内容</td><td colspan="4"></td></tr>
<tr><td>项目经济效益</td><td colspan="4"></td></tr>
<tr><td>项目社会效益</td><td colspan="4"></td></tr>
<tr><td rowspan="5">阶段性目标</td><td>实施阶段</td><td colspan="2">目标内容</td><td>起止时间（年月）</td></tr>
<tr><td>第一阶段</td><td colspan="2"></td><td></td></tr>
<tr><td>第二阶段</td><td colspan="2"></td><td></td></tr>
<tr><td>第三阶段</td><td colspan="2"></td><td></td></tr>
<tr><td>...</td><td colspan="2"></td><td></td></tr>
<tr><td>项目组织实施条件</td><td colspan="4"></td></tr>
</table>

附表 6-1-3 项目支出预算明细表

<table>
<tr><td rowspan="26">项目支出预算及测算依据</td><td rowspan="8">项目资金来源</td><td>来源项目</td><td>申报额（万元）</td></tr>
<tr><td>项目总投资</td><td></td></tr>
<tr><td>其中：自筹资金</td><td></td></tr>
<tr><td>银行贷款</td><td></td></tr>
<tr><td></td><td></td></tr>
<tr><td></td><td></td></tr>
<tr><td></td><td></td></tr>
<tr><td></td><td></td></tr>
<tr><td rowspan="17">项目支出明细预算</td><td>支出明细项目</td><td>金额（万元）</td></tr>
<tr><td>合计</td><td></td></tr>
<tr><td></td><td></td></tr>
<tr><td></td><td></td></tr>
<tr><td></td><td></td></tr>
<tr><td></td><td></td></tr>
<tr><td></td><td></td></tr>
<tr><td></td><td></td></tr>
<tr><td></td><td></td></tr>
<tr><td></td><td></td></tr>
<tr><td></td><td></td></tr>
<tr><td></td><td></td></tr>
<tr><td></td><td></td></tr>
<tr><td></td><td></td></tr>
<tr><td></td><td></td></tr>
<tr><td></td><td></td></tr>
<tr><td></td><td></td></tr>
<tr><td>预算依据及说明</td><td colspan="2"></td></tr>
</table>

附表 6-1-4 项目可行性执行报告

一、基本状况
二、必要性与可行性
三、实施条件

附件 6-2

项目已发生费用明细表

填报单位：(公章)

序号	记账时间	会计凭证号	发票号码	费用名称	金额（元）
1					
2					
3					
4					
5					
6					
7					
8					
9					
10					
11					
12					
13					
14					
15					
16					
17					
18					
19					
20					
	合计				

注：项目已发生费用明细按时间先后顺序填写

附件 6-3

2019 年外经贸发展项目申报情况汇总表

填报单位：（盖章） 单位：万元

序号	项目单位	项目名称	申报方向	计划投资			企业性质	企业注册资金	项目已投资	项目进度		项目负责人	办公电话	手机	项目主要内容	项目主要支出预算
				总额	自筹资金	银行贷款				开工时间	完工时间					
总计																

填报人： 审核人：

备注：此表由项目申报单位填写，由区商务委、北京经济技术开发区商务管理部门汇总。

附件 6-4

项目申报单位承诺书

北京市商务局：

我单位将严格按照《北京市商业流通发展资金管理暂行办法》《北京市外经贸发展专项资金管理实施细则》及相关配套管理办法的有关规定组织实施____项目，保证向市商务局及有关部门提供的资料真实、有效，项目建设各项手续齐全、合规，项目建设资金落实到位，项目按计划实施，确保项目建设效果。

我单位承诺保证不出现任何项目建设违法违规行为，如出现上述问题我单位将承担一切责任。

项目单位法人代表（签字）：______________

单位公章

年　月　日

北京市商务局关于印发《关于发展连锁经营促消费的若干措施》的通知

京商流通字〔2019〕7号

各有关单位：

为进一步优化连锁经营发展环境，发挥连锁经营在扩大商品和服务有效供给中的作用，我局特制定《关于发展连锁经营促消费的若干措施》，现印发给你们，请按照职责分工抓好落实。

特此通知。

关于发展连锁经营促消费的若干措施

为进一步优化连锁经营发展环境，发挥连锁经营在扩大商品和服务有效供给中的作用，促进总消费持续增长，提出如下措施。

一、持续简化注册审批流程

1. 建立连锁企业设立、变更、注销快速通道。加快推进连锁企业电子营业执照应用。

二、加快连锁企业配送中心落地

2. 落实《北京物流专项规划》，加快连锁企业配送中心的建设点位落地，推动重点连锁企业进驻物流园区、物流中心，推进配送中心、中央厨房等项目建设。

三、加大财政和金融支持力度

3. 支持连锁企业扩大直营规模。鼓励连锁零售、餐饮企业新建连锁直营门店，鼓励连锁企业新建或改造配送中心，支持装修、软硬件设备购置等，按不超过项目审定实际投资额的50%给予支持。

4. 开展流通领域现代供应链体系建设试点。采用以奖代补、贷款贴息等方式，推动连锁零售、餐饮、医药等领域示范建设高效协同的现代供应链。重点支持具有基础性、公益性的物流设施节点标准化建设与改造、支持标准化托盘等物流载具的推广应用等。

5. 探索建立连锁企业新型融资方式，引导设立大型连锁企业互助型保险基金，探索建立快速理赔机制。引导银行业金融机构针对中小连锁企业经营特点和融资需求，创新产品和服务。

四、积极培育首都连锁品牌

6. 开展连锁品牌示范门店建设活动。在超市、便利店、餐饮、书店、健身等贴近群众生活领域，开展示范店创建活动，加大宣传和支持力度，发挥品牌示范带动作用。

五、加强统计监测和评价工作

7. 加强连锁企业统计监测。连锁企业依据法人注册地纳统，按照网点经营地将经营数据分回各区，全面反映行业运行状况。

8. 探索建立第三方独立评估运作机制，研究编制发布北京连锁经营重点行业的景气指数，引导社会各类市场主体科学配置商业资源。

北京市商务局等5部门关于印发《关于加强社区蔬菜直通车管理的指导意见》的通知

京商规字〔2019〕5号

各区政府，各有关单位：

为进一步加强本市蔬菜直通车规范经营管理，确保蔬菜供应稳定，市商务局、市公安交管局、市住房城乡建设委、市城市管理委、市市场监管局共同研究制定了《关于加强社区蔬菜直通车管理的指导意见》，现印发给你们，请认真贯彻执行。

特此通知。

北京市商务局
北京市公安交通管理局
北京市住房和城乡建设委员会
北京市城市管理委员会
北京市市场监督管理局
2019年1月16日

关于加强社区蔬菜直通车管理的指导意见

第一条　为了进一步加强本市“蔬菜直通车”规范经营管理，确保蔬菜供应稳定，方便市民生活，根据有关规定，结合本市实际情况，制定本意见。

第二条　本指导意见适用于本市行政区域内蔬菜直通车的设立、经营及其相关管理活动。

第三条　本意见所称蔬菜直通车（以下简称“直通车”）是指在蔬菜零售网点空白或不足的社区，在特定时段、特定区域设立，以售货车为载体，销售蔬菜等生鲜农产品的零售方式。

第四条　市商务局会同市公安交管局、住房城乡建设委、市场监管局、城市管理委统筹直通车建设，监督、指导各区相应部门组织实施直通车管理工作；区商务部门负责辖区内的直通车企业征集入库、网点设置统筹规划、运营监管退出等工作，并指导街道办事处，根据配置标准和居民实际需求，遴选直通车企业，合理布局网点，做好日常运营管理等工作。

第五条　各区商务部门每年应向社会征集直通车企业，对符合《社区蔬菜（肉类）直通车设置和管理规范》的企业，定期纳入直通车企业库并予以公示。

第六条　直通车是蔬菜零售网点的一种阶段性补充方式，街道办事处和社区居民委员会应根据社区蔬菜零售网点配置情况，积极征求业主意愿，进行蔬菜零售网点方式的选择。区商务部门应逐渐以规范、固定的蔬菜零售网点替代直通车。

第七条　蔬菜直通车车位设置在小区内，选择设立直通车的社区，街道办事处和社区居民委员会可在区商务部门公示的企业中选择直通车企业，并根据具体需求，确定服务内容，签署服务协议，并向社区业主公示占用公用部位相关情况。

第八条 区商务部门应建立直通车日常考评制度。通过不定期抽查、定期检查等方式，对直通车的运营进行监督。

第九条 健全退出机制。对于出现违规行为等不符合要求的直通车企业，区商务部门应及时从直通车企业库中删除；定期将直通车企业库调整情况和直通车运营情况报市商务局；市商务局定期更新本市生活性服务业品牌资源库中直通车企业名单。

第十条 直通车企业设立网点应与社区居民委员会或物业服务企业、房屋管理单位等签署服务协议；定期将网点运营情况报送区商务部门。

第十一条 直通车运营车辆，应符合北京市社区蔬菜直通车车辆相关标准，统一外观、统一标识、统一编码（见附图）。

第十二条 直通车运营车辆，不得从事社区蔬菜直通车以外的经营活动。

第十三条 由市商务部门定期向市交管部门报送进入、退出统一标识车辆库的车辆信息，市交管部门统一办理该车辆的“行驶证变更备案”等相关手续。

第十四条 对经商务部门统一编码的直通车，确需于6至23时进入五环路以内行驶的，由市商务局汇总通行需求，并函告市公安交管局，由市公安交管局按需核发通行证件，保障运输高效有序。市城管部门参照对固定经营场所的商业设施经营活动，予以监督管理。物业服务企业、房屋管理单位等不得收取直通车进入社区的占地费、场地费等费用，直通车企业负责与直通车服务相关的垃圾回收、卫生清洁等工作，并自行承担提供直通车服务有关的用水、用电的成本费用。

第十五条 直通车企业必须建立严格的企业运营管理制度，加强对所属直通车的管理。直通车不得擅自挪作他用，一经发现违规行为，各区商务部门应取消该直通车运营编号。直通车企业所属车辆，累计三车次出现违规行为，该直通车企业退出区商务部门直通车企业库。

第十六条 直通车车辆退出直通车经营，改为其他用途的，车辆须恢复原来出厂样式，到公安交通管理部门办理相关手续。

第十七条 直通车企业要具有健全的安全生产管理制度、应急预案以及运营、保养和监测措施。做好直通车的调配、报废更新、办理证照等管理工作。加强对车辆单位和驾驶人员的安全行车、法规法制教育。

第十八条 任何单位和个人发现违反本办法规定行为的，都有权向区级商务行政主管部门举报；区级商务行政主管部门应当公布举报电话，及时处理举报并公布处理结果。

第十九条 各区政府可根据实际，制定本区的蔬菜直通车经营管理的相关规定。

本指导意见自公布之日起试行。

附图：车厢侧面外观

附图

车厢侧面外观

社区蔬菜直通车　第X号

xxxxxxxxxxxx公司 xxx号
企业服务电话： xxxxxxxxxxx

北京市商务局　北京市财政局　北京海关关于印发《关于促进我市商业会展业高质量发展的若干措施（暂行）》的通知

京商贸发字〔2019〕12号

各有关单位：

为推动本市会展业专业化、品牌化、国际化、信息化高质量发展，发挥会展经济带动效应，扩大消费规模。特制定《关于促进我市商业会展业高质量发展的若干措施（暂行）》，现印发给你们，请结合工作实际抓好落实，务求取得实效。

特此通知。

北京市商务局

北京市财政局

北京海关

2019年5月7日

关于促进我市商业会展业高质量发展的若干措施（暂行）

为促进本市商业会展业高质量发展，着力提高会展业服务首都“四个中心”的能力，提升会展业品质，提高会展经济效益，推动本市商业会展业专业化、品牌化、国际化、信息化发展，制定如下措施。

一、提升会展品牌影响力

（一）鼓励展览与会议融合。对于展会期间举办国际性行业年会或行业发展论坛，组织推广行业新技术、新产品、发布行业发展报告等活动，活动规模达到200人以上的展会，给予主办方不超过30万元奖励。

（二）支持关联展会整合。对于在京连续举办两届以上且属于同一产业链的两个及以上的同质性展会，整合后展出面积和观众数量超过整合前最大规模展会50%的，给予整合主办方不超过50万元奖励。

（三）加强品牌展会国际宣传。鼓励品牌展会加强国际宣传推广，提升品牌价值和国际影响力，对在北京市连续举办五届以上（不含）的展会，组织国际路演、海外宣传推介或投放主流媒体广告等活动，给予主办方不超过30万元奖励。

二、推动品牌展会提质升级

（四）鼓励展会提升国际化水平。对国际参展商（含台、港、澳地区和外商投资及合资企业）租用展览面积达到总展览面积30%以上的展会，给予主办方不超过50万元奖励。

（五）鼓励展会做大做强。对参展商租用展览面积比上届增加的展会，每增加5000 平方米展览面积，给予主办方不超过30万元奖励，最高不超过 100 万元。

三、促进会展创新发展

（六）鼓励创办引领产业发展的优质展会。对新举办的“高精尖”产业展会、北京服务业扩大开放重点领域展会或国家战略性新兴产业展会，展览面积达到 1 万平方米以上，国际参展商（含台、港、澳地区和外商投资及合资企业）租用展览面积占总展览面积的比例达到 10% 及以上的，给予主办方不超过 50 万元奖励，奖励不超过三届。

（七）引进境内外国际大型专业展会。鼓励引进具有国际影响力的大型国际专业展会，对新引进展览面积 2 万平方米以上，国际参展商（含台、港、澳地区和外商投资及合资企业）租用展览面积占总展览面积比例达到 20% 及以上的，给予主办方不超过 100 万元奖励，奖励不超过三届。

（八）提升便利化服务水平。对符合支持方向的展会，北京海关将制定相应便利化措施，在展品通关等环节给予政策支持。对重点展会，商务、海关等部门将采取一事一议的方式，提供个性化服务支持。

本措施适用于 2019 年 1 月起在北京市举办的展会，政策执行期三年，每年对上一年政策执行效果进行评估，根据评估结果，对奖励政策进行动态调整。具体申报指南将另行发布。

本措施由市商务局、市财政局、北京海关负责解释。

北京市商务局等4部门关于印发《北京市促进二手车出口工作方案》的通知

京商外运字〔2019〕32号

各有关单位：

为落实《商务部 公安部 海关总署关于支持在条件成熟地区开展二手车出口业务的通知》（商贸函〔2019〕165号）要求，积极稳妥开展我市二手车出口业务，北京市商务局、北京市公安局、北京市交通委员会、北京海关联合制定了《北京市促进二手车出口工作方案》。现将工作方案印发给你们，请有关单位参照实施。

特此通知。

北京市商务局
北京市公安局
北京市交通委员会
北京海关
2019年6月14日

北京市促进二手车出口工作方案

为加快推动北京外贸高质量发展，促进汽车消费结构优化，根据《商务部 公安部 海关总署关于支持在条件成熟地区开展二手车出口业务的通知》（商贸函〔2019〕165号），结合我市实际，制定本方案。

一、总体思路

坚持“稳妥审慎、逐步放开、放管结合、市场主导”原则，精选企业资格，严控商品质量，理顺出口流程，注重品牌口碑，有序推进二手车出口业务开展。以服务业扩大开放为依托，创新监管模式，完善服务保障体系，加快形成二手车出口主体多样化、市场多元化、商品标准化的繁荣态势。

二、出口企业甄选

（一）基本条件

1. 在本市行政区域内依法注册、具有独立法人资格的进出口企业。

2. 信誉良好，在市场和质量监管、海关、商务、税务、外汇管理、审计、安全生产等监管部门中，近三年无严重违法违规记录。

3. 出口乘用车企业需具有较强的国内二手车经营实力。二手车经营行为包括二手车经销、拍卖、经纪等。

4. 出口商用车企业需具有稳定的国内二手车车源供应渠道。

5. 熟悉出口目标市场相关政策法规，具有成熟的二手车出口渠道和合理的市场规划。

6. 具有与出口车辆品牌、数量相应的境外维修备件供应能力。

7. 能够提供售后服务保障，并建立投诉处理预案和售后服务快速响应机制。

（二）甄选及备案程序

企业自愿申请开展二手车出口业务，向市商务局提交申请及相关材料。由市商务局组织各相关部门共同召开评审会，依据出口企业基本条件，严格甄选出口企业，择优确定出口企业名单，并报商务部备案。经备案的企业可开展二手车出口业务。

（三）动态管理

1. 实施动态考核。二手车出口企业定期向市商务局报送二手车出口业务情况，对未达到工作要求、出现违规情况造成不良影响的，限期整改，停发出口许可证 3 个月。

2. 建立退出机制。二手车出口企业可根据出口目标国家的政策调整、自身业务调整等情况，自愿申请退出；对于有重大违法违规行为、1 年内无出口实际业绩、未按规定进行车辆交易和注销、经海关查验出口车辆与实际报关信息不符且情节严重的企业，取消其二手车出口企业备案。

三、出口企业责任义务

二手车出口企业是出口车辆质量安全追溯责任主体，应履行整备检测、质量保障、提供售后服务等义务。

（一）规范经营。二手车出口企业应确保出口车辆的合法来源，不得出口被盗抢、拼装、报废等违规车辆，不得出口达到《机动车强制报废标准规定》要求的报废标准机动车，以及距要求使用年限 1 年以内（含 1 年）的机动车；按要求依法办理二手车交易登记手续，及时办理已出口机动车注销登记，注销车辆不得回运；按规定申领出口许可证，据实申报出口许可证及报关单。

（二）诚实守信。二手车出口企业应自觉维护出口秩序，不参与恶意无序竞争。按出口目标国家要求收购车辆并进行整备，向境外买家提供全面、准确的车辆车况信息及检测鉴定信息。建立完善的售后服务体系，快速响应并及时处理境外买家投诉事项。

（三）创新开拓。二手车出口企业要积极开拓新兴市场，构建海外营销网络和服务体系，以出口二手车为引领带动产业链和服务“走出去”，打造具有国际竞争力的企业品牌。

四、出口业务流程

（一）收购车辆。二手车出口企业按照进口国车龄、环保标准、机动车运行安全技术条件等相关要求在国内收购车辆，并依法办理二手车交易登记手续。

（二）车辆整备。二手车出口企业应对收购车辆外观、内饰、安全性能部件等进行整备，确保车况完好。

（三）检测鉴定。拟出口二手车需经市有关部门指定或认可的第三方车辆鉴定评估机构检测并出具鉴定评估报告。检测鉴定标准和方法另行规定。

（四）申领出口许可证。二手车出口企业依据商务部有关规定，凭贸易合同、指定第三方机构检测合格的鉴定报告、拟出口车辆《机动车登记证书》等材料向市商务主管部门申请出口许可证。

（五）报关通关。按海关总署有关规范填写出口报关单，清晰填报出口车辆状态为“旧”及车辆识别代号（VIN）。

（六）车辆注销。在完成二手车海关出口通关手续后 2 个月内，凭出口报关单及法律法规规定的证明凭证向机动车登记地公安交管部门申请注销登记；申请注销登记前，应当将涉及出口车辆的道路交通安全违法行为和交通事故处理完毕。

五、保障措施

（一）建立部门联动机制。由市商务局牵头组建北京市促进二手车出口协调推进小组（以下简称协调推进小组），市交通委、市公安局交管局、北京海关为小组成员单位，负责协调解决二手车出口业务中存在的制度障碍，研究出台支持政策。

（二）明确责任分工。各相关部门要结合各自职责做好事中事后监管，有效防控各类风险。市商务局负责统筹推进二手车出口业务实施，组织研究支持政策，及时统计和报送进展情况，核发二手车出口许可证，对二手车出口企业进行动态管理等。市交通委负责受理原车辆所有人办理完成车辆注销登记后小客车更新指标申请，协助研究相关支持政策。北京海关负责二手车出口通关监管，协调解决口岸通关环节遇到的问题等。市公安局交管局负责凭海关出具的出口报关单及法律法规规定的证明凭证依法办理出口机动车注销登记工作。

（三）加强信息共享。强化信息管理，做到“一车一档”，逐步实现收车、交易、转移登记、整备、检测、出口、注销、售后服务等环节全流程可追溯。

（四）优化政务服务。各相关部门要强化对二手车出口企业的指导，帮助企业防范运营风险，避免出现违法违规行为。提高贸易便利化水平，优化二手车许可证申领、车辆转移和注销登记、出口通关等流程，提升二手车流通效率。积极支持企业开拓市场，扩大二手车出口。

北京市商务局关于印发《北京市关于进一步繁荣夜间经济促进消费增长的措施》的通知

京商函字〔2019〕724号

各区人民政府、各有关单位：

经市政府同意，现将《北京市关于进一步繁荣夜间经济促进消费增长的措施》印发给你们，请认真学习领会，并结合实际抓好贯彻实施。

特此通知。

北京市商务局

2019年7月9日

北京市关于进一步繁荣夜间经济促进消费增长的措施

为加快推进本市夜间经济发展，进一步繁荣夜间经济，更好地满足人民群众品质化、多元化、便利化消费需求，促进国际消费中心城市建设，现制定如下措施。

一、总体思路

立足首都城市战略定位，聚焦“四个服务”，落实高质量发展要求，推动消费升级。坚持“市场主导、政府引导、分类培育”原则，着力发展“时尚活力型、商旅文体融合发展型、便民服务型”夜间经济形态，营造开放、有序、活跃的夜间经济环境，打造具有全球知名度的“夜京城”消费品牌，助力国际一流和谐宜居之都建设。

二、工作目标

到2021年底，在全市形成一批布局合理、管理规范、各具特色、功能完善的“夜京城”地标、商圈和生活圈，满足消费需求。

——打造“夜京城”地标。在前门和大栅栏、三里屯、国贸、五棵松打造首批4个“夜京城”地标，分别围绕古都风貌、活力时尚、高端引领、跨界融合等主题，大力发展具有创新引领和品牌吸引力的夜经济消费业态，吸引国内外消费者。

——升级“夜京城”商圈。在蓝色港湾、世贸天阶、簋街、合生汇、郎园、食宝街、荟聚、中粮·祥云小镇、奥林匹克公园等，打造首批“夜京城”商圈，形成“商旅文体”融合发展的夜经济消费氛围，提升夜经济消费品质，辐射热点地区消费者。

——培育“夜京城”生活圈。在上地、五道口、常营、方庄、鲁谷、梨园、永顺、回龙观、天通苑等区域，培育首批“夜京城”生活圈，提升基础设施和配套服务，便利居民夜间消费。

三、具体措施

（一）建立夜间经济协调推进机制。设立市、区、街（乡镇）三级夜间经济“掌灯人”，负责统筹协调本级夜间经济发展。鼓励“夜京城”地标、商圈和生活圈相关企业成立商会等社会组织，全面推进本区域夜间经济工作，引

导行业自律发展。建立“夜京城”地标和商圈动态评估机制。（市商务局、市规划自然资源委、相关行业组织负责）

（二）优化夜间公共交通服务。在“夜京城”地标周边，做好地铁运输服务保障工作；在“夜京城”地标和重点商圈等区域周边，做好地面公交运输基础保障，适当增加道路限时停放车位；引导出租车企业和网约车平台加强重点区域的夜间车辆调配。（市交通委、市发展改革委、市公安交通管理局、各相关区政府负责）

（三）点亮夜间消费场景。支持“夜京城”地标、商圈和生活圈夜景亮化、美化工程改造提升，完善夜间标识体系、景观小品、休闲设施、灯光设施、环卫设施、公共 Wi-Fi 及 5G 通信等配套设施建设。（各相关区政府、市城市管理委、市城管执法局负责）

（四）策划“点亮夜京城”促消费活动。在三里屯、五棵松、蓝色港湾、世贸天街等“夜京城”地标、商圈区域，组织开展深夜食堂美食节、灯光节、“秀北京”旅游演出等夜间主题活动。（市商务局、市文化和旅游局、市体育局、各相关区政府负责）

（五）打造夜间消费“文化 IP”。策划组织一批戏曲、相声、电影、歌剧、音乐、读书等主题鲜明的“夜京城”文化休闲活动。继续扶持 24 小时实体书店。鼓励有条件的博物馆、美术馆延长开放时间，逢重要时间节点、传统节日开放夜场参观，举办夜间文化、旅游活动。对全市 3000 座以下的演出场所的营业性演出给予一定比例的低票价补贴。（市委宣传部、市文化和旅游局、市文物局负责）

（六）开发夜间旅游消费“打卡”地。积极推动中心城区 4A 级以上景区根据实际条件延长开放时间 1—2 小时。支持景区推出健康、规范的夜间娱乐精品节目或驻场演出项目。在颐和园、天坛公园、奥林匹克森林公园、朝阳公园等地组织夜间游览活动项目。推出“最美北京餐桌”“最火深夜食堂”等旅游美食“打卡”地。（市文化和旅游局、各相关区政府负责）

（七）引导夜间体育消费新风尚。持续支持体育运动项目经营单位延长营业时间至 22:00，加强在京举办的重大体育赛事引进，做好 2019 国际篮联篮球世界杯、中国男子篮球联赛、中国女子篮球联赛和中国足球超级联赛等国际、国内重大体育赛事组织工作。在公园增设体育健身设施和运动场地，满足年轻人体育消费需求，不断丰富体育健身和体育竞赛表演市场。（市体育局、市园林绿化局、市公园管理中心、各相关区政府负责）

（八）推出 10 条深夜食堂特色餐饮街区。在簋街、合生汇、食宝街等“夜京城”商圈和生活圈区域开展深夜食堂特色餐饮街创建工作。（市商务局、各相关区政府负责）

（九）培育 16 区特色精品夜市。实施一区一策，在“夜京城”生活圈周边，开展以文化、旅游、购物、餐饮等为主题的夏季、周末或节日精品夜市活动。（各区政府负责）

（十）鼓励夜间延时经营。支持品牌连锁企业加大 24 小时便利店建设布局。鼓励商场、购物中心延长营业时间，在店庆日、节假日期间开展“不打烊”等晚间促销活动。（市商务局、各区政府负责）

（十一）编制《北京夜京城消费指南》。统筹“夜京城”地标、商圈和生活圈的商业、旅游、文化、体育健身、娱乐休闲、大型赛事活动以及交通设施运营保障等信息，编制《北京夜京城消费指南》，线上线下联动，便利夜间消费。（市商务局、市文化和旅游局负责）

（十二）加强夜间经济风险防控工作。制定

保障夜间经济安全社会面等级防控方案，有针对性调整和加强夜间巡控警力，提高安全保障水平；对于属于大型活动安全许可范畴的活动，公安机关将简化安保审批手续，提供高效安全服务支撑；各区建立夜间经济活动风险评估机制，制定应急预案并组织演练，营造安全有序的夜间消费环境。（市公安局、各区政府负责）

（十三）加大资金支持力度。对商圈商业设施改造提升、开展促消费活动等繁荣夜间经济的相关措施给予支持。（各区政府、市财政局负责）

北京市商务局关于开展2019年度外经贸发展专项资金（进口贴息事项）申报工作的通知

京商外运字〔2019〕40号

各有关单位：

根据《财政部 商务部关于印发〈外经贸发展专项资金管理办法〉的通知》（财企〔2014〕36号，以下简称《资金办法》）及《财政部 商务部关于2019年度外经贸发展专项资金重点工作的通知》（财行〔2019〕137号）的有关规定，为做好2019年度进口贴息项目申报工作，现将有关事项通知如下。

一、基本情况

进口贴息实行目录管理，本次进口贴息申报依据国家发展改革委、财政部、商务部发布的《鼓励进口技术和产品目录（2016年版）》。该目录包括鼓励引进的先进技术、鼓励进口的重要装备和鼓励发展的重点行业三部分内容。我局服务贸易处负责鼓励引进的先进技术部分，外贸运行处负责鼓励进口的重要装备和鼓励发展的重点行业部分。

二、企业申请条件

（一）符合《资金办法》第十一条所规定的基本条件。

（二）以一般贸易方式、边境贸易方式进口列入国家发展改革委、财政部、商务部发布的《鼓励进口技术和产品目录（2016年版）》（以下简称《目录》）中的产品（不含旧品），或自非关联企业引进列入《目录》中的技术。

（三）进口产品的申请企业应当是《进口货物报关单》上的消费使用单位；进口技术的申请企业应当是《技术进口合同登记证书》上的技术使用单位。

（四）进口产品应当在2018年7月1日至2019年6月30日期间完成进口报关（以海关结关日期为准）；进口技术应当在2018年7月1日至2019年6月30日期间执行合同，并取得银行出具的付汇凭证。

（五）技术进口合同中不含违反《中华人民共和国技术进出口管理条例》（国务院令第331号）规定的条款。

（六）进口《目录》中“鼓励发展的重点行业”项下的设备，未列入《国内投资项目不予免税的进口商品目录（2012年调整）》（财政部、国家发展改革委、海关总署、国家税务总局公告2012年第83号）。

（七）符合以上条件的进口产品及技术总额不低于50万美元。

三、申报材料

（一）企业法定代表人签字的申请文件（附件1），包括：企业基本情况、进口用途、预计可产生的效益、项目绩效目标（工作和目标完成情况）等。

（二）《2019年进口贴息事项申报说明》（附件2）及电子数据。

（三）企业营业执照（复印件）。

（四）《2019年进口贴息事项申请表》（附件3）及电子数据。

（五）进口产品订货合同或技术进口合同（复印件）。

（六）进口产品的，需提供《中华人民共和国海关进口货物报关单》（复印件）。

（七）进口技术的，需提供《技术进口合同登记证书》《技术进口合同数据表》及银行出具的注明技术进口合同号的付汇凭证（复印件），技术使用单位与付汇单位不一致的，需提供双方的代理合同。技术进口额是指通过转让、许可、委托开发、合作开发、技术咨询等方式自非关联企业引进《目录》内技术所支付的技术费金额（不含设备、培训、调试、差旅等费用，不含以年度销售额、利润等为基数按比例支付的技术引进费）。付汇凭证上请注明技术引进合同号、技术名称和符合贴息条件的付汇金额。

（八）进口“鼓励发展的重点行业”项下的设备，需提供《国家鼓励发展的内外资项目确认书》（含进口设备清单，复印件）、《进出口货物征免税证明》（复印件）及《进口货物报关单》（复印件）。如因关税为零无法获得免税证明，可不提交免税证明，但应在申请报告中说明有关情况；属于《目录》第三部分“鼓励发展的重点行业”中“国家级工程（技术）研究中心、国家工程实验室、国家认定的企业技术中心、重点实验室、高新技术创业服务中心、新产品开发设计中心、科研中试基地、实验基地建设”的，申报时不需提交《国家鼓励发展的内外资项目确认书》，但需提交科技部、发展改革委等部门关于国家级研究中心的认定文件。

（九）重要装备有技术参数要求的，需提供列明商品技术参数的进口合同或产品说明书等相关证明材料。

（十）引进技术的应说明是否从关联企业引进，企业更名的应说明相关情况并附证明材料。

以上材料均需加盖企业公章。

四、工作进度和申报时间

（一）2019 年 7 月 25 日（周四）9:30 项目申报培训。地点：北京市丰台区芳星园 3 区 16—17 号楼 3 层西区大会议室

（二）2019 年 7 月 29 日至 8 月 2 日提交书面材料（一式一份）。

（三）2019 年 8 月 7 日至 8 月 8 日核对原件，同时提交装订好的纸质材料（带页码）一式三份及电子数据（以 U 盘方式报送）。

五、递交材料地点

申报材料交至北京市丰台区芳星园 3 区 16—17 号楼 2 层东区。

特此通知。

（联系人：服务贸易处　郑勇，联系电话：55579489；外贸运行处　赵思聪、路海轩，联系电话：55579511、55579517；电子邮件：zhaosicong@bjcoc.gov.cn）

附件：1. 申请文件（模板）

2. 2019 年进口贴息事项申报说明

3. 2019 年进口贴息事项申请表

附件 1

申请文件（模板）

一、企业基本情况

企业简介及所属行业、职工人数、技术人员占比、年纳税额、产品名称、上一年及当年进出口情况、是否被市商务委认定为双自主企业（即拥有自主品牌和自主知识产权）；近五年有无严重违法违规行为；有无拖欠应交还的财

政性资金等情况。

二、项目基本情况

1. 项目实施情况，包括但不限于项目批复、备案情况，资金来源、采购方式、进度等情况。引进技术的应说明是否从关联企业引进。企业更名的应说明相关情况并附证明材料。

2. 进口产品主要用途，包括但不限于自用、销售、研发、填补国内空白、消化吸收再创新及其他。

三、项目绩效情况

1. 项目实施预计可产生的效益，包括社会效益和经济效益（务必结合项目本身实际情况进行量化的分析，便于后期考核）。

2. 项目实施的主要效果，包括但不限于：支持企业引进消化吸收再创新、促进产业结构优化升级、优化进口产品结构、提高企业国际竞争力扩大出口、促进节能减排等方面，需使用具体数据和案例进行详细说明。

附件 2

2019 年进口贴息事项申报说明

<table>
<tr><td>申请企业名称</td><td colspan="2"></td></tr>
<tr><td>法定代表人姓名</td><td>企业注册地</td><td>省　　市</td></tr>
<tr><td>企业性质</td><td></td><td></td></tr>
<tr><td>通信地址</td><td>邮政编码</td><td></td></tr>
<tr><td colspan="3">申请人郑重声明如下：
1. 申请人共上报申报文件资料____页；
2. 申请人依法注册，具有独立法人资格，并合法经营；
3. 申请人申报的所有文件、单证和资料是准确、真实、完整和有效的；
4. 申请人申报的所有复印件均与原件核对，完全一致；
5. 申请人承诺接受有关主管部门为审核本申请而进行的必要核查。

申请企业法定代表人或授权人：（签名）

申请企业盖章：

日期：　　年　　月　　日</td></tr>
<tr><td>开户银行账户账号</td><td>开户银行账户户名</td><td></td></tr>
<tr><td>开户银行名称</td><td>开户行地址</td><td></td></tr>
<tr><td>企业联系人</td><td>联系电话</td><td></td></tr>
<tr><td>电子邮件</td><td>移动电话</td><td></td></tr>
<tr><td>联系传真</td><td></td><td></td></tr>
</table>

说明：1. 申请企业法定代表人或授权人签名栏必须手签，使用名章无效；

2. 若由授权人签署，需提交由法定代表人手签并加盖公司印章的授权书原件；

3. 银行账户信息必须为公司账户，用于拨付贴息资金，务必正确填写；

4. 企业性质：国有、集体、民营、三资、研究院所、高校、其他。

附件 3

2019 年进口贴息事项申请表

申请企业：

序号	海关报关单号（技术进口填合同号）	商品税号（技术进口不填）	商品名称/技术名称	商品技术参数（技术进口不填）	实际进口额（美元）	原产地	商品/技术在目录中的序号
总计							

中央部门（机构），省、自治区、直辖市、计划单列市商务厅（委、局）意见： （盖章） 年　月　日	省、自治区、直辖市、计划单列市财政厅（局）意见： （盖章） 年　月　日

填表要求：

1. 本表应按海关报关单列明的项目逐项填报，不得将相同商品合计填报。申报进口产品的，应在“海关报关单号”栏中准确填写 18 位海关报关单号。
2. 对进口产品有技术参数要求的，应在本表“商品技术参数”栏内，填写该产品对应的实际参数，并注明参数在所附材料中的页码。
3. 《进口货物报关单》或《付汇凭证》以非美元作为计价币种的，应将进口额折算成美元。折算率按照国家外汇管理局 2019 年 6 月 30 日公布的《各种货币对美元折算率表》（国家外汇管理局网址：http://www.safe.gov.cn ）计算。

企业联系人：　　　　　　　　　　联系电话：

北京市商务局　北京市公安局　北京市民政局等关于印发《北京市便民店建设提升三年行动计划》的通知

京商生活字〔2019〕13号

各区人民政府、各有关单位：

经市政府同意，现将《北京市便民店建设提升三年行动计划》印发给你们，请结合实际，认真贯彻落实。

特此通知。

北京市商务局
北京市公安局
北京市民政局
北京市财政局
北京市生态环境局
北京市住房和城乡建设委员会
北京市农业农村局
北京市市场监督管理局
北京市国有资产监督管理委员会
北京市人民防空委员会
国家税务总局北京市税务局
北京市城市管理综合行政执法局
2019年8月8日

北京市便民店建设提升三年行动计划

便民店（特色小店）主要是指单体便民小商店，包括蔬菜零售、便利店（社区超市）、早餐、家政服务、美容美发、洗染、快递、便民维修等基本便民商业功能的网点，是现代城市不可或缺的组成部分。为更好地满足首都市民对日常用品的便利性、宜居性和多样性消费需求，特制订本行动计划。

一、总体要求

以习近平新时代中国特色社会主义思想为指导，深入贯彻习近平总书记对北京重要讲话精神，准确把握生活性服务业的商业性和公益性双重属性，坚持政府引导、市场主导，着力推进便民店“规范化、连锁化、便利化、品牌化、特色化、智能化”发展，更好地满足首都市民便利性、宜居性和多样性消费需求，为建设国际一流的和谐宜居之都提供有力支撑。

二、主要目标

争取用三年左右时间，实现本市每个社区蔬菜零售、便利店（社区超市）、早点、美容美发、维修、家政等基本便民商业服务功能全覆盖，连锁便利店6400个左右，达到每百万人拥有连锁便利店数量300个左右，培育蔬菜零售等八类业态1万个左右的标准化便民店，支持发展一批有北京特色、市民欢迎的特色小店，使北京的便民服务程度达到国内一流水平。

——2019年，新建便民店1200个左右，其中新建连锁便利店700个左右，实现每百万人拥有连锁便利店数量240个左右；新建蔬菜零售网点70个左右、早餐店150个左右、家政等其他五类业态280个左右。出台特色便民店支持政策，推动各区进行标准宣贯和引导培育一批特色便民店。培育2000个以上的标准化便民店。

——2020年，新建便民店1500个左右，其中新建连锁便利店700个左右，实现每百万人拥有连锁便利店数量270个左右；新建蔬菜零售网点80个左右、早餐店160个左右、家政等其他五类业态560个左右。培育4000个左右的标准化便民店。

——2021年，新建便民店1500个左右，其中新建连锁便利店700个左右，实现每百万人拥有连锁便利店数量300个左右；新建蔬菜零售网点80个左右、早餐店160个左右、家政等其他五类业态560个左右。培育4000个左右的标准化便民店。

三、重点任务

（一）拓展便民店设施空间

发挥好政府作用，做到“五个一批”。通过规划配置一批，特别是规划中已经明确的便民设施配置指标要落实到位；在“疏解整治促提升”专项行动中改造提升一批，便民店尽可能保留，菜场尽可能不拆；利用疏解腾退空间补上一批，便民服务设施不足的地区，腾退空间应优先发展便民店，包括利用地下空间（含普通地下室和人防工程）开便民店；安排国有商业设施发展一批，鼓励国企按规划和需求自办或将自有土地房屋优先出租给便民服务企业；运用政策手段扶持一批，支持各区政府从市场租用一些空间用于便民店建设。（主责单位：各区政府，市商务局、市国资委、市人防办、市住房城乡建设委、市市场监督管理局）

（二）加大便民店补短板力度

在符合安全的前提下，开放学校、地铁、医院、公园、科技园区等便民店布局不足区域的空闲资源，推进便民服务网点建设。在便民服务设施不足区域，探索利用厢式智能便利设施、自动售卖设施、蔬菜零售车、移动餐饮售卖车等完善社区便民服务。利用原有供销网点，支持连锁便利店企业在农村布局发展，建立健全镇村两级便民服务体系。（主责单位：各区政府，市商务局、市农业农村局、市城管执法局、市市场监督管理局）

（三）扩大便民店商品服务搭载

支持开发自有品牌，引入定制商品，拓展与电商平台合作渠道，扩大商品经营范围。支持具备条件的便民店增加早餐、蔬菜、针头线脑、简餐主食制售、机制饮品制售以及果蔬生鲜、乙类非处方药、二类医疗器械、图书音像报纸杂志等商品零售。鼓励便民店增加小物维修、代收洗衣、代收代发、复印传真、照相扩印、充电宝租用、提供雨伞等便民服务功能。支持便民店24小时营业，设置就餐和读书区、开放卫生间，完善老年卡、刷脸、网络等新型支付结算。（主责单位：各区政府，市商务局、市市场监督管理局、市生态环境局、市民政局）

（四）拓展便民店社会服务功能

适应构建和谐平安社区需要，建设以便民店为主体的“熟人社会”，在便民店引入公益宣传、社区服务等功能，创建汇聚家庭交往、志愿服务等内容的微型社区公共交流中心和便民驿站。（主责单位：各区政府，市民政局）

（五）推动特色小店发展

特色小店是体现北京城市商业风貌和独特风情，在市民中享有较高知名度和口碑的零售、餐饮或其他生活服务类小型店铺。出台有针对性的扶持政策。盘活国有网点资源，鼓励各区通过租金减免等多种方式扶持特色小店发展。搭建特色小店与品牌连锁企业的合作平台，促进线上线下融合。对确需更新改造或拆迁的特色小店，应优先原址复建或就近安排经营场所恢复经营。（主责单位：各区政府，市商务局、

市财政局、市国资委、市城管执法局、市市场监督管理局）

（六）提高便民店服务质量

鼓励便民店从业企业开展入职培训、在岗培训等，提升员工素质。组织企业参加商业服务业技能大赛，培育技能“优胜选手”；制定标准化便民店规范，培育标准化便民店；强化品牌宣传，提升规范化经营水平，提升行业整体服务水平。建立便利店协会等社会组织，组织第三方专业机构对连锁便民店服务开展评估。（主责单位：市商务局、各区政府，市民政局）

（七）优化便民店营商环境

抓细落实《关于进一步促进便利店发展的若干措施》，适时推出新的举措。扩大便民店“一区一照”登记试点范围，试点推动“一市一照”登记注册，试点推动连锁便民店企业“总部纳税、跨区分配”。支持便民店企业在规划园区建设集中配送中心和中央厨房。实施“审慎包容”监管，鼓励北京特色商业街开展周末临时市集、夜间市集等活动。（主责单位：各区政府，市商务局、市财政局、国家税务总局北京市税务局、市市场监督管理局、市城管执法局）

（八）加大便民店建设资金支持

统筹利用商务发展等财政资金，加大对新建连锁直营门店和特色小店等商业便民服务项目的资金支持。开展便民店租金价格监测，动态了解其经营场所平均租金及其变动趋势，借鉴国内外有关做法，研究制定租金调控政策。利用市商贸流通企业担保平台和市生活性服务业发展基金，拓展中小便民店企业融资渠道。（主责单位：各区政府，市商务局、市财政局）

（九）建立便民店大数据服务平台

加强部门之间信息和数据共享，动态调整和完善《北京生活性服务业品牌连锁企业资源库》，并将特色小店等数据信息统一纳入便民店服务平台。加强便民店监测和核验，每年市级部门对建设提升的便民店进行抽查核验，各区进行一次普查核验，动态掌握其运行情况，及时更新“北京市生活性服务业电子地图”，供市民查询。各区结合便民店发展情况，可进行针对性的查缺、补漏和进行业态分析、调整。（主责单位：各区政府、市商务局以及市相关成员单位）

（十）加强风险防控和应急处置

加强监测预警，建立常态化经营风险监测和绿黄橙红四级预警机制。引导便民店企业增强风险防范意识，加强风险排查。加强便民店大规模关店的善后处置，市区两级联动介入，多部门协同，在符合法律法规的前提下，协调处理好各方面利益诉求，确保便民店服务不断档。注意加强人物技防建设，制定完善安保和应急处突方案预案，落实各类应急处置设施设备配备，强化从业人员岗位培训，定期开展应急处置演练。（主责单位：各区政府，市商务局、市市场监督管理局、市公安局）

四、保障措施

（一）加强组织领导

建立市区联动、共建共治、协调推动的工作机制，注重研究新情况，解决重点难点问题。加强对各区工作绩效考核，强化行动计划的落实。

（二）狠抓政策落实

各区商务部门要把便民店建设摆上重要议事日程，研究出台配套措施和细化方案，加强与其他部门协同对便民店规划、建设、监管等工作力度，加快推进各项工作。

（三）注重宣传报道

深入挖掘和宣传便民店建设的成功经验和先进典型，广泛利用各类媒体开展宣传报道，形成一批全国领先的经验和模式，营造支持便民店建设的社会氛围。

北京市商务局　北京市财政局关于印发《外经贸发展专项资金支持北京市参加第二届中国国际进口博览会实施方案》的通知

京商贸发字〔2019〕19号

各有关单位：

根据《财政部　商务部关于2019年度外经贸发展专项资金重点工作的通知》（财行〔2019〕137号），《北京市商务委员会　北京市财政局关于印发〈北京市外经贸发展资金管理实施细则〉（修订稿）的通知》（京商务财务字〔2018〕23号），为扎实做好第二届中国国际进口博览会北京市交易团组织工作，保障促进各项活动顺利开展，市商务局和市财政局结合北京市实际情况，联合制订了《外经贸发展专项资金支持北京市参加第二届中国国际进口博览会实施方案》，现将该方案印发给你们，请遵照执行。

特此通知。

北京市商务局

北京市财政局

2019年8月26日

（联系人：贸易发展处　赵晶；联系电话：55579400）

外经贸发展专项资金支持北京市参加第二届中国国际进口博览会实施方案

第二届中国国际进口博览会（以下简称进口博览会）定于2019年11月5—10日在国家会展中心（上海）举办。举办进口博览会，是以习近平同志为核心的党中央着眼于推进新一轮高水平对外开放作出的重大决策，是我国主动向世界开放市场的重大举措和行动。按照进口博览会组委会相关工作要求，成立进口博览会北京市交易团，设交易团秘书处（市商务局）、五个重点领域交易分团和各区交易分团。

为扎实做好第二届进口博览会北京市交易团相关筹备工作，主动扩大进口，吸引更多双自主企业、世界500强企业和专业行业组织到会采购，提升北京市交易团市场对接、政策宣传等配套现场活动质量和效果，根据《财政部　商务部关于2019年度外经贸发展专项资金重点工作的通知》（财行〔2019〕137号）《北京市商务委员会　北京市财政局关于印发〈北京市外经贸发展资金管理实施细则〉（修订稿）的通知》（京商务财务字〔2018〕23号）精神，现就外经贸发展专项资金支持北京市参加第二届中国国际进口博览会提出如下实施方案。

一、支持内容

支持北京市企业和社会团体组织参加第二届中国国际进口博览会（以下简称进口博览会），给予参会人员交通和住宿补助；支持北京市交易团秘书处组织实施的供需对接、贸易促进等配套活动项目，给予资金支持。

二、支持标准

（一）参会单位人员交通和住宿补助

补助标准：往返交通费用按实际选择交通方式给予补助，每家企业最多2人，补助金额不超过实际发生费用的50%（单程高铁补助上限为276.5元、单程飞机经济舱补助上限为680元）；住宿费用按进口博览会期间（11月3日—12日）实际发生住宿费用的50%予以补助，每家企业补助1个标准间费用（住宿费用补助最高不超过750元/天，最多不超过6天）。

（二）配套活动项目资金支持

北京市交易团秘书处组织实施的供需对接、贸易促进等配套活动项目，在场地租赁搭建、视频制作、广告宣传及会议服务等为举办、参加进口博览会所涉及的各方面内容，按项目实际发生的费用予以资金支持，单个项目支持额度总量不超过200万元。

三、申报应具备条件

（一）参会单位申报基本条件

1. 在我市依法注册取得营业执照，在营业期限内的企业；

2. 在我市依法注册，取得社会团体法人登记证书的社会团体组织。

（二）配套活动项目申报基本条件

1. 北京市交易团秘书处组织实施的北京市交易团供需对接、贸易促进等配套活动项目；

2. 经进口博览会执行机构确认、登记或备案的活动项目。

（三）有下列情形的不予支持

1. 申报企业被列入《北京市新增产业的禁止和限制目录》禁止类和限制类范围的；

2. 申报企业被纳入北京市商务领域不良信用记录名单应受到“不予支持”信用惩戒或全市联合惩戒“黑名单”的；

3. 申报企业近三年在外经贸业务管理、财务管理、税收管理、外汇管理、海关管理、统计管理等方面存在严重违法违规行为，拖欠应缴还财政性资金的；

4. 项目已获得中央财政资金支持或其他市级财政资金支持的；

5. 经审议其他不予支持的。

四、申请审核及拨付

进口博览会参会单位人员交通、住宿补助及配套活动项目资金支持申请详见当年申报通知，基本审核及拨付流程如下：

（一）资料申报审核

1. 参会单位人员交通、住宿补助项目，按属地管理原则，由申报单位注册地或经营地所在商务主管部门初审后上报市商务局审核；

2. 经市商务局审核通过的参会单位人员交通、住宿补助项目，委托中介机构进行资金审核、项目评审。

（二）资金拨付

对审核通过的参会单位人员交通、住宿补助项目（涉密及不宜公示事项除外），市商务局在官方网站予以公示，公示期为7天，公示期满无异议后按照相关规定拨付资金。

北京市商务局　北京市财政局关于《北京市商业流通发展资金管理暂行办法》的补充通知

京商财务字〔2019〕7号

各有关单位：

根据《北京市人民政府关于北京经济技术开发区管委会统一规划和开发建设亦庄新城的批复》（京政字〔2019〕7号），为做好商业流通发展项目征集工作，现就《北京市商业流通发展资金管理暂行办法》（京商务财务字〔2017〕47号）有关事项补充通知如下：

在第六章“项目及资金管理”第十八条（一）项目审核中，按照隶属关系，增加北京经济技术开发区商务主管部门的项目初审权限。

本通知自发布之日起执行。

北京市商务局

北京市财政局

2019年8月9日

北京市商务局　北京市财政局关于做好2019年中国（北京）跨境电子商务综合试验区服务体系建设专项资金重点工作的通知

京商电商字〔2019〕13号

各区商务局、北京经济技术开发区商务主管部门、相关企业：

根据《财政部 商务部关于2018年度外经贸发展专项资金重点工作的通知》（财行〔2018〕91号）、《北京市商务委员会 北京市财政局关于印发〈北京市外经贸发展资金管理实施细则〉（修订稿）的通知》（京商务财务字〔2018〕23号）、《北京市商务委员会 北京市财政局关于印发〈北京市外经贸发展资金支持北京市跨境电子商务发展实施方案〉的通知》（京商务财务字〔2018〕25号）等文件要求，为充分发挥财政资金支持引导作用，完善中国（北京）跨境电子商务综合试验区服务体系，促进跨境电子商务持续健康发展，现将2019年中国（北京）跨境电子商务综合试验区服务体系建设专项资金重点工作通知如下：

一、建设线上综合服务平台

由市商务局负责，在北京跨境电子商务公共信息平台基础上，升级完善相关功能，建设北京跨境电商综试区线上综合服务平台，对接国际贸易“单一窗口”，为跨境电子商务企业提供全流程线上综合服务，为政府部门提供信息共享、统计监测、信用管理等服务功能。

二、支持跨境电商相关项目建设

（一）支持方向及标准

1. 支持企业自建海外仓和海外运营中心。投入运营的自建海外仓（海外仓储物流等综合服务设施）总面积不低于5000平方米，配套完善的仓储管理信息化系统和线上信息平台（如ERP、WMS系统等），服务企业数量不低于100家，对跨境电子商务B2B业务有较强带动作用，能够为企业开拓市场提供国际仓储和物流配送服务的同时，还能提供如下所列明2项以上内容的服务，包括：国际货运代理、通关服务、营销推广、金融保险服务对接、售后维修服务、退换货服务。

企业自建海外仓符合以上条件的，对其2016年、2017年开展海外仓相关业务取得银行贷款给予贴息支持，其中：人民币贷款贴息率按照不超过资金申报截止日期前中国人民银行公布的最近一期人民币1年期贷款基准利率计算，外币贷款贴息率按照不超过3%计算，上述贴息率均不超过项目实际贷款利率。对2018年以来海外仓配套的货架（货柜）、仓储搬运设备、分拣机、查验设备、监控设备等设施购置，仓储管理信息化系统和线上信息平台开发升级等方面的投入，依据审定实际投资给予不超过50%的资金支持。每家企业支持资金不超过500万元。

2. 支持企业运营或使用海外仓开展跨境电子商务业务。对2018年以来，企业运营或使用海外仓所发生的硬件设施设备购置费用，仓储管理信息化系统开发、运维和使用费用，场地使用费、安全费、报关费、运输车辆使用费等运营费用，依据审定实际投资给予不超过50%的资金支持。每家企业支持资金不超过500万元。

3. 支持跨境电子商务平台扩大服务规模。对为跨境电子商务企业提供交易、支付、物流或综合服务的跨境电子商务平台企业，给予其2018年度服务收入3%的资金支持。每家企业支持资金不超过500万元。

4. 支持企业开展跨境电子商务通关申报业务。对在北京口岸开展跨境电子商务通关申报业务的企业，依据其2018年度在海关纳统的报关单量，给予每单0.35元的资金支持。每家企业支持资金不超过500万元。

5. 支持企业建设运营跨境电子商务体验店。对企业在本市建设，采取直邮进口、保税展示、完税销售等方式运营的跨境电子商务体验店，累计营业面积超过500平方米，2018年度销售额1000万元以上的，给予不超过50万元的一次性资金支持；销售额2000万元以上的，给予不超过120万元的一次性资金支持；销售额3000万元以上的，给予不超过200万元的一次性资金支持；销售额5000万元以上的，给予不超过400万元的一次性资金支持。

6. 支持企业拓宽融资渠道。对企业2018年度开展跨境电子商务相关业务取得银行贷款的，参照本通知支持方向第1条款中的相关标准给予贴息支持；取得融资担保的，给予其2018年度实际支付担保费用（包括担保费和评审费）不超过50%的资金支持。每家企业支持资金不超过500万元。

7. 支持企业开展跨境电子商务创新示范项目建设。对企业建设跨境电子商务平台、相关信息系统、通关服务设施、保税仓、出口集货仓等项目，2018年度以来发生的硬件设施设备购置和软件系统开发等方面的投入，依据审定实际投资给予不超过50%的资金支持。单个项目支持资金不超过500万元。

8. 支持跨境电子商务产业园建设发展。对于经北京市推进跨境电子商务发展工作小组认定的跨境电子商务产业园，为企业提供跨境电子商务监管通关、仓储物流、检验检测等服务的口岸功能型园区，每服务1家企业开展跨境电商业务，给予园区运营主体5万元的一次性资金支持；为企业提供跨境电子商务办公、培训、投融资、创新创业等服务的创新孵化型园区，每入驻1家有经营实绩的跨境电子商务企业，给予园区运营主体10万元的一次性资金支持。每个园区只能申报本条款中的一个支持方向，支持资金不超过500万元。

（二）项目申报条件

项目申报主体需具备以下条件：

1. 在本市依法注册登记，具有独立法人资格；

2. 按照有关规定已取得开展相关业务资格或已进行核准或备案；

3. 经营状况良好，财务管理制度健全；

4. 三年内无严重违法违规行为，未拖欠应缴还的财政性资金；

5. 其他按规定应满足的条件。

（三）项目申报材料

1. 中国（北京）跨境电子商务综合试验区建设专项资金申请表；

2. 项目申报书（包含企业基本情况、主营业务、申请支持条款及资金金额、项目基本情况、运营情况、发展规划等内容）；

3. 营业执照、对外贸易经营者备案登记表、行业资质等相关证明材料复印件；

4. 项目单位近两年财务报表、纳税申报表；

5. 项目已发生费用明细表；

6. 项目申报单位承诺书；

7. 其他相关证明材料。

项目申报材料统一使用A4纸，一式两份，按顺序装订成册，在首页、末页加盖公章及骑缝章。

（四）项目资金申请、审批及拨付程序

1. 2019年10月11日前，项目申报主体将申报材料上报各区（北京经济技术开发区）商务主管部门。各区（北京经济技术开发区）商务主管部门初审合格后，于10月18日前提交市商务局。

2. 市商务局按照项目资金管理相关办法，组织开展项目申报、审核、公示及资金拨付等工作。同一申报主体申报多个支持方向的，合计最高支持资金不超过1500万元。

同时符合本通知支持方向第1、第2、第7条款与市商务局《关于申报2019年度外经贸发展资金项目的通知》（京商财务字〔2019〕3号）之附件6规定的支持方向的，企业选择其中一个文件作为依据申报项目。同一项目已享受国家和市级其他财政资金支持的，不再重复享受本支持政策。

本通知自发布之日起施行，由市商务局、市财政局负责解释。

北京市商务局

北京市财政局

2019年9月23日

（联系人：市商务局电子商务处 宋志雷，联系电话：55579371；市财政局经济建设一处 查晓倩，联系电话：55592139）

附件：

1. 中国（北京）跨境电子商务综合试验区服务体系建设专项资金申请表

2. 项目已发生费用明细表

3. 项目申报单位承诺书

4. 中国（北京）跨境电子商务综合试验区服务体系建设专项资金申报情况汇总表

附件 1

中国（北京）跨境电子商务综合试验区服务体系建设专项资金申请表

一、申报主体基本信息						
单位名称		所在区		单位详细地址		
企业海关编码		注册资本		法人代表		
申报负责人		联系电话		传真		
二、申报支持内容						
申报支持方向序号		申报支持金额合计（人民币大写）			申报支持金额合计（万元）	
支持方向一：	2016—2017 年海外仓发生的银行贷款利息（万元）		2018 年以来海外仓发生的相关投资额（万元）		申报支持金额（万元）	
支持方向二：	2018 年以来运营或使用海外仓相关费用（万元）				申报支持金额（万元）	
支持方向三：	2018 年跨境电商平台服务收入（万元）				申报支持金额（万元）	
支持方向四：	2018 年在京报关单量				申报支持金额（万元）	
支持方向五：	体验店累计营业面积（平方米）		2018 年体验店销售额（万元）		申报支持金额（万元）	
支持方向六：	2018 年银行贷款利息（万元）		2018 年融资担保费用（万元）		申报支持金额（万元）	
支持方向七：	2018 年以来跨境电商创新示范项目建设投资额（万元）				申报支持金额（万元）	
支持方向八：	园区服务跨境电商企业数量（家）		园区入驻有经营实绩的跨境电商企业数量（家）		申报支持金额（万元）	
项目申报单位法定代表人签字： 申报单位印章 年　　月　　日						
区级商务主管部门意见： 单位印章 年　　月　　日						

附件 2

项目已发生费用明细表

填报单位 :(公章)

序号	记账时间	会计凭证号	发票号码	费用名称	金额（元）
1					
2					
3					
4					
5					
6					
7					
8					
9					
10					
11					
12					
13					
14					
15					
16					
17					
18					
19					
20					
	合计				

注：项目已发生费用明细按时间先后顺序填写。

附件 3

项目申报单位承诺书

北京市商务局：

我单位严格按照《关于做好 2019 年中国（北京）跨境电子商务综合试验区服务体系建设专项资金重点工作的通知》及相关规定组织申报____项目，保证向市商务局及有关部门提供的材料满足项目申报条件，所申报项目内容符合相关支持方向和标准。

我单位所填报的各项申请材料，均真实无误，如误报或漏报材料，以欺诈手段取得本项目资金，均属违法违规行为，我单位将承担一切责任。

项目单位法人代表（签字）：______________　　　　单位公章

年　　月　　日

附件 4

中国（北京）跨境电子商务综合试验区服务体系建设专项资金申报情况汇总表

填报单位：（盖章）

序号	申报单位	项目名称	企业性质	企业注册资本	申报方向	申报主要内容及相关数据	申报支持金额合计	申报时间	申报负责人	联系方式	
										办公电话	手机
总计											

填报人：　　　　联系电话：　　　　审核人：

备注：此表由项目申报单位填写，由区商务局、北京经济技术开发区商务主管部门汇总。

北京市商务局关于申报 2019 年促进我市商业会展业高质量发展奖励项目的通知

京商贸发字〔2019〕22 号

各有关单位：

为促进本市商业会展业高质量发展，推动本市商业会展业专业化、品牌化、国际化、市场化发展。根据北京市商务局、北京市财政局、北京海关《关于促进我市商业会展业高质量发展的若干措施（暂行）》（京商贸发字〔2019〕12 号）文件精神（以下简称《若干措施》），现将奖励项目申报事项通知如下：

一、奖励的范围

申报奖励的项目包括：

（一）鼓励展览与会议融合项目。

（二）支持关联展会整合项目。

（三）加强品牌展会国际宣传项目。

（四）鼓励展会提升国际化水平项目。

（五）鼓励展会做大做强项目。

（六）鼓励创办引领产业发展的优质展会项目。

（七）引进境内外国际大型专业展会项目。

二、申报条件

申报奖励的项目的单位应符合下列条件：

（一）在北京市登记注册、具有独立法人资格的企业或单位；联合主办的应由其中一家主办方（主运营方）申报。

（二）申报单位未有《北京市外经贸发展资金管理实施细则》（京商务财务字〔2018〕23 号）第十条规定的不予支持情形。

（三）申报项目在申请年度内执行完毕。

三、申报材料

（一）基本材料

1. 单位营业执照（社团或事业单位法人登记证书）、法定代表人身份证、税务登记证、统一社会信用证（以上需提供原件、复印件）。

2. 多方主办的展会应提交申报主体有关协议。

3. 奖励项目申报表（附后）和项目执行情况的总结报告（包括项目的基本情况、特点、经济效益、社会效益等）。

4. 由单位法定代表人签字的《项目申报单位承诺书》。

（二）项目申请材料

1. 鼓励展览与会议融合项目需提供：

（1）申报单位与场地提供单位签订的场地租赁合同及缴费凭证复印件；

（2）会议方案及会议执行材料；

（3）新产品或新技术或行业报告材料；

（4）会议签到表或其他证明参会人员规模的材料。

2. 支持关联展会整合项目需提供：

（1）申报单位与场地提供单位签订的场地租赁合同及缴费凭证复印件；

（2）参会观众数据分析报告（包括不同类型、不同地域、不同行业观众等）；

（3）整合前展会的总结报告（包括展会面积、观众数量、展会效果等）及参会观众数据分析报告；

（4）整合前展会主办单位与场地提供单位签订的场地租赁合同及缴费凭证复印件。

3. 加强品牌展会国际宣传项目需提供：

（1）国际路演项目提供申报单位与场地提供单位签订的场地租赁合同及缴费凭证复印件；海外宣传推介或投放主流媒体广告提供项目合同及缴费凭证复印件；

（2）前五届展会的备案（批准）文件材料；

（3）项目执行资料（包括项目方案、会议签到表、图片视听资料）；

4. 鼓励展会提升国际化水平项目需提供：

（1）申报单位与场地提供单位签订的场地租赁合同及缴费凭证复印件；

（2）所有参展商（分国内、国际）名录（含展位面积）及展位确认书、缴费凭证复印件。

5. 鼓励展会做大做强项目时需提供：

（1）申报单位与场地提供单位签订的场地租赁合同及缴费凭证复印件；

（2）上一届展会主办单位与场地提供单位签订的场地租赁合同及缴费凭证复印件。

6. 鼓励创办引领产业发展的优质展会项目需提供：

（1）申报单位与场地提供单位签订的场地租赁合同及缴费凭证复印件；

（2）所有参展商（分国内、国际）名录（含展位面积）及展位确认书、缴费凭证复印件。

7. 引进境内外国际大型专业展会项目还需提供：

（1）申报单位与场地提供单位签订的场地租赁合同及缴费凭证复印件；

（2）所有参展商（分国内、国际）名录（含展位面积）及展位确认书、缴费凭证复印件；

（3）引进前展会执行情况（包括展会的举办时间、地点、面积、主办方、经济效益、社会效益等）及展会的备案材料。

四、要求

（一）每家申请单位、每个展会仅限申请一个奖励项目。

（二）为提高服务效率，请于2019年12月31日前报送至北京市丰台区方庄芳星园三区16、17号楼二层东区（市商务局方庄办公区）。项目申请材料应按顺序装订成册，一式两份（不包括企业营业执照、法定代表人身份证、税务登记证原件），并加盖单位公章。项目申报材料不予退回。

（三）各申报单位应保证申报材料真实、准确、完整。对提供假发票、假证明文件、假资质文件等虚假材料的单位，经查属实的，根据《财政违法行为处罚处分条例》（国务院令第427号）予以处理。

（联系人：贸易发展处　范启，联系电话：55579397；沈彤，联系电话：87211338）

北京市商务局关于《关于申报2019年度外经贸发展资金项目的补充通知》和《第二届中国国际进口博览会北京市交易团采购商参会资金支持申报指南》的通知

京商办字〔2019〕30号

各区商务局、经济开发区商务主管部门、各有关单位：

根据《财政部 商务部关于2019年度外经贸发展专项资金重点工作的通知》（财行〔2019〕137号），现就《关于申报2019年度外经贸发展资金项目的通知》（京商财务字〔2019〕3号）中有关服务贸易类项目进行再次征集。具体补充通知及联系方式见附件1。

第二届中国国际进口博览会于2019年11月5日至10日在上海举办，为圆满完成北京市交易团采购商参会、洽谈、采购等组织工作，根据市商务局、市财政局印发的《外经贸发展专项资金支持北京市参加第二届中国国际进口博览会实施方案》的通知（京商贸发字〔2019〕19号）等文件，北京市交易团制定了《第二届中国国际进口博览会北京市交易团采购商参会资金支持申报指南》。具体申报指南及联系方式见附件2。

特此通知。

附件1. 关于申报2019年度外经贸发展资金项目的补充通知（含相关附表）

2. 第二届中国国际进口博览会北京市交易团采购商参会资金支持申报指南

附件 1

北京市商务局关于申报 2019 年度外经贸发展资金项目的补充通知

根据《财政部　商务部关于 2019 年度外经贸发展专项资金重点工作的通知》（财行〔2019〕137 号），现就《关于申报 2019 年度外经贸发展资金项目的通知》（京商财务字〔2019〕3 号）中有关服务贸易类项目进行再次征集。具体补充通知如下：

一、支持内容

对 2019 年 1 月 1 日至 6 月 30 日期间实际发生的服务贸易业务进行支持。主要包括：

（一）提升公共服务能力项目；

（二）重点服务进口业务；

（三）承接国际服务外包业务；

（四）服务贸易出口业务。

二、申报条件及要求

参见附件 1—4 各项目申报指南。相关附表请在北京市商务局网站“通知公告”栏目下载。

三、申报流程

（一）2019 年 11 月 8 日前，请各项目申报单位将申报材料（公共服务平台项目和服务外包整体促进项目除外）一式两份（含电子版）报辖区商务主管部门。

（二）2019 年 11 月 15 日前，各区商务主管部门将初审汇总情况、企业申报材料各 1 份（含电子版）报市商务局。申请公共服务平台项目的单位，直接将申报材料报市商务局。服务外包整体促进项目按政府采购网公示时间为准执行。

（三）市商务局委托第三方机构进行项目审核，将审核通过的项目纳入 2020 年外经贸发展资金项目库，并按规定要求进行资金拨付。

附件：1. 2019 年度提升公共服务能力项目申报指南

2. 2019 年度重点服务进口项目申报指南

3. 2019 年度承接国际服务外包项目申报指南

4. 2019 年服务贸易出口项目申报指南

附件 1-1

2019 年度提升公共服务能力项目申报指南

一、支持对象

（一）服务贸易公共服务平台。

（二）服务外包公共服务平台。

二、支持方式

综合考虑我市服务贸易和服务外包产业发展需要，对完善和建设公共服务平台给予支持。资金用于公共服务平台所需设备购置、运营及维护，信息系统，信息安全及知识产权保护体系建设，为服务贸易企业提供共性技术支撑、云服务、检验检测、统计监测、信息共享、品牌建设推广、人才培养和引进、贸易促进、知识产权等公共服务。

提升公共服务能力项目资金面向全市服务贸易（服务外包）平台项目。在建、新建项目支持资金不超过平台项目建设所需设备购置、软件购置（或委托开发）费用的50%，支持金额不超过200万元；已完成项目，支持资金不超过服务贸易（服务外包）平台项目建设所需设备购置、软件购置（或委托开发）费用的40%，支持金额不超过200万元；运营及维护项目费用，按照年度实际发生费用的50%给予支持，支持金额不超过50万元，原则上运营及维护费用支持年限不超过三年。

三、申请条件

项目申报单位须符合以下条件：

（一）在京注册，具有独立的企业法人资格，且为公共服务平台项目的实际投资运营单位；

（二）服务的对象包括承接国际服务贸易（服务外包）业务的企业及培训机构；

（三）具有一定数量与业务相适应的专业人员、管理人员，具备满足公共服务平台运营必要的场地、设备等；

（四）公共服务平台建设和运营发生在2019年1月1日至6月30日，所有相关工作符合国家有关法律法规要求。

四、申报材料

项目申报单位应提供如下材料：

（一）在建、新建公共服务平台项目

1.《提升公共服务能力事项申报说明》《提升公共服务能力事项申请表》；

2. 项目申请报告及项目申请承诺书，由法人代表签字并加盖公章；

3. 项目可行性研究报告，包含项目设立背景和基本情况、国内外相关产业发展与市场情况说明、项目申报单位基本情况和已有工作基础、项目具体实施方案、预期达到的技术经济指标及效果、承担项目的可行性分析、项目进度安排与考核指标、经费预算和使用方案等。可行性研究报告需经法人代表签字、加盖公章，并将作为后续专家评审及项目验收的主要依据；

4. 项目申报单位营业执照复印件以及上年度审计报告（加盖公章）；

5. 公共服务平台设备购置、系统和软件购置（或委托开发）清单，已实施部分需提供付款凭证。

（二）已完成的公共服务平台项目

1.《提升公共服务能力事项申报说明》《提升公共服务能力事项申报表》；

2. 项目申请报告及项目申请承诺书，由法人代表签字并加盖公章；

3. 项目完成验收报告，公共服务平台项目目前运行情况与服务企业情况等；

4. 项目申报单位法营业执照复印件以及上年度审计报告（加盖公章）；

5. 完成项目的专项报告（含服务贸易（服务外包）平台设备购置、系统和软件购置（或委托开发）清单及付款凭证）。

（三）平台运营维护项目

1.《提升公共服务能力事项申报说明》《提升公共服务能力事项申请表》；

2. 项目申请报告及项目申请承诺书，由法人代表签字并加盖公章；

3. 项目运行情况报告，包含项目申报单位基本情况、项目基本情况及运营情况、运营和维护费用明细、申请资金补助的金额、项目上年度运营及维护费用支出审计报告等，项目运行情况报告需由法人代表签字并加盖公章；

4. 项目上年度运营及维护费用支出凭证复印件；

5. 项目申报单位营业执照复印件以及上年度审计报告（加盖公章）。

五、申报流程

1. 项目申报单位将申报材料（一式两份）

在规定的时间内提交至市商务局。

2. 市商务局对申报材料进行审核，并将审核结果公示后拨付资金。市商务局和市财政局可视情况聘请中介机构开展专项审核工作。

3. 在建、新建项目，预拨补助金额的70%，项目完成并通过市商务局组织的验收后，拨付剩余资金；已建成公共服务平台项目、运营及维护费项目，根据审定的补助金额予以拨付。

（联系人：李倩、于新成，联系电话：55579490、55579491）

附件 1-2

2019 年重点服务进口项目申报指南

一、申请条件

1. 申请企业应当在京注册，具有独立法人资格、正常经营。

2. 进口的服务列入商务部、发展改革委、财政部、生态环境部、知识产权局发布的《鼓励进口服务目录》。

3. 进口服务应当在 2019 年 1 月 1 日至 6 月 30 日期间执行合同，并取得银行出具的进口服务付汇凭证，且付汇金额不低于 50 万美元。

二、支持方式

对申请企业在 2019 年 1 月 1 日至 6 月 30 日期间取得付汇凭证的服务进口业务，以服务进口的付汇金额作为计算贴息的本金，按照不超过中国人民银行公布的 2019 年 6 月 30 日最近一期 1 年期人民币贷款基准利率给予贴息支持。每户企业贴息金额不超过 500 万元人民币。

三、申报材料

1. 企业法定代表人签字的申请文件，包括：企业基本情况、进口用途、预计可产生的效益等，企业更名的应说明相关情况并附说明材料。

2.《服务进口贴息事项申报说明》及电子数据，《服务进口贴息事项申请表》及电子数据，重点服务进口项目申请承诺书；

3. 企业营业执照（复印件）、进口服务合同（复印件）及银行出具的付汇凭证（复印件）。

以上材料均需加盖企业公章。

（联系人：李倩、郑勇；联系电话：55579490、55579489；邮箱：lq@bjcoc.gov.cn）

附件 1-2-1

重点服务进口项目申请承诺书

（　　年度）

根据 20____年度重点服务进口项目申报指南的有关要求，我单位（　　单位名称　　　　）拟申请重点服务进口项目。

并作出以下承诺：

1. 已认真阅读和全面了解专项资金申报规定及资金使用管理办法，承诺严格符合申报条件和要求，并将严格按照专项资金管理办法组织项目的实施；

2. 保证提供的所有申报文件和资料真实有效，并承担相应的法律责任；

3. 接受有关部门及市商务委、市财政局组织的验收及指派的审计机构和评估机构的监督、评估；

4. 如违反专项资金管理制度或有违法违纪行为，将承担一切责任，并在规定的时限内如数退还资金。

5. 保证配合相关部门工作要求，按期提供申报项目相关信息和统计数据。

申请人：（法人签字并加盖公章）

申请日期： 年 月 日

（说明：法人必须手签字，盖名章无效；如授权签字需付授权委托书原件）

附件 1-2-2

服务进口贴息事项申报说明

（ 年度）

<table>
<tr><td>申请企业名称</td><td colspan="3"></td></tr>
<tr><td>法定代表人姓名</td><td></td><td>企业注册地址</td><td>省 市</td></tr>
<tr><td>企业性质</td><td></td><td></td><td></td></tr>
<tr><td>通信地址</td><td></td><td>邮政编码</td><td></td></tr>
<tr><td colspan="4">申请人郑重声明如下：
1. 申请人共上报申报文件资料____页；
2. 申请人依法注册，具有独立法人资格，并合法经营；
3. 申请人申报的所有文件、单证和资料是准确、真实、完整和有效的；
4. 申请人申报的所有复印件均与原件核对，完全一致；
5. 申请人承诺接受有关主管部门为审核本申请而进行的必要核查。

申请企业法定代表人或授权人：（签名）

申请企业盖章：

日期： 年 月 日</td></tr>
</table>

开户银行账户账号		开户银行账户户名	
开户银行名称		开户行地址	
企业联系人		联系电话	
电子邮件		移动电话	
联系传真			

说明：1. 申请企业法定代表人或授权人签名栏必须手签，使用名章无效；

2. 若由授权人签署，需提交由法定代表人手签并加盖公司印章的授权书原件；

3. 银行账户信息必须为公司账户，用于拨付贴息资金，务必正确填写；

4. 企业性质：国有、集体、民营、三资、研究院所、高校、其他。

附件 1-2-3

服务进口贴息事项申请表

（　　年度）

上报单位

序 号	服务进口合同号	服务代码及名称	服务描述	实际服务进口额（美元）	进口服务国别地区
总 计					

联系人：

联系电话：

附件 1-3

2019 年度承接国际服务外包项目申报指南

根据《财政部　商务部关于 2019 年度外经贸发展专项资金重点工作的通知》（财行〔2019〕137 号），对 2019 年度促进服务外包发展项目的企业申请条件、支持方式进行了调整。现就申报事宜明确如下：

一、申请条件

（一）在我市行政区域内依法登记注册、具有独立法人资格。

（二）申请企业通过“商务部服务贸易统计监测管理信息系统（服务外包信息管理应用）”如实填报《服务外包统计报表制度》规定的报表。

（三）2018 年 1 月 1 日至 2019 年 6 月 30 日期间在“服务外包信息管理应用”中核准的离岸服务外包执行额不低于 50 万美元。

（四）申请培训机构应具有符合条件的场地、设施、专业教材和师资力量。

二、支持方式

对在 2019 年 1 月 1 日至 6 月 30 日期间发生，并在“商务部服务贸易统计监测管理信息系统（服务外包信息管理应用）”中核准的业务进行支持。其中，以下“（一）至（五）”项目为中央资金支持项目，最高支持额度以当年商务部、财政部通知要求为准；“（六）至（八）”项目为市级资金支持项目。具体支持方式如下：

（一）国际资质认证项目。对服务外包企业在规定期间内取得的以下认证及认证的系列维护、升级给予支持，额度不超过认证费用支出的 50%，每个企业支持项目不超过 5 个，每个项目补助不超过 50 万元。包括：软件能力成熟度模型认证（CMM）、软件能力成熟度模型集成认证［CMM（I）］、人力资本成熟度模型（PCMM）、信息安全管理认证（ISO27001/BS7799）、信息技术服务管理体系认证（ISO20000）、服务提供商环境安全性认证（SAS70）、国际实验动物饲养评估认证（AAALAC）、药物非临床研究质量管理规范（GLP）、信息技术基础架构库规范（ITIL）、客户服务提供商标准（COPC）、环球同业银行金融电讯协会认证（SWIFT）、国际质量管理体系标准（ISO9001）、业务连续性管理标准（ISO22301）、环境管理体系认证（ISO14001）、能源管理体系标准（ISO50001）、职业健康安全管理体系认证（OHSAS18001）、客户中心能力成熟度模型认证（CC-CMM）、支付卡行业数据安全标准（PCIDSS）等。

（二）新录用人员补助项目。对服务外包企业在规定期间内新录用大学本科以上学历的员工（申报年度之前 3 年内毕业），在职满 1 年或申报审核期间在职的，按照每人不超过 7000 元的标准给予企业补助。申请人数按企业在规定期间内离岸外包业务收入测算出的人数进行核定。测算人数 = 规定期间内离岸外包业务额（万美元）÷4（万美元/人）。如企业实际申请人数小于测算人数，则受补助人数不大于企业实际申请人数；如企业实际申请人数大于测算人数，则受补助人数不大于测算人数。

（三）培训机构培训后补助项目。对培训机构在规定期间内新培训从事服务外包业务、大学本科以上学历人员，通过服务外包业务专业知识和技能培训考核的，按照每人不超过 500 元的标准给予培训机构培训后补助。

（四）服务外包业务贴息项目。以规定期间

内在商务部服务外包信息管理应用系统中实际审定通过的离岸服务外包业务收汇金额作为计算贴息的本金，按照不超过中国人民银行公布的当年规定期间最近一期1年期人民币贷款基准利率给予贴息支持。

（五）创新研发项目。对在规定期间内通过自主研发取得的专利、注册商标、软件著作权等给予注册费和代理服务费的实际支出额不超过50%的资金支持。其中，给予每个企业发明专利不超过20万元、国际专利不超过20万元、实用新型专利不超过5万元、外观设计专利不超过5万元、注册商标不超过5万元、软件著作权不超过5万元。

（六）境外设点项目。对设立的每个境外分支机构给予30万元的定额支持。采取分期拨付方式，首次申请拨付支持总额的50%，一年后上报运行情况报告，如经营正常拨付后续50%。原则上1家企业在规定期间内申请境外分支机构累计不超过3个。1家企业在规定期间内在同一国别或地区申请境外分支机构累计不超过2个。

（七）北京服务外包行业整体促进项目。对促进我市服务外包业务整体发展的项目按照相关规定予以资金支持。

（八）办公用房租赁补贴项目。在规定期间内离岸外包业务额达到750万美元（含）以上，且同比有增长的服务外包企业，可以申请该项目。办公用房租赁补贴面积按企业规定期间内离岸业务收入测算出的有效面积核定。有效面积测算基准为每人每年4万美元产值、每人办公用建筑面积10平方米。测算面积（㎡）=规定期间的离岸外包业务额（万美元）÷4（万美元）×10㎡。如企业在京实际办公用房租赁建筑面积小于测算面积，以在京实际办公用房租赁建筑面积为补贴面积；如企业在京实际办公用房租赁建筑面积大于测算面积，则以测算面积为补贴面积。补贴标准为不超过20元/每平方米/月标准，且企业租房费用应大于享受补贴费用。

三、申报材料要求

（一）基本材料

1. 由企业法定代表人签字的《承接国际服务外包业务资金补助申请报告》，内容包括：企业基本情况，开展服务外包业务情况，申请项目执行或完成情况，近三年无严重违法违规行为、无拖欠应缴还的财政性资金、同一项目未申请或享受其他财政资金等；

2. 企业营业执照复印件；

3. 规定期间内服务外包业务专项审计报告原件；

4. 规定期间内的服务外包合同或协议的复印件；

5. 离岸服务外包业务规定期间的收入明细表；

6. 结汇凭证及涉外收入申报单复印件（承接跨国公司的离岸服务外包业务，而由跨国公司境内机构代为支付的服务外包业务收入，须提供相关业务凭证复印件）；

7. 由企业法定代表人签字的《北京市服务外包业务专项资金申请承诺书》。

（二）项目申请材料

1. 申请国际资质认证项目时还需提供：

（1）北京市服务外包企业国际资质认证补助申请表；

（2）国际资质认证证书复印件；

（3）与相关国际认证评估顾问公司签订的合同协议复印件；

（4）缴纳认证费用凭证的复印件，包括认证费用发票和相对应的银行出具的支付凭证。

2. 申请新录用人员补助项目时还需提供：

（1）北京市服务外包企业新录用人员补助

申请表；

（2）新录用人员若属于分公司，需提供分公司营业执照复印件；

（3）新录用人员身份证复印件、大学本科以上学历毕业证，以及签订1年以上的《劳动合同》的复印件；

（4）企业为新录用人员缴纳的社会保险缴纳凭证或个税凭证（时间由入职至申报当月）的复印件。

3. 申请培训机构培训后补助项目时还需提供：

（1）北京市服务外包培训机构培训后补助申请表；

（2）培训人员身份证复印件、大学以上学历毕业证；

（3）培训机构颁发被培训人员专业知识和技能培训考核合格证书，以及被培训人员缴费凭证的复印件。培训机构为学校的需提供《全国普通高等学校毕业生就业协议书》（协议三方为：培训学校、服务外包企业、毕业学生）复印件；其他培训机构需提供培训人员缴费凭证、与在“服务外包信息管理应用”系统中登记的服务外包企业签订1年以上的《劳动合同》的复印件（或培训人员为近三年在京大学毕业的，提供毕业证书复印件）。

4. 申请服务外包业务贴息项目时还需提供：

（1）北京市服务外包企业服务外包业务贴息申请表；

（2）企业在规定期间内离岸外包业务执行情况清单及相关凭证。

5. 申请创新研发项目还需提供：

（1）北京市服务外包企业创新研发补助申请表；

（2）企业所获得的专利证书、商标注册证书、软件著作权证书复印件；

（3）专利、商标、软件著作权等申请过程中的注册费用凭证复印件。

6. 申请境外设点项目时还需提供：

（1）北京市服务外包企业境外设点补助申请表；

（2）商务主管部门颁发的《企业境外投资证书》《企业境外机构证书》复印件；

（3）境外注册文件、境外企业房产证或租房协议；

（4）外派人员护照、签证；

（5）境外设点专项审计报告（复印件、翻译件）；

（6）境外设点运行情况报告。

7. 北京服务外包行业整体促进项目

根据《中华人民共和国政府采购法》《北京市财政局关于推进和完善服务项目政府采购有关问题的通知》（京财采购〔2014〕1152号）等有关法规执行。

8. 申请办公用房租赁补贴项目时还需提供：

（1）北京市服务外包企业办公用房租赁补贴申请表；

（2）企业规定期间内离岸服务外包业务执行情况清单及收入凭证；

（3）办公用房租赁协议、房租支付凭证及房屋产权证；

（4）企业租赁办公用房情况的专项审计报告。

（联系人：许鑫、于新成；联系电话：55579495、55579491）

附件 1-3-1

北京市服务外包业务资金申请承诺书

____________公司郑重承诺：

我单位申请 2019 年度北京市服务外包业务资金所提供的申报材料均真实、准确、合法。如有不实之处，愿负相应法律责任，并承担由此产生的一切后果。

特此承诺。

申 请 人：（法人代表签字并加盖公章）

申请日期： 年 月 日

注：1. 法人代表签字必须手签，盖名章无效；

2. 如代签，需附法人代表授权委托书原件。

北京市服务外包业务资金使用承诺书

____________公司郑重承诺：

为确保 2019 年度北京市服务外包资金安全、高效使用，保证做到：

一、自觉接受市商务局、市财政局对服务外包业务资金使用情况进行的监督、检查，并接受同级及上级审计部门的审计检查。

二、积极配合专项资金绩效考评工作，按要求及时向市、区商务及财政主管部门提供专项资金使用绩效报告。

三、如在专项审计与监督检查中存在严重问题，除按要求退还所得资金外，自发现之日起三年内不得申报政府专项资金支持。

特此承诺。

（法人代表签字并加盖公章）

年 月 日

企业银行账户账号信息

开户银行名称： 联系人：

开户银行地址： 联系电话与传真：

银行账户户名： 手机号码：

银行账户账号： 电子邮箱：

附件 1-3-2

北京市服务外包企业国际资质认证补助申请表

（申报年度）

申报单位（盖章）：　　　　页码 / 总页

序号	国际认证名称	证书号	获得日期（年 / 月 / 日）	认证、维护费（万元）	备注
合　计					

联系人：　　　　联系电话：

附件 1-3-3

北京市服务外包企业新录用人员补助申请表

（申报年度）

申报单位（盖章）： 页码 / 总页

序号	姓名	性别	身份证号	毕业院校	所学专业	学历	毕业日期（年月日）	劳动合同签订日期（年月日—年月日）	缴纳社保日期（年月日—年月日）	备注

联系人： 联系电话：

附件 1-3-4

北京市服务外包培训机构培训后补助申请表

（申报年度）

申报单位（盖章）：　　　　页码 / 总页

序号	姓名	性别	身份证号	毕业院校、接收服务外包企业	培训内容	学历	培训日期（年月日—年月日）	培训费用（万元）	备注

联系人：　　　　联系电话：

附件 1-3-5

北京市服务外包企业服务外包业务贴息申请表

（申报年度）

序号	企业名称	离岸业务额（万美元）	贷款基准利率	拟补贴金额（万元）
	合　计：			

联系人：

附件 1-3-6

北京市服务外包企业创新研发补助申请表

（申报年度）

申报单位（盖章）：　　　　页码 / 总页

序号	专利证书、商标注册证书、软件著作权登记证书名称	证书号	专利号、登记号	获得日期（年 / 月 / 日）	费用（万元）	备注
	合　计					

联系人：　　　　联系电话：

附件 1-3-7

北京市服务外包企业境外设点补助申请表

（申报年度）

申报单位（盖章）：

序号	企业（投资主体）名称	境外机构国别或地区	境外机构名称	设立时间	批准证书号及批准时间	申请金额（万元）	拟拨付金额（万元）
	合　　计：						

联系人：　　　　　　　　　　　　　　　　联系电话：

附件 1-3-8

北京市服务外包企业办公用房租赁补贴申请表

（申报年度）

申报单位（盖章）：

序号	企业名称	去年离岸业务额	前年离岸业务额	增长率（%）	折算补贴面积（平方米）	实际用房面积（平方米）	补贴面积（平方米）	拟补贴金额（万元）
	合　计：							

联系人：　　　　　　　　　　　　联系电话：

附件 1-3-9

20XX 年 XXXX 公司离岸服务外包业务收入明细表

<table>
<tr><td>序号</td><td>合同号</td><td>合同名称</td><td>发包商</td><td>发包商国别</td><td>实际发包商</td><td>实际发包商国别</td><td>合同金额（万美元）</td><td>实际收入金额（万美元）</td></tr>
<tr><td>1</td><td></td><td></td><td></td><td></td><td></td><td></td><td></td><td></td></tr>
<tr><td>2</td><td></td><td></td><td></td><td></td><td></td><td></td><td></td><td></td></tr>
<tr><td>3</td><td></td><td></td><td></td><td></td><td></td><td></td><td></td><td></td></tr>
<tr><td>4</td><td></td><td></td><td></td><td></td><td></td><td></td><td></td><td></td></tr>
<tr><td>…</td><td></td><td></td><td></td><td></td><td></td><td></td><td></td><td></td></tr>
<tr><td>…</td><td></td><td></td><td></td><td></td><td></td><td></td><td></td><td></td></tr>
<tr><td>…</td><td></td><td></td><td></td><td></td><td></td><td></td><td></td><td></td></tr>
<tr><td>…</td><td></td><td></td><td></td><td></td><td></td><td></td><td></td><td></td></tr>
<tr><td>…</td><td></td><td></td><td></td><td></td><td></td><td></td><td></td><td></td></tr>
<tr><td>…</td><td></td><td></td><td></td><td></td><td></td><td></td><td></td><td></td></tr>
<tr><td>…</td><td></td><td></td><td></td><td></td><td></td><td></td><td></td><td></td></tr>
<tr><td colspan="7">离岸服务外包业务额合计</td><td></td><td></td></tr>
<tr><td colspan="2">外包企业声明</td><td colspan="7">郑重声明：
1. 上述内容准确、真实、完整和有效；
2. 对应资料已完整存档，随时备查；
3. 承诺接受有关审核部门为审核本申请而进行的必要核查和相关法律责任。
法人签字 盖章</td></tr>
</table>

附件 1-4

2019 年服务贸易出口项目申报指南

一、支持范围

支持内容以商务部 2016 年第 58 号公告提出的《服务出口重点领域指导目录》为基础，重点支持北京市服务业扩大开放综合试点的六个领域：科学技术服务领域、互联网和信息服务领域、文化教育服务领域、商务及旅游服务领域、健康医疗服务领域的服务贸易出口，以及北京加快培育的金融、科技、信息、文化创意、商务服务等现代服务业领域的相关服务贸易出口。

二、申请条件

1. 依法在北京登记注册，具有独立法人资格；

2. 按照有关规定已取得开展相关业务资格或已进行核准或备案；

3. 通过商务部业务系统统一平台中的“技术贸易管理信息应用”或“服务贸易统计监测管理业务应用”如实填报有关统计资料。

三、支持项目

1. 支持内容

对上述所列支持范围中的服务贸易出口给予贴息支持，优先支持其中的技术出口项目。技术出口，是指我国境内企业通过贸易、投资或经济技术合作方式向境外实施的专利权转让、专利申请权转让、专利实施许可、专有技术转让或许可等技术转移，以及技术转让或许可合同项下提供的技术服务。不包括《中国禁止出口限制出口技术目录》（商务部、科技部令 2008 年第 12 号）所列的出口技术。重点支持具有国际竞争力、成熟的产业化技术出口及技术服务出口。

2. 申报单位除满足基本条件外还应满足以下条件

（1）技术出口业务应根据《中华人民共和国技术进出口管理条例》（中华人民共和国国务院令第 331 号），已在商务部“技术进出口信息管理系统”中登记 2019 年 1 月 1 日至 6 月 30 日实际出口额。其他服务贸易业务应已在商务部服务贸易系统中登记；

（2）相关业务应当在 2019 年 1 月 1 日至 6 月 30 日期间取得银行出具的收汇凭证，服务贸易出口额应达到 50 万美元（含）以上；

（3）其他按规定应满足的条件。

3. 支持标准和方式

对申报单位在 2019 年 1 月 1 日至 6 月 30 日期间取得收汇凭证的服务贸易出口业务，以审定的出口收汇金额作为计算贴息的本金，按照不超过中国人民银行公布的 2019 年 6 月 30 日最近一期 1 年期人民币贷款基准利率给予贴息支持。服务外包企业开展的技术出口适用于以上出口贴息政策。

4. 申报材料

（1）由法定代表人签字的项目申请报告，内容包括：申报单位基本情况、出口概要、本申报单位近三年无严重违法违规行为，是否拖欠政府性资金、同一项目是否已申请或享受其他财政资金等，以及申报说明；

（2）《服务贸易出口项目申请表》电子数据；

（3）由法定代表人签字的《服务贸易出口项目申请承诺书》；

（4）营业执照复印件；

（5）服务贸易出口合同复印件；

（6）银行出具的收汇凭证复印件（收汇凭证以非美元作为计价币种的，应将出口额换算成美元，折算率使用国家外汇管理局公布的2019年6月30日最近一期《各种货币对美元折算率表》汇率）；

（7）相关涉外收入申报单复印件；

（8）涉及专利权转让的单位需提供著录项目变更手续合格通知书复印件；

（9）经会计师事务所审计的2018年度财务会计报告复印件；

（10）技术出口项目还要提供《技术出口合同登记证书》和《技术出口合同数据表》及《技术出口数据变更记录表》复印件；

以上材料均须加盖申报单位公章。

（联系人：李倩、郑勇；联系电话：55579490、55579489；邮箱：lq@bjcoc.gov.cn）

附件 1-4-1

服务贸易出口项目申报说明

（　　年度）

<table>
<tr><td>申请企业名称</td><td colspan="3"></td></tr>
<tr><td>企业注册地址</td><td></td><td>法定代表人姓名</td><td></td></tr>
<tr><td>办 公 地 址</td><td></td><td>邮政编码</td><td></td></tr>
<tr><td colspan="4">申请人郑重声明如下：
1. 申请人共上报申报文件资料____页；
2. 申请人依法注册，具有独立法人资格，并合法经营；
3. 申请人申报的所有文件、单证和资料是准确、真实、完整和有效的；
4. 申请人申报的所有复印件均与原件核对，完全一致；
5. 申请人承诺接受有关主管部门为审核本申请而进行的必要核查。

申请企业法定代表人或授权人：（签名）
申请企业盖章：
日　　期：　　年　　月　　日</td></tr>
<tr><td>申请项目
（请在申请的项目前的方框内划√）</td><td colspan="3">□技术出口项目
□非技术类服务出口项目</td></tr>
<tr><td>银行账户账号</td><td></td><td>银行账户户名</td><td></td></tr>
<tr><td>开户银行名称</td><td></td><td>开户行地址</td><td></td></tr>
<tr><td>企业联系人</td><td></td><td>联系电话</td><td></td></tr>
<tr><td>电子邮件</td><td></td><td>移动电话</td><td></td></tr>
<tr><td>联系传真</td><td></td><td></td><td></td></tr>
</table>

备注：1. 申请企业法定代表人或授权人签名栏必须手签，使用名章无效；

2. 若由授权人签署，需提交由法定代表人手签并加盖公司印章的授权书原件；

3. 银行账户信息必须为公司账户，用于拨付贴息资金，务必正确填写。

附件 1-4-2

服务贸易出口项目申请承诺书

（　　年度）

根据 20____年度北京市外经贸发展资金支持服务贸易出口项目申报指南的有关要求，我单位（　　单位名称　　　　）拟申请□技术服务出口项目或□非技术类服务出口项目（请在申请的项目前的方框内划√）。

并作出以下承诺：

1. 已认真阅读和全面了解专项资金申报规定及资金使用管理办法，承诺严格符合申报条件和要求，并将严格按照专项资金管理办法组织项目的实施；

2. 保证提供的所有申报文件和资料真实有效，并承担相应的法律责任；

3. 接受有关部门及市商务委、市财政局组织的验收及指派的审计机构和评估机构的监督、评估；

4. 如违反专项资金管理制度或有违法违纪行为，将承担一切责任，并在规定的时限内如数退还资金。

5. 保证配合相关部门工作要求，按期提供申报项目相关信息和统计数据。

申请人:（法人签字并加盖公章）

申请日期：　　年　　月　　日

（说明：法人必须手签字，盖名章无效；如授权签字需付授权委托书原件）

附件 1-4-3

服务贸易出口项目申请表

（　　年度）

申请企业（加盖单位公章）：　　　　　　　　企业注册地

序号	合同登记证书号（技术出口企业填此项）	合同号	合同名称	合同金额（美元）	涉外收入申报单号	×××× 年实际出口额（原币）	×××× 年实际出口额（美元）	备注
合计								

企业联系人：　　　　　　　　　　　　联系电话：

附件 1-4-4

服务贸易出口项目申请汇总表

（ 年度）

区（开发区）

序号	企业名称	合同数量	实际出口总额（美元）	备注
1				
2				
3				
4				
5				
6				
7				
8				
9				
10				
11				
12				
13				
14				
15				
16				
17				
18				
19				
20				
21				
22				
23				
24				
25				
26				
27				
28				
29				
总计				

商务部门联系人： 联系电话：

附件 2

第二届中国国际进口博览会北京市交易团采购商参会资金支持申报指南

为切实做好第二届中国国际进口博览会北京市交易团采购商组织工作，根据市商务局、市财政局《关于外经贸发展专项资金支持北京市参加第二届中国国际进口博览会实施方案的通知》（京商贸发字〔2019〕19 号）精神，支持我市采购商到会洽谈采购，主动扩大进口，促进贸易平衡发展，对采购商参会发生的交通和住宿费用提供资金支持，具体申报条件及流程如下：

一、支持对象和申报条件

（一）支持对象

在中国国际进口博览会官网专业观众报名系统登记注册并通过审核的北京市交易团内企业和社会团体组织。

（二）申报条件

1. 申报主体为企业的，应在我市依法注册取得营业执照，并在营业期限内的企业；

2. 申报主体为社会组织的，应在我市依法注册，取得社会团体法人登记证书的社会团体组织。

（三）有下列情形的不予支持

1. 申报企业被列入《北京市新增产业的禁止和限制目录》禁止类和限制类范围的；

2. 申报企业被纳入北京市商务领域不良信用记录名单应受到“不予支持”信用惩戒或全市联合惩戒“黑名单”的；

3. 申报企业近三年在外经贸业务管理、财务管理、税收管理、外汇管理、海关管理、统计管理等方面存在严重违法违规行为，拖欠应缴还财政性资金的；

4. 项目已获得中央财政资金支持或其他市级财政资金支持的；

5. 经审议其他不予支持的。

二、资金支持内容

1. 赴上海参加中国国际进口博览会的往返交通费用（飞机、火车）；

2. 参加中国国际进口博览会期间的住宿费用。

三、资金支持标准

往返交通费用按实际选择交通方式给予补助，每家企业最多 2 人，补助金额不超过实际发生费用的 50%（单程高铁补助上限为 276.5 元、单程飞机经济舱补助上限为 680 元）；住宿费用按进口博览会期间（11 月 3 日—12 日）实际发生住宿费用的 50% 予以补助，每家企业补助 1 个标准间费用（住宿费用补助最高不超过 750 元/天，最多不超过 6 天）。

四、资金申请及拨付

（一）申请资金支持的北京市企业及社会团体组织按要求提供书面申请材料（详见附件）。

（二）符合补助条件的企业及社会团体于 2019 年 11 月 22 日前向所属交易分团提交书面申请材料，由各交易分团初审；各交易分团初审后于 12 月 2 日前上报北京市交易团秘书处（市商务局）审核。

（三）经北京市交易团秘书处（市商务局）审核通过的参会单位人员交通、住宿补助项目，委托第三方机构进行资金审核，审核通过后将在北京市商务局门户网站进行公示，公示期为 7 天。

公示期结束后，北京市交易团秘书处（市商务局）按照财务相关规定拨付资金。

附件：第二届中国国际进口博览会北京市交易团采购商申请资金支持材料

（联系人：贸易发展处　赵晶、王孜；联系电话：55579400、55579399）

附件 2-1

第二届中国国际进口博览会北京市交易团采购商申请资金支持材料

一、第二届中国国际进口博览会北京市交易团采购商补助资金申请表（原件 2 份）；

二、营业执照副本或社会团体法人登记证书（统一社会信用代码证书）（复印件 2 份）；

三、企业及社团组织开户许可证（复印件 2 份）；

四、申报企业或社会团体参加第二届中国国际进口博览会人员的入场证件（专业观众证）（复印件 2 份）；

五、申报企业或社会团体申请补助人员近半年内缴纳北京市社保记录（复印件 2 份）；

六、由国家税务总局监制的《航空运输电子客票行程单》纸质火车票以及付款凭证（复印件 2 份），从北京以外地区出发去上海以及参会结束后从其他地区返京的企业需提交书面说明材料，由单位法定代表人签字并加盖单位公章（原件 2 份）；

七、付款凭证、住宿发票，住宿宾馆开具的住宿明细单（需包含房型、单价、入住日期、离店日期、明细单需酒店盖章），发票抬头需为本单位名称（复印件 2 份）；

八、资金申请承诺书（原件 2 份）；

九、其他申请资金支持需提供的材料（视具体情况提供）。

注：1. 第三方机构进行资金审核是需查验相关票据及支出凭证原件，请各单位按要求提供。

2. 以上所有复印材料每张纸均需加盖本单位公章。

附件 2-1-1

第二届中国国际进口博览会北京市交易团采购商补助资金申请表

单位名称（加盖公章）		
统一社会信用代码		
开户许可证（对公账户）		
对公账户开户行名称		
法定代表人姓名	身份证号	手机号

（续）

单位联系人	姓名	手机号
申请补助人员	身份证号	手机号
1.		
2.		
单位法定代表人（本人）签字：		
申请时间： 年 月 日		

北京市商务局：

附件 2-1-2

资金申请承诺书

我单位已认真阅读《第二届中国国际进口博览会北京市交易团采购商参会资金支持申报指南》，并承诺符合《申报指南》规定的所有申请条件，保证全部申请资料真实、合规、有效。如违反相关规定我单位将承担一切责任。

申请单位法定代表人（本人签字）：

法定代表人手机号：

单位名称：

（加盖公章）

年 月 日

北京市商务局关于印发《北京市外商投资企业投诉工作管理办法》的通知

京商函字〔2019〕1272号

各区政府、各有关部门：

为贯彻落实《中华人民共和国外商投资法》《国务院关于进一步做好利用外资工作的意见》《商务部外商投资企业投诉工作暂行办法》等法律文件的要求，优化本市投资环境，维护外商投资合法权益，北京市商务局起草了《北京市外商投资企业投诉工作管理办法》（以下简称"《办法》"）。现将《办法》印发给你们，请遵照执行。

收文后，请区政府确定本区的投诉受理机构，市各有关部门确定本部门的投诉处理的程序，并于12月20日前将相关工作联系人及联系方式反馈给市外商投诉协调机构（北京市商务局）和市外商投诉受理机构（北京市投资促进服务中心）。

特此通知。

（联系人及联系电话：北京市商务局　外资管理处　郭亚天　55579291；北京市投资促进服务中心　协会工作处　吕星华　65544209）

北京市外商投资企业投诉工作管理办法

第一条　为贯彻落实《中华人民共和国外商投资法》《商务部外商投资企业投诉工作暂行办法》等法律规章的要求，完善本市外商投资企业投诉机制，维护外商投资企业合法权益，优化营商环境，特制定本办法。

第二条　本办法所称外商投资企业投诉，是指在本市注册的外商投资企业及其投资者（以下统称"投诉人"），认为其合法权益受到本市各级行政机关及其工作人员行政行为的侵害，提请投诉受理机构协调解决的行为。

投诉受理机构，是指政府设立的依法受理投诉人投诉的公共服务机构，包含市、区两级外商投诉受理机构。

第三条　本市设立市外商投诉协调机构和市外商投诉受理机构，共同办理外商投资企业投诉事项。

市外商投诉协调机构设在市商务局，负责协调、指导和监督全市外商投资企业投诉工作，召开局际联席会议，协调投诉中的重大问题，制定解决争议的政策原则，并负责向市政府反映影响重大的投诉事项，与商务部外商投资企业投诉协调办公室的工作衔接。

市外商投诉受理机构设在市投资促进服务中心，在市外商投诉协调机构的指导下开展工作，负责受理涉及市级事权投诉事项、跨区投诉事项、本市内影响重大的投诉事项和全国外商投资企业投诉中心转交的投诉事项，定期通报投诉处理情况，并负责与全国外商投资企业投诉中心和各区外商投诉受理机构的工作衔接。

第四条　区外商投诉受理机构由各区人民政府设立，在市外商投诉受理机构的指导下开展工作，负责受理本区外商投资企业投诉事项和市外商投诉受理机构转交的投诉事项。

第五条　本市各级行政主管部门按照职责分工，确定各自投诉处理的程序，及时做好外商投资企业投诉的登记、处理和答复工作。

第六条　投诉人提出投诉时，应通过信函等传递方式向投诉受理机构提交书面材料，也可直接向投诉受理机构提交。投诉材料中应列明投诉事项基本情况、证据材料、联系人和联系方式等，并附投诉人签章。

投诉人提交的投诉材料应当用中文书写，或提交符合要求的中文翻译件。

投诉受理机构应向社会公示受理投诉的咨询电话、通信地址、电子信箱、接待场所和来访接待时间。

投诉人通过12345市民服务热线提出投诉的，按相关规定办理。

第七条　投诉受理条件：

（一）符合投诉主体资格；

（二）有明确的投诉对象和投诉请求；

（三）有具体的投诉事实、理由并附有相关证据材料；

（四）一事一诉；

（五）属于本办法规定的投诉事项。

第八条　以下投诉事项不予受理：

（一）已经进入或者完成司法程序、行政复议程序和仲裁程序的；

（二）已由纪检、监察、信访等部门受理的；

（三）已经或正在由投诉受理机构受理的；

（四）匿名投诉；

（五）其他不符合投诉受理条件的。

第九条　投诉处理程序：

（一）投诉受理机构接到投诉后应审查投诉材料，并在5个工作日内向投诉人作出决定。符合投诉受理条件的，应予以受理并向投诉人发出投诉受理通知书；不符合投诉受理条件的，投诉受理机构应向投诉人发出不予受理通知书（注明不予受理的理由），退回投诉材料并做好解释、疏导工作；对需要进一步补充完善投诉材料的，投诉受理机构应通知投诉人予以补充完善，补充材料时间不计入投诉办理时限。

（二）投诉受理机构一般应在投诉受理后30个工作日内处理终结，并将处理结果反馈给投诉人。

（三）如投诉处理需要其他部门协助的，投诉受理机构应在5个工作日内向有关部门发函，有关部门应自收到来函之日起20个工作日内将处理结果反馈给投诉受理机构，投诉受理机构应于5个工作日内将处理结果反馈给投诉人。

（四）因争议或纠纷事实复杂、或当事人不配合等其他原因，导致投诉事项处理工作无法及时完成的，有关部门应及时向投诉受理机构反馈下一步工作措施和拟办结时间，投诉受理机构应及时通知投诉人。

第十条　投诉受理机构应采取以下方式办理投诉：

（一）依据事实和有关法律法规规定，向投诉人提出处理建议，促使投诉事项得以解决；

（二）同有关部门进行行政协调，必要时可向投诉协调机构申请召开局际联席会议；

（三）转交其他投诉受理机构或提请商务部外商投资企业投诉中心处理，并跟踪反馈投诉处理结果；

（四）其他适当的处理方式。

第十一条　有下列情况之一的，投诉处理终结：

（一）按照第八条规定不予受理的；

（二）按照第九条规定处理完毕的；

（三）经协调、调解，投诉事项由当地投诉受理机构或相关部门予以解决的；

（四）当事人就投诉事项向仲裁机构申请仲裁、向法院提起诉讼或申请行政复议的；

（五）经各部门核实，投诉事项与事实不符的；

（六）投诉人申请撤回投诉的；

（七）投诉人不予配合，并拒绝提供真实情况的。

第十二条 投诉处理终结后，投诉人对投诉处理结果有异议的，投诉人仍可按照相关法律的规定，对原行政行为通过司法程序、行政复议程序进行争议解决。

第十三条 投诉受理机构对投诉事项应及时办理受理登记、建档、存档和分析，并定期向投诉协调机构和上一级投诉受理机构通报投诉处理情况。

第十四条 本市各级投诉受理机构及其工作人员均应保守投诉人的商业秘密和个人信息，法律规定或投诉人同意的特殊情形除外。

第十五条 本办法由北京市商务局负责解释，自2020年1月1日起施行。

第三部分

主　要　业　务

一、内贸流通

流通规划建设

【概况】年内，北京市流通规划建设工作稳步推进，传统商圈改造提升工作全面推进，传统商场“一店一策”改造提升有序开展，《北京市商业服务业设施空间布局规划》发布实施。

发布实施《北京市商业服务业商圈改造提升行动计划（2019—2021）》。打造王府井高品质步行街，形成“1+3+N”规划系统成果。建立“部市区街”四级协调机制，任务清单化管理，推进业态升级、交通优化、景观提质、精细管理、体制机制改革14项重点任务。年内，王府井、前门大栅栏、公主坟和回龙观龙域四个商圈改造提升取得阶段性成效。王府井步行街北延开街，完成风情街改造，主街实现5G全覆盖。

制定传统商场“一店一策”升级改造工作方案，确定王府井百货、西单商场等10家传统商场作为首批升级改造试点企业，推荐国际化的零售服务商、顶尖的零售商和新零售企业与传统商场对接。

发布实施《北京市商业服务业设施空间布局规划》。会同市规划和自然资源委共同编制《北京市商业服务业设施空间布局规划》（京商规字〔2019〕21号），并于2019年10月发布实施。

（殷　亮、张钦霖）

【印发《北京市商业服务业商圈改造提升行动计划（2019—2021）》】4月17日，印发《北京市商业服务业商圈改造提升行动计划（2019—2021）》，计划到2021年，每区至少建成1个具有区域特点的高品质商圈，全市完成22个商圈的改造提升，形成一批分布合理、各具特色、全方位满足人民群众高品质消费需求的商圈群。年内，重点推进的王府井、前门大栅栏、公主坟和回龙观龙域四个商圈改造提升工作均取得阶段性成效，其中王府井步行街实现北延开街，主街实现5G全覆盖。

（杨　洋、孙　健）

【印发《关于本市传统商场“一店一策”升级改造工作方案》】9月16日，印发《关于本市传统商场“一店一策”升级改造工作方案》，明确利用2—3年的时间，选择一批本市影响力大、硬件设施老化、经营状况不佳的地标性传统商场作为试点和示范，借鉴国内外商业企业升级改造成功经验，因地制宜，一店一策，分别制定升级改造计划，推荐国际化的零售服务商、顶尖的零售商和新零售企业与商场对接，高标准完成软硬件升级改造工作，为全市传统商场树立典型。年内，确定王府井百货、西单商场等10家传统商场作为首批试点企业，有序开展升级改造工作。

（褚志磊、张钦霖）

【印发《北京市商业服务业设施空间布局规划》】10月24日，会同市规划自然资源委联合发布实施《北京市商业服务业设施空间布局规划》。该规划对象为批发业、零售业、餐饮业和居民生活服务业等商业服务业设施，期限为2019年至2035年，深入贯彻落实《北京城市总体规划》专项规划，综合考虑城市人口、就业、交通布局等多方面因素，调整优化商业中心体系，完善生活性服务业设施体系，引导民生商业基础设施和城市运行保障设施合理布局，引导构建与首都城市发展相适应，布局合理、层次分明、保障有力、功能健全的商业服务业设施体系。

（褚志磊、李洪臣）

【王府井步行街正式实现北延】12月20日，王府井步行街正式实现北延，在原东单三条至金鱼胡同段548米长的基础上，向北延长344米至灯市口大街，全长增至892米。丰富多样的开街活动吸引了大批消费者，王府井步行街实现客流、销售额双增长。北延当日，王府井百货大楼销售额较前一日增长90%，银泰in88客流和销售额均较前一日增长50%以上。

（杨　洋、孙　健）

流通发展

【概况】年内，北京市流通产业保持平稳发展，转型升级步伐逐步加快，现代化水平稳步提升。全市规模以上连锁企业新增25家，达到277家，同比增长9.9%。北京老字号协会新认定北京老字号5家，北京老字号累计达到197家。

（于　文）

【印发《北京市提高乡村流通现代化水平行动计划》】1月14日，会同市农业农村局、市市场监督管理局印发《北京市提高乡村流通现代化水平行动计划》。按照“促规范、提品质、惠民生”的发展思路，全面提升乡村商业流通网点建设、运营、管理和服务水平。

（耿英贞）

【《中华老字号》纪录片第一季开播】1月28日起，由中宣部、商务部统筹策划，市商务局指导支持，中央广播电视总台拍摄制作的《中华老字号》纪录片第一季，在中央电视台中文国际频道（CCTV-4）以新春特别节目方式播出。播出时间为1月28日—2月1日及2月3日每晚22点整。

《中华老字号》是中央电视台继《舌尖上的中国》之后推出的又一部人文纪录片力作。作为市商务局打造的北京老字号立体式宣传平台的重要内容之一，《中华老字号》第一季用六集讲述了十余家在京中华老字号的故事，涵盖了全聚德、六必居、瑞蚨祥、内联升、戴月轩、仿膳、红都、烤肉季、珐琅厂、大北照相馆和护国寺小吃等知名企业，发掘中华老字号独特的文化价值和品牌魅力，用生动鲜活的画面语言，全方位、多角度传播中华老字号的文化精髓，提升北京老字号品牌在世界范围内的知名度和影响力。

（王翰阳）

【印发《关于发展连锁经营促消费的若干措施》】3月19日，印发《关于发展连锁经营促消费的若干措施》，围绕持续简化注册审批流程、加快连锁企业配送中心落地、加大财政和金融支持力度、积极培育首都连锁品牌、加强统计监测和评价工作等五个方面提出8条措施，着力发挥连锁经营在扩大商品和服务有效供给中的作用，促进总消费持续增长。

（耿英贞）

【中华老字号品牌文化展荣获2019年中国国际服务贸易交易会最佳专题展区】5月28日至6月1日，中华老字号品牌文化展在2019年中国国际服务贸易交易会上精彩亮相。

展区以“弘扬文化，传承经典”为主题，总面积2400平方米，将参展品牌墙、老字号新发展案例、“流金岁月”老照片墙与老字号VR地图、老字号+互联网、品牌LED墙有序布局，体现了历史和现代、文化与科技的有机结合，涵盖北京、上海、天津、浙江、辽宁、山东、湖南、四川等17个省市的130家老字号企业，同时邀请了松下、雀巢、屈臣氏等境外老字号参与。展区特别设置了综合技艺展演区，珐琅厂、荣宝斋、广誉远、韩包子等15家企业展示绝活绝技。展演区后设置表演台，全聚德、王致和、安徽太平猴魁等企业进行主题日表演。

经大会评选，中华老字号品牌文化展荣获2019年中国国际服务贸易交易会最佳专题展区。

（王翰阳）

【北京老字号亮相科隆中国节】 9月12日至14日，第四届科隆中国节在科隆大教堂广场隆重举行，由市商务局主办的北京老字号展在活动期间精彩亮相。北京老字号展团由庆丰、都一处、茶汤李、珐琅厂、一得阁等14家企业组成，参展产品供不应求，深受当地民众欢迎，实现直接销售额16 900欧元。

（王翰阳）

【认定首批20名“北京老字号工匠”】 10月25日，由市商务局、市人才工作局、市人力社保局、市文化和旅游局指导的“不忘初心传颂经典——北京老字号传承典范经验分享会”在新闻大厦隆重举行，揭晓了首批20名“北京老字号工匠”。

首批“北京老字号工匠”均为国家级或市级非遗传承人或传承项目代表。从所属行业看，餐饮业7人、食品加工业3人、文化类3人、工艺美术类2人、商业零售类2人，中医药、工业、居民服务业各1人。从年龄和性别看，平均年龄59岁，其中最年长的82岁、最年轻的36岁；女性技师6人。他们在技艺传承、创新发展方面作出了突出贡献，充分展现了北京老字号匠人的初心与坚守。

（王翰阳）

【全市36家老字号博物馆面向公众开放】 11月6日，国内首家果脯博物馆——北京果脯博物馆落成开放。博物馆由中华老字号红螺食品筹建，以20世纪80年代的老厂房改造扩建而成，建筑面积1300平方米，分上下两层，一层是展厅，二层是展卖体验区，向观众展示传承了110年的北京果脯传统制作技艺。此外，六必居筹建的酱菜博物馆、百花蜂业的蜜蜂文化体验馆也先后对外开放，受到了各界的欢迎。

市商务局积极引导老字号企业以筹建博物馆为契机，寻找字号起源、梳理文化脉络、厘清传承关系、发掘传统技艺，不断弘扬老字号传统文化，展示古都风貌。截至2019年底，全市已有36家老字号企业建立了博物馆、展览室、体验馆等展示场所。

（耿英贞）

【北京老字号总数增至197家】 根据北京老字号认定程序，经自愿申报、初审材料、专家评审、社会公示、认定核准、向市商务局备案等程序，2019年新认定莫斯科餐厅、萃华楼、新中国儿童用品商店、国营北京市奶站（商标“三元”）、大华等5家企业为北京老字号。北京老字号总数增至197家。

（王翰阳）

消费促进

【概况】 年内，北京市实现市场总消费额2.7万亿元，同比增长7.5%。其中，实现社会消费品零售总额1.2万亿元，同比增长4.4%；实现服务性消费额1.5万亿元，同比增长10.2%，占市场总消费额的55.1%，贡献率达到73.1%，服务性消费持续保持拉动总消费增长的“主引擎”地位。

（王　璇）

【建立全市促消费政策体系】 年内，深化落实《北京市扩大内需建立完善总消费政策促进体系工作方案》，充分发挥总消费促进工作机制作用，由市商务局牵头，相关行业主管部门分别制定促进本领域政策措施，全年共出台19项促消费政策措施，涵盖商业、旅游、文化、体育、教育、养老、健康、信息等消费领域，全市商品消费和服务消费并重的“1+X”促消费政策体系基本形成。其中，市商务局先后推出《关于实施节能减排促消费政策的通知》《关于鼓励发展商业品牌首店的若干措施》《关于鼓励传统商业企业开展促消费工作的通知》《关于进一步繁荣夜间经济促进消费增长的措施》《关于发展连锁经营促消费的若干措施》《2019—2021年鼓励网络零售健康发展政策》《促进家政行业服务消费增长的若干措施》等12项促进商品和服务消费的政策措施。

（王　璇）

【开展品味消费在北京系列促消费活动】年内，开展时尚消费月、玩转京城美食、银发消费月、跨年促销节等22项促消费活动，推出促消费专刊、《品味消费在北京》电视栏目等消费宣传类项目。全年累计开展落地活动120余场，参与企业4500多家次、门店40 000多家次，宣传覆盖人群1.9亿人次。

（葛西来）

【北京获评“夜间经济十强城市”】年内，印发《北京市关于进一步繁荣夜间经济促进消费增长的措施》，会同交通、文物、文旅、体育等部门和各区建立协调推进机制，完善公共设施与服务，开发文旅夜游项目，创新推动商旅文体融合发展，不断加大夜间消费供给、优化夜间消费环境、营造夜间消费氛围、提升夜间消费体验，初步培育了一批“夜京城”消费新场景，夜间消费客流不断增长。同时，为丰富冬季夜间消费供给，会同文旅、文物、体育等部门及各区推出七方面冬季活动措施，持续打造有品质、有特色、有温度“夜京城”品牌。

在中国旅游研究院主办的“2019中国夜间经济论坛”上，北京位列“夜间经济十强城市”。由腾讯和新华社瞭望智库联合发布的全国首个《2019中国城市夜经济白皮书》中，北京获评中国十大夜经济影响力城市。

（柴　林）

【21家定点企业销售节能减排商品174万余台】年内，会同市财政局、市发改委、市水务局等联合印发《关于实施节能减排促消费政策的通知》，自2019年2月1日开始，在全市范围内实施新一轮为期三年的节能减排促消费政策，补贴商品类别在原电视机、电冰箱、洗衣机等12类基础上增加了电饭锅、家用电磁灶和家用电风扇等3类。21家定点企业当年销售节能减排商品174.1万余台，实现销售额67.31亿元，带动我市家用电器和音像器材类商品零售额同比增长21.5%，拉动社会消费品零售总额增长1.1个百分点，拉动消费成效显著。经测算，年节电约1.8亿度，相当于约6万户居民一年用电量，折合标煤约6万吨，减排二氧化碳约15.5万吨，年节水约45万吨，绿色消费节能成效突出。

（杨　凌）

【878家品牌首店落户北京】年内，市商务局出台《关于鼓励发展商业品牌首店的若干措施》，从搭建平台助力品牌选址、深化“放管服”开启服务“绿色通道”等多方面加大支持力度，全力提升品牌引进效率，推动北京消费市场国际化、品质化发展。全年总计878家品牌首店落户北京，其中全球首店12家、亚太首店9家、中国首店201家、华北首店115家、北京首店541家。从品牌分布看，国际化品牌共有150个，来自13个国家和地区；从商圈分

布看，CBD 商圈、三里屯商圈、王府井商圈成为国际品牌入驻首选；从业态分布看，餐饮和零售业占比近 80%，分别为 54.26%、25.03%，儿童、生活服务和休闲娱乐业态首店占比分别为 5.87%、5.20% 和 9.63%。

（杨　凌、葛西来）

【启动冬奥会消费服务促进工作】按照“奥运消费开工令”指示精神，市商务局对接北京冬奥组委研究制定冬奥消费服务促进措施。明确将积极利用服务业扩大开放试点优势和冬奥会消费场景及品牌资源，培育打造消费升级新产品新服务，扩大优质商品服务消费供给，创新吸引入境消费。

（王　璇）

电子商务

【概况】年内，北京市限额以上批发和零售企业共实现网上零售额 3366.34 亿元，同比增长 23.6%，高于全市社零额增速 19.2 个百分点，占社零额比重达 27.4%，高于全国 6.7 个百分点，占比创历史新高，拉动社零额增长近 5.5 个百分点，对全市消费增长起到重要拉动作用，电子商务成为本市拉动经济增长的重要动能。

电子商务企业集群化快速发展。截至 2019 年底，全市开展网上零售的限额以上批发零售企业共有 703 家，较 2018 年增长 93 家，亿元以上企业 136 家，较上年增长 35 家，其中，百亿以上 6 家、十亿至百亿的 24 家、一亿至十亿的 106 家，形成龙头电商和骨干电商稳定增长，中小电商特色化、专业化快速发展的集群格局。

跨境电商规模逐步扩大，布局不断完善。本市重点跨境电商企业已在全球设立 107 个海外仓，比 2018 年增加 36 个；已有 62 家跨境电商体验店，比 2018 年增加 10 家；已培育 3 批共 15 家跨境电商产业园，比 2018 年增加 4 家。2019 年，全市跨境电商零售进口额 20.08 亿元，同比增长 5.97%，其中，网购保税进口货值 2290.23 万元，同比增长 54.12%。

电商示范服务体系和诚信营商环境进一步优化。北京是国家首批电子商务示范城市之一，培育了 5 个国家级电子商务示范基地、先后 4 批共 65 家次商务部电子商务示范企业。拥有 8 家电子认证服务机构，57 家第三方支付机构，其中跨境电子商务第三方支付试点机构 10 家。建成了全市统一的企业信用信息系统平台，电子商务企业信息公示和信用监管体系不断完善。

（王　瑞、宋志雷）

【北京跨境电商网购保税进口业务正式启动】1 月 1 日，本市跨境电商新政下首批“1210”模式网购保税进口商品完成进出区通关申报，标志着北京跨境电商网购保税进口业务正式运行。新政执行前，最快需 2 个工作日才能办理完进区的放行手续；新政实施后，自提货进区至网购保税模式进口，整个通关手续在 1 小时内即可完成。

（宋志雷、杨保磊）

【举办 2019 中国电子商务大会】5 月 28 日至 6 月 1 日，2019 中国电子商务大会在国家会议中心成功举办。来自联合国国际贸易中心等国际组织，西班牙、奥地利、立陶宛等 10 余个国家政府部门，中央部委、兄弟省市、行业协会、专家学者以及阿里、京东、小米等近 400 家国内外电商企业的代表，围绕“数据驱动·开放融合”主题展开了思想和智慧的交流碰撞。大会直播、新闻浏览量分别突破 15 万、140 万人次，关注度居历届大会之首。

（宋志雷、刘扬阳）

【举办“2019 北京跨境电商消费体验季”活动】5 月 30 日，“2019 北京跨境电商消费体验季”系列活动正式启动。本届体验季以“荟全球、惠好货、慧生活”为主题，通过现场试吃、新品推介、产品分享、优惠促销等丰富多样的形式，线上线下联动销售优质进口商品，为消费者带来便捷实惠的购物体验。同时创新引入网络直播平台主持人线上同步直播、实时互动，直播视频累计观看量突破百万并获热门推荐，实现从线上到线下的引流。

（宋志雷、宫运晓）

【跨境电商进口医药产品新模式在京落地】 10月底，国家药监局正式批复同意北京开展跨境电商销售医药产品试点工作。12月30日，市商务局联合北京海关、天竺综保区管委会、市药监局发布《北京市跨境电商销售医药产品试点工作实施方案》。12月31日，全国首单跨境电商进口医药产品在北京海关监管下放行出区，顺利完成通关业务。这是我国跨境电商政策在医药产品方面的首次破冰，也是北京深化推进服务业扩大开放综合试点、加快推进跨境电商综试区建设的又一创新举措。

（宋志雷、宫运晓、赵文捷）

【举办“2020北京跨年促销节”活动】 12月27日，为期近2个月的“2020北京跨年促销节”正式开幕，以“消费无界 实惠无限”为主题，联合200余家企业、数千品牌、近万种商品参与线上线下联合促销。活动还开通了“2020北京跨年促销节”微信小程序，定期发布活动安排、新闻动态、消费图鉴、爆款新潮产品目录和促销优惠券等信息。活动宣传覆盖人数累计约2000万人次，拉动参与企业销售额同比增长8.3%。

（刘扬阳、李天玉）

供应保障

【概况】 年内，北京市供应保障工作稳步推进，生活必需品市场供应稳定，重要会议重大活动供应服务保障任务圆满完成，肉菜追溯体系建设持续推进，首都蓝天保卫战要求积极落实。

供应服务保障重要会议重大活动供应服务保障。圆满完成新中国成立70周年庆祝活动、第二届“一带一路”国际合作高峰论坛、亚洲文明对话大会、世园会、篮球世界杯、全国和市“两会”、十九届四中全会等10余项重要会议重大活动供应服务保障任务，受到中央和市委市政府领导的充分肯定和表扬。全国“两会”总务组、阅兵联合指挥部、“一带一路”接待组分别发来感谢信或送上锦旗，感谢市商务局为活动圆满成功作出的积极贡献。

全市生活必需品市场供应基本稳定。粮油、肉蛋、蔬菜等主要生活必需品货源充足，储备到位，市场运行总体平稳。组织开展第九次春节蔬菜保供联合行动，累计增加蔬菜供应5.8万吨，日均增加1100吨，保障了春节和全国“两会”期间蔬菜市场供应稳定。稳妥处置“非洲猪瘟”疫情防控，积极采取措施保障市场供应。认真开展生活必需品政府储备检查，确保储备商品数量到位，质量合格，确保政府储备储得住、管得好、调得出、用得上。

持续推进重要产品追溯体系建设。完成本市重要产品追溯统一平台建设，范围覆盖全市猪肉和蔬菜类食用农产品，覆盖企业6000余家。持续做好本市肉菜流通追溯体系运维工作，保证消费者查询鉴别可追溯商品。

有序组织成品油零售经营资质审批下放工作。取消石油成品油批发仓储经营资格审批，将成品油零售经营资格审批权限下放至各区人民政府。落实首都蓝天保卫战有关工作要求，京Ⅵ标准车用燃油、柴油车用尿素供应稳定。

有序推进北京2022年冬奥会和冬残奥会餐饮服务保障工作。落实餐饮原材料备选供应基地遴选工作方案，组织冬奥餐饮原材料备选供应基地遴选工作小组成员单位，积极推进冬奥餐饮原材料供应服务保障工作。

（李轶鼎）

【圆满完成全国“两会”等重要会议的供应服务保障工作】年内，圆满完成了十三届全国人大二次会议及全国政协十三届二次会议的食品供应和服务保障工作，安全、优质、优惠的供应服务和细致、周到的服务保障受到了全国“两会”总务组高度评价和表扬，并分别发来感谢信，感谢市商务局多年来对大会服务保障工作的大力支持。

（陈　泽）

【出色完成第二届“一带一路”国际合作高峰论坛的供应保障工作】年内，在中筹委和市服务保障工作领导小组领导下，组织食品供应保障企业，认真筹备，周到服务，出色完成第二届“一带一路”国际合作高峰论坛的供应服务任务，受到市服务保障工作领导小组的表扬和感谢。

（陈　泽）

【建设重要产品追溯统一平台】7月，本市重要产品追溯统一平台建设项目通过验收。主要覆盖全市猪肉和蔬菜类食用农产品，覆盖屠宰、批发、零售、超市、团体单位、生产加工和电商等7类企业达6000余家。平台还将继续扩大纳入品类，发挥更大的惠民作用。

（侯学群）

【成品油、原油行政许可审批工作】年内，审批成品油零售经营企业行政许可297件，初审成品油批发、仓储及原油经营资格行政许可事项13件。

（陈德宏）

【车用柴油销售减量发展】年内，全市成品油表观销售量下降1.5%。其中：汽油增加0.4%，柴油下降6.7%。

（陈德宏）

【积极开展第九次春节蔬菜保供联合行动】2月1日至3月20日，会同市农业农村局、中国蔬菜流通协会与天津、河北、山东、海南、广西等供京蔬菜主产区政府开展了第九次春节蔬菜保供联合行动。活动期间，在蔬菜日常供应量基础上累计增加蔬菜供应总量约5.8万吨，日均增加1100吨，其中大白菜、白萝卜、土豆、洋葱等8个居民日常所需大路菜品种增加供应总量约3.1万吨，日均增加687吨，保障了本市蔬菜市场供应稳定。

（陈　泽）

【蔬菜上市总量增加】年内，监测的7家批发市场蔬菜上市量达71.4亿公斤，日均1954.9万公斤，同比增长2.2%。

（刘　璇）

【生猪市场货源稳定】年内，本市9家生猪屠宰企业白条猪日均上市量14329头。7家主要批发市场日均销售量6451头。

（刘　璇）

【牛羊肉交易量减少】年内，监测的7家批发市场牛肉交易总量2680.8万公斤，日均交易量7.5万公斤，同比减少5.1%。羊肉交易总量3131.7万公斤，日均交易量8.7万公斤，同比减少5.4%。

（刘　璇）

【鸡蛋交易量略有减少】年内，监测的7家批发市场鸡蛋交易总量15 559.6万公斤，日均43.3万公斤，同比减少0.7%。

（刘　璇）

粮食流通和物资储备

【概况】年内，北京市粮食和物资储备行业平稳发展。新中国成立70周年庆祝活动等重要粮油供应任务圆满完成，粮食市场繁荣稳定，粮食和物资储备安全，粮食产业经济稳健发展，依法治理水平不断提升。全市粮食市场供求和价格总体平稳，粮食、食用油价格分别低于全国平均值 0.9 个、1.7 个百分点，储备充实合理，产业转型升级，消费便捷丰富，质量安全可靠，发挥了粮食行业保障和改善民生的基础性作用。市级救灾储备物资资产接收工作圆满完成，出台《北京市应急救灾物资储备管理办法（试行）》《北京市重要商品和应急物资统计制度》，完善物资储备日常管理制度。积极开展消防安全演练和教育培训，规范化管理水平不断提高。完善救灾储备物资调拨和应急机制，确保调运反应快速、组织高效、调运及时。稳步推进市级救灾物资储备库搬迁工作。完成向山东省潍坊市紧急调运代储中央救灾物资 3 万床棉被的任务，这是物资储备管理职能转隶以来首次救灾物资应急调运工作。

（蔡奇敏、惠春光、杨春彦）

【举办京交会首届粮食主题国际论坛】5 月 31 日，京交会首届粮食现代供应链发展与投资国际论坛在京举办。论坛聚焦“推动粮食现代供应链发展、提升粮食流通水平和效率、促进粮食国际投资与合作”主题，深入探讨现代粮食供应服务与多边合作相关议题，旨在提升粮食流通效率，助力粮食供应服务加快转型，推动粮食产业高质量发展。论坛由中国粮食行业协会、世界粮食计划署、中国国际经济技术交流中心联合主办，北京市粮食和物资储备局等单位承办，为中国粮食行业更加紧密地融入全球粮食供应链搭建了全面协同、开放共享、互利共赢的合作发展新平台。“一带一路”沿线有关国家代表、国际粮食、农业合作及推进组织相关人员、部分驻华使馆官员、国家粮食和物资储备局、北京市政府及相关部门人员、部分省市政府主管部门人员、相关行业组织代表、国内外大型粮食企业代表以及研究智库、高等院校的专家学者等参加了本次论坛。

（蔡奇敏）

【发布实施《北京市超标粮食管理办法》】12 月 13 日，会同市市场监督管理局、市农业农村局印发《北京市超标粮食管理办法》，进一步健全完善超标粮食管理机制，加强对农药残留、重金属、真菌毒素超标粮食的管控，禁止不符合食品安全标准的粮食进入口粮市场，维护粮食生产经营和消费者的合法权益。

（惠春光、王红伍、綦瑞冰）

【粮食消费量 451.5 万吨】年内，本市粮食直接消费量 451.5 万吨，比上年减少 9.7 万吨，减幅 2.1%。其中，城乡居民口粮消费 340.4 万吨，比上年减少 1.4 万吨，减幅 0.4%；饲料用粮 81.5 万吨，比上年减少 10.7 万吨，减幅 11.6%；工业用粮 28.8 万吨，比上年增加 2.6 万吨，增幅 9.9%；食用油消费量 55.1 万吨，比上年减少 3 万吨，减幅 5.2%。全年粮食供给 544.2 万吨，食用油供给 57.4 万吨。年内，本市粮油供给充分，消费量稳中有降，粮油库存保持平稳，社会粮油供需总体平衡。

（惠春光）

【粮食便民服务水平不断提升】年内，持续推进“中国好粮油”工作，编制《北京市“中国好粮油”行动实施方案》，建设“优质粮食工程”销售专区 1000 余个。优化粮食便民服务方式，将粮食流通服务纳入基本便民商业服务体系范围。推动“互联网 + 粮食”，支持专业网络发展，支持主食加工和供应体系建设。

（惠春光、王红伍、綦瑞冰）

【粮食服务保障扎实有力】年内，圆满完成新中国成立 70 周年庆祝活动、第二届“一带一路”国际合作高峰论坛、亚洲文明对话大会等重大活动粮食供应保障重点任务。军粮供应保障有力，军民融合发展取得新进展。发放退耕还林补助粮1.2万吨，涉及7个区、94个乡镇、1441个村、9.8万户农户，有效保护退耕农户利益。

（惠春光、赵长达）

【储备粮工作顺利开展】年内，利用竞价交易等方式累计轮出市储备粮油59.1万吨，确保市场粮油供应。认真执行“郊区收购转储政策”，未发生农民“卖粮难”问题。市储备粮操作公开透明、全过程可追溯，粮油宜存率、科学保粮率均达到100%。

（惠春光、王红伍、暴瑞冰）

【军粮供应管理中心获评先进集体】年内，市粮食和物资储备局军粮供应管理中心在新中国成立70周年庆祝活动保障任务中，负责阅兵部队军粮筹措供应工作，取得突出成效，被北京市委市政府评为“筹备和服务保障中华人民共和国成立70周年庆祝活动先进集体”。

（惠春光、赵长达）

【完成政策性粮食大清查工作】年内，开展全市政策性粮食库存数量和质量大清查工作。全市组成12个普查组，严格按照“有仓必到、有粮必查、有账必核，查必彻底、全程留痕”的要求，开展清查工作，共检查库点81个、货位1825个，开展督导30余次。从清查结果情况看，本市政策性粮食库存数量真实，账实相符，质量良好，储存安全，粮食补贴拨补情况良好，库贷对应，资金占用合理，库存管理较为规范。

（石红兵）

【推进粮食产业高质量发展】年内，印发《关于落实〈关于进一步优化粮食产业发展　保障首都粮食安全的实施意见〉的工作细则》，进一步优化产业空间布局。有序疏解“五环路”内粮库、粮食加工厂，沿“六环路”及北京周边布局粮食产业，构建高效便捷的粮油供应网络，建设环京1小时成品粮配送圈。落实京津冀协同发展战略，发挥河北主产区优势、天津港口优势、北京主销区优势，加快建设环京4小时粮食物流圈。加快外埠粮源基地建设，构建现代化粮食产业体系，加速粮食产业链条向两端延伸，形成新的经济增长点。建设粮食“产购储加销”体系，增强防范化解粮食领域重大风险能力。深入开展调研，积极推进主食产业化发展。首农集团改组为国有资本投资公司，加快实现一二三产业融合发展。京粮集团带动国有粮食企业盈利水平居全国粮食系统前列。中联正兴等企业打造集约化电商平台。

（王红伍、蔡奇敏）

【持续提升政务服务效能】年内，落实“放管服”改革各项要求，加快全国政务服务事项一体化管理，完成基本目录对接和标准化梳理工作。加强“互联网+监管”，实现证照电子化、应用便利化。不断提升政务服务水平，对7大项政务服务事项185项申报材料进行精简，精简比例达66%，承诺办理期限压缩比例达55%。完善为企业送证照上门服务，“跑腿数”减至0.22次/项。全面落实承储企业税收优惠政策，粮食承储免税企业达76家。

（王红伍、张俊杰）

【深入开展粮食科普宣传】年内，开展2019年粮食科技周活动、食品安全宣传周活动、“粮食质量安全宣传日”等宣传教育活动，有序推进粮食科普宣传活动进企业、进社区。首都博物馆开馆，全面展现北京粮食历史与文化。确定首都粮食博物馆、中粮贸易有限公司职业教育学院、北京市经济管理学校等10家单位为粮食安全宣传教育基地，为市民全景式了解、近景式参观、沉浸式体验粮食知识提供窗口和平台。拍摄《维护宪法尊严，保障首都粮食安全》微视频。

（王红伍、蔡奇敏）

二、对外开放

服务业扩大开放

【概况】年内，北京市服务业扩大开放综合试点协调推进工作取得显著成效。国务院批复《全面推进北京市服务业扩大开放综合试点工作方案》，同意北京市开展新一轮试点探索。截至年底，新一轮试点方案三年期任务完成率达90%，形成42项突破性政策创新和制度安排，北京首创的开放改革经验持续涌现。延长研发测试车暂时进口期限、跨境电商进口医药产品试点、允许外资旅行社开展中国公民出境游业务等一批突破性政策落地实施；在全国率先实现知识产权证券化零的突破，获准开展金融科技应用试点，国际医疗、国际学校、国际人才社区等试点不断创新；环球银行金融电讯协会中国法人机构、贝宝支付、宝马首个海外市场的数字化公司等项目率先落地。2019年，北京市服务业增加值占GDP比重达83.5%；实际利用外资142.1亿美元，其中服务业实际利用外资135亿美元，占全市的95%。服务业扩大开放重点领域实际利用外资118.7亿美元，占全市的83.5%，比去年同期提高22个百分点。

（蔡小军、杜　磊）

【《全面推进北京市服务业扩大开放综合试点工作方案》获国务院批复】1月31日，国务院批复《全面推进北京市服务业扩大开放综合试点工作方案》（国函〔2019〕16号），同意在北京市继续开展和全面推进服务业扩大开放综合试点，期限为自批复之日起3年，标志着我市服务业扩大开放综合试点工作进入全面推进的全新阶段。

新一轮试点方案紧紧围绕北京城市战略定位和国家赋予北京的重要战略任务，在进一步落实北京“四个中心”定位、推进京津冀协同发展、打造城市副中心服务业扩大开放综合试点先导区、强化金融管理中心功能、提升生活服务业品质、优化营商环境等9个方面提出177项试点任务，并在租赁和商务服务业，信息传输、软件和信息技术服务业，金融业，科学研究和技术服务业，卫生和社会工作，文化体育和娱乐业等6个领域推出14项开放措施。

（于风君、车欣薇、朱　静）

【国务院批复在北京市暂时调整实施有关行政法规和经国务院批准的部门规章】11月12日，国务院印发《关于同意在北京市暂时调整实施有关行政法规和经国务院批准的部门规章规定的批复》（国函〔2019〕111号），同意按照《全面推进北京市服务业扩大开放综合试点工作方案》，即日起至全面推进北京市服务业扩大开放综合试点期满（2022年1月30日）在北京市暂时调整实施部分行政法规和经国务院批准的部门规章规定。至此，《全面推进北京市服务业扩大开放综合试点工作方案》所明确的9条开放措施涉及的行政法规、经国务院批准的部门规章设定的行政审批和准入特别管理措施已调整到位，相关的9条试点开放措施顺利落地实施。

（于风君、朱　静）

【印发《服务业扩大开放重点领域开放改革三年行动计划》】7月24日，北京市服务业扩大开放综合试点工作领导小组办公室印发《服务业扩大开放重点领域开放改革三年行动计划》。各领域三年行动计划由北京市科学技术委员会、北京市经济和信息化局、北京市地方金融监管局、北京市教育委员会、北京市文化和旅游局、北京市卫生健康委员会与北京市民政局、北京市发展和改革委员会与北京市人力资源和社会保障局、北京市商务局分别牵头制订，涵盖科技、互联网信息、金融、教育、文化旅游、医疗养老、专业服务、商业服务、交通运输、建筑服务等多个服务业扩大开放重点领域。

（车欣薇、赵文捷）

【中国（河北）自由贸易试验区获国务院批复，北京市9.97平方公里纳入大兴机场片区】8月2日，中国（河北）自由贸易试验区获国务院批复，涵盖雄安、正定、曹妃甸、大兴机场四个片区，总面积119.97平方公里。大兴机场片区总面积19.97平方公里，其中北京方面9.97平方公里，该片区将重点发展航空物流、航空科技、融资租赁等产业，建设国际交往中心功能承载区、国家航空科技创新引领区、京津冀协同发展示范区。

（车欣薇）

【大兴机场自贸试验片区正式挂牌】8月31日，中国（河北）自由贸易试验区大兴机场片区正式挂牌，标志着全国首个跨省级行政区域建设的自由贸易试验片区正式启航。

（蔡小军、车欣薇）

【航空维修企业首次借助天竺综保区通关】1月15日，北京飞机维修工程有限公司（AMECO）将1台V2500型飞机发动机运抵天竺综合保税区，完成海关查验并出区送厂维修。这是航空维修企业首次借助天竺综保区通关完成境内发动机维修业务并进行增值税免抵退税。这一监管模式在全国范围具有示范意义，也将成为我市发展航空维修产业的一大优势。

（朱　静）

【美国标普全球公司获准进入中国信用评级市场】1月28日，美国标普全球公司在北京设立的全资子公司——标普信用评级（中国）有限公司在中国人民银行营业管理部备案。这标志着标普已获准正式进入中国开展信用评级业务，是北京金融领域扩大开放的重要成果。

（杨保磊）

【外籍人才担任新型研发机构法定代表人政策落地】2月19日，《北京市外籍人才担任新型研发机构法定代表人登记办法（试行）》正式印发实施，将外籍人才担任新型研发机构法定代表人的举措向全市推广实施。

（赵文捷）

【北京首家市内免税店正式开业】5月30日，北京首家市内免税店在蓝色港湾购物中心正式开业。该免税店采用“店内预定，口岸提货”模式，为境外游客提供更丰富的购物选择。

（杨保磊）

【环球银行金融电信协会在京设立全资子公司】8月6日，环球银行金融电信协会（SWIFT）宣布正式开启在中国业务布局。环球银行金融电信协会是全球第一家金融科技公司，也是目前全球最为国际化、影响力最大的金融科技公司，其金融网络覆盖全球220多个国家和地区。

（杨保磊）

【推出全国首单知识产权证券化产品】8月30日，北京市文化科技融资租赁股份有限公司推出的全国首单储架系列知识产权资产证券化产品，在深圳证券交易所获批，募资总额达30亿元。

（朱　静）

【大兴机场实现进出港货物“秒级”通关】10月27日，大兴国际机场航空口岸首批空运国际货物通过空港电子货运平台顺利出境，实现进出港货物“秒级”通关，标志着我市在全国率先开启智慧空港物流新模式。

（赵文捷）

【德国安顾集团中国地区总部在京注册成立】10月29日，德国安顾集团中国地区总部——安顾（中国）企业管理有限公司于在北京市朝阳区注册成立，并于11月1日取得营业执照，这是2019年落地北京的第13家外资金融机构，是加快推进服务业扩大开放综合试点取得的又一重要成果。

（朱　静）

【率先开展金融科技创新监管试点】12月5日，中国人民银行印发《金融科技（FinTech）发展规划（2019—2021年）》，同意在我市率先开展金融科技创新监管试点，探索构建符合我国国情、与国际接轨的金融科技创新监管工具，引导持牌金融机构在依法合规、保护消费者权益的前提下，运用现代信息技术赋能金融提质增效，营造守正、安全、普惠、开放的金融科技创新发展环境。

（赵文捷）

【外籍人才出入境政策拓展至全市范围】12月21日，国家移民局批复同意将2017年在朝阳、顺义实施的服务业扩大开放综合试点示范区外籍人才出入境政策措施拓展至全市范围。

（朱　静）

货物贸易

【概况】年内，北京货物贸易进出口实现2.9万亿元人民币，同比增长5.4%。其中，出口5167.8亿元人民币，增长6.1%，创历史新高；进口2.3万亿元人民币，增长5.3%。进出口、出口和进口稳定保持全国排名第5、第7和第2位，增速分别高出全国2个、1.1个和3.7个百分点。

外贸结构进一步优化。一般贸易出口3944.9亿元，同比增长7.9%，高于全市出口增速1.8个百分点。与“一带一路”沿线国家双边贸易同比增长2.5%，占全市进出口的40.8%。对大洋洲、东盟等新兴市场出口增幅分别为16.8%和14.9%，分别高于全市出口增速10.7个和8.8个百分点。

商品“高精尖”特征显著。本市十大“高精尖”产业中，手机、集成电路、汽车、医疗仪器及器械出口分别增长45.7%、8.2%、9.6%和37.1%，拉动全市出口增长2.8个、0.2个、0.1个和0.3个百分点。

（张华雨）

【澳大利亚成为北京市第一大贸易伙伴国】中美经贸摩擦以来，我市进出口企业积极应对经贸摩擦影响，加快开拓替代市场，澳大利亚成为北京市第一大贸易伙伴国。2019年，北京市与澳大利亚双边贸易额2076.9亿元，同比增长38.6%。其中，出口169.5亿元，增长20.9%，占全市出口比重3.3%；进口1907.4亿元，增长40.4%，占全市进口比重8.1%。自澳进口主要商品中，天然气同比增长39.2%，占全市天然气进口总值近四成，是本市天然气进口主要来源国。

（汪云云）

【北京市获全国首批二手车出口试点资格】4月26日，商务部、公安部、海关总署联合发布《关于支持在条件成熟地区开展二手车出口业务的通知》，支持在条件成熟地区开展二手车出口业务。北京市获全国首批二手车出口试点资格。

作为全国首批二手车出口试点地区，北京市加快推进出口企业遴选、第三方检测机构征集等相关工作。经企业自愿申报、资质初审、专家联合评审、公示等程序，已确定5家企业为我市第一批开展二手车出口业务企业，并报商务部备案。5家企业为北京福田国际贸易有限公司、北京欧豪汽车贸易有限公司、北京恒天鑫能新能源汽车技术有限公司、北京市汽车贸易有限公司、现代首选二手车经营有限公司。

（张竞天）

【举办北京市第十九届进出口政策服务咨询会】6月20日，会同北京海关、市国税局、北京外汇管理部等相关单位共同举办第十九届进出口政策服务咨询会，各区商务局及全市300多家进出口企业500余人参加会议。

（赵思聪）

【新增2家国家外贸转型升级基地】年内，北京市经济技术开发区新型显示产业和北京市经济技术开发区汽车及零部件2家基地，被商务部新认定为“国家外贸转型升级基地”，我市国家级外贸转型升级基地达到4家。新认定的2家国家外贸转型升级基地充分体现了我市城市功能和产业发展定位，高精尖特征明显，对促进我市外贸稳增长和高质量发展起到了重要支撑作用。

（赵思聪）

【北京外经贸发展引导基金完成首个项目全流程投资】7月，经投资委员会投决，北京外经贸发展引导基金按照“政府引导、市场化运作”原则，完成首个项目从投资、投后管理到退出的全流程投资。

该项目主体为经认定的我市“双自主”企业和高新技术企业，也是服务贸易与货物贸易融合发展的创新典范。自2017年10月，北京外经贸发展引导基金对该项目实施投资以来，帮助企业集成外经贸政策资源，提供合理化融资建议，引导企业向“双自主”发展，充分发挥了政府基金在推动企业高质量发展的引导作用。一年多来，公司业务迅速拓展，竞争力不断提升，成功拓展东南亚、日本、印度、巴西、非洲等市场，成长为5G领域领军企业。该项目是北京外经贸发展引导基金首个退出项目，年化收益率达30%，实现了项目周期短、引导效果好、投资回报高的良好预期。下一步，外经贸基金将继续发挥财政资金的引导、放大作用，加快投资运作，促进我市外经贸企业快速健康发展。

（汪云云）

【举办2019年北京市外贸企业提升国际化经营能力政策培训会】7月22日至24日，连续举办3场北京市外贸企业提升国际化经营能力政策培训会，帮助企业及时了解最新外贸形势和进出口鼓励政策。全市500多家企业、近900人参加了培训。

（赵思聪）

【签发首批二手车出口许可证】8月8日，市商务局审核并签发北京市首批二手车出口许可证，标志着本市二手车出口业务步入实施阶段。下一步，将积极帮助二手车出口企业开拓市场、加快扩大出口业务，为外贸稳增长、调结构作出积极贡献。

（赵思聪）

【实施国际货运代理企业备案登记全程网办】年内，正式启动国际货运代理企业备案登记全程网办工作。企业办理国际货运代理企业备案，无须到窗口提交纸质材料，足不出户即可完成备案工作。预计该项措施实施后，年均可惠及货代企业300家次。

（路海轩）

【举办2019年北京地区两用物项和技术进出口企业培训会】10月29日，会同商务部产业安全与进出口管制局、市公安局（禁毒总队）、市应急管理局共同举办“2019年北京地区两用物项和技术进出口企业培训会”，讲解相关政策规定、禁毒工作形势、各类许可证办理流程和注意事项等内容，进一步促进企业安全内控机制建立，强化企业安全生产意识。70家两用物项（易制毒化学品）进出口企业140余名相关责任人参加了培训。

（赵思聪）

【货物进出口许可证无纸化改革取得新突破】 12月31日，商务部、海关总署发布2019年第64号公告，自2020年1月1日起在全国范围内对属于限制出口管理的货物实行出口许可证件申领和通关作业无纸化。本市货物进出口许可证95%已实现申领和通关作业无纸化。

（谢　江）

贸易管理

【取消《加工贸易企业经营状况及生产能力证明》】 商务部、海关总署2018年第109号公告，自2019年1月1日起，企业从事加工贸易业务不再申领《加工贸易企业经营状况及生产能力证明》，商务主管部门不再为加工贸易企业出具《加工贸易企业经营状况及生产能力证明》。

（谢　江）

【麻黄草实施出口配额管理】 商务部、公安部、生态环境部、海关总署、国家药品监督管理局2018年第83号公告，自2019年1月1日起，对麻黄草实施出口配额管理，不再实行禁止出口管理。

（谢　江）

【取消磷矿石、白银出口配额管理】 商务部2018年第87号公告，自2019年1月1日起暂停磷矿石、白银出口配额管理，调整为实行许可证管理。凡符合条件的需要出口磷矿石或白银的对外贸易经营者，可凭有效的货物出口合同申领出口许可证（加工贸易项下出口白银按现行规定办理），凭出口许可证向海关办理报关验放手续。

（谢　江）

【禁止进口旧机电产品目录调整】 商务部、海关总署2018年第106号公告，公布禁止进口的旧机电产品目录调整有关事项，自2019年1月1日起执行。

（谢　江）

【二手车出口许可证申领实现无纸化作业】 商务部办公厅、海关总署办公厅《关于二手车出口许可证申领无纸化作业有关事项的通知》（商办贸函〔2019〕297号），自2019年9月9日起，对二手车实行出口许可证申领和通关作业无纸化。

（谢　江）

【办理各类货物进出口许可证42 340份】 年内，市商务局为北京市进出口企业办理各类货物进出口许可证42 340份。其中，进口关税配额证签发75份；货物自动进口许可管理35 439份；授权范围内出口许可证签发4450份；易制毒化学品进出口审批（核）410份；两用物项和技术出口许可证1966份。

（谢　江）

服务贸易

【概况】 年内，北京市服务贸易平稳发展，服务外包、技术贸易、文化贸易等主要分项业务运行平稳。全市实现服务贸易进出口额10 646.9亿人民币，同比增长0.2%；其中实现进口额3720.1亿人民币，同比下降0.1%。全市离岸服务外包合同执行金额达52.9亿美元，同比增长8.5%。实现技术贸易合同金额166.1亿美元，同比增长123.80%。实现文化贸易进出口72.8亿美元，同比增长20.9%。

【服务外包业务稳步发展】 年内，全市离岸服务外包合同执行金额达52.9亿美元，同比增长8.5%。其中，信息技术外包35.4亿美元，占比66.9%，同比增长6.7%；业务流程外包4.6

亿美元，占比8.7%，同比下降35.5%；知识流程外包12.9亿美元，占比24.4%，同比增长52.9%。发包额位居前5位的国家分别为美国、爱尔兰、瑞典、芬兰和日本。另据商务部全口径（含服务贸易、技术贸易）数据统计，北京全年实现离岸服务外包合同执行金额75.7亿美元，同比增长26.4%。

（许　鑫）

【技术进出口合同额增幅明显】年内，全市实现技术贸易合同金额166.1亿美元，同比增长123.80%。其中，技术进口合同金额68.8亿美元，同比增长155.70%；技术出口合同金额97.3亿美元，同比增长105.66%。

（郑　勇）

【文化贸易发展迅速】年内，全市实现文化贸易进出口72.8亿美元，同比增长20.9%。其中进口44.4亿美元，同比增长24%；出口28.3亿美元，同比增长16.3%。全市共有75家企业、36个项目分别入选2019—2020年度国家文化出口重点企业和重点项目；共有13家企业获得年度文化产业发展专项资金。

（王娅婷）

【服务贸易创新发展试点97项任务已完成81项】年内，按照《北京市服务贸易创新发展试点工作实施方案》总体要求积极推动各项试点任务，促进服务贸易体制机制创新，97项服务贸易创新发展试点任务已完成81项。随着试点工作的深入开展，全市服务贸易在管理体制、监管模式、行业开放等方面均有所创新突破，构建了部、市、区商务部门“三级联动”的服务贸易促进体系，基本形成了以上率下、层层联动的工作局面。

（王娅婷）

【积极探索推动数字贸易发展】年内，积极开展数字贸易发展研究，初步形成北京市发展数字贸易工作思路；组织中关村软件园向商务部、工信部、中央网信办共同申报国家数字服务出口基地，全力打造以中关村软件园为代表的数字贸易发展集聚区。

（王娅婷）

【修订《北京市技术先进型服务企业认定管理办法》】年内，会同市科委、市财政局、市税务局、市发展改革委修订并发布了《北京市技术先进型服务企业认定管理办法》，将服务贸易类增补入《北京市技术先进型服务企业认定管理办法》，支持鼓励服务贸易企业享受税收优惠政策。

（许　鑫）

【举办2019年中国国际服务贸易交易会北京馆展示和北京主题日活动】2019年中国国际服务贸易交易会继续设定省市展区和省市主题日活动。北京馆展示了全市扩大开放新成果、服务贸易新举措、服务消费新模式等内容，荣获最佳省区市展区奖。北京主题日活动围绕“智慧城市、数字服务”，以及“服务业扩大开放”“服务贸易创新发展、服务消费”等热点话题互动热烈，效果良好，并全球首发中科院半导体所的数字曝光技术、走出去智库的合同审核机器人技术，受到各界广泛关注。

（李家旭、许　鑫）

贸易促进

【概况】年内，北京市贸易促进工作平稳推进，展览业创新发展，畅通经贸交流渠道，创新经贸合作方式，培育外贸发展新动能，进一步提升开放型经济水平。全年核发《邀请核实单》701件，涉及1458人次；办理《台商到祖国大陆参展备案》18份。

（赵旗舟、范　启）

**【印发《关于促进我市商业会展业高质量发

展的若干措施（暂行）》】5月7日，会同市财政局、北京海关印发《关于促进我市商业会展业高质量发展的若干措施（暂行）》，在提升会展品牌影响力、推动品牌展会提质升级、促进会展业创新发展3个方面提出了8条措施，提升会展业品质和会展经济效益，推动本市会展业专业化、品牌化、国际化、信息化高质量发展。

（范 启、王 孜）

【举办2019北京国际商品购物节】5月24日至6月2日，2019北京国际商品购物节在京举办。本次购物节是北京市商务局第13次举办国际商品购物节系列活动，同时也是2019年中国国际服务贸易交易会东城区分会场的活动之一。本次购物节设置国际休闲食品集售区、红酒品鉴区、国际精品生活区和国际美食红酒区，吸引了来自欧洲、亚洲和大洋洲30多个国家和地区的120余家企业、5000余种进口商品参展，涵盖日用百货、休闲食品、个护美妆、母婴用品、酒水饮料、箱包、家电、生鲜等品类。

（赵 晶、王 孜）

【组团参加第二届中国国际进口博览会】11月5日至10日，北京市交易团参加了第二届中国国际进口博览会，共有3000余家企业和机构、1万余人通过大会审核，实际到会数量较首届分别增长40%和81%。

11月6日，举办以“共享北京开放新机遇”为主题的宣传推介活动，介绍了北京市服务业扩大开放综合试点、医疗健康、金融服务领域的开放政策及区域特色政策和项目。来自联合国贸发会议、上海合作组织、世界贸易网点联盟等3家国际组织，以及法国、日本等12个国家的政府机构、驻华使节、商协会和ABB、拜耳等20余家跨国公司的代表共计200余人参会。按大会统计口径，第二届进博会期间，北京市88家企业与32个国家和地区的108家参展商签署了一年期采购协议207份，累计意向成交38.5亿美元，较首届增长32.3%。

北京市交易团组织工作得到了媒体广泛关注，第二届进博会期间，媒体发布相关信息6万余篇。

（赵 晶）

【参加广交会情况】年内，组织444家次企业参加第125、第126届广交会，签订出口订单8376笔，出口成交额约4亿美元，较2018年增长5.3%。

（赵 晶）

【参加境内外展会情况】年内，组织119家次企业参加“中国华东进出口商品交易会”“全国药品交易会”“中国—非洲经贸博览会”等20个境内展会，搭建北京展示区，宣传北京整体商务形象，促进开拓境内外市场，提高企业国际市场竞争力。组织147家次企业参加“美国拉斯维加斯电子消费品展”“2019德国汉诺威工业博览会”等20个境外展会，分别签订合同和意向合同146份和389份，涉及金额约3900万元人民币和3.46亿元人民币，有效帮助企业参与国际竞争，拓展国际市场，扩大出口，宣传和打造北京品牌。

（赵 晶、李 瑞）

【开展外贸经营者培训】年内，针对外贸企业的实际工作需要，委托北京进出口企业协会，围绕外贸实务、外贸会计、政策法规等三个方面组织各类专题讲座36期，受众企业2349家次、培训外贸专业人员3754人次。

（孙金骊）

【北京国际经贸合作平台建设】按照“政府部门、商协会、企业相结合”“国内、国外贸易促进机构相结合”“线上平台与线下贸易促进活动相结合”的“三结合”原则，持续推进经贸平台建设。年内，新遴选10家境外组织机构建立10个境外服务中心，已建立境外服务中心总数达到41家，遍布欧、美、亚、非、大洋洲等五大洲31个国家和地区37个城市，涉及投资贸易促进、工业园区、文化交流、商务咨询、物流服务、地产租赁等多个领域。

（李　瑞）

利用外资

【概况】年内，北京市外资发展工作成效明显。全市新设外商投资企业1636家，实际利用外资142.1亿美元，剔除不可比因素影响，同比增长4.3%，占全国利用外资总额的10%。

服务业扩大开放重点领域引资占比超八成。服务业新设外商投资企业1569家，占全市新设企业的95.9%；实际利用外资135亿美元，占全市的95%。其中，服务业扩大开放重点领域新设企业1239家，占全市的75.7%；实际利用外资118.7亿美元，同比增长11.9%，占全市的83.5%，比去年同期提高22个百分点。

从行业引资情况看，与首都功能定位相契合的重点行业外商投资增长较快。高技术产业新设企业888家，同比增长0.8%；实际利用外资90.7亿美元，同比增长24.3%。其中，高技术服务业新设企业875家，同比增长2.2%；实际利用外资89.8亿美元，同比增长30.2%。科学研究和技术服务业，信息传输、软件和信息技术服务业新设企业分别为647家、212家，实际利用外资36.8亿美元、53.5亿美元，同比增长52.9%、18.3%。

从区域引资情况看，随着首都科技创新中心建设的持续推进，高技术企业聚集区对外商投资的吸引力明显提高。朝阳区、海淀区引资占比持续占优。朝阳区新设企业622家，占全市的40.5%；实际利用外资42.9亿美元，占全市的30.2%。海淀区新设企业363家，占全市的22.2%；实际利用外资61.5亿美元，占全市的43.3%。

从引资来源国别（地区）看，中国香港地区仍是我市外商投资主要来源地，荷兰、新加坡和韩国增长较快。中国香港地区实际投资106.3亿美元，占全市的74.8%；荷兰、新加坡和韩国实际投资增长较快，实际投资分别为1.7亿美元、2亿美元和7.1亿美元，同比分别增长4.4倍、86.6%和22%。

（蒙　洁）

【发布北京市外商投资发展报告】6月1日，《2019北京市外商投资发展报告》在2019年中国国际服务贸易交易会北京主题日活动中正式发布。《报告》以“开放·融合·创新，促进合作共赢”为主题，聚焦实力、机遇、开放、宜商、国际化和外界眼中的北京等六方面，较为全面地展现北京综合实力和外资发展的水平和质量，以及北京在推动“四个中心”建设、促进京津冀协同发展、服务业扩大开放综合试点、构建高精尖产业、建设国际一流和谐宜居之都等方面的成效和机遇。

（陈　辉）

【制定稳外资、促投资相关工作措施】年内，市商务局贯彻国务院促进外资发展的5号、39号、19号文件精神，落实《北京市人民政府关于扩大对外开放提升利用外资水平的意见》，制定了《关于进一步做好“稳外资”工作若干措施》；并与市发改委联合制定《关于进一步做好本市稳外资工作方案》，进一步明确任务，积极主动推动稳外资工作。

（陈　辉、霍志杰）

【举办2019投资北京洽谈会暨京津冀投资推介会】5月29日，2019投资北京洽谈会暨京津冀投资推介会在京举办。本届京洽会是2019

中国国际服务贸易交易会重点推介洽谈活动之一，由京津冀三地11家政府部门主办，以“推进服务业扩大开放，推动京津冀协同发展”为主题，北京市投资促进服务中心、天津市人民政府合作交流办公室、河北省商务厅现场签署了京津冀产业链引资战略合作框架协议。来自京津冀三地政府部门、国内外商协会和企业等1200余名代表参会。

（仝国卿、王爱丽）

【组团参加2019厦门国际投资贸易洽谈会】 9月8日至11日，北京代表团参加了2019厦门国际投资贸易洽谈会。会上，举办北京市全面推进服务业扩大开放综合试点专题推介会，介绍北京市服务业扩大开放综合试点工作取得的成效，进行专题推介发布；在“网上投洽会”大数据工作平台，以中英双语发布商务服务、金融业、新一代信息技术、节能环保等方面的60个产业项目。

（蒙　洁、王爱丽）

【印发《北京市外商投资企业投诉工作管理办法》】 11月22日，市商务局印发《北京市外商投资企业投诉工作管理办法》，规定了投诉办理流程，并明确了市、区两级投诉受理机构，进一步健全了北京市外商投资企业投诉机制，优化了首都的营商环境。

（侯明迪、郭亚天）

【开展境外投资推介活动】 年内，组织东城区、西城区、朝阳区、密云区等商务局及相关商协会赴英国、爱尔兰、德国、荷兰开展系列投资促进活动，宣传解读政策举措和投资机遇，吸引符合首都功能定位的投资落地。出访期间，代表团举办了5场推介会、5场座谈会，并走访调研境外跨国公司总部，与各国政府机构、商协会及企业进行了深入交流和洽谈，介绍北京市经济发展整体情况及投资领域政策、优势及机遇，重点聚焦服务业扩大开放综合试点、提高利用外资水平等有关情况，与当地重点企业和协会建立良好合作关系。

（王爱丽）

【组织开展外商投资企业联合年报工作】 年内，落实商务部等五部门《关于开展2019年外商投资企业年度投资经营信息联合报告的通知》要求，市商务局会同相关部门组织开展2019年全市外商投资企业联合年报工作。4月1日至8月30日，全市共15 200家外商投资企业参加联合年报工作。

（陈　辉、崔晶雪）

【部分外资企业盈利能力较强】 根据2019年北京市外商投资企业联合年报数据，营业收入1亿元以上企业1893家，占全市12.5%，营业收入61 717.9亿元，占全市98.1%；利润总额1亿元以上企业485家，占全市3.2%，利润总额6563.3亿元，占5766家盈利企业利润总额的94.1%。

（崔晶雪）

【四大行业贡献显著】 根据2019年北京市外商投资企业联合年报数据，批发和零售业、制造业、信息传输、软件和信息技术服务业及金融业收入占全市外资企业收入比重较高。以上四个行业营业收入共49 519.9亿元，占全市78.7%；利润主要来自信息传输、软件和信息技术服务业、制造业、租赁和商务服务业及金融业。利润总额4687.5亿元，占全市78.2%。

（崔晶雪）

【打造负面清单嵌入式管理模式】 年内，以外资准入管理服务为突破口，收集整理全国负面清单，构建北京市外资负面清单管理库。北京市外资负面清单管理库于年底在“北京市企业登记e窗通服务平台”中投入使用。

（侯明迪、张　岩）

对外经济合作

【概况】年内，北京市对外经济合作工作稳步推动实施“走出去”战略，“一带一路”和京津冀协同发展国家战略取得显著成效，企业对外经济合作各项工作深入开展。

境外直接投资平稳健康增长。截至2019年末，我市2617家境内投资主体对全球144个国家（地区）的3604家境外企业累计直接投资存量736.89亿美元。其中，年内新增直接投资流量82.66亿美元，在全国对外直接投资流量同比下降4.3%的背景下逆势增长27.75%，位列全国省市投资流量的第五位，且增长幅度位列五位之首。本市企业在“一带一路”沿线25个国家直接投资额2.3亿美元，与去年同期基本持平。投资金额前三位的目的地国家分别是阿拉伯联合酋长国、新加坡、马尔代夫。截至2019年底，本市企业共在“一带一路”沿线35个国家累计直接投资36.95亿美元，投资主要集中于商务服务业、制造业和建筑业等行业。

对外承包工程保持平稳态势。年内，我市对外承包工程业务完成营业额42.2亿美元，同比增长6%；带动货物贸易出口68亿美元，占同期货物贸易出口9.1%，同比下降3.4%。新签合同额117亿美元，为去年同期的1.6倍。

对外劳务合作持续健康发展。年内，我市劳务人员实际收入总额6.6亿美元，派出各类劳务人员36 828人，月末在外各类劳务人员64 942人，保持了平稳发展。

（李恒青）

【举办北京双向投资论坛暨中泰贸易投资机遇研讨会在京召开】1月15日，由市商务局、泰国投资促进委员会北京办事处、中国国际电子商务中心主办，世界贸易网点联盟北京中心协办的“北京双向投资论坛暨中泰贸易投资机遇研讨会”在京召开。泰王国驻华大使馆公使等泰方嘉宾从投资促进政策、工业园区开发建设、金融服务产品、产业发展规划、经贸合作机遇等方面对泰国贸易、投资环境等进行了介绍。来自中泰双方120余位参会企业代表出席会议，并进行了富有成效的商务交流。

（郭红雨）

【举办北京双向投资论坛暨中国—波兰滨海省经贸投资机遇推介会】3月26日，由市商务局、波兰驻华大使馆主办，中国国际电子商务中心承办，世界贸易网点联盟北京中心作为支持单位的北京双向投资论坛暨中国—波兰滨海省经贸投资机遇推介会在京召开，中外嘉宾近200人参加了推介会。组织机构面向近百家到会中方企业宣传了北京市的对外投资优势行业，与会人员听取了波兰的经济发展形势及营商环境，重点了解了波兰滨海省的重点产业、知名企业、特色商品、区位优势、招商需求等，对于促进北京企业扩大对外投资、推动北京与波兰滨海省的经贸合作起到了积极作用。

（郭红雨）

【举办对外直接投资统计年报和“走出去”业务培训会】5月13日，召开2019年北京市对外直接投资统计业务培训会，专家在会上讲解了对外直接投资统计制度及年报填报要点，介绍了中国企业“走出去”常见法律问题及热点地区最新法律环境等企业关心的业务内容，进一步提高企业统计填报责任意识，促进2018年度北京市对外直接投资年报统计工作顺利开展。全市开展境外投资业务的340余家企业的近400人参加会议。

我市对外直接投资年报统计工作成效明显，2018年度，我市对外直接投资统计填报中，境内投资者基本情况表、对外直接投资流量存量报表、境外企业基本情况表填报率分别同比增长 10.80%、17.24%、20.65%。

（罗　群）

【举办对外承包工程领域银企对接会】6月26日，召开金融机构与对外承包工程企业的银企对接会。"走出去"企业介绍自身业务特点，提出遇到的融资困难和问题，金融机构逐一回应并提出有针对性的解决方案，并就下一步展开合作建立了联系机制。国家开发银行北京分行、中国出口信用保险公司、平安银行、交通银行、北京首创融资担保、光大银行、中国银行等7家金融机构及中缆通达、泰豪国际工程、中地国际工程、中昊海外建设、城建集团、中航美林、城建亚泰、金诚信矿业、中国电建等9家"走出去"企业参加了座谈。

（薛俊芳）

【举办2019年度对外投资合作支持政策宣讲会】7月18日，召开2019年度对外投资合作支持政策宣讲会，对2019年度对外投资合作资金项目申报及评审工作进行了说明，对新搭建的"高风险国别海外投资保险统一投保平台"和"北京市对外承包工程保函担保服务平台"进行了政策宣讲，为企业更加全面地了解我市"走出去"的基本情况及相关政策提供了帮助。相关行业协会及企业等近200多人参会。

（罗　群）

【举办"走进中东欧"经贸交流会】9月11日，市商务局与京津冀三地贸促会联合举办了"走进中东欧"经贸交流会。会议介绍了波黑贸易投资环境与中波经贸合作现状与前景、中东欧整体经贸环境及中国与中东欧合作现状与前景，为企业与中东欧国家开展经贸交流合作提供了系统、客观、专业的指导。近百家从事对外贸易、对外投资合作业务的企业参会。

（李恒青）

【举办印度尼西亚贸易促进和投资机遇论坛】9月17日，市商务局、印度尼西亚共和国驻华大使馆、中国国际电子商务中心联合举办了印度尼西亚贸易促进和投资机遇论坛。印度尼西亚共和国驻华大使出席论坛并致辞，介绍了印度尼西亚的投资环境、投资贸易的重点领域和项目，表达了对北京企业投资印度尼西亚的欢迎。印度尼西亚贸易部、油棕种植基金管理局、海事和渔业部、工业部、农业部官员分别进行了推介，并与参会中资企业代表进行了洽谈对接，部分领域达成初步合作意向。北京市及京津冀地区相关商协会、企业，以及新闻媒体等近百家单位150余人参加了此次活动。

（薛俊芳）

【举办北欧三国投资机遇论坛】9月19日，市商务局、中国国际电子商务中心、丹麦外交部投资促进局、丹麦创新中心、芬兰经济与就业部、芬兰投资署、瑞典贸易投资委员会联合举办北欧三国投资机遇推介会。丹麦、芬兰、瑞典相关官员及10余名企业家对当地投资政策进行推介，对重点项目进行路演，并与参会代表们进行了面对面洽谈对接。北京市及京津冀地区相关商协会、科研机构、大专院校、企业，以及新闻媒体等80余家单位近百人参加了此次活动。

（薛俊芳）

【举办马来西亚推广及投资促进会】10月18日，市商务局、中国国际电子商务中心、马来西亚投资发展局北京办事处联合举办马来西亚推广及投资推介会。马来西亚驻华大使出席论坛并致辞，驻华使馆公使介绍了马来西亚的投资环境、投资贸易的重点领域和项目，以及中资企业在马来西亚的总体投资情况，对北京企业赴马来西亚投资表示了欢迎。北京市及京津冀地区相关商协会、企业，以及新闻媒体等近百家单位100余人参加了此次活动。

（薛俊芳）

【举办埃塞俄比亚投资促进和经验分享推介会】 11月14日，市商务局、中国国际电子商务中心、埃塞俄比亚驻华大使馆联合举办埃塞俄比亚投资促进和经验分享推介会。埃塞俄比亚驻华大使出席会议并致辞，介绍了埃塞俄比亚的投资环境、重点推介的行业领域以及中国与埃塞俄比亚的经贸合作情况，表达了对北京企业赴埃塞俄比亚投资的欢迎。参会中资企业与埃塞俄比亚代表进行了洽谈对接。

（薛俊芳）

【举办携手菲律宾——经济增长中的机遇研讨会】 11月27日，市商务局、中国国际电子商务中心、菲律宾驻华大使馆联合举办了"携手菲律宾——经济增长中的机遇研讨会"。菲律宾驻华大使出席会议并致辞，介绍了菲律宾最新的投资环境，表达了对北京企业赴菲律宾投资的欢迎。商务、农业、旅游参赞分别进行了推介，并就参会中资企业关心的电子商务、物流、建筑、金融、医药、种子进口、渔业和新能源问题进行一一解答。参会中资企业与菲律宾代表进行了洽谈对接，部分项目初步达成合作意向。北京市及京津冀地区相关商协会、企业，以及新闻媒体等近百家单位100余人参加了此次活动。

（薛俊芳）

【举办以色列汽车先进技术及智能交通商务对接会】 11月19日，以色列汽车先进技术及智能交通商务对接会在京举办。本次对接会由市商务局、中国国际电子商务中心、以色列驻华大使馆商务处、以色列出口协会联合主办，"走出去"导航网承办。来自整车厂、汽车零部件供应商、汽车领域的专家、投资人、技术公司的50多家中方企业与以色列企业进行了一对一洽谈对接，现场达成了多项合作意向。中国机构、企业代表、新闻媒体以及来自以色列汽车技术领域的11家企业代表共百余人参会。

（薛俊芳）

【举办乌克兰投资机遇推介会】 12月5日，市商务局、中国国际电子商务中心、乌克兰驻华大使馆联合举办了乌克兰投资机遇推介会。乌克兰参会代表介绍了乌克兰与中国近年经贸往来情况和最新的投资政策，对中乌合作潜力较大的能源、农业和基础设施投资、信息技术等领域进行了重点推介。北京市及京津冀地区相关商协会、企业，以及新闻媒体等百余家单位近300人参加了此次活动。

（薛俊芳）

口岸建设与发展

【概况】 年内，北京口岸运行平稳，出入境人次总量在全国继续保持前列，144小时过境免签旅客人次连续两年保持快速增长，海关监管进出口货物逆势增长，离境退税拉动消费的政策效应稳步显现。

北京口岸出入境2667.03万人次，同比下降0.84%。其中，入境1342万人次，同比下降0.76%；出境1325.03人次，同比下降0.91%。144小时过境免签旅客45 106人次，同比增长19.62%。

海关监管进出口货物总量10 395.61万吨，同比增长17.38%。其中，进口货物10 250.6万吨，同比增长17.81%，出口货物145.01万吨，同比下降6.61%。

离境退税金额达3112万元，同比增长61.24%；涉及的商品销售额达3.44亿元，同比增长52.16%，拉动外来消费成效明显。

（郭　超）

【大兴国际机场航空口岸正式对外开放】 1月16日，国务院正式批复同意北京大兴国际机场作为北京航空口岸组成部分对外开放。10月16日，海关总署（国家口岸管理办公室）会同国家移民管理局、中国民用航空局、中央军委联合参谋部，同意大兴国际机场对外开放通过国家验收。10月24日，海关总署发布大兴国际机场航空口岸正式对外开放。10月27日零时起，包括“三大航”在内的9家航空公司部分航班由北京首都国际机场转场至北京大兴国际机场运营。

北京大兴国际机场是国家重大项目，是首都的重大标志性工程，是国家发展一个新的动力源，是展示我国国家形象的新国门。此次航空口岸正式对外开放，标志着中国首都的新国门向世界开启。

（何 剑）

【持续推进口岸收费摸底排查和治理工作】年内，为贯彻落实《财政部 海关总署 国家发展改革委 交通运输部 商务部 国家市场监管总局关于整治口岸乱收费问题的通知》（财税〔2019〕64号），北京市商务局（北京市人民政府口岸办公室）会同市财政局、市市场监管局、北京海关等单位，5月、7月、11月三次到口岸现场检查重点企业政策落实情况，8月对口岸企业公示收费项目情况进行检查。北京口岸收费杜绝了违规收取口岸设施维护费、变相涨价、重复收取人工费、强行收取仓储费等突出问题。

（郭 超、董星君）

【大兴国际机场口岸非现场设施建设稳步推进】年内，北京大兴国际机场海关国检综合办公楼、口岸疾控中心、边检项目完成竣工验收，实现入住办公，完成“6.30保验收、9.30保通航”的任务要求，海关业务保障设施项目开工建设。

（王立凤）

【大兴国际机场实施144小时过境免签政策落地】为充分发挥144小时过境免签政策在京津冀协同发展中的政策效能，北京市联合河北省共同向公安部致函，积极申请和协调推进在北京大兴国际机场实施144小时免签过境政策。9月9日正式获公安部批准后，制定印发《大兴国际机场实施144小时过境免签政策工作方案》，确保该政策在大兴国际机场口岸正式开放时同步实施，并做好后续宣传工作。

（董星君）

【北京大兴国际机场和空军南苑新机场净空保护区正式公布】8月23日，北京市人民政府、中国民用航空华北地区管理局联合公布北京大兴国际机场和空军南苑新机场净空保护区，划定了机场净空保护区范围，明确了保护要求，为北京大兴国际机场按时安全投运提供了有力支撑。

（董星君）

【圆满完成多项重大活动抵离迎送任务】年内，圆满完成第二届“一带一路”国际合作高峰论坛、北京世园会、亚洲文明对话大会、中国国际服务贸易交易会（京交会）、北京中轴线申遗保护国际学术研讨会等国际活动参会人员在首都国际机场的抵离迎送保障任务。

（董星君）

【平谷国际陆港口岸监管区土地、设施及运营主体实现统一】年内，完成对民营企业北京京津港国际投资有限公司持有北京京津港国际物流有限公司（平谷国际陆港运营主体）全部股权的收购工作，口岸监管区土地、监管设施及运营主体实现统一。通过股权合作等方式引进北京农投公司，借助大型国企的资源优势和完善的管理模式，促进口岸经济稳定发展。

（徐立涛）

【北京西站口岸联检单位正式入驻北京西站办公设施】4月11日，北京西站非现场办公用房通过现场验收，口岸联检单位正式入驻北京西站办公设施。

（阎竞新）

【北京“单一窗口”全年累计业务量3398.90万票】年内，北京“单一窗口”累计业务量3398.90万票，其中货物申报175.82万票（报关单174.10万票，检验检疫1.72万票），空运舱单897.56万票，航空器82.91万票，税费支付41.11万票，企业资质（海关企业注册备案与对外贸易经营者）5.07万票，出口退税2.22万票；原产地证（海关）9008票；原产地证（贸促会）70票；许可证件2868票。平台用户大幅增加，直接操作企业发展到14 000多家，覆盖外贸企业6万多家。空运舱单和航空器申报量在全国分别排名第2和第3位。实现货物申报、空运舱单、航空器、税费支付、企业资质等进出口业务办理100%全覆盖。

（安玉新、徐耀光）

【北京“单一窗口”2.0版上线运行，空港物流特色形成】11月11日，北京“单一窗口”2.0版正式上线运行。北京“单一窗口”2.0版对接国家标准版，重点建设物流、金融、数据、资讯4个中心，增加了车辆备案、提交货预约、退运申请、查验预约、金融数据等15项功能，并与海关、机场货运园区、航空公司、银行金融平台4类系统进行对接，形成了智慧空港物流北京模式。

（安玉新、徐耀光）

【北京“单一窗口”标准版出口退税领跑全国】年内，北京“单一窗口”在14类标准版业务功能全面推广实施的基础上，重点推进北京“单一窗口”出口退税功能，在实现与税务系统“总对总”对接基础上，配合中国电子口岸数据中心，会同北京市税务局共同开发建设“单一窗口”出口退税功能，实现出口退税“一站式”办理。国家口岸办和国家税务总局分别发文，向各省市推广北京出口退税先进经验。

（安玉新、徐耀光）

中国国际服务贸易交易会

【概况】5月28日至6月1日，2019年中国国际服务贸易交易会在京举办。原中国（北京）国际服务贸易交易会正式更名为中国国际服务贸易交易会，由两年一办调整为一年一办。本届中国国际服务贸易交易会以“开放、创新、智慧、融合”为主题，聚焦科技服务、文化服务、健康服务、商务服务等重点领域，举办了243场论坛会议和洽谈交易活动，展览展示总面积16.5万平方米，吸引了超过40万人次客商参展参会，达成意向签约金额1050.6亿美元，有力促进了有关国家、国际组织、商协会及企业间的多层次交流合作，对于推动更高水平对外开放、促进贸易和投资自由化便利化发展发挥了积极作用。

2019年中国国际服务贸易交易会特点突出：

一是展会规格更高。国家主席习近平致贺信，国务院副总理胡春华出席全球服务贸易峰会并发表主旨演讲。尼日尔总统、瓦努阿图总理和马耳他前总统、法国前总理、奥地利前总理参会。63位境内外部级嘉宾参会，比上届增加14位;35位驻华大使参会，比上届增加15位。

二是国际化水平更高。21家国际组织参展参会，比上届增加9家。137个境外国家和地区参展参会，比上届增加15个。131个与我国签署共建“一带一路”合作文件的国家中有98个参展参会。服务贸易额前30名的国家和地区、与我国签署服务贸易合作备忘录的14个国家全部参展参会。

三是行业权威性更强。近600家跨国公司和行业知名企业、63家世界500强企业以及180余家境内外商协会参展参会，10余位国内外院士、百余位知名企业家参会演讲。举办110余场行业大会和专题论坛，发布近30项行业发展报告，行业标杆引领作用凸显。

四是互动体验性更强。把握数字化、智能化发展趋势，首次使用5G技术，通过智能显示屏实现主会场与分会场、2019年中国国际服务贸易交易会与2019年中国北京世界园艺博览会实时互动；展区广泛设置8K高清显示设备、智能家居、VR滑雪、电子竞技等，为观众提供可视化、场景化、沉浸式、互动式体验。

（张之梅、潘　默）

【召开2019年中国国际服务贸易交易会全球服务贸易峰会】5月28日上午，2019年中国国际服务贸易交易会全球服务贸易峰会在北京举行，国家主席习近平发来贺信，指出服务贸易发展具有广阔前景和巨大潜力，向国际社会强调了中国致力于更高水平对外开放、坚定支持多边贸易体制的明确态度，希望与世界各国深化服务贸易投资合作、共同促进全球服务贸易繁荣发展、引领世界经济发展方向。尼日尔总统、瓦努阿图总理、境外政府代表、相关国际组织负责人、国内外知名企业家代表等围绕“全球服务，互惠共享”主题，就投资和贸易发展机遇、维护多边贸易体系、数字经济推动服务贸易发展新趋势等发表演讲。驻华大使、港澳侨代表、各省区市代表、知名企业家等近500位境内外嘉宾参加峰会。

（王超然、潘　默）

【成立全球服务贸易展望委员会】5月27日，由中国国际服务贸易交易会组委会主办的全球服务贸易展望委员会筹委会圆桌会议在京举办。来自经济合作与发展组织、世界贸易中心协会、欧洲科学院、中国国际经济交流中心、美国高通公司、普华永道等20余位有关国际组织和境内外商协会负责人和代表、服务贸易领域专家学者、知名企业家和代表参会。

会上，中国国际服务贸易交易会组委会正式成立全球服务贸易展望委员会（简称委员会），相关单位发出了组建全球服务贸易联盟（简称联盟）的倡议。委员会作为非官方、开放型的国际服务贸易高端智库，将广泛邀请全球服务贸易领域的相关国际组织官员、境内外商协会知名人士、境内外服务贸易领域专家学者及知名企业家加入，建立关于服务贸易发展的非正式对话渠道，为推动世界经济绿色可持续发展，推动中国服务贸易发展作出贡献。

（张之梅、潘　默）

【助力服务业开放发展】2019年中国国际服务贸易交易会上，各省区市展区围绕服务业扩大开放、服务贸易创新发展试点、国家文化出口基地、服务外包示范城市等主题举办了展览展示和推介洽谈活动，集中展示了我国服务业扩大开放和改革优化营商环境新举措；法国、西班牙等57个国家和地区举办了32场专题活动推介优势领域及政策环境。最终达成国际意向签约项目134个，国际意向签约额175.5亿美元。

（张之梅、潘　默）

【助推“一带一路”服务合作】2019年中国国际服务贸易交易会上，与我国签署“一带一路”合作文件的国家中有98个参展参会，其中39个国家举办了展览展示，43个国家举办了专题活动，展示推介服务贸易合作政策与商机。相关机构发布了《“一带一路”绿色供应链网络联盟计划》《“一带一路”沿线主要国家文化市场研究报告》《“一带一路”中国—东盟经贸合作进行时》等成果，签署了《中国与东盟“一带一路”产业合作备忘录》《共建跨境电商公共服务平台》《全球跨境电商培训基地校》等合作文件，推动我国与“一带一路”沿线国家在商务、科技和文化等服务领域进一步深化合作。

（张之梅、潘　默）

【举办“精准扶贫”活动】2019 年中国国际服务贸易交易会上，中国电子商务大会举办全国电商扶贫成果展及专业论坛，推动社交电商助力消费扶贫；知名教育企业现场设置“情系远山”课堂直播间，通过互联网将优质教育资源送到贫困乡村，助力教育扶贫；拍卖板块组织线上线下对口拍卖内蒙古赤峰等地大宗农副产品现货和期货，总拍卖额 14 亿元人民币。

（潘　默、李晓蕾）

【吸引更多公众参与体验】2019 年中国国际服务贸易交易会首次采取“一主多辅”、打造“全城一会”，吸引更多公众参与体验。中国北京国际文化创意产业博览会的中国创意大赛等系列文化创意活动、东城分会场的文化艺术旅游季、朝阳分会场的舌尖上的“一带一路”国际美食嘉年华、海淀分会场的科技嘉年华、石景山分会场的冰雪体育和冬奥文化展、顺义分会场的电子竞技大赛和数字娱乐嘉年华等活动，提升了公众的参与度和获得感。

（张之梅、潘　默）

【全国各省区市深度参与】2019 年中国国际服务贸易交易会上，全国 31 个省区市、5 个计划单列市和沈阳市全部参展参会。福建省作为主宾省，河南作为服务外包示范城市主题省，贵州作为服务贸易创新发展试点主题省，江苏作为国家文化出口基地主题省组团参展参会。福建、河南、贵州、江苏、江西、云南、陕西、河北、北京 9 个省区市举办主题日及专题活动。

（王超然、潘　默）

【受到广泛关注和好评】2018 年 6 月 10 日至 2019 年 6 月 10 日，2019 年中国国际服务贸易交易会共有 345 家中外媒体发布原创报道 1778 篇，新闻转载量 7945 篇，微博话题 1170 篇，微信公众号报道 1317 篇。

2019 年京交会得到参会各方的广泛好评。德国、法国、泰国等 20 个国家和地区在会期已初步确认参加下一届中国国际服务贸易交易会。第三方机构问卷调查结果显示，九成以上的受访客商有意继续参加下一届京交会。

（张之梅、潘　默）

三、行业发展

生活服务业和餐饮业

【概况】年内，北京市共建设提升蔬菜零售、便利店（超市）、早餐、家政服务、末端配送等基本便民商业网点1190个。从建设性质看，新建1043个、规范提升147个，分别占总数的87.6%、12.4%；从业态类型看，蔬菜零售213个，便利店（超市）610个，餐饮（早餐）132个，家政、洗染、美容美发、便民维修等其他便民商业网点235个。从区域分布看，城六区建设提升基本便民商业网点433个、占36.4%，其他区建设提升757个、占63.6%。

通过“五性”引领，做好基本便民商业网点精准补建工作。将“基本便民商业服务功能社区覆盖率（%）”纳入我市构建“七有”“五性”监测评价指标体系，有效监测和反映“便利性”情况；制发《关于加强基本便民商业网点精准补建工作的通知》，明确了分年度、分社区补建计划，确保便民商业网点各项配置标准分业态、分街道、分社区落实到位；依托“北京市生活性服务业电子地图”，指导各区及时分析网点布局情况，对标配置标准精准补建，按图作战、按表销账、动态管理；结合12345热线和媒体反映的问题，组织各区对市民诉求“闻风而动、接诉即办”。

推动行业规范化、品牌化、特色化发展，着力满足市民品质消费需求。在已有行业标准规范基础上，指导相关行业协会制定了蔬菜零售、餐饮（早餐）、便利店、家政服务、洗染、沐浴、美容美发、摄影、家电维修、社区商业便民服务综合体10个行业（业态）的标准化门店规范，并通过相关行业协会组织培育树立了一批严格执行标准规范的标杆企业。发布首批2102家生活性服务业标准化门店；组织编写《北京家政服务岗位技能培训教材丛书》，免费提供给相关企业和家政服务员使用；发布2019年《北京生活性服务业品牌连锁企业资源库》，共224家企业入选；打造生活性服务业示范街区，全年创建完成10条。

（王智勇、林英杰）

【举办北京亚洲美食节】5月16日至22日，由市商务局和中国烹饪协会主办的亚洲美食节在京举办。美食节以“享亚洲美食·赏京城美景·品古都文化”为主题，以“风味”“技艺”“器礼”为主线，一主多辅，在北京奥林匹克公园设立主会场，城六区同期分别在国贸商城、蓝色港湾、合生汇、朝阳大悦城、金源购物中心、五棵松华熙6个参与商圈开展亚洲美食促销活动，顺义区中粮祥云小镇同时组织开展相关餐饮促消费活动，阿里巴巴和美团点评组织亚洲特色风味餐厅线上线下全城联动。

美食节主会场参展品牌250个、参展企业235家，包括除中国大陆以外17个亚洲国家和地区的45个餐饮品牌，老字号与非遗展位48个；6个参与商圈共282家特色餐饮企业参与，受到广大市民的热烈欢迎。

（李志鹏）

【印发《关于加强社区蔬菜直通车管理的指导意见》】1月16日，会同市公安交管局、市城管执法局、市住房城乡建设委、市城市管理委、市市场监管局印发《关于加强社区蔬菜直通车管理的指导意见》，明确了相关职能部门的分工，对直通车企业征集入库、网点设置统筹规划、运营监管退出等工作进行了说明，对蔬菜直通车的车辆外观等提出了具体要求。《关于加强社区蔬菜直通车管理的指导意见》在培育现代经营主体、完善蔬菜零售终端，进一步优化蔬菜零售网点布局，提升服务能力，提高市民生活便利度等方面具有指导意义，有助于市区两级部分对蔬菜直通车的管理，进一步促进蔬菜直通车的规范化发展。

（张　爽）

【印发《关于促进便民维修发展的若干措施》】6月21日，会同市城市管理委、市市场监管局、市城管执法局印发了《关于促进便民维修发展的若干措施》，进一步提升便民维修服务品质，促进便民维修服务发展，满足居民生活需求。

（林英杰）

【本市首批规范化备案和统一标识的蔬菜直通车公示】7月15日，会同市公安局交管局、市住建委、市城管委、市市场监管局、市城管执法局在新发地百舸湾农产品物流中心举行北京市社区蔬菜直通车规范性标识发布会。全市第一批90辆规范化蔬菜直通车统一了标识、编号。

（张　爽）

【印发《北京市便民店建设提升三年行动计划》】8月8日，会同市财政、住建、市场监管、城管执法等12个部门联合印发《北京市便民店建设提升三年行动计划》，争取用三年左右时间，实现本市每个社区蔬菜零售、便利店（社区超市）、早点、美容美发、维修、家政等便民商业服务功能全覆盖，连锁便利店达到6400个左右，每百万人拥有连锁便利店数量300个左右。培育蔬菜零售等八类业态标准化便民店1万个左右，支持发展一批有北京特色、市民欢迎的特色小店，使北京便民服务程度达到国内一流水平。

（李志鹏）

【发布北京市社区蔬菜直通车车辆技术规范】《北京市社区蔬菜直通车车辆技术规范》对蔬菜直通车车辆类型、车辆技术指标、车辆箱体改装等方面作出了相应的技术要求，对加强北京市社区蔬菜直通车规范经营，进一步便利市民买菜需求，树立良好的企业形象奠定了技术基础。

（张　爽）

【建成8条生活性服务业示范街区】年内，以“便民、利民、惠民”为目标，全市17个街区积极开展生活性服务业示范街区的创建。经过评审、验收、公示，丰台区怡海花园社区、海淀区六里屯社区、通州区华业东方玫瑰街区等8条街区建成市民家门口的生活性服务业示范街区。本市累计已建成10条生活性服务业示范街区。

（林英杰）

【举办22场生活性服务业品牌进社区活动】年内，品牌协会组织本市餐饮、超市、便利店、蔬菜零售、洗染、美容美发、家政服务等服务业品牌进社区，共举办22场进社区活动，受益居民达到20万人次，把北京市民最喜欢的品牌和服务带进社区送到居民身边，为社区百姓提供专业便利惠民的服务，搭建了社区居民与老字号品牌近距离接触的平台，受到了企业和居民的一致欢迎。

（林英杰）

【生活性服务业行业标准规范宣贯】年内，指导相关行业协会制定了蔬菜零售、餐饮（早餐）、便利店、家政服务、洗染、沐浴、美容美发、摄影、家电维修、社区商业便民服务综合体 10 个行业（业态）的标准化门店规范，发展培育第一批共计 2102 家标准化门店进入北京市生活性服务业标准化门店名录。

（胡　滨）

【224 家企业入北京生活性服务业品牌连锁企业资源库】连续第四年对《北京生活性服务业品牌连锁企业资源库》进行动态调整和完善，餐饮、超市、便利店、蔬菜零售、洗染、美容美发、家政服务、摄影等 17 个行业的 224 家企业入选。

（王葆玮）

【全市餐饮收入 1205 亿元】年内，全市餐饮收入实现 1205 亿元，同比增长 6.1%，占全市社零额近 10%。

（李志鹏）

商贸物流业

【概况】年内，北京市商贸物流行业以落实首都城市战略定位、建设国际一流和谐宜居之都为主线，立足服务供给侧结构改革，建设标准化、信息化、集约化、智能化的现代物流体系，为保障首都城市运转提供了有力支撑。全市社会物流总额达 8.3 万亿元。物流业务收入 3289.8 亿元，物流业从业人员 46.5 万人，社会物流总费用与 GDP 的比率为 12.35%。

（余　博）

【《北京物流专项规划》出台】2 月，《北京物流专项规划》经市政府同意印发。

（余　博）

【物流中心疏解】年内，推进物流中心疏解工作，全年累计疏解区域性物流中心 16 家。

（余　博）

【推进流通领域现代供应链体系建设试点】年内，稳步推进流通领域现代供应链体系建设试点工作，聚焦农产品、快消品，推动试点供应链建设，提高供应链效率和运作水平，降低供应链综合成本。全年试点共支持 16 条供应链 35 个项目，参与试点供应链综合成本平均降低 20% 以上。

（余　博）

【举办商贸物流行业人才培训】年内，举办“构建新时期北京商贸物流高质量发展体系”高级研修班，开展现代供应链管理、智慧物流、绿色物流等方面的培训，本市商贸物流行业高级专业技术人员和管理人员近 200 人参加培训。

（余　博）

商务服务业

【概况】年内，北京市商务服务业呈现平稳发展的良好态势，在推动构建“高精尖”产业结构、提升首都核心功能等方面发挥了重要作用。年内，全市租赁和商务服务业规模以上法人单位实现营业收入 8238.7 亿元，占第三产业总收入的 5.9%，在 13 个行业中位列第 4 位；对外直接投资 6.1 亿美元，位列本市境外投资行业第 3 位，占比 8.4%。全市商务服务业利用外资 11.0 亿美元，在全市实际利用外资行业中位列第 4 位，占比 7.8%。北京市商务服务业“引进来”和“走出去”步伐加快，开放水平不断提高，已成为首都“高精尖”产业结构的重要组成部分、打造“北京服务”品牌的主要载体和拉动北京市经济增长的重要力量。

（宋丹妮）

【举办商务服务企业申请 APEC 商务旅行卡政策宣讲会】8 月 20 日，联合市政府外办举办商务服务企业申请 APEC 商务旅行卡（APEC Business Travel Card）政策宣讲会。APEC 商务旅行卡是 APEC 各经济体之间的签证便利化措施，持卡人在有效期内持旅行卡和与旅行卡相关联的有效护照，可多次入出相关经济体，并享受快速通关便利。宣讲会向企业介绍了APEC卡政策和申报办法，帮助企业了解出入境便利政策，助力企业进一步拓展国际业务。130余家商务服务企业参加了政策宣讲会。

（孙　诺、付　彧）

【举办商务服务企业京交会宣讲会】市商务局和北京商务服务业联合会积极为企业搭建政策宣传和沟通交流平台。5月10日，会同北京商务服务业联合会举办商务服务企业京交会宣讲会，重点围绕2019年中国国际服务贸易交易会“一主多辅”新模式，为商务服务企业讲解了企业参与途径和步骤。本次宣讲会是我市首次面向全市会计、税务、资产评估、展览、人力资源、知识产权、法律等重点商务服务企业举办京交会宣讲会，扩大了京交会的影响力和参与面，推动商务服务企业借助重大活动平台创新发展。

（孙　诺、付　彧）

【东城、西城、朝阳和海淀区商务服务企业数和营业收入占比超八成】从商务服务业分区情况看，东城区、西城区、朝阳区和海淀区四个区规模以上租赁与商务服务业企业数量和营业收入分别占全市的81.1%和86.3%。其中，朝阳区租赁与商务服务业企业1616家，占全市的43.9%，实现营业收入3398.1亿元，占全市的42.1%；海淀区租赁与商务服务业企业620家，占全市的16.8%，实现营业收入1644.9亿元，占全市的20.4%。

（付　彧）

总部经济

【概况】年内，全市3961家总部企业实现中央级一般公共预算收入5641.1亿元，同比下降20.4%；实现地方级一般公共预算收入2064.2亿元，同比下降4.8%。总部企业实现地方级一般公共预算收入占全市比重为35.5%。信息传输、软件和信息技术服务业、文化、体育和娱乐业均实现两位数增长，增幅分别为16.6%、24.3%。新认定2家跨国公司地区总部，累计达到180家。

（柏际平、张德金、杜大琳）

【入围《财富》世界500强企业数量连续7年位居全球城市榜首】7月22日，《财富》世界500强榜单发布，中国129家企业上榜，首次超过美国上榜数量。北京入围企业达到56家，占世界500强比重11.2%，占比提高0.6个百分点，入围企业数量连续7年位居全球城市榜首。北京地方企业入围数量由5家增加到7家。北京新入围企业4家，占中国新入围企业的31%。超过半数北京入围企业排名上升。

（张德金）

【入围《财富》中国企业500强数量达到110家】7月10日，财富中文网公布2019《财富》中国企业500强排行榜，北京入围企业110家，占比22%，比上年增加2家，入围企业数量连续十年位居中国各省市之首。北京入围的110家企业中，32家企业排名上升。

（张德金）

【NGO组织管理服务水平不断提高】累计批准境外非政府（经贸类）组织设立代表机构40家，占全市各行业近三成。完成境外非政府组织2018工作总结和2019年工作计划年度审核工作。

（杜大琳）

【举办“总部企业走进绿水青山门头沟”对接活动】12月13日，由市商务局与门头沟区政府共同主办的“总部企业走进绿水青山门头沟对接活动”举行。来自全市科创、医药、文化、旅游领域50余家知名总部企业100余名企业家参加此次对接活动。石龙开发区与北京总部企业协会、泉州企业商会，北京思源理想控股集团有限公司与中国石化销售股份公司北京公司，分别签署了战略合作协议。

（张德全、张　莉）

【联合举办境外非政府组织政策培训会】8月15日，会同市公安局举办境外非政府组织（经贸类）政策培训会，解读《中华人民共和国境外非政府组织境内活动管理法》，介绍相关情况，讲解办理流程。近30家境外非政府组织代表处40余人参会。

（杜大琳）

【2019北京总部经济国际高峰论坛圆满落幕】5月28日，2019北京总部经济国际高峰论坛在京举办。论坛以“优化营商环境 培育创新引擎 为总部经济发展提供新动力”为主题，集中探讨不断优化营商环境的新形势下北京总部经济创新发展新路径。论坛首次发布了北京总部经济发展指数、邀请世界贸易网点联盟主席发表主旨演讲，并开展了以创新为主题的高端对话，实现了多项签约成果。市政府相关部门、国家智库专家、世界500强和跨国公司地区总部企业近500人参加此次论坛。

（张德全）

专项流通行业

【概况】年内，北京市新设立拍卖企业186家，382家拍卖企业通过2018年度拍卖企业核查。与市市场监管局、市文物局建立拍卖监管联席会议制度，定期沟通、联动监管、联合查处，提高监管能力。全市7家报废汽车拆解厂共报废老旧机动车8.9万辆（不含转出高排放老旧机动车）。组织开展新能源汽车促销活动，进一步培育新能源汽车消费需求，拉动消费增长。

（曹　民）

【举办第十一届北京拍卖季活动】5月至12月，开展2019北京拍卖季活动，以“服贸新平台，拍卖新生态”为主题，立足北京，辐射全国，以全品类、多场次、持续性、大众化、专业性为特点，全力促进开放、创新、智慧、融合的“中国拍卖新生态”。2019北京拍卖季联合各大拍卖行、网络拍卖平台、各院校机构以及拍卖上下游企业共举办了20场活动，拍卖成交额超过50亿元。

（曹　民）

【举办2019年中国国际服务贸易交易会综合拍卖会】5月30日，2019中国国际服务贸易交易会首场综合拍卖会在国家会议中心4层B厅圆满收官。现场成交金额15.99亿元，创下历次京交会拍卖活动成交新纪录。本次拍卖会共成交拍品109件，其中艺术品类标的34件，精准扶贫类拍卖标的48件，慈善公益类标的27件。活动首次采取“一主三辅”模式，除在主会场外，还分设日本东京、上海、昆明三个分会场，同时邀请中拍平台、易拍全球等网络拍卖平台机构，开展“互联网+资产”“互联网+艺术品”等线上线下相结合的拍卖活动，启动为期1年的首届网络资产大联拍活动，进一步延伸了中国国际服务贸易交易会时空范围，扩大了国际影响力。

（曹　民）

【组织开展报废汽车回收拆解行业检查】9月18日，组织开展报废汽车回收拆解企业交叉检查。首次采取企业相互检查的方法，由全市7家报废汽车回收企业中的6家各出2名业务骨干组成检查组，对第7家企业——房山区大石河解体厂进行检查。检查内容为安全管理、回收、销售、纳税、环保、拆解等六类共30项，对检查中发现的问题，已要求企业逐条研究整改措施，并将整改情况报送市、区两级商务部门；对不属于商务部门职责范围内的问题，要求房山区商务局做好向区相关职能部门移交工作。

（曹　民）

【举办“2019北京新能源汽车促销节”活动】10月19日至11月10日，“2019北京新能源汽车促销节”活动在京举办。本次活动以“品质生活　绿色出行”为主题，汇聚十余款热销新能源车型，通过举办新能源汽车展、新能源汽车拍卖会、新能源汽车知识讲座及竞赛等系列活动，向消费者普及关于汽车性能、日常保养方面的知识，方便消费者一站式了解、选择、购买新能源车。

（曹　民）

【酒类流通情况】年内，组织北京大中型酒类企业参加第100届、第101届全国糖酒商品交易会及中国贵州国际酒类博览会，参展企业签订合同及意向合同1100余份，金额超过1.2亿元。

（胡敬轩）

四、区域商务协同

商务领域京津冀协同发展

【概况】年内，认真贯彻落实《京津冀协同发展规划纲要》，按照共同实现高质量发展新发展理念，聚焦商务领域京津冀协同发展，加强横向、纵向沟通协调，扎实推进商务领域京津冀一体化建设。全年共计完成疏解提升市场50个、物流中心16个。截至2019年底，全市疏解提升市场和物流中心累计919个，其中市场779个、物流中心140个；动物园、大红门、天意等中央台账市场已按时完成疏解任务，官园、万通、永外城、雅宝路等市级台账市场基本完成撤并升级和外迁；河北省累计签约北京疏解商户4万余户，入驻商户约2.5万户；天津市累计签约1万余户，入驻商户约0.5万户。

（商贤才）

【协同联动推进便民商业发展】年内，与天津、河北商务部门加强协作，开展环首都1小时鲜活农产品流通圈建设，推动7个项目实施。快消品等民生消费领域，推进现代供应链创新发展，支持建设16条试点供应链35个项目。

（吕祥森）

【中国（河北）自由贸易试验区大兴机场片区挂牌】8月31日，中国（河北）自由贸易试验区大兴机场片区召开新闻发布会并挂牌。中国（河北）自由贸易试验区于8月2日获国务院批复，涵盖雄安、正定、曹妃甸、大兴机场四个片区，总面积119.97平方公里；大兴机场片区总面积19.97平方公里，其中北京方面9.97平方公里，该片区将重点发展航空物流、航空科技、融资租赁等产业，建设国际交往中心功能承载区、国家航空科技创新引领区、京津冀协同发展示范区。大兴机场片区是国内首次跨省级行政区域设立的自贸试验区片区，是北京和河北共建共享制度创新的新平台，是京冀两地一体化发展的重要举措，有利于推动京津冀加快构建统一、开放、有序的市场，有利于打造更高层级的开放平台，进一步拓展服务业开放的广度和深度，为北京经济高质量发展增添新活力。

（蔡小军、车欣薇、杨保磊）

【举办2019投资北京洽谈会暨京津冀投资推介会】5月29日，2019投资北京洽谈会暨京津冀投资推介会在京举办。本届京洽会是2019中国国际服务贸易交易会重点推介洽谈活动之一，由京津冀三地11家政府部门主办，以“推进服务业扩大开放，推动京津冀协同发展”为主题，北京市投资促进服务中心、天津市人民政府合作交流办公室、河北省商务厅现场签署了京津冀产业链引资战略合作框架协议。来自京津冀三地政府部门、国内外商协会和企业等1200余名代表参会。

（仝国卿、王爱丽）

【举办多场经贸交流活动】年内，会同中国国际电子商务中心、相关国家驻华使馆或投促部门在京共同举办多场经贸交流活动，帮助参会企业获得吸引投资、寻求合作、推介产品、树立“走出去”品牌形象。来自丹麦、芬兰、瑞典、乌克兰、印度尼西亚、马来西亚等多国官员和企业代表分别就本国投资政策和重点领域及项目进行了推介，京津冀多家相关商协会、企业及新闻媒体参加活动。

（薛俊芳）

【举办河北沧州—北京市商务局“黄骅旱碱麦”推介活动】8 月 16 日，河北沧州—北京市商务局“黄骅旱碱麦”推介活动在京举办。北京 40 余家知名品牌超市、餐饮、食品加工、电商、批发市场等企业参加推介活动。活动现场，市商务局与沧州市政府签订了特色优质农产品推介合作框架协议，第一批合作企业签订了合作协议。

（魏新宇）

【组织参加第 23 届廊交会品牌农产品产销对接活动】10 月 31 日，河北省政府主办的第 23 届中国（廊坊）农产品交易会品牌农产品产销对接会在河北廊坊举办。市商务局组织本市 20 余家超市、电商、餐饮及农产品流通企业参加对接活动。

（魏新宇）

【举办 2019 年京津冀贸易壁垒应对培训会】11 月 26 日，会同京津冀三地贸促会在京举办 2019 年贸易壁垒应对培训会，帮助企业提升有效防范化解风险意识和重视企业境外合规工作意识水平，服务加快推进对外贸易高质量发展。京津冀外向型企业代表、京津冀贸促会及有关行业协会领导、部分区商务部门约 200 人参加培训。

（梅　焱）

【2019 京津冀服务贸易和服务外包协同发展论坛】10 月 22 日至 23 日，2019 京津冀服务贸易和服务外包协同发展论坛在雄安新区举办。本次论坛以“千年大计、协同发展”为主题，由河北省商务厅、北京市商务局、天津市商务局和河北雄安新区管委会共同主办。相关专家学者和企业代表围绕雄安新区规划、服务业高水平开放、服务贸易高质量发展、河北自贸试验区建设、区域协同发展等话题进行了交流。来自全国 17 个深化服务贸易创新发展试点地区的代表就本地区试点情况进行了交流。京津冀三地商务部门、行业协会、高端高新产业重点企业代表等 200 人参加论坛。

（于新成）

区域商务合作

【举办赣品进京启动仪式暨井冈山品牌会】3 月 17 日，由江西省商务厅、北京市商务局支持，吉安市人民政府主办的赣品进京启动仪式暨井冈山品牌农产品对接会在京举办。50 余家北京市大型农产品批发市场、连锁超市、电商平台及经销商代表与来自江西吉安地区的农产品龙头企业齐聚一堂，洽谈合作、共谋发展。

北京市与江西省于 2017 年签订《进一步深化赣京合作框架协议》，当年 3 月，北京市商务局与江西省商务厅签订了《全面战略合作框架协议》，建立了商务合作机制，两地在京共同举办了 3 期“江西商品大集”，赣南脐橙、南丰蜜桔、景德镇陶瓷等品质优良、品种多样的江西特色产品丰富了北京消费市场。

（魏新宇）

【启动“北京市消费扶贫产品专区”和“和田地区特色产品专柜”】3 月 18 日，市商务局和市扶贫支援办举办的“北京市消费扶贫产品专区”“和田地区特色产品专柜”正式启动，为市民选购正宗地道的扶贫地区特色产品提供了新选择。市商务局、市扶贫支援办、市援疆和田指挥部、新疆和田地区、兵团第十四师和北京市 16 个区商务委领导以及来自新疆和田地区的农产品龙头企业与 20 家北京市大型连锁超市参加了启动仪式。

（魏新宇）

【组织参加京蒙合作助力脱贫攻坚暨全国采购联盟绿色食材产销对接会】7月20日，京蒙合作助力脱贫攻坚暨全国采购联盟绿色食材产销对接会在内蒙古乌兰察布市召开，市商务局组织本市多家商贸、餐饮企业参加，与当地供应商进行对接洽谈。乌兰察布是面向首都、辐射全国的重要农畜产品生产供应基地，对接会上展示的马铃薯、冷凉蔬菜、杂粮杂豆、牛羊猪肉、乳制品等绿色食材备受北京采购商青睐。

（魏新宇）

【践行主题教育活动，解沽源蔬菜滞销难题】蔬菜产业是河北沽源县主导产业之一，7、8月份正是沽源蔬菜集中上市的季节，由于产量过大，导致部分蔬菜滞销。7月30日至31日，市商务局紧急组织北京农产品流通协会带领20余家北京商贸企业，并指导对口扶贫沽源县的顺义区商务局组织区供销社、顺商集团、石门市场等赴沽源县参加扶贫产品产销对接暨蔬菜交易大会，与当地农业合作社、蔬菜企业和菜农开展产销对接。

（魏新宇）

【举办河北沧州—北京市商务局“黄骅旱碱麦”推介活动】为深化京津冀协同发展，加强京津冀特色优势农产品产销对接，实现品牌提升，丰富首都消费市场，8月16日，河北沧州—北京市商务局“黄骅旱碱麦”推介活动在京举办。市商务局组织北京40余家知名品牌超市、餐饮、食品加工、电商、批发市场等企业参加推介活动。活动现场，市商务局与沧州市政府签订了特色优质农产品推介合作框架协议，第一批合作企业签订了合作协议。

（魏新宇）

【组织参加第23届廊交会品牌农产品产销对接活动】10月31日，河北省政府主办的第23届中国（廊坊）农产品交易会品牌农产品产销对接会在河北廊坊举办。市商务局组织本市20余家超市、电商、餐饮及农产品流通企业参加对接活动。

（魏新宇）

五、商务环境建设

依法行政

【概况】年内，贯彻落实《北京市法治政府建设实施方案（2015—2020年）》和北京市推进依法行政工作领导小组《2019年推进法治政府建设工作要点》（京依法行政发〔2019〕2号）等文件要求，结合我市商务工作实际，着力推进“放管服”改革，切实强化对重点工作的法治服务保障，推进普法依法治理工作，依法行政工作取得新进展。全年精简政务服务事项申报材料比例达到62%，办理时限总体压减比例达到66%。商务领域涉及群众办事的各类证明、行政审批中介服务事项目录清单已向社会公布。

（卓　娜）

【开展对5部市政府规章的清理工作】年内，按照全市统一部署，市商务局先后对2018年12月31日前公布的，现行有效的市政府规章中以市商务局为主责部门的规章开展清理。共对《北京市商业零售经营单位促销活动管理规定》（市政府令第207号）、《北京市蔬菜零售网点建设管理办法》（市政府令第249号）、《北京市洗浴和美容美发经营场所管理若干规定》（市政府令第65号）、《北京市商业零售经营单位安全生产规定》（市政府令第176号）以及《北京市餐饮经营单位安全生产规定》（市政府令第177号）5部规章提出清理建议。

（夏　柳）

【精简政务服务事项申报材料比例达62%】年内，开展政务服务事项“减材料、减时限”工作。全年共精简政务服务事项申报材料940份，精简比例达到62%；压减政务服务事项办理时限1700余工作日，办理时限总体压减比例66%。

（卓　娜）

【压减政务服务事项跑动次数】年内，结合不同政务服务事项特点，采取邀请专家现场沟通指导，协调深化网办深度等多种举措，切实开展商务领域政务服务事项“减跑动”工作。经压减，办理市商务局政务服务事项需到现场的次数已达到或低于全市平均水平。

（卓　娜）

【清理涉企办事证明及审批中介服务事项】年内，推进对商务领域涉及企业和群众办事创业的各类证明、行政审批中介服务事项的清理工作。经清理，现纳入本市保留证明目录4项，纳入本市行政审批中介服务事项目录清单3项，已通过市商务局网站向社会公布。

（夏　柳）

【12312举报投诉受理工作圆满完成】年内，北京市商务举报投诉中心接收“接诉即办”派单4732件，受理办结行政处罚类和非行政处罚类案件76件，处理咨询建议248件，办结率100%。

（余　丽）

公平贸易

【概况】年内，应对国际风险挑战明显上升的复杂局面，落实商务部贸易救济工作部署，密切关注贸易摩擦态势，努力营造公平贸易环境。

密切关注贸易救济形势变化。全年北京市出口产品遭遇的贸易救济调查共计48起（反倾销32起、反补贴7起、保障措施9起），同比增长6.7%，占我国遭遇贸易救济调查总数的49.0%；涉案金额约为2.09亿美元，同比下降24.6%。

有序开展重大案件预警及应对。建立完善符合北京市特点的公平贸易风险预警和法律服务机制，会同京津冀贸促会联合举办“2019年贸易壁垒应对培训会”，编发《北京市应对技术性贸易壁垒培训手册》等宣传资料，帮助企业及时了解贸易环境变化和海外知识产权动态，强化WTO规则意识，掌握应对方法。

（梅　焱）

【发展中经济体发起涉及本市贸易救济调查数量占比超六成】年内，北京市涉及国外贸易救济调查中，印度、印度尼西亚、阿根廷等12个发展中经济体发案29起，所占比重达到60.4%，发案数同比增长81.3%。美国发起案件12起，数量同比下降47.8%，位列首位。

（梅　焱）

【遭遇国外保障措施调查同比增长1.25倍】年内，全球共有16个国家（地区）启动30起保障措施调查，同比增长66.7%。北京市遭遇的国外保障措施调查达到9起，同比增长1.25倍。

（梅　焱）

【钢铁制品成遭遇贸易救济调查最多产品】年内，钢铁制品成为我市遭遇贸易救济调查最多的产品类别，共计涉案17起，占比35.4%；涉案金额以及涉及企业数量占比均超过50%。

（梅　焱）

【美国对华贸易救济案件高税率成常态】年内，美国商务部对华反倾销和反补贴案件的裁决明显提速，美国对华立式金属文件柜“双反”调查仅历时四个半月，创近年来最快纪录。“双反”税率动辄100%、200%，甚至出现税率超过300%的案件。

（梅　焱）

营商环境

【概况】年内，巩固完善京津联合联动工作机制，继续开展联合专项行动，联合在京举办6场政策宣讲培训会，发布3个联合公告，推出48项改革举措，世行跨境贸易评价指标大幅改善，世界银行《2020营商环境报告》中国被列为营商环境改善度最高十大经济体之一。与北京海关共同直接牵头的跨境贸易评价指标、与发改委双牵头的市场开放度指标，以及其他配合推进的指标均取得明显成效，2019年本市继续蝉联营商环境评价国内城市第一。

（柏际平、陈　静、马俊杰）

【跨境贸易排名首次跻身全球前60名】10月24日，世界银行发布《2020营商环境报告》，中国营商环境全球排名由上年的第46位跃升至第31位，连续两年列入全球营商环境改善幅度较大的十大经济体。其中，跨境贸易排名由上年第65位提升至第56位，超过日本，首次跻身全球前60名。世界银行评估数据显示，京津两地共同出台的一系列压时降费措施效果明显，8个跨境贸易评价指标中，北京（天津）有6个指标得到改善，其中进口单证合规时间与成本下降超过36%，跨境贸易便利度显著提升。

（马俊杰）

【京津开展应对世行新一轮跨境贸易评价对接工作】2月、12月，京津两市先后开展应对世行新一轮跨境贸易评价对接工作。两市副市长带队互访，商务、海关、交通、财政、天津港集团等相关部门和单位围绕应对世行新一轮评价工作相关情况开展交流协作。两市就新一轮跨境贸易评价指标提升目标、重点改革举措等达成高度共识，一致同意巩固完善联合联动工作机制，充分发挥联合工作专班作用，加快推进各项工作落到实处。

（马俊杰）

【完成世行跨境贸易指标政策磋商工作】5月27日，京津跨境贸易联合工作专班与世界银行专家团队进行了跨境贸易指标政策磋商。会上，展示了一年来京津两地提升跨境贸易便利化所取得的新突破，回答了世界银行专家提出的24个跨境贸易评价方面的问题，澄清了2018年世行评价中不准确之处，提供了更加准确的信息。世界银行方面对我方回答没有提出异议。磋商活动得到了国家口岸办的充分肯定。国家口岸办，京津海关、商务局，天津港集团等部门和单位相关负责人参加了本次磋商。

（马俊杰）

【举办2019年各区营商环境评价工作培训会】11月14日至15日，会同市统计局举办2019年各区营商环境评价工作培训会。会上，介绍了2019年各区营商环境评价工作背景、进展情况、工作时间节点要求，以及指标体系修订情况和填答注意事项等内容。全市16区和经济技术开发区发改、商务、政务服务、市场监管等部门负责同志150余人参加培训。此次培训标志着我市2019年各区营商环境评价工作进入实际操作阶段。

（陈　静、郭鹏飞）

流通秩序

【概况】年内，全市服务质量提升工作以提升商业服务业整体服务质量为重点，维护和谐稳定、公平竞争的法治化营商环境，加强商务领域秩序规范管理，推进商务信用建设，开展商业服务业服务技能大赛活动，各项工作取得了积极成效。

一、维护和谐稳定、公平竞争的法治化营商环境

持续推进2019年度反恐协防和综治维稳工作。制定并实施《2019年北京重大活动期间商务行业反恐维稳协防、流通秩序和服务质量保障工作方案》，新中国成立70周年庆祝活动期间对特色商业街区、大型商场和连锁超市、物流基地、餐饮企业、洗浴场所、二手车交易市场、加油站等人员密集场所和重点领域加强反恐维稳检查。会同市公安内保局、市反恐办、市治安总队对重点领域和场所展开反恐和“五大安保”督导检查，发现和消除隐患问题20余处。

全力推进商业零售企业诚信促销，防范生活必需品限时限量促销等违规行为，加强促销活动事中、事后监管，营造了安全放心的消费环境。依据精简审批服务事项合理取消促销活动报告。推动促销活动规章废止工作并进入立法程序，破除我市大型零售企业促消费活动政策障碍。

加强预付卡备案管理和地方立法调研及立项论证，牵头多部门开展全市预付卡法规宣传、风险提示、执法检查和专项整治，有效防范预付卡风险。截至2019年底，共备案发卡企业298家，同比增长56%，其中品牌发卡企业21家，集团发卡企业36家，规模发卡企业182家，其他发卡企业59家。备案企业预收资金余额134.6亿元，其中银行存管资金11.2亿元，保险金额16.1亿元。累计行政处罚违规企业20家，罚款24.5万元。协调市场监管部门将284户预付卡失联跑路企业及519名主要人员列入“黑名单”；协调公安部门破获预付卡犯罪案件4起，抓获犯罪嫌疑人9人。

二、加强商务领域信用体系建设，推动服务业质量提升

推进商务领域信用体系建设，出台《关于建立完善信用联合奖惩制度加快诚信建设的实施意见》《北京市商务局关于推进商务领域信用

建设工作实施方案》，对商业企业开展守信激励和失信惩戒；依托“开放北京”公共信息服务平台探索实施外资企业“双积分”信用管理新模式。目前重点领域信用监管系统已归集3万余家外资企业35万余条信息。联合商务部举办“全国诚信兴商宣传月活动”，我市百家企业在启动现场作出诚信立商、质量兴商庄严承诺，通过承诺向社会传递正能量，全市商业服务业企业将全力践行诚信经营理念，全面提升服务质量，营造繁荣和谐的消费氛围，持续打造“有温度的北京服务”。

组织开展2019年北京市商业服务业技能大赛活动，以“技能提高商业服务业服务质量”为主线，开展金牌店长等23个与百姓生活息息相关的竞赛项目，评选出699名优秀技能人才，399名参赛选手取得国家职业资格证书，23个单位荣获优秀组织奖，为商业服务业广大员工搭建了切磋技艺、交流技术、展示技能的平台，为提升我市商业服务业服务质量和打造“北京服务”品牌作出积极贡献。

三、规范行业管理，促进行业持续健康发展

开展全市商品类交易场所清理整治攻坚行动，协调处理北油所、北商所遗留问题和信访事项，督促石油、红木、酒类等交易场所整改30多项问题。2019年，我市8家正常运行的商品现货市场收储投放食糖、肉类、棉花358万吨，交易额782.5亿元。妥善化解企业引发的各类矛盾纠纷和社会舆情，靠前防范和处置行业企业风险隐患，守好商务领域安全稳定底线。

（朱春彬、易　辉、刘　伟）

【开展2019年全国诚信兴商月活动】 9月17日，会同商务部秩序司举办全国诚信兴商月活动启动仪式。活动以“弘扬诚信理念，促进高质量发展”为主题，加强诚信宣传教育，提升全社会诚实守信意识，优化消费和营商环境。我市百家企业在启动仪式现场作出诚信立商、质量兴商庄严承诺，通过承诺向社会传递正能量。

（刘　伟）

【组建服务质量特约监督员队伍】 9月，指导市商联会启动服务质量监督工作，组建“北京市服务质量特约监督员”队伍，108名热衷于社会服务的商业服务业从业者、企事业单位工作人员和退休人员成为特约监督员，组织开展监督暗查和建议反馈工作。

（易　辉）

【举办2019年北京市商业服务业技能大赛活动】 年内，市商务局组织开展2019年北京市商业服务业技能大赛活动，以“技能提高商业服务业服务质量”为主线，开展金牌店长等23个与百姓生活息息相关的竞赛项目，评选出699名优秀技能人才，399名参赛选手取得国家职业资格证书，23个单位荣获优秀组织奖，为商业服务业广大员工搭建了切磋技艺、交流技术、展示技能的平台，为提升我市商业服务业服务质量和打造“北京服务”品牌作出积极贡献。从2009年至今，大赛活动已成功举办9届，开展129个竞赛项目活动，参加人数达200多万人次，2979名优秀选手受到了市级表彰，2636人取得国家职业资格证书。

（王　勇）

【新中国成立70周年专项行动】 年内，开展新中国成立70周年庆祝活动反恐维稳和“五大安保”督导检查，对万达百货、燕莎、朝阳大悦城、翠微等600多家全市大型商业企业安保设施、安保力量等情况进行检查，对应急处突力量进行现场检验，详细掌握企业反恐预案制定情况，反恐防爆器材设置和人员配备等情况，期间持续对企业进行反恐维稳宣传教育，督促企业落实反恐维稳主体责任。

（刘　伟）

【开展节能减排绿色低碳项目改造】年内，利用政策资金引导企业开展高耗能设备升级改造，4家企业的11个门店，开展了节能减排绿色低碳项目，获政府支持资金822.6万元，引导企业总投资1461.8万元，企业年节电约40万千瓦·时，折合标准煤约50吨，减少二氧化碳排放约120吨。

（孙景东）

【开展绿色商场创建活动】年内，开展节能环保“绿色商场”创建活动，本市8家零售企业门店被商务部评为“绿色商场”。

（孙景东）

【商务领域社团组织情况】截至2019年底，由市商务局作为业务主管单位的社团组织45家。按照市社团登记管理部门的分类统计，学术性社团3家（北京国际经济贸易学会、北京商业经济学会、北京市商业文化研究会），联合性社团5家（北京市商务服务业联合会、北京市商业联合会、北京服务贸易协会、北京老字号协会、北京国际生态经济协会），专业性社团8家（北京国际商会、北京国际经济技术合作协会、北京国际经贸标准化促进会、北京市对外经济贸易会计学会、北京中外企业人力资源协会、北京市商业企业管理协会、北京市供销合作经济组织协会、北京品牌协会），民办非企业单位1家（北京京商流通战略研究院），行业性社团28家（除上述3类以外的社团组织）。

年内，按期完成了由市商务局作为业务主管单位的社团组织年度检查的初审工作；指导10家社团组织完成了换届工作；按照全市统一要求，组织15家行业协会商会开展了与行政机关脱钩工作。

（刘　伟）

安全生产

【概况】年内，商务行业安全生产工作围绕庆祝新中国成立70周年保障任务，强化底线思维和红线意识，凝心聚力、提质增效，保持行业安全生产形势持续稳定向好。全年市、区两级商务部门推动1000余家商业零售和餐饮经营单位安全生产标准化创建达标，集团企业二级标准率同比上升16.70%。先后集中编制《设施安全管理》等教材教案和宣传材料2万余份，开展各类安全生产集中培训800余次，受众人数超过3万人次。大力推行安全生产责任保险，行业投保安责险企业累计达43 500家，共入户排查企业3600家次，发现并整改隐患831处。

（宋　军、杨明晓）

【召开商务行业安全生产工作会】2月18日，市商务局召开2019年全市商务行业安全生产工作会。总结2018年商务行业安全生产工作，研究部署2019年商务行业安全生产工作，并与各处室、直属单位签订《安全工作责任书》。市区商务部门、市商联会、市餐饮协会、相关企业等部门和单位140余人参加会议。

（宋　军、杨明晓）

【开展安全生产月专题培训】6月28日，开展2019年商务行业“安全生产月”专题培训活动。培训集中学习相关法规、技术标准，通报云南大理火灾事故教训，并对落实好相关文件精神及深刻吸取火灾事故教训确保行业安全稳定提出明确要求；开展以“落实企业安全生产主体责任、确保行业安全稳定”为主题的消防安全专题培训。全市商务部门安全生产管理人员、专职安全员，相关企业安全生产负责人和管理人员170余人参加培训。

（宋　军、杨明晓）

【开展安全生产集中约谈警示】9月1日，

组织人员赴事故现场调查王府井大街商场广告灯箱打火冒烟事故，核查了解事故情况，并会同区商务局、区应急局、区消防支队和王府井建管办，集中约谈王府井商圈55家商业零售、餐饮经营单位主要负责人，指导企业提高政治站位，全面进入国庆保障时期，以临战状态、实战标准做好国庆70周年服务保障工作。

（宋　军、杨明晓）

【召开电动自行车消防安全专题工作会】11月1日，会同市消防救援总队举办全市快递、外卖企业电动自行车消防安全专题工作会。通报本年度以来全市电动自行车火灾形势，有针对性地深入分析快递、外卖企业电动自行车充电发生火灾的原因及教训，并结合电动自行车火灾防范专项行动提出具体要求。全市14家主要快递、外卖企业相关负责人参加会议。

（宋　军、杨明晓）

【召开安全生产集中整治暨有限空间安全管理再动员再培训工作会议】12月19日，召开安全生产集中整治暨有限空间安全管理再动员再培训工作会议。十六区和开发区商务部门、市商业联合会、相关企业140人参加会议。会上，市应急局对有限空间安全管理工作进行宣传培训；市安全科学研究院对零售经营单位、餐饮经营单位生产安全事故隐患目录进行宣讲；市商务局就商务行业安全生产集中整治工作，对落实企业安全生产主体责任提出要求。发放燃气安全等各类安全生产宣传品10万份。

（宋　军、杨明晓）

【制定行业安全生产规范】年内，制发《2019年度商务行业安全生产工作指导意见》，起草《北京市商务行业安全生产规范》，修订《北京市商业服务业安全生产管理制度导则》和《商业服务业经营单位安全生产突发事件应急预案编制细则》，并印发安全生产告知书，指导各单位的安全工作。

（宋　军、杨明晓）

【开展商务平安年活动】年内，市商务局紧密围绕新中国成立70周年庆祝活动、第二届“一带一路”高峰论坛、北京世界园艺博览会等重大活动安全保障工作，紧盯城市核心区、重要商圈，严管严控，确保万无一失。

（宋　军、杨明晓）

【开展商务安全百日行动】8月至11月，开展安全生产隐患排查“百日行动”。将全行业领域的各项安全生产工作细分到多个领域，督促各行业生产经营单位不折不扣落实企业安全生产责任制，先后开展大型商业综合体等10余项专项检查。

（宋　军、杨明晓）

【党政领导干部安全生产责任制】年内，市商务局党组制定印发《安全生产工作“党政同责　一岗双责”暂行规定》《北京市商务局领导干部安全生产责任制细则》等局内规章，及时解决安全生产有关问题。市商务局主要领导亲自研究部署、一线督导，领导班子成员一线带队检查，实现安全生产与业务工作同部署、同推进、同督导。推动成立北京市商务局安全生产管理委员会，起草制发安全生产规范性文件30余份，落实28项行业安全生产专项工作。

（宋　军、杨明晓）

第四部分

海　关

合唱四首

天 籁

北京海关

基本职能

北京海关是海关总署下属的正厅（局）级海关。北京海关的业务管辖范围为北京市的各项海关管理工作。负责本关区征税、监管、缉私、出入境检验检疫、统计等各项工作。

内设机构

办公室、法规处、综合业务处、关税处、卫生检疫处、动植物检疫处、进出口食品安全处、商品检验处、口岸监管处、行邮监管处、统计分析处、企业管理处、稽查处、缉私局、财务处、科技处、督察内审处、人事处、教育处、机关党委、监察室、离退休干部办公室。

隶属海关单位

首都机场海关、海关总署税收征管局（京津）、北京大兴国际机场海关、北京车站海关、北京邮局海关、中关村海关、北京东城海关、北京西城海关、丰台海关、海淀海关、通州海关、顺义海关、亦庄海关、天竺海关、北京朝阳海关、平谷海关、北京会展中心海关、北京海关风险防控分局。

业务工作

【概况】2019 年，北京海关坚持以习近平新时代中国特色社会主义思想为指导，认真贯彻落实总署党委、北京市委市政府的部署要求，以“单项争第一、综合创一流”为目标，紧密围绕千方百计保安全、一心一意促发展、积极稳妥推改革、聚精会神抓建设四方面重点任务，强化监管、优化服务，高质量、高水平地完成了各项工作任务。全年北京地区进出口商品总值 2.87 亿元，同比增长 5.4%。

（庄璐宁）

【圆满完成了多项重大活动的通关保障任务】圆满完成了新中国成立 70 周年以及“一带一路”高峰论坛、世园会、亚洲文明对话大会等重大活动的通关保障任务，有力确保首都国门安全和通关秩序。在确保世园会物资通关便利方面，在转关现场设专人办理展品转关手续，做到立审立结；畅通验放渠道，切实提高世园会物资的查验、检疫效率；各隶属海关联系配合，确保各项通关手续办理顺利。

（庄璐宁）

【北京大兴国际机场海关顺利开关运营】北京大兴国际机场 9 月底正式通航，北京海关全力打造“监管最有效、通关最便利、设施最先进、管理最科学、体验最友好”的国际一流空港海关。随身物品创新监管，旅客出境实现“两关合一”。托运行李先期机检，旅客入境体验“无感通关”。大兴机场海关创新性地与安检部门共享查验现场，将行李物品海关监管嵌入安检过程，使海关检查与机场安检的两道“关卡”合二为一，旅客在出境时只需提交一次行李，只接受一次检查，查验等待时间可缩短 50%。配置新型高速 CT 检查设备及智能审图系统，有效提升海关查验效率。配置“双负压”隔离室和海关卫生检疫专用电梯，保障疫情疫病有效隔离。设置重点查验航班指定远机位，架设负压隔离室海关专用电梯，极大增强大兴国际机场应对国内外突发重大疫情及特殊事件的预防和监管能力。配置无感红外测温仪等国内一流的智能检疫查验设备，第一时间探知旅客发热情况。仅需几秒钟即可获取并存储入境旅客的图像、通关时间、体表温度等，并将上述资料集中呈现在一个画面。这一技术已经达到世界领先水平。

（庄璐宁）

【北京海关鲜明特色的监管模式初具规模】 全力推进“两步申报”试点工作，组织召开企业宣讲会，与国航进出口有限公司、北京飞机维修工程有限公司等重点企业进行座谈，采取优先处置“两步申报”货物等措施。积极推进中国航空器材有限责任公司以“保税物流供应链为单元”的保税监管模式改革创新试点。结合航材可追溯性和唯一性特点，研究制定了“以企业集团为单元”保税物流供应链业务联系配合办法等三项制度，搭建了实时、全程、协同的监管体系；创新开发应用了“保税物流供应链辅助监管系统”和“保税物流供应链远程视频监控系统”，实现海关电子联网审查和监管的信息化、智能化、集约化、规范化；探索创新“五自一提三查”监管模式，即航材企业自主备案、自定存储周期、货物自主进出、自由流动、自主盘点；海关主动提取企业物流管理数据；实施电子数据核查、远程视频核查、实地核查，实现了“管得住、通得快”。试点企业在北京统一办理各口岸分拨站账册设立、核销及其他保税物流业务，大幅降低了航材备勤及通关成本。

（庄璐宁）

【支持北京市高水平开放高质量发展】 北京空港口岸提效降费继续发力，公布《北京空港口岸提升跨境贸易便利化2019年行动方案》，在压缩通关时间、降低合规成本、加强制度体系建设等方面做文章。积极推行“容错机制”助力优化北京市营商环境。做好对外宣传，通过发布公告、举办政策宣讲会、媒体平台推送等多渠道，开展提前申报“容错机制”的宣传工作；简化企业申请差错复核手续，使企业可以通过“关企合作平台”以电子数据形式申请，因提前申报原因产生的报关差错无须到现场提交纸本材料；减少审核环节，由企管处一个部门集中审核，企业无须到多个部门办理，减少办事环节和步骤；合理安排人力资源，压缩办理时间，无特殊情况的当天办结。通过“容错机制”工作的开展，消除解决企业提前申报中的问题和顾虑，使企业实实在在享受到海关改革的红利，增强企业的获得感。

（庄璐宁）

【多措并举推进综合治税工作】 自2019年4月1日起，我国实施进口增值税减税政策。进口货物原适用16%增值税税率的，税率调整为13%，原适用10%增值税税率的，税率调整为9%。北京海关第一时间做好政策实施的各项工作安排，制定应急预案，做好系统维护和运行保障，在通关环节及时准确执行政策，充分利用12360服务热线、属地纳税人微信群、报关企业管理平台等各种渠道，加强对进口企业的宣传和服务，使广大企业切实享受到减税政策红利。首推高级认证企业免除税款担保试点工作，为企业盘活了资金占用，节省了相关手续费及物流运营成本费用。

（庄璐宁）

2019 年北京地区进出口总值一览表

项 目	价值（万亿元人民币）	比 2018 年增减（%）
进出口总值	2.87	+5.4
出口总值	0.52	+6.1
进口总值	2.35	+5.3
出口差额（+出大于进；-进大于出）	-1.83	+5.1

（庄璐宁）

名 录

单位名称：北京海关

北京海关关长：高玉潮

通信地址：北京市朝阳区光华路甲 10 号

邮政编码：100026

电 话：85736114

传 真：65831568

网 址：beijing.custom.gov.cn

（庄璐宁）

第五部分

开发区、综保区、行政区商务

北京经济技术开发区

商务服务

【概况】2019 年，北京经济技术开发区商务金融局（简称开发区商务金融局）主要负责商品流通和生活性服务业（不含住宿业）、商务服务业相关工作，并落实相关政策措施。努力提高生活性服务业品质，不断推进规范化、连锁化、便利化、品牌化、特色化发展，围绕“七有、五性”生活需求，通过开展一刻钟社区服务圈规划、商服体系构建及商业品质提升等系列专题研究，以产城融合发展为目标，构建“双轴七核、多廊多点”的亦庄新城规划，满足市民及产业配套需求，使得商业服务产业功能日益凸显，生活性服务设施布局逐步完善，便民服务水平不断提升，宜居宜业氛围得到大幅改善。

2019 年，开发区地区生产总值 1932.8 亿元，同比增长 8.9%；规模以上工业总产值完成 4183 亿元，同比增长 9%；建安投资完成 126.6 亿元，同比增长 1.1%；税收收入完成 604.6 亿元（全年减税降费超过 90 亿元），同比增长 1.5%；一般公共预算收入完成 270 亿元，同比增长 5%；进出口总额完成 196.5 亿美元，同比增长 0.9%；其中进口总额完成 138.7 亿美元，同比增长 6.9%；出口总额完成 57.8 亿美元，同比下降 11%；规上高新企业研发投入 135 亿元，同比增长 8.2%；全社会消费品零售额完成 419.7 亿元，同比增长 4.8%；万元 GDP 能耗 0.14 吨标准煤，同比下降 7.1%；万元 GDP 水耗 4 立方米，全市最低；截至目前 PM2.5 累计平均浓度 44 微克/立方米，同比下降 17%。

（赵　齐）

【坚持规划引领，合理布局生活性服务设施】开发区商务金融局大力推进经开区责任规划师制度建设，建立“专家领衔、内外联动”的特色责任规划师体系，配合做好社区居民服务工作；制定经开区居住配套商业服务设施规划建设管理两办法，完善商业服务配套设施管理机制，保障便民消费需求；制定《北京经济技术开发区关于设立园区便利店的工作规范和流程》，满足园区职工生活需求，提升园区服务品质，更好服务产业发展。

（赵　齐）

【开创审批工作“双一时代”，持续优化营商环境】经开区通过审批工作流程再造，不断优化各个环节，落实“e 窗通”网上企业开办平台建设工作，实现“一天拿执照、当天领发票”，生活性服务业审批工作进入“双一时代”。

（赵　齐）

【多措并举，支持便民商业发展】升级“全科服务网点布局”，涵盖八大“保基本”业态。签约老年餐桌 12 家，努力织密织细“便民服务网”；建设社区服务中心线上呼叫平台，满足居民家电维修、家政服务等需求。截至 2019 年底，共接到咨询 117 次，服务派单 101 件，进一步提升居民生活品质；组织“便民服务日”活动 60 余次，在社区搭建“农产品大集”销售平台，销售绿色果蔬 1.2 万余斤，惠及居民 6000 余人次，实现便民服务与扶贫工作双赢发展；通过“集中受理、分类审批、限时办结”的形式办理便民服务卡 5488 张，开展就餐服务 330 246 次、理发服务 12 861 次、修脚服务 1153 次；将区内“郁金香舍”社区提升为市级“一刻钟社区服务圈”示范社区，进一步提高社区居民生活幸福感；引导便利蜂转型升级，打造北京市首家国际品牌店意向并落实改造工作。2019 年底，林肯社区已初步形成集多元西餐、酒吧、书吧、健身、娱乐于一体的商业氛围，逐步构建完善类海外生活环境，吸引服务美、英、法、日、德等 20 余国家人才，为经开区发展建设提供人才支撑；经开区工厂、园区周边早餐需求日益凸显，积极开展前期筹备及摸排工作，初步拟定 2020 年三个网点建设目标。出台《进一步繁荣夜间经济促进消费增长的工作方案》，启动夜地图调查工作，开工建设亦庄深夜食堂项目，引导便利店提供 24 小时及搭载多项便民服务，大族广场成为北京市夜经济消费品牌试点单位。

（赵　齐）

【推进“阳光餐饮”工程，完成“品质餐饮”评选工作】2019 年，开发区商务金融局共组织开展“阳光餐饮”宣传培训会 16 场，累计培训餐饮服务单位 1000 余家，培训人员 2000 余人，发放阳光餐饮公示牌 800 余块。区内 6 家中小学食堂，8 家托幼机构食堂，3 家中央厨房，3 家集体用餐配送单位均已完成阳光餐饮工程建设。经开区餐饮企业共计 1115 家，已全部完成阳光餐饮工程建设，完成率 100%；邀请中国烹饪协会讲师团，对餐饮企业进行“促进品质餐饮提升工作”培训并严格按照市级评估标准进行评选，最终 28 家餐饮单位脱颖而出获得“品质餐饮示范店”称号。

（赵　齐）

外资外贸

【概况】2019 年，开发区商务金融局主要负责货物进出口、技术贸易、服务贸易和对外经济合作相关工作；负责外商投资相关管理工作。开发区商务金融局紧紧围绕稳外资、稳外贸、扩消费工作，积极应对风险挑战，坚持高标准对标，着力创新实干，大力推动高水平开放和高质量发展。

2019 年，进出口总额完成 196.5 亿美元，同比增长 0.9% ；其中进口总额完成 138.7 亿美元，同比增长 6.9% ；出口总额完成 57.8 亿美元，同比下降 11%。

（赵　齐）

【推动开发区外贸稳定增长】开发区商务金融局印发《2019 年外贸高质量发展奖励资金实施办法》，加快促进开发区外贸稳增长、调结构，推动开发区外贸高质量发展，形成外贸竞争新优势。

（赵　齐）

【做好“服务管家”，精准服务企业】加大对受中美经贸摩擦影响企业服务力度，帮助区内企业对接产品注册部门，加快企业产品注册、助力新产线落地、加快产品完成注册审批。另外建立区级重点企业监测机制和与市级部门的联动机制，定期与企业保持联系，为企业提供服务。

（赵　齐）

【大力发展外贸新业态】加快推进跨境电子商务综合试验区和外贸转型升级基地建设。2019 年开发区新获批 2 家国家级外贸转型升级基地。分别为新型显示器外贸转型升级基地和汽车及零部件外贸转型升级基地。积极协调市局资源，让区内符合享受市级政策的企业积极申报市级政策。2019 年北京市贸易出口补贴项目开发区有 4 家企业申报，服务外包项目开发区有 1 家企业申报。

（赵　齐）

【开展服务业扩大开放工作】多部门联合，多维度突破，全方位开放。拟定服务业扩大开放工作实施方案和2019年重点任务清单，涉及科技、互联网信息、金融、商服、教育、医疗、环保等八大领域，目前开发区项目中涉及市级统筹项目2项，区级统筹任务18项，18个重点项目中，已落地项目5个，分别为面向5G技术的天线性能检测平台项目、综合分析检测技术平台、安联财险、国家集成电路产业投资基金2期、中芯国际集成电路工程技术创新中心项目。

（赵 齐）

【深化转型推动开发区创新发展】11—12月，开发区商务金融局按照北京市、开发区工作部署，全力以赴做好亦庄综合保税区申报工作，协助召开专班会议6次、专题会议8次。专题会从降本增效、便利通关、财税、智能化建设等领域进行专题沟通和充分论证，形成了设立亦庄综保区可行性方案。积极申报建设“外贸转型升级基地”，目前开发区已获批了3家国家级外贸转型升级基地，1家北京市级外贸转型升级基地。

（赵 齐）

名 录

单位名称：北京经济技术开发区发展和改革局（商务局）

局 长：刘力

地 址：北京经济技术开发区荣华中路15号博大大夏

邮 编：100176

电 话：87520709

传 真：67881476

（赵 齐）

北京天竺综合保税区

概　　况

北京天竺综合保税区于2008年7月获得国务院批复设立，2009年7月正式通过国家十部委联合验收封关围网运营，规划面积5.466平方公里，毗邻首都国际机场与临空经济核心区，是全国首家空港型综合保税区，是北京独家海关特殊监管区。截至2019年12月底，累计注册企业480家，资产总计665.2亿元，形成医药贸易、航材贸易、科技贸易、文化贸易等特色产业聚集群，走出了一条以口岸、加工贸易和保税物流为基础功能，不断向研发创新、跨境贸易、国际融资租赁等高端、高附加值功能拓展的创新发展之路。

（孙　林）

经济指标

2019年，园区企业实现进出口总值616.3亿元，同比增长30.8%，其中，进口577.5亿元，同比增长36.7%，出口38.9亿元，同比下降20.0%。实现营业收入484.6亿元，同比增长61.3%；实现利润总额90.4亿元，同比增长94.3%；完成属地税收20.1亿元，同比增长25.8%。保税货物进、出口整体通关时间较2018年分别压缩68%、79.0%，效率居于全国领先行列。

（孙　林）

功能政策

北京天竺综合保税区作为首都对外开放的核心门户、外向型经济的功能枢纽、高精尖商品的仓储展示平台，政策创新效应突出、功能叠加优势明显，拥有独特的区港联动功能优势。

创新的开放政策。利用北京市服务业扩大开放综合试点平台，持续深入推进服务业对外开放，在22个政策功能方面实现全国首创。积极培育新功能、新技术、新业态、新模式，在飞机维修外资准入、公务机包修合同备案、保税食品加工SC证等方面实现了有效突破；创新了知识产权证券化、关税保证保险、文物入区鉴定、保税研发检测维修、全球高端人才引进等新模式。

领先的保税功能。打造了国家对外文化贸易基地、国家文化出口基地、中国（北京）跨境电子商务产业园、北京国际科技贸易基地、北京融资（金融）租赁聚集区等特色发展功能平台。货物入区享受“保税、退税、免税、免证”等政策，区内保税货物自由流转，免征增值税和消费税，不实行进出口配额、许可证方式管理，存储货物不设存储期限。区内企业可自主选择人民币或者外币计价结算。

便利的监管措施。海关、药监、税务等监管部门施行了“先入区后报关、保税备货、直通式分拨、分送集报、7×24小时通关、一次检验分批核销、货物分类监管、委内加工、增值税一般纳税人试点”等便利化监管措施。保税货物进出口通关时间全国领先；口岸操作区通关时效大幅领先全国平均水平。

完善的口岸功能。建设了集一般贸易、国际快件、整车进口、国家五类指定进口商品等口岸功能体系。口岸操作区设有国货航、BGS

两个一级货站，设有进口分拨、出口拼装两个二级货站，拥有现代化的航空地面处理设施，可承担航空货物的收运、拼装、分拨、中转、冷链等地面物流仓储服务。

（孙　林）

招商引资

天竺综保区充分利用首都优势、国际航线优势、保税特色平台优势及口岸功能体系优势，实现了医药健康、文化贸易、航空航材、跨境电商、特色金融等领域企业的聚集发展。

医药器械类企业。优化医药产业综合服务，着力发展研发制造、国际贸易、仓储物流、区域分拨、医疗器械融资租赁等业态。聚集了以国药、上药、科园信海、华润、德国默克雪兰诺、美国强生为代表的医药企业，年医药进口额达到全国总量的1/5，疫苗进口更是占到全国的95%。引进了中检院、北检所、药检所等检测机构，心脏疾病医疗器械研发达到国际水平，医药器械进口贸易产业链进一步拓展。

文化贸易类企业。建设国际文物交流中心，包括“海外回流文物展示交易平台”“全国文物出入境展览展示基地”“文物艺术品保税仓储与展示服务平台”“中国文物交流中心研究院与国家文物局文博人才培训基地”四个项目，显著提升天竺综保区和顺义区的国际文化交流影响力。文化艺术品进口规模占全国的1/3以上，市文物局创新实施了文物入区鉴定措施，高效服务国内拍卖企业，形成了文物回流及文化艺术品进境绿色通道。

航空航材类企业。会同市税务局、北京海关成功推动航空维修企业利用天竺综保区“境内关外”通关模式适用增值税“免抵退”税政策落地实施，大大减少企业物流与资金成本；与临空经济核心区协同推进罗罗飞机发动机维修基地项目，采取“保税维修”等方式优化企业业务流程，已取实质性突破。公务机通关便利化取得突破，运营公务机规模超过78 架。建设了中航材共享平台，促进上下游产业聚集。

升级型消费类企业。构建了集仓储物流、展示交易、保税加工、商业网点等功能于一体的五类指定进口商品全产业链载体，实行“前店后库、网内网外、线上线下”融合运营机制，拓展跨境电商覆盖范围，建立商品质量追溯机制，打造北京跨境贸易服务标准，形成了天竺综保区特色运营模式。

金融类企业。创新开展了融资租赁、基金、担保、保理、保险等金融服务，聚集了一批新兴金融服务企业，实现了全国首笔保税飞机租赁业务、全国首单文化无形资产租赁业务、全国首支知识产权证券化标准化产品，为搭建国际融资与国际结算平台奠定了基础。

跨境电商类企业。打造了跨境商品展示、体验、交易、查验、仓储、物流等完整产业链条，拓展跨境电商全球网络体系，奠筑跨境电商国际枢纽城市建设坚强基础；70 多家知名、特色、专业跨境电商企业实现聚集；开展了跨境电商保税备货体验店线下自提，开创了跨境电商文化、药品网购新体验；在海外开辟了35个海外仓。

检验检测类企业。设立了国际检验检测平台，重点搭建集检验检测认证、研发、培训、科技成果转化等于一体的综合性科技创新平台。除中国检科院项目外（重点检测食品、化妆品、动植物），该项目还将聚集食品快速检测、石油管线检测、医学特检中心等检测检验项目，并吸引上下游企业在区内聚集发展，打造国内最高水平的检验检测产业集群，有效提升首都科技创新产业核心竞争力。

（孙　林）

发展方向

天竺综保区将加快推进高水平开放、高质量发展，构建首都对外开放新高地；着力强化政策功能，积极推动医药、文化、检测、航材、电商等保税功能型产业创新聚集发展；提升投资贸易、货物通关、资金流动、人员就业便利化水平。

打造全国领先的医疗健康产业平台。依托现有医药企业集聚优势，扩大药品、疫苗、医疗器械进口规模；搭建医疗器械3C转化平台，促进国内外医疗器械高端资源在天竺综保区聚集，鼓励研发成果在国内外转化应用；探索开设外资高端医疗机构，利用保税医疗设施面向国内外提供服务，创新国际医疗保险等配套服务，打造国际高端医疗服务新模式。

打造国际一流的国家文化贸易进出口基地。依托国家对外文化贸易基地（北京）、国家文化出口基地平台功能，优化文物艺术品监管流程、文物进出境手续，简化入区鉴定、国际结算、出区担保等环节；打造具有影响力的国家对外文物交流平台、一流水平的文物保护与修复中心；发挥设施设备保税优势，拓展影视制作、动漫制作、版权交易等领域的数字服务贸易，提升文化贸易进出口规模与效应。

打造具有国际竞争力的检验检测中心。搭建认证、研发、培训、科技成果转化等功能于一体的检验检测平台；提升检验检测技术研发、成果转化和产业服务能力，打造食品、化妆品、动植物等领域检验检测创新品牌；积极拓展整车进口保税存储、展示、检测等业务范围，提升进口整车功能创新与服务保障能力，创建国门检验检测示范基地，建设中高端进口整车全产业链国际平台。

打造协同发展的航空服务平台。依托首都国际机场空港优势，扩大航线维修、飞机发动机维修业务规模；创新保税维修模式，拓展航材共享业务，提升航材进出口规模；强化顶层设计、平台构建、政策扶持，扩大首都机场公务机运营规模，形成独具特色、行业引领的航空服务产业群。

打造首都特色的五类指定进口商品全产业链平台。利用五类进口商品指定口岸功能优势，着力提高五类进口指定商品规模，建设运营北京空港口岸冷链分拨基地；推进口岸一体化通关、保税货物区内自由流转等功能需求，提升肉类分割、鱼类鲜切、保税暂养等规模，建成具有首都特色的五类指定进口商品保税仓储、分割加工、冷链配送保障基地，满足首都市民消费升级美好生活需要。

打造融合发展的北京融资（金融）租赁聚集区。依托现有股权投资、融资租赁、商业保理等产业基础，利用园区四至范围内有停机坪的独有优势，着力发展飞机融资租赁产业，持续扩大版权等无形资产融资租赁规模，创新发展医疗设备、科技设备、影视器材等领域的租赁业务，促进融资（金融）租赁产业快速发展。

打造具有引领作用的跨境电商全产业链平台。依托中国（北京）跨境电子商务产业园政策功能支撑，推动提升保税备货、跨境直邮、展示体验等规模；发展医药器械、保健品、生鲜食品等高端跨境电商，促进境外消费回流。着力建设“一带一路”沿线国家海外仓，拓展跨境电商全球网络体系。

（孙　林）

名　录

单位名称：北京天竺综合保税区管理委员会

主　　任：孙军民

常务副主任：宋建明

副 主 任：张征

副 主 任：宋鹏

副 主 任：张志刚

副 主 任：满群杰

地　　址：北京市顺义区金航中路一号院2号楼

邮　　编：101300

电　　话：69478686

传　　真：69478566

（孙　林）

东城区

概况

东城区商务局（简称区商务局）是主管辖区国内外经济贸易和对外经济合作的工作部门。内设办公室、人事科、规划发展科、社区商业科、流通管理科、外经外贸科、商务服务科、外资管理科、市场监管科、粮食酒类管理科10个科室。编制43人，实有41人，其中公务员41人。

2019年，东城区全面完成《东城区生活性服务业设施规划》，新建或规范提升各类便民商业网点40个，完成年度总任务的121%，连锁化率提升3.4个百分点，其中，蔬菜零售11个、超市便利店26个，建成社区商业便民服务综合体6个。疏解提升互促共进，完成全年区域性专业市场疏解任务，关停好润王府井小吃市场，完成王府井风情街、天泽祥菜市场升级改造，疏解商户209户，疏解从业人员1016人。东城区累计实现社会消费品零售总额1105.2亿元，完成全年任务（1095亿元）的100.93%，比上年同期高4.96%；同比增长5.0%。累计实现进出口1173.2亿元，同比增长13.3%，占全市进出口总值的4.1%，其中出口217.5亿元，同比增长6.1%，占全市出口总值的4.2%，完成年度指标（205亿元）的106%，比计划任务多6个百分点；进口955.7亿元，同比增长15.1%，占全市进口总值的4.1%。东城区新设外商投资企业92家，其中外商独资企业67家，中外合资企业25家，同比增长41.5%，全市占比5.6%；实现实际利用外资6.25亿美元，同比增长0.2%，全市占比4.4%。

（贺蔚蔚）

商业流通

【非首都功能商户疏解】完成4家商品市场的疏解升级工作，百荣世贸商城完成年度商户疏解任务，关停北京好润王府井小吃市场，升级改造完成天泽祥菜市场、王府井风情街。疏解商户209户，疏解从业人员1016人，超额完成年度疏解任务。

（贺蔚蔚）

【行业监管】全年培训各类安全人员1200人次，出动安全生产检查人员4278人次，检查督导企业1887家次，排查整改各类安全隐患6601处，实施安全生产行政处罚一般程序3件；落实常态化隐患排查整治，深入开展春夏火灾防控、天然气使用安全隐患排查、电动自行车火灾防控、大型商业综合体消防安全等专项排查整治行动；以天安门、中南海为核心，对整个政治中心区的沿街餐饮、商业零售经营单位，开展商务行业安全隐患大排查、大清理、大整治专项行动，重点排查整治无购物出口、排油烟管道清理和安全生产例会制度等方面的安全隐患；完成全国“两会”、新中国成立七十周年庆祝活动等重点时期服务保障工作；推进安全生产标准化建设、城市风险防控体系建设等，实现安全生产标准化创建全覆盖，行业监管关口前移，源头管控。

（贺蔚蔚）

【商务大厦企业集中办公区】崇文商务大厦企业集中办公区全年续签企业354家，清理、清退企业14家。至2019年底，有注册资本138

亿元，贡献税收约 8.69 亿元。

（贺蔚蔚）

【生活性服务业品质提升】全年新建或规范提升各类便民商业网点 40 个，其中蔬菜零售 11 个、便利店 26 个，完成年度总任务的 121%。建成社区商业便民服务综合体 6 个。全面完成《东城区生活性服务业设施规划》建设任务。东花市街道东花市南里社区成功创建北京市核心区生活性服务业示范街区。驻区品牌连锁企业 29 家入选北京市生活性服务业品牌连锁企业资源库（2019 年度）。

（贺蔚蔚）

【参与中国国际服务贸易交易会】5 月 28 日至 6 月 1 日在国家会议中心召开，东城区组织企业积极参与，采取“一主一辅”方式，着重展览展示版权服务和王府井地区时尚消费嘉年华系列活动两个板块。在主会场承办版权交易板块，实现签约额近 1.3 亿美元；在王府井分会场聚焦消费升级，开展时尚消费嘉年华系列活动。

（贺蔚蔚）

【簋街不夜节活动】8 月 7 日—8 月 18 日，为加快推进本区夜间经济发展，进一步繁荣夜间经济，更好地满足人民群众品质化、多元化、便利化消费需求，由区商务局牵头、簋街商会组织的“2019 簋街不夜节”于 8 月 7 日正式开幕，36 家商户参与，延长营业至凌晨 4 点，并设置小龙虾节、啤酒节、网红直播、小型演出等游戏环节，增加活动的趣味性、互动性和公益性。

（贺蔚蔚）

【百荣啤酒花园活动】为加快推进本区夜间经济发展，点亮南城夜生活，由区商务局牵头、百荣世贸组织的百荣啤酒花园——深夜食堂 2.0 版开张营业，并增设夜间文艺演出、影视、娱乐、游戏互动等服务业态，形成美食名吃、体验娱乐、文化休闲等消费场景。该啤酒花园占地近 2000 平方米、可容纳食客 500 人，从 8 月 19 日起到 10 月底，每日 17 点营业至 24 点，为京城市民带来更加轻松休闲的小聚体验，让南城夜色更加精彩，满足“夜京城”多元消费需求，助推商业服务业发展。

（贺蔚蔚）

【进口博览会】按照《第二届中国国际进口博览会北京市交易团组织工作方案》要求，制定《第二届中国国际进口博览会北京市交易团东城区分团组织工作方案》，成立进口博览会北京市交易团东城区分团。东城交易团登记单位总数 124 家，单位下登记人员总数 414 家。4 家企业与展览商达成合作协议，签订采购合同，成交金额 2092 万美元，同比增长 38%。中穆控股有限公司与美国翡翠展览有限公司签署 1000 万美元服务贸易协议；北京挖玖电子商务有限公司与西班牙的歌蓟源集团、毕克拉酒庄、爱百德集团、保加利亚 VP BRANDS 集团、法国 DTF 精品酒业、澳大利亚太平洋酒业酒庄等企业签订 780.4 万美元年度意向合作协议；北京佛州阳光商贸有限责任公司与来自波兰的 VICI 集团签订 300 万美元的采购框架协议；北京众拓达科贸有限公司与日本株式会社京三制作所签订 11.5 万美元的轨道交通装备设备采购意向。

（贺蔚蔚）

【扶贫地区展销会】10 月，在前门大街举办“2019 东城区扶贫协作和对口支援地区特色产品展销会”，实现销售额约 470 万，产品意向签约订单约 670 万元，扩大帮扶地区特色产品品牌影响力，增加贫困群众收入，助力精准脱贫。

（贺蔚蔚）

对外经济

【概况】东城区对外经贸工作由区商务

局主管。年内，东城区新设外商投资企业92家，其中合资25家，独资67家，同比增长41.5%；实现实际利用外资6.25亿美元，同比增长0.21%。实现进出口额1173.2亿元，同比增长13.3%，增速排名城六区第一。其中出口额217.5亿元，在北京市16区排名第六位，同比增长6.1%，完成全年目标的106%。进口额955.7亿元，同比增长15.1%，增速排名城六区第一位。外贸出口额超额完成年度目标205亿元的任务。

（贺蔚蔚）

【行政服务事项】全年完成对外贸易经营者备案登记222件，其中变更103件、新设104件、注销13件、遗失补办2件。办理服务外包及软件出口合同登记，审核35家企业执行合同，执行总金额6.61亿美元，其中ITO（信息技术外包）5.97亿美元、BPO（业务流程外包）1195.70万美元、KPO（知识流程外包）5159.20万美元。

（贺蔚蔚）

【扶持外贸企业】开展中小企业开拓国际市场项目申报工作，共有16家企业43个项目获得资金支持。开展服务贸易及服务外包资金初审工作，共有43家企业、215人申请服务外包企业新录用人员补助项目、在职人员专业资格认证补助项目、企业办公用房租赁补贴项目、服务贸易出口贴息资金项目、重点服务进口贴息资金项目、会计师事务所参与国际竞争项目，拟补贴金额合计800万元。开展跨境电商资金项目申报。帮助挖玖电子商务公司和四指遥北京科技发展有限公司申报跨境电商体验店和跨境电商平台系统建设项目。

（贺蔚蔚）

【服务贸易统计监测】审核服务贸易重点企业统计监测系统中企业注册信息及数据直报信息，共审核通过393家企业注册信息，13 000余条直报数据信息。委托策马信息咨询公司开展服务贸易统计监测工作，圆满完成2019年市里下达的服务贸易重点企业统计监测工作考核任务，服务贸易重点企业统计监测平台注册单位393家，上报数据单位231家，平台上报服务贸易出口金额24.19亿美元。

（贺蔚蔚）

名　录

单位名称：北京市东城区商务局

党组书记、局长：王万青

地　　址：永定门内东街中里13号楼

邮　　编：100050

电　　话：67079146

传　　真：67142224

（贺蔚蔚）

西城区

概　况

2019 年 3 月，根据中共北京市委、市政府批准的《西城区机构改革方案》，西城区商务委员会更名为西城区商务局，仍作为区政府工作部门，机构职能主要是推动区内外贸易、外商投资和对外经济合作。将区发展和改革委员会的指导监督重要商品收储、轮换和日常管理职责，区民政局的组织实施应急储备物资收储、轮换和日常管理职责，区产业促进局投资促进及招商引资职责划入商务局；将商务执法职责划转至区市场监督管理局。年内，落实市商务局及区委区政府工作部署要求，紧紧围绕核心区中心工作，实现社会消费品零售额 1085.1 亿元，同比增长 4%。新建和规范提升蔬菜零售、便利店等各类便民商业网点 48 个；新建和改造提升百姓生活服务中心 10 个。新设外商投资企业 45 家，吸收合同外资 3.01 亿美元，实际利用外商直接投资 1.03 亿美元。实现进出口总额 6978.5 亿元人民币，占全市比重 24.3%，位居全市第二，其中出口额 1301.7 亿元人民币，占全市比重 25.2%，位居全市第一。

（马　岩）

商业服务业

【推进市场疏解和降商业密度】年内，落实推进市、区疏解整治促提升及“双控四降”工作，完成日盛西四电子市场、天岐祥小商品市场、菜市口百货市场等 3 个商市场的疏解提升。截至年底，提前完成 70 个商市场疏解改造提升任务，其中疏解 45 个，升级改造（包括转型）25 个。

（戚秀艳）

【提升生活性服务业品质】年内，统筹各方资源，发挥市场主体作用，运用政策杠杆，坚持“民有所呼、我有所应”增补服务网点，用心办好群众家门口的事。新建和规范提升蔬菜零售、便利店等各类便民商业网点 48 个，其中新建 37 个，便民商业网点的连锁化率达 100%；新建和改造提升百姓生活服务中心 10 个。目前，区内百姓生活服务中心累计达 52 个。在全市“七有”“五性”监测中，西城区“便利性”即基本便民商业服务功能社区覆盖率为 100%。

（戚秀艳）

【打造社区美好生活服务圈】年内，按照“e 生活、+ 服务”的理念，整合资源，融合服务，为居民提供“种类更丰富、服务更精准、网点更优质、环境更舒适”的生活服务环境。在广外街道试点，以打造马连道南街生活性服务业优质街区为枢纽，集中便民菜店、24 小时便利店、早餐、家政、便民修理等品牌连锁门店，在莲花河周边统筹配置百姓生活服务中心、社区型购物中心、养老驿站、托幼、社区健身、口袋公园、滨河绿道、老楼加挂电梯等多种类服务，支持盒马鲜生、京东 7Fresh 生鲜超市在南北两端插上科技零售的双翼，打造多业态、差异化、融合化的升级版社区美好生活圈，进一步提升群众的获得感和幸福感。

（戚秀艳）

【创新地下空间利用方式】年内，引导和支持品牌企业将广内街道感化胡同 3 号院腾退地下室改造为“智能方——社区便民新生活中心”，集成生鲜菜店、老年餐桌、便民仓储、小物超市、儿童天地等20多项服务，引入“智能空间存储”和共享服务等新技术新理念，扩展地下空间利用新方式，提高社区服务现代化水平，受到周边社区居民欢迎。

（戚秀艳）

【市领导调研生活性服务工作】 4月12日，全国政协常委、民盟中央副主席程红带队到新街口金瀛西四百姓生活服务中心调研。8月7日，副市长王红到百万鲜果西单北大街百姓生活服务中心调研。11月22日，市委书记蔡奇到西城区检查重要民生实事项目落实情况，实地考察了广内街道智能方——社区便民新生活中心。

（戚秀艳）

【推进传统商业“一店一策”升级】 年内，落实市传统商业“一店一策”升级工作要求，引导和支持长安商场于4月整体闭店改造，12月27日全新亮相，转型为社区精致生活中心；天虹百货、新华百货、王府井购物中心右安门店等散落在居住区周边的大型传统商业不断完善社区型购物中心功能。形成传统商业转型“新模式”，立足消费半径内居民需求，根据民意需求调查，转型社区型购物中心，满足消费者多层次需求。丰富业态“新标配”，转变以服装零售为主的传统模式，大幅提高生鲜超市、餐饮、文化娱乐、影院、书店、家庭服务等业态比例，形成零售、餐饮、休闲服务业态“4-3-3”比例结构，打造家庭一站式购物场所。打造社区消费“新场景”，通过店面升级、环境改造、品牌迭代，形成社区生活消费“第三空间”。引进网红店、品牌店，提升服务业态；打造社区文化交流、亲子、餐饮文化主题街区等形态，为社区居民提供主题式、体验式、定制式的服务。升级智慧商业“新体验”，应用科技零售新技术，整体改造智慧收银系统，引进智能互动电子屏，提升数字化购物体验。

（马　岩）

【举办“2019两展一节”】 6月21至24日，中国茶叶流通协会与北京市西城区人民政府、陕西省咸阳市人民政府共同主办的“2019北京国际茶业展、2019北京马连道国际茶文化展、咸阳茯茶文化节”（简称“两展一节”）在北京展览馆和北京马连道成功举办。活动期间，在北京展览馆及北京马连道共开展了60多项活动。北京展览馆和马连道客流量突破12万人次，北展和马连道两地共成交项目（含意向成交）达953个，同比增长2.91%；两现场总成交额（含电子及意向成交）8.11亿元，同比增长2.26%；其中，北京展览馆现场成交金额达9957万元，同比增长2.43%。

（郭艳芳、赫庆欣）

【举办2019北京西单时尚节】 7月16日至8月31日，举办2019（第十届）北京西单时尚节。以“时尚、文化、品质、生活”为核心，围绕“时尚缔造经典，品质铸就永恒”的主题，开展“一核两翼”全域促消费系列活动，即以西单商圈为主场地，金融街、北京坊为副场地，范围覆盖区重点零售、餐饮、老字号、超市、专卖店的10余场专题、百余项促消费活动。

（杜　颖）

【举办2019北京西城电子商务节】 11月12日至12月12日，举办“e时代i西城”——2019年北京西城电子商务促进会暨系列活动，以“消费新style，品味电商生活”为主题，引导传统企业以市场需求为引领，融合线上线下经营模式，实现跨界合作，推动降低区域商业密度，提升商业经营品质。

（史　倩）

【培育扩大消费新增长点】 年内，促进特色夜间消费发展，西单商圈“约饭街”、觅食森林、君太百货等打造特色化高品质“深夜食堂”，北京坊打造24小时书店、影院等文化消费，入选北京市首批夜间消费地标。首店经济有新突破，引进星巴克“啡快”概念店全球首店、曼联足球俱乐部全国首个体验中心等，“首店、首发、首展”商业优势不断提升。发展电子商务平台，引进shopshops哪逛——全球首家跨境直播体验电商平台，与国网电商合作建设央企电商联盟完成挂牌，打造“共享型 、枢纽型、平台型”电子商务发展新生态。

（马 岩、杜 颖）

【提升金融街生活服务配套水平】年内，落实金融街街区配套提升专班部署，牵头推进生活服务环境提升。支持“怡己”系列服务品牌发展，铺设怡己铺仔、怡己咖啡等6个品牌25家门店或点位。充分利用楼宇大堂和公共空间，开辟“金融街书局”“金融集·绘画坊”等小而美的文化消费空间；在适合道路试点运行全市首家移动餐车“吉时送”，增设24小时无人便利店等小型便利设施；在“Life金融街App”上线“金融街美食地图”等消费指南；推动金树街与金融街购物中心品牌高端精品升级，开展金融街品质餐饮创建行动，开展金树街餐饮外摆，不断优化品质消费环境，街区生活服务得到良好提升。

（马 岩）

【推进老字号餐饮振兴发展计划】年内，举办“寻找儿时的味道——走进记忆食府”活动，开展“百年传承金牌菜评选”活动，组织老字号参加澳门2019MIF展，通过系列活动进一步推动老字号企业传承创新发展。

（赵杰平）

【北京市服务质量评价活动】年内，参与完成北京市商业零售企业服务质量评价活动，西城区在评价活动中获得全市第一名。

（赵杰平）

【单用途商业预付卡备案】年内，对备案企业从资金管理制度、实名登记制、限额发行制、非现金购卡制、单用途卡章程和购卡协议等多方面做了详细的指导，完成每个季度的系统审核，完成2家企业备案。

（赵杰平）

【推进商业无障碍建设】年内，落实市、区无障碍建设行动，组织无障碍环境建设工作部署会议及企业培训，对区内规模以上商场、超市、餐饮排查梳理，分行业录入，完成系统建账数据62条。

（史 倩）

【获得市商业专项资金支持】年内，以项目促发展，引导企业转型升级。组织辖区商业服务业企业申报2019年市商业专项资金，其中北京和合谷餐饮管理有限公司新建连锁餐厅等19个项目获得市商业专项资金1518.05万元。项目涉及生活性服务业品质提升、支持现代服务业发展、促进产业转型升级等方面。

（柴卫红）

【政策性粮食库存和质量清查】年内，根据国务院和北京市工作要求，开展辖区全国政策性粮食库存数量和质量大清查各阶段工作。成立由主管副区长牵头的大清查协调机制，制定大清查实施方案和自查督导工作方案等，实地自查复查、填写录入、上报市粮食和物资储备局大清查工作信息（周报）、统计报表等，做到有仓必到、有粮必查、有账必核、查必彻底。

（柴晓虹）

【重点期间安全保障】年内，区商务局在全国“两会”“一带一路”高峰论坛、“世园会”“亚洲文明对话”、国庆70周年庆祝活动、春节、清明节、“五一”等重要政治活动及节假日期间，开展商务行业安全生产、反恐防暴等培训巡查，督促企业进行隐患排查整改，期间未发生安全生产事故。

（杨尚宗）

【安全生产巡查】年内，检查单位数852

家，出动执法次数992次、执法人数1956人次。其中零售单位268家次，发现一般性隐患143处；餐饮单位584家次，发现一般性隐患660处，均已整改。其他检查共21家。

（杨尚宗）

【第十二届安全生产知识竞赛】年内，区商务局组织西城区商务行业第十二届安全生产知识竞赛，经过初赛、复赛、决赛，全聚德和平门店获一等奖；烤肉宛、家乐福获二等奖；翔达餐饮、帕米尔食府、西单商场获三等奖。

（杨尚宗）

【安全生产标准化达标评审】年内，区商务局开展行业企业安全生产标准化建设，对100余家企业进行专业培训。商务行业有20家企业完成三级初评达标，5家企业完成三级复评达标。配合市、区应急管理局对2018年标准化三级达标企业进行抽样核查。

（杨尚宗）

【应急演练观摩】年内，区商务局在湘水明珠、北京广外德缘餐饮有限公司、菜百等单位举行应急处置演练，相关部门领导现场指导，180余家企业安全生产负责人现场观摩。应急演练观摩科目有电器起火并扑救、人员疏散并救助、现场灭火器材实操等。

（杨尚宗）

【安全生产培训】年内，区商务局组织规模以上340余家企业安全生产负责人进行标准化、后厨安全、安责险、联组长业务等培训，聘请燃气、电气、特种设备、安责险、标准化等方面专家授课。

（杨尚宗）

【获市安全生产先进表彰】年内，在市应急管理局、团市委2019年度安全生产专职安全员工作先进个人评比中，区商务局韩涛获得2019年度北京市安全生产检查（督查检查）队队长标兵称号，高晓珊获得北京市青年安监卫士重大活动保障先锋称号。

（杨尚宗）

对外及对港澳台经济贸易

【利用外资结构稳定】年内，区新设外商投资企业45家，同比下降4.26%；吸收合同外资30 098万美元，同比下降77.18%；实际利用外商直接投资10 267万美元，同比下降80.08%。实际投资分行业前三位是租赁和商务服务业，信息传输、计算机服务和软件业，科学研究、技术服务和地质勘查业，利用外资聚集于区域高精尖服务业的结构特征保持稳定。

（郝家莹）

【出口总额全市排名第一】年内，西城区进出口总额6978.5亿元人民币，同比增长10.7%，占全市进出口总额24.3%，位居北京市第二。其中出口额1301.7亿元人民币，同比增长11.9%，占全市出口总额25.2%，位居北京市第一；进口额5676.8亿元人民币，同比增长10.4%，占全市进口总额24.2%，位居北京市第二。

（赫庆欣）

【推进服务业扩大开放综合试点】年内，贯彻落实国务院批复的《全面推进北京市服务业扩大开放综合试点工作方案》和北京市工作部署，西城区成立了服务业扩大开放综合试点“一办四组”工作专班（办公室、金融科技创新组、金融管理服务组、服务业新业态培育组、优化营商环境组），制定《西城区全面推进落实北京市服务业扩大开放实施方案》。有序开展西城区服务业扩大开放各项任务，通过“区级服务管家”跟进项目落地及存在的问题，完成落地项目31个，引进国内外企业88家，新增注册资本金805亿元人民币。

（李　静、郭文志）

【参加2019年京交会】5月28日至6月1日，西城区参加北京2019年中国国际服务贸易交易会，参加科技创新板块、金融服务专题、“文博会”展览展示和北京主题日相关活动。期间达成康华云智慧健康管理项目、“智慧公交，绿色出行”战略合作项目、胡同里的小愿项目等意向签约项目11个，项目金额83.97亿元，19家企业和单位参展。西城区政府获得2019年中国国际服务贸易交易会最佳专题展区奖。

（赫庆欣）

【参加第二届中国国际进口博览会】11月5至10日，西城交易团注册177家企业参加第二届中国国际进口博览会（上海），达成5年内意向采购额3.53亿美元，交易涉及服务贸易、品质生活、医疗器械及医疗保健等领域，进口包括英国、日本等国家及香港地区。

（赫庆欣）

【参加第24届MIF展】10月17至19日，西城区参加第24届澳门国际贸易投资展览会（简称MIF），参加会议相关活动及北京老字号的展览、展销和非遗项目展示，与北京市政府港澳办、北京市贸促会共同承办北京西城区政府与澳门商界交流活动。

（章建平）

【受理对外贸易经营者备案登记】年内，办理对外贸易经营者备案登记189件，同比下降10.43%。其中企业新备案104件，同比下降11.86%；备案表变更73件，同比下降15.12%；办理注销12件，同比增加71.4%。

（郭文志）

【服务外包和软件出口业务】年内，完成三类驻区服务外包奖励材料初审工作9家次，其中，办理新录用人员补助2家次；促进新兴服务出口项目1家次；服务贸易出口贴息项目6家次。服务外包新增合同签约金额1亿美元，服务外包执行金额0.3亿美元。

（赫庆欣）

【服务贸易企业统计监测】年内，组织区内服务贸易企业开展统计监测工作，与区统计局调查队联合对120余家西城区重点服贸监测企业开展业务培训。重点企业在《商务部服务贸易重点监测企业只报系统》中登记133家，重点企业累计登记201家，填报金额108.68亿美元。

（张贯中、郭文志）

【优化企业服务】年内，不断丰富和完善走访调研清单，加大对企业的服务力度，宣传西城营商环境、服务业扩大开放领域和外资外贸工作方面的最新政策及发展方向。专题走访国网电子商务有限公司、中国车辆进出口有限公司等20家企业，组织召开外资外贸企业座谈会、金融机构与企业对接会等11次，政策宣讲会2次。就相关政策向企业进行宣讲，听取意见和建议，通过政府与企业之间沟通交流，搭建政策信息、经验交流和问题研讨平台，了解企业经营困难，及时为企业解决问题。协调区内各部门开展年度营商环境指标体系评价工作。开展普惠集成式培训宣传，政企沟通更高效。针对开办企业、纳税、跨境贸易等新政策的实施，组织召开跨部门联动培训会，不断优化营商环境。

（李　静）

名　录

单位名称：北京市西城区商务局

党组书记、局长：袁　利

地　　址：北京市西城区北滨河路9号

邮　　编：100055

电　　话：68012353

传　　真：68012342

邮　　箱：swfzghk@bjxch.gov.cn

（马　岩）

朝阳区

概　况

朝阳区商务局是负责本区内外贸易、外商投资、对外经济合作、商务服务业发展和口岸工作的区政府工作部门，挂北京市朝阳区人民政府口岸办公室（简称区口岸办）牌子。2019年，朝阳区商务局坚持以习近平新时代中国特色社会主义思想为指导，深入贯彻“不忘初心、牢记使命”主题教育各项要求，商务运行稳中向好，消费、外贸等主要指标保持领先，新一轮服务业扩大开放项目数量和质量全市第一，新增各类首店数量位居全市前列，稳增长、促改革、优环境、惠民生等工作有序推进。2019年，实际利用外资42.9亿美元，进出口总额13 328.2亿元，新增跨国公司地区总部4家，实现社会消费品零售额2894.3亿元，新建（改造）便民服务网点110个。

（王　丹）

【推动总部经济发展】2019年，积极引入高精尖总部企业，深挖新认定跨国总部潜在企业，提升跨国公司地区总部聚焦效应。协助引进中石油储气库、国家管网等重大项目落户朝阳，阿里巴巴集团北京总部园区在北京市朝阳区正式奠基。年内，北京市新认定的佳能医疗系统（中国）有限公司、欧蒙医学诊断（中国）有限公司、安道麦（中国）投资有限公司等跨国公司地区总部，均为朝阳区总部企业。朝阳区跨国公司地区总部增至125家，约占全市总数的7成。全区跨国公司地区总部2019年实现区级收入38.60亿元，占全区区级收入的7.89%。其中实现区级收入超过5000万元的有16家，实现区级收入33.04亿元，占全部跨国公司地区总部的85.60%。

（王　丹）

【完成2019年京交会承办工作】2019年京交会，按照“一主多辅，全城一会”的要求，在国家会议中心主会场与首创郎园朝阳分会场，采取“一展一会”“两会一展”的布局形式，圆满完成了科技创新板块展览展示与“一带一路”服务贸易系列活动。以开放包容的姿态、高质量的新业态新模式，开创了朝阳区在中国国际服务贸易交易会历史上的8个“首次”。首次举办朝阳分会场系列活动，首次举办科技创新主题展览，首次举办世界500强企业CBD高峰论坛，首次举办“一带一路”服务贸易高质量合作推介会，首次在会前举办国际美食嘉年华活动进行预热，首次在分会场举办呼应京交会主题的“一带一路”服务贸易国际合作展，首次进行5场新闻发布会视频直播和重大活动的图文双平台直播，首次获得组委会颁发的最佳主题展区和最佳会议活动两项大奖。活动期间促成20余个项目合作，签约额超过800亿元，媒体及重点网络发布124篇次，新媒体发布127条，累计阅读近20万次，直播累计浏览量121万次。

（王　丹）

【社会消费品零售额指标完成情况】2019年，朝阳区实现总消费5420.4亿元，同比增长5.3%；社会消费品零售额2894.3亿元，同比增长3.5%，占北京市总量的23.6%，居全市首位；

服务消费 2526.2 亿元，同比增长 7.6%。年内，通过促进消费转型提升，推动商圈升级，依托北京 SKP、国贸商城等购物中心，打造 CBD 国际消费品牌前沿阵地。培育首店经济，朝阳区共引进各类首店占北京市近 5 成，吸引了赛麟、Tommy Higher 等一批国际高端品牌、时尚前沿品牌，大力发展“潮牌”和“网红店”等时尚轻奢消费。发展夜间经济，奥林匹克公园成为“最热夜消费商圈”，培育中骏世界城、好运街、合生汇等 7 条深夜食堂街区，751 全时文化消费园区、国贸郎园等 4 个深夜文化集市。促进电子商务发展，促进区域消费稳步增长。

（王　丹）

【两行业发展情况】2019 年，朝阳区批发零售业和租赁商务服务业共形成区级收入 157.6 亿元，完成全年任务（187.8 亿元）的 83.9%。其中，批发零售业实现区级收入 69.96 亿元；租赁商务服务业实现区级收入 87.64 亿元，同比增长 2.22%。

（王　丹）

【外贸进出口情况】2019 年，朝阳区累计完成货物进出口总额 13 328.2 亿元，同比增长 4.7%，占全市总量的 46.5%。其中，进口完成 12 041.1 亿元，同比增长 4.3%，占全市总量的 51.2%；出口完成 1287.2 亿元，同比增长 8.1%，占全市总量的 24.9%，进出口总额指标稳居全市首位。

（王　丹）

【有序推进功能疏解】2019 年，功能疏解市级任务 9 个，其中涉及街道地区商品交易市场 7 家。共疏解商品交易市场 9 家（其中街道地区 7 家），全部为市级任务，涉及建筑面积 4.66 万平方米，摊位数 1966 个，影响从业人员 5680 人。

（王　丹）

【利用外资情况】2019 年，新设外商投资企业 662 家，占全市的 40.5% ；吸引合同外资 86.6 亿美元；实际利用外资 42.9 亿美元，同比增长 7.9%，占全市的 30.2%。服务业扩大开放引资成效显著，全年服务业六大领域吸引合同外资 72.8 亿美元，占全区的 84%，其中文化教育服务、科学技术服务、商务和旅游服务分别增长 43.6%、17.8% 和 11%。

（王　丹）

【提升生活性服务业品质】2019 年，累计新建（改造）蔬菜零售、便利店、早餐等生活性服务业网点 118 处，提前超额完成全年任务（110 处）。推动苏宁小店、便利蜂、京东、全家、罗森等企业新建连锁门店 100 家，社区便利店品牌连锁化率近 70%。累计建有各类便利店 1200 余家，平均每店服务 3500 人，接近发达国家水平。朝阳区累计建成各类社区商业网点 2.4 万余个，居北京市首位。支持新型服务模式进社区，培育荣昌 e 袋洗、匠心工坊等洗染、便民维修等品牌企业。率先探索“1+N”便民服务模式，试点建设 10 家便利店搭载售卖乙类非处方药、二类医疗器械。

（王　丹）

【服务业扩大开放示范区建设】2019 年，商务服务业品牌影响力不断增强，益博睿征信（北京）有限公司成为全市首家获得企业征信备案的外资征信机构；宝马（中国）投资有限公司、ABB（中国）投资有限公司等国际投资性公司纷纷落户；围绕五个示范要求，已经完成试点任务 60 项，完成率 85.7%，率先形成了一批可复制、可推广的创新案例、示范案例，大力推动 39 个重点项目落地，其中全国首创项目 2 个，突破性项目 11 个，重大影响力项目 16 个，项目数量、质量均为全市第一，充分发挥在全市的示范引领作用。

（王　丹）

【开展国际经贸交流】2019 年，建立与驻华使馆长效联络机制，支持举办中欧企业峰会朝阳论坛等多场国际经贸交流活动，紧抓进博会推动经济全球化和贸易自由化的契机，充分推介朝阳区扩大对外开放、加强对外合作的优势和成果，增强区域国际影响力。

（王　丹）

【深度参与第二届中国国际进口博览会】 2019年，紧抓进博会推动经济全球化和贸易自由化的契机，充分推介朝阳区扩大对外开放、加强对外合作的优势和成果，增强区域国际影响力。完成全区512家企业的注册工作，审核通过人员1645人，位居全市首位。组织19个项目签约，合作领域涉及基础建设、再生资源、医疗、日化等，签约金额达22.94亿美金，居全市首位。

（王　丹）

【促进电子商务发展】 大力发展绿色流通和消费，深入推进电子商务发展，引导每日优鲜、美菜网、盒马鲜生、小象生鲜等重点存量企业扩大销售规模，积极挖掘新兴消费潜力，推动电子商务线上线下融合发展。年内，网上零售额达到728亿元。

（王　丹）

【持续优化政务服务】 朝阳区实现所有商务事项“前台综合受理、后台分类审批、统一窗口出件”全程留痕的办理模式；外资备案实现网上办理，对外贸易经营者登记由原5个工作日缩减至当场办结，企业现场领取备案回执实现“一个窗口，一次办结”。全年共完成外资企业设立备案667家、变更备案3156家；审核外商投资企业联合年报6711家；受理服务外包合同数量2739笔，共出软件出口合同登记证书1575份，合同金额27.05亿美元、执行金额24.93亿美元；受理对外贸易经营者备案登记共2738个，其中新办1299个、变更1342个、注销97个；办理成品油及原油经营资格变更、补证、歇业45家、注销新设1家；年检120件次；拍卖企业（分支机构）申请取得从事拍卖业务的许可、变更审批387件次，拍卖企业年度核查200件次。

（王　丹）

名　录

单位名称：北京市朝阳区商务局

党组书记、局长：陈庆华

地　　址：北京市朝阳区日坛北街33号

邮　　编：100020

电　　话：65099185

传　　真：65094325

（王　丹）

海淀区

概　况

2019 年 3 月经海淀区政府批准将北京市海淀区商务委员会更名为北京市海淀区商务局。2019 年海淀区商务局以习近平新时代中国特色社会主义思想为指导，坚决贯彻海淀区委区政府决策部署，以深化落实“两新两高”战略为牵引，不断加强海淀商务领域发展和创新，在疏解整治促提升、消费市场持续繁荣、服务业扩大开放等方面取得显著成绩。2019 年，海淀区实现市场总消费 7075.4 亿元，同比增长 10.5%。其中完成社会消费品零售额 2421.6 亿元，同比增长 3.5%；服务消费 4653.7 亿元，同比增长 14.5%。新设立外商投资企业 363 家，同比增长 7.4%，实际使用外资金额 61.5 亿美元；完成出口额 992.8 亿元，同比增长 21.7%，超出全年 950 亿元指标 42.8 亿元。大力推进市场腾笼换鸟，2019 年度整治提升市场 3 家，涉及建筑面积约 10.69 万平方米，摊位数约 1993 个，从业人员约 6697 人。新建和升级改造各类便民商业网点 80 个，新建以“8+N”项服务功能为核心的社区商业 e 中心 12 家。

（万　融）

【内设机构调整】海淀区商务局办公室加挂党建工作科牌子，并增加“负责机关党建工作，承担落实全面从严治党主体责任、党风廉政建设主体责任的具体工作”职责。将海淀区商务局粮食办公室更名为“粮食和物资储备办公室”，并增加“指导监督重要商品收储、轮换和投放，组织实施应急储备物资收储、轮换和日常管理”职责。经海淀区委机构编制委员会批准将海淀区商务局所属海淀区商务综合执法监督检查所及 14 名财政补助事业编制整建制划转至海淀区市场监管局。

（万　融）

【消费市场稳定增长】2019 年，海淀区坚持稳中求进工作总基调，深化落实“两新两高”战略，发挥消费在经济增长中的压舱石和基础性作用，全年共实现市场总消费 7075.4 亿元，同比增长 10.5%，占全市比重为 26%。实现市场总消费 7075.4 亿元，同比增长 10.5%。其中完成社会消费品零售额 2421.6 亿元，同比增长 3.5%；服务消费 4653.7 亿元，同比增长 14.5%。海淀区限额以上企业共实现网上零售额 864.3 亿元，同比增长 19.2%，占海淀区社零额的 35.7%，拉动海淀区社零额增长 6 个百分点。圆满完成市级年初下达的社会消费品零售额增长 3.1% 左右、市场总消费增长 10.5% 左右的目标任务。市场总消费和服务消费总量及对全市贡献率保持全市第一。

（周卓林）

【促进消费升级成效显著】2019 年，海淀区商务局相继出台了《海淀区提升消费能级提高生活品质三年行动计划（2019—2021）》《海淀区推进夜间经济发展实施方案》《海淀区进一步促进消费能级提升发展支持办法》政策措施。《提升消费能级三年行动计划》在培育消费新动能、优化消费布局、破解制度制约障碍、营造诚信友好的消费市场环境等 5 个方面提出了 27 条具体措施。《支持办法》主要围绕完善商业便民体系建设、打造高品质现代生活圈、促进科技赋能模式创新、聚焦行业发展要素等方面，进一步明确区域商业发展目标，优化商业调整结构，提升商业消费环境。《夜间经济实施方案》提出构建包含市级、区级及重点区域的“1+3+5+N①”重点商圈夜间经济网络布局，发展富有海淀特色的文化、旅游、体育、娱乐等高品质夜间消费。其中，五棵松华熙Live开展夜经济以来月销售同比增长30%，客流同比增长40%。

（周卓林）

【改造提升商圈焕发传统商场活力】2019年海淀区启动公主坟商圈、中关村商圈、五道口商圈、金源商圈等重点项目改造提升行动。彰显公主坟商圈位处长安街延线繁荣、靓丽、品质、国际的特征，实现整体环境优化提升、交通系统改造和业态结构调整；推动金源MALL业态调整和品牌升级，引进海底捞智能餐厅等科技智能融合餐饮新型业态，大力引进米其林星级餐厅、区域性首店（旗舰店）；推进世纪金源大饭店地下4万余平方米“能量城市”建设，形成以体育健康为主题的夜间经济聚集区；甘家口大厦在全市率先完成传统商场转型升级。

（周卓林）

【保障生活必需品供应】2019年8月，海淀区商务局粮食和物资储备办公室成立。制定了《海淀区生活必需品应急保障工作方案》，建立1+3+120②工作机制，稳控海淀区生活必需品供应与价格水平。积极参加市粮食局培训并开展海淀区粮食纳统企业培训2次和应急演练1次，保质保量完成2019年粮食安全区长责任制考核工作，考核优秀。

（穆　丹）

【多渠道开展消费扶贫】创新模式助力消费扶贫脱贫攻坚战，结合海淀区域优势和商务职能优势，形成了一个联采联盟平台，一个全方位的销售网络、千店扶贫联盟，N个科技创新消费扶贫模式的“1+1+1000+N”消费扶贫工作模式，打通了受援地优质农副产品进海淀超市、社区、上电商平台的渠道，精准助力扶贫。2019年累计完成消费扶贫总金额6.88亿元，11 077户建档立卡贫困人口受益。

（穆　丹）

【市场整治提升】2019年，由海淀区商务局牵头，海淀区市场整治提升联席工作组各部门会同任务街镇推进完成本年度市场整治提升任务。年度计划完成整治提升市场3家，涉及建筑面积约17.38万平方米，摊位数3925个、从业人员约6930人。截至2019年7月31日，已全部完成，共涉及建筑面积106 900平方米，摊位数1993个、从业人员约6697人，提前完成年度工作任务。

（孙绍锋）

【第十五届海淀品牌消费节】2019年9月19日至10月31日，由北京市商务局指导，海淀区商务局支持，海淀区商业联合会承办的第十五届海淀品牌消费节开幕。本届消费节以“夜未央·尚海淀”为主题，以文化、科技两条主线为纵轴，以商圈发展和科技产品为横轴，彰显海淀商业发展特色。通过“智慧海淀——智能生活体验中心揭幕式”，帮助海淀区的智能产品企业更好地进行展示和销售。通过“海淀

① 1个市级商圈，即五棵松华熙LIVE；3个区级夜间经济示范街区，即中关村商圈、五道口商圈和西客站商圈；5个夜间经济重点区域，即公主坟商圈、金源商圈、上地商圈、中关村壹号及中关村集成电路设计园主体商街和稻香湖景酒店；N个重点街镇。

② “1”是成立应急保障工作组；“3”是三个工作机制，分别是日测日报制度、应急情况会商制度和月汇报制度。“120”是指120个商超应急保障网点。

商业发展70年企业巡展”“探索海淀夜生活好去处”“绿色出行”“文青之夜”“潮流玩具嘉年华”“便民商业服务社区行”“新消费时代科技赋能零售研讨会”等主题板块，整合全区商业资源，提升海淀消费环境，打造消费热点，拉动区域零售额提升。根据北京商业信息中心海淀分中心的数据监测，黄金周期间，重点监测的大型商场、购物中心和连锁超市企业销售额同比增长4.4%。

（孙绍锋）

【第十一届绿色出行海淀体验会】2019年10月18至11月18日，由海淀区商务局支持，海淀区商业联合会主办、海淀区商业联合会与海淀区汽车行业联席会共同承办的第十一届绿色出行海淀体验会成功举办。本届体验会以“科技创新、引领未来”为主题，以满足消费需求、促进汽车品牌消费、推进汽车产业经济发展为宗旨，充分发挥海淀区的科技创新优势，融入“节能减排”“油品质量”宣传，倡导绿色出行理念，推出海淀车展、汽车扶贫行、行业发展趋势交流会等系列活动，在节能环保、汽车服务、汽车消费和公益行动方面综合发力，为北京市消费经济贡献力量。

（孙绍锋）

【第十七届中关村国际美食节】2019年5月31日，由北京市商务局指导、北京市海淀区商务局支持、海淀饮服协会主办的第17届中关村国际美食节在中关村软件园和颐至尊酒店盛装开幕，本次开幕式同时作为2019中国（北京）国际服务贸易交易会在海淀的分会场活动之一。美食节以“汇美食·寻智趣·品生活”为主题，陆续举办了深夜食堂嘉年华、品牌餐饮宴席展、有机农夫市集、精品美食展卖、智能机器人展示、海淀饮服协会供应商委员会成立、香山德国啤酒节、俄罗斯美食节、巴西美食节、西班牙美食节、美食进社区、商场购物中心美食推广等活动。美食节还通过组织转型成功企业现场观摩会等活动，探索构建餐饮企业诚信经营长效机制。在历时近5个月的美食节期间，参与消费者近240万人次，340家餐饮经营企业参与活动，其中受访企业超过100家，实现销售收入1.71亿元，增长9.8%；商场购物中心美食活动、4大国际美食节、深夜食堂现场制售等美食促销费活动，持续时间115天，吸引消费者30万余人，实现销售收入747万元。

（孙绍锋）

【外贸进出口情况】2019年海淀区完成进出口总额2523.6亿元，与2018年2522.5亿元基本持平，同比增长0.04%，占北京市的8.8%。出口额1011.9亿元，同比增长7.2%，占北京市的19.6%，超出全年950亿元任务指标61.9亿元，完成全年指标的106.5%。

（孙绍锋）

【利用外资情况】2019年，海淀区新设立外商投资企业363家，同比增长7.4%。实际使用外资金额61.5亿美元，在全市占比43.3%，居首位。

（万　融）

【服务业扩大开放推向深入】海淀区2019年扩大开放再深化，推出新一轮47项举措，聚焦23个重点项目；设立全国首个小微企业续贷中心，海关高级认证芯片设计企业简化通关手续、开设“国际网吧”等事项进展顺利。总部经济再集聚，2019《财富》世界500强，海淀区上榜企业17家，占全市的30.4%，占全国的13.2%；营商环境总部经济评价位居全市第一。

（钟立庆）

【国际交往合作持续拓展】海淀区商务局洽商对接再提速，利用进博会、京交会等平台，推动101个项目达成国际合作，意向合作金额约1178亿元；按照政府支持、协会组织的方式，组织20余家企业考察希腊、芬兰、波兰等国，部分企业达成合作意向。企业服务再提升，全年召开专题座谈会11场，走访重点企业50余家，帮助企业申请各类资金共计9000余万元。

（钟立庆）

【织密便民商业网点】2019年海淀区新建和升级改造各类便民商业网点80个，新建12个以“8+N”项服务功能为核心的社区商业e中心。截至目前，海淀区共有各类便民商业网点9000余处，其中菜篮子网点1300余处，超市便利店2100余处。其中社区商业e中心共建成22个，覆盖半数街镇，全区581个社区中共有229个实现菜篮子、便利店等八项基本便民商业功能全覆盖，超出年初预定工作目标11%。

（万　融）

【营商环境不断优化提升】全年办理政务服务事项6300余件。41个服务事项全部实现一网通办，平均跑动次数不高于0.3次，行政许可事项承诺时限与法定时限的压缩比达到55%，列入本市禁限目录事项和“零办件”事项的办理时限原则上减至1个工作日，压减受理前审核材料时限至1个工作日。全年走访、调研企业200余家，紧贴企业实际需求做到精准服务，帮助百度金融公司、小米科技、软通动力、美团点评等企业解决人才引进、资质认定、政策支持、拓展海外业务等方面困难。

（万　融）

名　录

单位名称：北京市海淀区商务局

党组书记、局长：王　澎

地　　址：海淀区四季青路6号招商大厦东侧

邮　　编：100092

电　　话：88496986

传　　真：010-88496986

（万　融）

丰台区

商业贸易

【概况】2019 年，丰台区商务局坚持稳中求进工作总基调，进一步增强消费动力，改善民生品质，稳定外经外贸，强化服务保障，全力以赴促进丰台区商务经济高质量发展。全年实现总消费 2129.7 亿元，增长 6.1%。其中社会消费品零售额 1224 亿元，同比增长 4.5%，总量居全市第三位，增速高于全市 0.1 个百分点。

（李　蕊、牛格非）

【调整疏解非首都功能】完成 3 家市场的疏解提升工作，涉及建筑面积 16.4 万平方米，从业人员 2600 余人。完成 2019 年市场风险评估。完成对 2015—2018 年已关停集体产权市场和今年提升改造市场资的金补助工作，涉及补助资金 6800 余万元。

（张会利）

【生活服务业品质提升】新建和规范提升网点 106 个，完成全年任务的 132.5%，连锁化率达到 45.2%，持续保持基本便民商业服务功能社区全覆盖，便利性指标全市排名第一。支持企业利用地下空间资源经营便民商业网点，推进 30 处国有网点回归便民功能。

（张会利）

【“五分钟”蔬菜零售网络体系建设】实现“五分钟”蔬菜零售网络体系建设全覆盖。全区共有蔬菜零售网点 898 个，平均每个社区（村）拥有蔬菜零售网点 2.3 个，平均连锁化率达 45.2%。

（张会利）

【生活性服务业示范街区】中国社区商业委员会授予镇国寺北街首个“全国 15 分钟便民商圈示范工程”挂牌。成功创建丰台区第二个市级生活性服务业示范街区——怡海社区商业街。

（张会利）

【消费扶贫】举办 21 场消费扶贫进社区系列活动，24 家贫困地区企业的 500 多种商品被推广，实现总销售额 78.28 万元。受援地区各类农副产品在京销售额超过 3.8 亿元，惠及贫困人口约 6000 人。完成北京市双创中心丰台两家分中心挂牌。

（杜伟光、张　萍）

【电子商务】促进“互联网 + 商务”深度融合，什么值得买科技在 A 股上市。完成丰台区国家电子商务示范基地综合评估。

（李　蕊、牛格非）

【夜间经济】发布丰台区繁荣夜间经济促进消费增长措施和丰台夜间消费指南。推出方庄深夜食街和丰科万达等 5 家购物中心型“深夜食堂”。

（牛格非）

【促消费活动】围绕重点节庆，推出了“京味过大年”“悦享中秋”“惠享国庆”等促销品牌。围绕时尚消费、绿色消费，组织“购物嘉年华暨仲夏消费季”“首届家居消费节”。围绕百姓日常消费需求，开展“丰台特惠购”“品牌进社区”等活动。

（李　蕊、牛格非）

【商业设施】方庄新鸿基 NTP 新城广场、马家堡新荟城购物中心开业，新增商业供给近 10

万平方米。居然之家引进运动萌兽国内首店，宝燕乐园北京首店落户大红门集美。

（李　蕊、牛格非）

【安全生产】全年商务行业安全平稳运行，检查企业1439家次，执法人员4317次，发现隐患问题600余起，全部现场整改。制定迎国庆检查方案和应急预案，开展商务行业安全生产大检查“清零”行动，明确“行业管理责任履行到位，行业重点单位检查全覆盖”的工作目标，国庆节前共检查企业741家，出动检查人员2223人次。

（李学兵）

【粮食安全】全年完成各类粮食统计报表400余家次，发布粮油价格信息50条。开展社会粮油供需平衡调查310余家次。建立81个粮食应急网点，2个应急配送中心。开展应急培训和演练，加强检查执法力度。

（杜伟光、张　萍）

【政务服务】实现审管分离新型行政审批模式和“一窗受理、限时办结”目标，全年办理各类事项1144件。

（杨　磊）

外经外贸

【利用外资】全年共有7家外资企业增资，新设34家外资企业，完成合同外资9.8亿美元；完成实际利用外资1.1亿美元，同比增长658.1%，增速城六区第一。

（陈　涛、李　蕊）

【外贸出口】全年完成外贸出口351.8亿元人民币，增速同比增长12.4%，城六区排名第一，高于全市平均增速6.3个百分点。

（陈　涛、李　蕊）

【稳外资稳外贸】开展丰台区外资吸引力评价及发展策略研究。为45家中小外贸企业122个项目争取国际市场开拓资金，为19家重点外贸企业申报高质量发展资金超2000万元，为27家企业争取首届进博会资金补助，为50余家企业续保短期出口信用保险。与丰台海关建立长效工作机制。举办各类政策培训会4场，参训企业200余家。

（陈　涛、李　蕊）

【服务业扩大开放】建立区级总协调专班，制定丰台区实施方案。建立区级项目库，梳理重点项目30个。建立定期调度、服务管家、项目进度报送和政企对接“四个机制”，加快项目落地进程。

（陈　涛、宋　莉）

【搭建对外发展平台】组织140余家企业参加第二届中国国际进口博览会，意向成交4430万美元。参加2019中国国际服务贸易交易会展览展示和北京主题日推介活动，丰台科技园区管委与中铁工业装备制造总部等重大合作项目签约。

（陈　涛、李　蕊）

名　录

单位名称：北京市丰台区商务局

党组书记、局长：郭晓一

地址：北京市丰台区东安街三条6号

邮编：100071

电话：63838670

传真：63838670

（牛格非）

石景山区

概　　况

2019 年 1—12 月，石景山区总消费完成 650.1 亿元，同比增长 5.8%。其中，社零额实现 327.2 亿，同比增长 4.7%；实现服务性消费额 322.9 亿元，同比增长 6.9%。完成年度 4 家商品交易市场转型升级，成为全市首个完成商品交易市场调整疏解任务的区。新建、提升基本生活性服务业网点 41 个，完成市级任务指标的 110.8%，成为首个获批创建的北京市生活性服务业示范区。深入落实北京市服务业扩大开放综合试点，扎实推进 3 个试点任务、2 个市级统筹项目、21 个区级试点项目。成功举办京交会分会场活动，签约 19 个项目，签约额超 500 亿元。完成实际利用外资 4.2 亿美元，同比增长 7.9%。完成外贸进出口总额 55.8 亿元人民币，其中出口总额 36.6 亿元人民币，进口总额 19.2 亿元人民币。助力“1+3+1”高精尖产业体系建设，打造石景山特色品牌商务服务行业。联动新首钢高端产业综合服务区、石景山科技园等重点功能区，加强商务服务企业引入，补齐产业发展配套服务短板。高度重视电子商务工作，以政策为先导，推进国家电子商务示范基地建设。优化政策环境，切实扶持区域总部企业发展，深化服务企业机制，促进总部企业高端发展。努力提升商务行业文明程度及服务水平，圆满完成国庆 70 周年及各项重要活动保障任务。精准对口帮扶，扎实推进扶贫工作。高效落实“接诉即办”，群众满意率大幅提升。

（程华祥、马　宁）

商业贸易

【商品交易市场疏解】根据市、区两级政府对“疏解整治促提升”的工作要求，持续深入推进商品交易市场调整疏解工作，全面完成 2019 年 4 家市场的疏解任务，涉及建筑面积 3.3 万平方米，涉及商户 376 户，涉及人口 486 人，成为 2019 年全市首个完成商品交易市场调整疏解任务的区县。同时，做好市、区两级政策衔接，对疏解完毕并通过验收的各类商品交易市场给予相应政策资金奖励支持，进一步强化市场疏解保障。组织主责单位做好对已疏解提升点位的常态化监管，确保已疏解市场“场清地净”，实现“零新生”“零反弹”的工作目标。

（张　然、滕小宇）

【生活性服务业品质提升】年内完成市级生活性服务业网点建设任务 41 个，完成全年市级任务的 110.8%。全区共有生活性服务业网点 1655 个，较 2018 年底增加 254 个，店面连锁化率达 52.6%，较 2018 年底提升 4.1 个百分点，实现了八项基本便民服务功能全覆盖。通过强化部门合力、统筹网点建设、扩大扶持力度，不断提升生活性服务业“六化”水平。

（滕小宇、张　然）

【救灾物资储备管理】落实北京市机构改革方案，6 月，完成与区民政局救灾物资储备管理职责交接和救灾物资盘点。在市民政局、市粮食和物资储备局的指导下，进一步完善救灾物资管理体系建设，强化日常监督管理工作。重点加强对库房安全的监督检查。特别是汛期做好防潮、防虫工作，确保救灾物资处于良好状态。

（滕小宇、张　然）

【消费市场总体稳定增长】 2019年，石景山区总消费完成650.1亿元，同比增长5.8%（城六区排名第5）。其中，社零额实现327.2亿，同比增长4.7%（城六区排名第二）；实现服务性消费额322.9亿元，同比增长6.9%。

（王建博、宗　喆）

【推动消费结构优化升级】 加强宏观分析研究，提出有针对性地促消费政策措施，出台《石景山区促进消费升级发挥新消费引领作用行动计划（2019年—2021年）》，着力实施“空间重塑、品质提升、特色培育、热点打造、需求释放、环境优化”六大举措和39项重点任务，全面推动消费升级。研究制定《石景山区发展夜间经济促进消费升级实施方案》，提出构建石景山区“一标两圈三街四地”夜间经济发展新格局。集中打造石景山游乐园京西“夜消费地标”，鲁谷和苹果园两大“夜经济特色商圈”，鲁谷东路、古城南路、杨庄东街三大“夜经济示范街区”，首钢园区、郎园、喜隆多、五里坨四大“夜经济打卡地”，增强夜间消费对经济增长的拉动作用。

（王建博、宗　喆）

【扎实推进精准扶贫工作】 依托区内物美、永辉、壹公里果蔬等大型连锁零售企业，设立7个专区专柜，年销售额近800万元。推进区级消费扶贫分中心建设，成为集中展示展销受援地特色农产品的重要平台。支持企业集团总部产地直采，引导开展扶贫产品定期进机关、进企业，形成长效社会帮扶机制，累计开展进机关、进商超活动30余次。支持受援地农产品通过字节跳动、抖音等网上销售平台发展直销模式，帮助宁城、顺平等地购置电商物流设备，推动互联网创新成果与扶贫工作深度融合，加快贫困地区脱贫攻坚进程。

（王建博、宗　喆）

【强化居住配套商业服务设施管理】 落实《北京市居住配套商业服务设施规划建设使用管理办法（试行）》《北京市居住配套商业服务设施改变使用性质及转让工作办理规定》要求，明确居住配套商业服务设施查验及转让手续办理程序，根据配置标准，结合项目及周边商业服务需求，对居住配套商业服务设施经营内容、业态结构提出意见。2019年，共办理新建配套设施转让手续1份、存量配套设施转让手续6份。

（王建博、宗　喆）

【商务服务业不断壮大】 2019年1—12月，石景山区商务服务业收入合计212.3亿元，同比增幅是26.1%。全区商务服务业已形成较为齐全的行业类别，其中高附加值、高辐射力的行业发展态势较好，带动产业内部结构不断优化。企业管理服务、广告、咨询与调查、人力资源服务四大主导领域发展效益较好，合计收入及税收均占全区商务服务业总量的80%以上，新业态、新模式快速发展，高精尖企业加快集聚。

（刘　斌、丁　玲）

【拍卖企业年审】 2019年6月，石景山区全面完成2018年度北京市拍卖企业年审工作，通过拍卖核查的企业为：北京鼎兴天和国际拍卖有限公司、北京政轩拍卖有限公司、爱拍得拍卖有限公司、北京富雅国际拍卖有限责任公司。

（刘　斌、丁　玲）

【扎实推进行业安全生产监管工作】 年内，区商务局认真履行“党政同责、一岗双责”，按照“管行业必须管安全”的要求，严格落实行业安全管理责任，克服困难，持续加大行业安全管理力度，夯实行业安全管理工作基础，有效防范和坚决遏制各类安全事故发生，圆满完成了全国“两会”、中非论坛、第二届“一带一路”国际合作高峰论坛、世园会、亚洲文明对话大会、新中国成立70周年庆祝活动等重要时期的安全服务保障任务。全年共召开全区商务行业安全生产会议5次，开展安全生产各类培训5场次，累计培训人员600余人次，印发文件、宣传资料4000余份，组织第三方机构为全部规上企业进行“一对一”全员培训。共出动安全生产检查人员991人次，检查478家次，排查、治理隐患611处，对存在问题较多的21家次企业进行了传唤和指导，为商务行业安全生产形势持续稳定好转奠定了坚实基础。

（刘　颖）

【商务行业创城工作】区商务局负责的商场超市、餐饮企业、商业大街等点位是全区创建工作的重点之一，内容涵盖整治商超门前三包、垃圾分类、环境卫生，广泛张贴宣传海报、控烟标识、光盘行动标识等工作；组织“优化营商环境——选树人民满意的服务窗口”和“服务之星”评选等主题活动，提升行业整体服务水平；专项整治商业企业门前三包、环境卫生等问题，落实企业“门前三包”主体责任；要求企业将创城宣传海报装裱入框，利用电子屏、电视墙循环播放公益广告，营造浓厚文明社会氛围；指导大型商场的母婴室和无障碍设施的新建和改造，下发制作光盘行动、俭以养德标识，组织垃圾分类培训，配备分类垃圾桶。商务行业创建全国文明城区的各项工作始终坚持“创建为民，创建惠民”的原则，让居民有更多的获得感、幸福感和安全感。

（康烁辰）

对外经济

【外贸进出口】截至2019年底，全区共有对外贸易经营者备案企业1401家，涉及实际进出口业务的企业443家，其中有出口业务的264家，有进口业务的319家。完成外贸进出口总额55.8亿元人民币，同比下降13.1%，全市占比0.2%。其中出口总额36.6亿元人民币，同比下降7.1%，全市占比0.7%；进口总额19.2亿元人民币，同比下降22.6%，全市占比0.1%。出口商品主要以机械设备和工业产品为主。出口国包括韩国、日本、美国、欧洲、蒙古等。

（刘　珊、王凯蒂）

【外资结构】截至2019年底，全区开业外商投资企业305家。按企业生产方式划分，工业企业35家，服务业企业270家；按合作方式划分，独资企业222家，合资企业76家，合作企业4家，股份制企业3家。累计投资总额67.4亿美元，其中合同外资34亿美元，企业平均投资规模2210万美元。

（刘　珊、王凯蒂）

【外资来源】全区外商投资主要来源于全球30个国家和地区。其中企业数量最多的为中国香港，共设立“三资”企业172家，投资额为56.4亿美元；英国位列第二，共设立共设立“三资”企业19家，投资额为2亿美元；美国位列第三，共设立“三资”企业18家，投资额为4427.9万美元；三个国家和地区的投资企业数分别占全区外资企业总数的56.4%、6.2%和5.9%。

（刘　珊、王凯蒂）

【新批外资结构】新批“三资”企业中，从企业类型上分，独资企业33家，合同外资额2.3亿美元，占全部新设企业的94.5%；合资企业10家，合同外资额1350.6万美元，占全部新设企业的5.5%。从产业结构上分，新批“三资”企业全部符合石景山区产业发展定位。投资涉及的主要行业有技术开发与服务、企业管理、咨询、策划、商贸、文化艺术交流等，其中，技术开发与技术服务类企业占新批企业的79.1%。

（刘　珊、王凯蒂）

【新增外资规模】年内，全区新设外商投资企业43家，同比增长30.3%，投资总额8.3亿美元，同比增长194.7%，合同外资2.5亿美元，同比增长110.8%。其中，投资总额5000万美元以上大项目3个，投资总额达5.8亿美元，吸纳合同外资1.3亿美元，占全部新批企业合同外资额的52.5%；投资总额1000万美元以上企业9家，投资额达7.8亿美元，吸纳合同外资2.2亿美元，占全部新批合同外资的90.2%。开业外商投资企业增资19项，投资总额6.6亿美元，同比增长15.1%，吸纳合同外资4.1亿美元，同比增长97.8%。

（刘　珊、王凯蒂）

【服务贸易】截至2019年底，全区在商务部服务贸易统计监测系统注册重点服贸企业62家，年内共有47家服务贸易企业填报进出口执行额743笔，填报总金额达3.9亿美元。其中，服务贸易出口企业41家，出口额3亿美元，服务贸易进口企业12家，进口额9209万美元。业务范围涉及旅行服务、金融服务、电信、计算机和信息服务、知识产权使用费、个人、文化和娱乐服务、维护和维修服务以及其他商业服务等行业。

（刘　珊、王凯蒂）

【服务业扩大开放】全区统筹成立工作领导小组并组建工作专班，制定工作推进方案及任务清单，落实“2+21”个市级统筹项目和区级试点项目；聚焦4个试点园区和8大重点产业领域，组织编制“4+8”三年行动计划，推动“产业+园区”开放。截至2019年底，新首钢国家体育产业示范区成功争取市级政策支持，推动新品首发、商业首店、公共保税等新业态、新模式落地；北京·银行保险产业园引进金融机构30家；新首钢国际人才社区核心区项目取得立项核准批复，国际学校启动规划选址；北京侨梦苑吸引130家侨资企业落户。年内，推动Keewifi研发中心、安博教育与美国大学合作项目、“互联网+医疗健康”等8个区级试点项目落地，实现投资超亿元。

（刘　珊、王子丹）

【举办京交会分会场】在首钢园区成功举办京交会冬奥主题分会场活动。以“冰雪机遇与城市发展”为主题，在首钢园区组织主题论坛、展览展示及配套活动近十场；北京市商务局“双向投资”政策、冬奥特许商品新品“激情冬奥金钥匙”、首钢园区国际新品首发中心等多项新政策、新产品、新项目发布；分会场吸引了一批海外企业拓展在华业务和开展项目合作，现场推动项目签约19个，签约金额超过500亿元；分会场日接待参观观众近万人；接待来访客商上百批次，搜集信息百余条；吸引媒体50余家、记者170余人次到会，国内外新闻媒体对石景山区分会场的报道超过600余篇。石景山区分会场被京交会组委会评为“最佳专题展区”，活动获得圆满成功。

（刘　珊、王凯蒂）

【组团参加第二届进博会】组团参加第二届中国国际进口博览会。采取区域企业“全覆盖”，重点企业“点对点”的方式，重点围绕科技、食品及农产品等社会消费品、医疗器械及医药用品、高端装备及汽车等产业领域组织企业参会采购。第二届进博会石景山区交易分团共有注册参团企业、单位57家，参团人员156人，参团企业、单位数比上届到会企业增长

129.5%。结合石景山区产业定位，开展有针对性的招商引资工作，重点走访服务贸易、冰雪、医药展区，走访了包括龙漫集团、汉诺威米兰展览、安永咨询、复星旅文等近20余家代表性企业，宣传石景山优势政策，广泛开展招商引资工作。

（刘　珊、王凯蒂）

名　录

单位名称：北京市石景山区商务局

党组书记、局长：宋世媛

地址：北京市石景山区石景山路18号

邮编：100043

电话：68607227

传真：88683281

（程华祥、马　宁）

门头沟区

概　　况

2019年，门头沟区商务工作紧紧围绕1179工程和区域发展总原则，聚焦市、区两级绩效考核，为民办实事等重点工作，严格落实“疏整促”任务，全力推进社零额、生活性服务业品质提升、粮食安全区长责任制等市级绩效考核任务。开展行业促消费、精准帮扶、营商环境建设、文明城区创建等重点工作；全力保障商务行业安全运行，行业发展稳中提质。消费市场稳步增长，实际完成社会消费品零售额73.5亿元，同比增长5.9%。进出口额累计4.1亿美元，同比下降4.4%；其中出口2.2亿美元，同比下降7%；进口1.9亿美元，同比下降1.3%。实际利用外资3462万美元，同比增长21.4%。完成粮食区长责任制考核及抽查工作。保障行业安全稳定，开展多种形式的宣传活动，紧紧围绕“安全生产月”和“五大重点节日”，积极营造“安全第一、预防为主”的良好氛围。围绕国庆70周年服务保障，发挥督促指导作用。

（王　倩）

机构设置工作

【机构更名】2019年3月20日，根据区编委《关于区商务局（区粮食和物资储备局）机构职责调整及相关工作的通知》（门编办字〔2019〕30号），“门头沟区商务委员会（门头沟区粮食局）”正式更名为“门头沟区商务局（门头沟区粮食和物资储备局）”。3月25日，门头沟区商务局（门头沟区粮食和物资储备局）正式揭牌。

（王　倩）

商业流通

【推进生活性服务业品质提升工作】2019年，门头沟区完成新建和规范提升各类商业便民网点60个，其中蔬菜零售网点14个，在3个空白社区进行了补建，在农村地区建设便民网点2个。超额完成年度41个考核任务。

（杨　楠）

【落实“疏解整治促提升”专项行动】2019年，门头沟区完成疏解提升农副产品市场1家。完成北京双峪农副产品市场提升改造任务，面积11 300平方米，涉及商户416户，涉及人口624人。对市场柜台、商户牌匾及地面等方面进行了重装，提升市场规范化水平。

（杨　楠）

【开展送货下乡及进社区活动】2019年，门头沟区组织开展12次“送货下乡及进社区活动”，将便民服务送到百姓家门口，以质优价廉的商品、热情周到的服务，服务门头沟区百姓生活。

（杨　楠）

【成立专班研审保障配套服务功能】2019年，门头沟区牵头制定《门头沟区关于出售居住配套商业服务设施业态布局的工作方案》，成立由门头沟区商务局牵头，门头沟区住房和建设委员会、门头沟区市场监督管理局等部门为成员单位的工作专班，通过专班联审机制，严把拟出售配套商业设施的出售关，确保商业设施服务功能的发挥。

（杨　楠）

【加大商业专项资金扶持力度】2019年，门头沟区设立促进生活性服务业品质提升的支持政策。门头沟区制定《门头沟区生活性服务业资金管理暂行办法》及申报指南，通过对符合标准和要求便利店、蔬菜零售等网点建设项目给予装修费用、硬件设备购置费用、房屋租金、物业费用等支持，促进和引导门头沟区生活性服务业网点建设和发展，提升百姓生活的便利度。组织门头沟区商业企业参加了市级商业便民服务设施项目投资补助、商务发展项目政策宣讲会，广泛征集项目，积极组织申报。

（杨　楠）

【举办商务行业技能大赛】2019年6月，门头沟区组织开展北京市第九届商业服务业技能大赛初赛暨门头沟区2019年美发行业技能比赛，提高从业人员技能水平，提升门头沟区商业服务业服务质量和生活性服务业品质。8月，举办主题为“食在门头沟”之“食尽美味　美时美客”餐饮大赛，通过以赛代训的方式，带动门头沟区商业服务行业发扬工匠精神，提高行业技能与服务水准。

（杨　楠）

粮食储备

【完成政策性粮食库存数量和质量大清查】在门头沟区大清查协调机制成员单位的协同配合下，完成门头沟区政策性粮食库存数量和质量大清查工作。共计检查门头沟区内粮食货位60个，其中市储备粮货位30个，区储备粮货位21个，商品粮货位3个，空仓货位6个。

（朱　静）

外资外贸

【参展参会工作】2019年5月28日至6月1日，参加北京国际服务贸易交易会。11月5日至11日，门头沟分团到上海参加首届中国国际进口博览会。全区共有40余家企业、130人参与。

（马　洁）

【外贸企业备案工作】2019年，门头沟区办理对外贸易经营者备案113件，其中新增83件，变更30件。受理外商投资企业设立及变更备案申请59件，出具设立备案回执18件，变更备案回执41件。

（马　洁）

【外资企业联合年报】2019年，门头沟区组织83家外商投资企业开展2019年外商投资企业年度投资经营信息联合报告工作，申报率为100%。

（马　洁）

商务规划

【商务部信息监测报送工作】2019年，门头沟区完成商务部商贸流通业统计监测系统报送工作。组织商贸统计企业完成2019年度年报、2019年度季报及月报，报送率达到100%。组织60余家监测企业召开门头沟区信息监测工作培训总结会2次。

（陈　玥）

【推进繁荣夜间经济】2019年，拟订《门头沟区关于推进夜间经济发展的实施方案》。组织掌灯人、专班成员召开繁荣夜间经济工作部署推进会1次。完成2019年繁荣夜间经济指标考评工作。

（陈　玥）

【扎实开展无障碍环境建设】2019年，完成对门头沟区38家规模以上商务行业单位无障碍环境建设情况摸底排查，建立企业无障碍环境建设信息台账。

（陈　玥）

安全生产

【扎实做好行业安全工作】2019年，根据市、区两级安全生产工作部署，全面推进安全生产标准化建设、安责险试点推广等工作。2019年1—3月，共出动执法人员405人次，检查企业135家次，发现各类安全隐患19处，均已整改完毕。按照机构改革要求，4月起，对重点行业单位开展安全生产督导246家次，发现并消除隐患38处。

（李　亮）

【做好宣传培训工作】2019年，利用全国安全生产月、全市安全生产培训日、“12·4法治宣传日”等节点，围绕商务行业“两个安全生产规定”，结合各阶段安全生产活动，通过上街宣传、悬挂横幅、下发通知等形式，营造了浓厚的安全生产氛围。11月20日，面向全区60余家重点商务行业单位及属地镇街安全生产管理人员开展了消防安全知识大培训。

（李　亮）

名　录

单位名称：北京市门头沟区商务局

党组书记、局长：杨少培

地　　址：北京市门头沟区双峪路39-1号

邮　　编：102300

电　　话：010-69842571

传　　真：010-69842571

（王　倩）

房山区

概　况

北京市房山区商务局（简称“房山区商务局”）原名北京市房山区商务委员会，2019 年 3 月 25 日依据《北京市房山区机构改革方案》更为现名。依据《中共北京市房山区委办公室、北京市房山区人民政府办公室关于印发〈北京市房山区商务局职能配置、内设机构和人员编制规定〉的通知》，区商务局是区政府工作部门，为正处级，加挂北京市房山区粮食和物资储备局（简称区粮食和储备局）牌子，下设办公室、规划发展科、外经贸发展科、市场调控管理科（粮食和物资储备科）4 个内设机构。

2019 年，房山区商务局紧紧围绕“一区一城”新房山建设和“三区一节点”功能定位，贯彻“六为”发展理念，坚持优化营商环境，持续改进作风，狠抓任务落实，圆满完成了年初确定的各项任务目标。房山区实现社会消费品零售额 268.0 亿元，同比增长 6%。外贸进出口总额完成 9.7 亿美元，同比增长 13%。实现实际利用外资 5748 万美元，同比增长 35%。生活性服务业“六化”（“规范化、连锁化、便利化、品牌化、特色化、智能化”）水平大幅提升，粮食安全扎实稳步推进，服务业扩大开放进一步加强，房山区商务工作总体保持稳中有进的良好发展态势。

（李明丽）

依法行政

【房山区商务局正式挂牌成立】 2019 年 3 月 25 日上午，按照《北京市房山区机构改革实施方案》，北京市房山区商务局（简称“房山区商务局”）正式挂牌成立，同时加挂房山区粮食和物资储备局牌子。新组建的房山区商务局，在承担原有内外贸易、外商投资、对外经济合作、粮食流通行政管理等职能的基础上，划入了房山区发改委的指导监督重要商品收储、轮换和日常管理职责；划入房山区民政局的组织实施应急储备物资收储、轮换和日常管理职责。11 月 18 日，按照房山区委编办（房编办字〔2019〕114 号）要求，“将北京市房山区商务监督检查所整建制划转到房山区市场监管局，其隶属关系由房山区商务局所属调整为房山区市场监督管理局所属。其机构规格、人员编制、领导职数均不变。”

（李明丽）

【开展安全生产专项行动 16 次】 2019 年，房山区商务局共计开展了“元旦春节”“全国‘两会’”“中非合作论坛”“国庆 70 周年”等商务行业安全生产专项行动 16 次，累计出动检查人员 3847 人次，检查企业 1243 家次，指导督促安全隐患 916 处。

（李明丽）

【公开政务信息 84 条】 按照政府信息公开方式和程序，2019 年，房山区商务局累计公开政务信息 84 条。

（李明丽）

商业流通规划与发展

【房山区社会消费品零售额保持较快增长】 2019 年，房山区实现社会消费品零售额 268.0

亿元，同比增长6%。

（李明丽）

【房山区生活性服务业“六化”水平明显提升】截至2019年底，房山区160个社区共有各类便民商业网点2513个，其中便利店（超市）664个、蔬菜零售322个、早餐379个、美容美发377个、家政服务36个、洗染84个、末端配送603个、便民维修48个，社区便民服务功能覆盖率达到97.5%，比2018年提高11.8个百分点，连锁化率达到43.7%。其中，2019年，房山区累计建设提升蔬菜零售、便利店（超市）、早餐、家政、洗染、美容美发、末端配送等7类基本便民商业网点98个，根据业态分类，蔬菜零售12个、便利店（超市）49个、早餐14个、家政1个、洗染6个、美容美发12个、末端配送4个。房山区商业规范化、连锁化、便利化、品牌化、特色化、智能化（简称“六化”）程度明显提升，居民生活更加便捷，服务功能更加完善。

（李明丽）

【启动编制《房山区商业发展规划》】2019年，基于房山区商业发展现状、谋划“十四五”时期发展目标、明确重点商业配置，启动了房山区商业发展规划编制工作。

（李明丽）

【完成《房山区公共消费空间研究》编制】完成《房山区公共消费空间研究》工作，重点在商业布局、消费需求以及发展潜力等方面进行专业分析，结合房山区商业发展现状，深入探索了房山区公共消费空间发展潜力。

（李明丽）

【大型商业设施数量达到40家】截至2019年底，房山区5000平方米以上大型商业设施达到40家，总建筑面积与营业面积分别达到87.8万平方米和65.1万平方米。按业态划分，购物中心13家，百货店14家，超市4家，服装市场1家，家居建材7家，专业专卖店1家。

（李明丽）

【加强社区蔬菜直通车管理】2019年，房山区累计备案登记蔬菜直通车50辆，其中服务房山社区车辆8辆，弥补蔬菜零售网点空白和不足，满足25个社区居民售卖蔬菜等生鲜农产品，妥善解决了居民买菜“最后一公里”的问题。

（李明丽）

【召开房山区繁荣夜间经济工作专题会】2019年7月31日，房山区繁荣夜间经济工作专题会召开，首创奥莱、万科半岛广场、绿地缤纷城、华冠商贸等7家重点商业企业参会，会议就夜间经济发展主体如何以“共建共享”理念，融合夜间经济发展，展示商业特色，打造房山文化体验，引导形成夜间“商圈效应”，优化服务供给进行了深入研讨。

（李明丽）

【消费扶贫深入开展】2019年，房山区商务局会同有关部门研究制定《房山区推动消费扶贫市区联动实施方案》，房山区共建设消费扶贫特色基地4个、特色展厅6个，设置消费扶贫特色专柜10个、特色小吃店铺1个，推进消费产品进京活动5次，实现采购销售结对地区特色农产品200吨，金额267万元。

（李明丽）

市场运行与管理

【疏解整治市场3家】2019年上半年，房山区商务局提前半年完成3家商品交易市场（分别为大安山矿市场、拱辰街道自立市场、阎村镇绿海集贸市场）改造提升任务，涉及面积共计0.9万平方米，商户205户。

（李明丽）

【持续加强生活必需品市场监测】 按照“准确监测、全面分析、科学预测、快速反应”原则，认真做好生活必需品市场监测，及时报送信息。2019 年，房山区商务局累计统计报送粮油价格监测周报 52 期，蔬菜、肉蛋奶监测周报 52 期，猪肉价格监测日报 100 期，完成重大节日货源统计，确保节日市场供应平稳。

（李明丽）

【2019 年疏解整治促提升工作暨商业流通发展项目政策说明会召开】 2019 年 3 月 7 日，房山区商务局组织各乡镇街道和重点商业企业召开“2019 年疏解整治促提升工作暨商业流通发展项目政策说明会”。会上向各乡镇街道和重点商业企业详细讲解了北京市、房山区两级商业流通发展政策，鼓励企业积极进行项目对接，加快转型升级。安排部署了 2016—2017 年疏解整治促提升“回头看”工作，全面巩固工作成果；部署了 2019 年便民商业网点建设工作，加快推进房山区生活性服务业品质提升。

（李明丽）

【召开 2019 年商务行业安全生产工作会】 2019 年 3 月 13 日，房山区商务局在凯悦莱会议中心组织召开了 2019 年商务行业安全生产工作会。房山区各乡镇、街道主管领导，重点监管经营单位负责人等参会。会上传达了房山区安全生产工作会议精神；详细部署了 2019 年房山区商务行业安全生产工作；签订了 2019 年房山区商务行业安全生产责任书；房山区商务局局长高海军进行了总结讲话。

（李明丽）

【召开 2019 年房山区政策性粮食库存数量和质量大清查工作动员会】 2019 年 4 月 2 日下午，房山区粮食大清查协调机制办公室组织召开 2019 年房山区政策性粮食库存数量和质量大清查工作动员会。房山区粮食大清查协调机制成员单位主管领导，以及房山粮油贸易有限公司、华冠商业科技发展有限公司相关负责人参会。会上，大清查协调机制办公室主任、房山区商务局局长高海军通报了房山区粮食大清查协调机制办公室前期工作进展情况；与会人员认真学习了《2019 年房山区政策性粮食库存数量和质量大清查实施方案》；相关负责人汇报了粮食存储情况和自查工作开展情况。

（李明丽）

【召开成品油经营企业安全管理工作会】 2019 年 4 月 4 日，房山区商务局联合相关部门，召开房山区成品油经营企业安全管理工作会，房山区 130 多家成品油经营企业负责人参会。会上，传达了全市成品油经营企业安全管理工作会议精神；对企业安全生产、证照年检等工作进行了安排部署；房山区商务局副局长苑星林进行了总结讲话。

（李明丽）

【房山区领导检查重点企业节日商品供应及安全生产工作】 2019 年 6 月 5 日，房山区开展重点商业企业节前检查。检查组先后检查了绿地缤纷城永辉超市、华冠商业科技有限公司长阳市集、首创奥特莱斯二期，对蔬菜、肉类、米面油等主要生活必需品的供应情况，随后对安全保障、消防设施配备、应急处置等情况进行重点检查。

（李明丽）

【商业特许经营行业监管持续加强】 2019 年，按照有关规定对特殊流通行业进行监督管理，房山区商务局完成 13 家典当企业年审初审和 9 家拍卖企业年审工作。

（李明丽）

【房山区成品油零售经营企业经营资质年检

工作顺利完成】2019 年，房山区共完成成品油零售企业年检 110 家；法人变更通过审批 9 家；注销和新设立通过审批 10 家。

（李明丽）

【节假期消费市场活跃】2019 年，元旦、春节、清明节、五一、端午节、中秋、十一等主要节假日期间，房山区监测的 30 家重点商业企业共实现销售额 13.7 亿元，接待消费者 1123.7 万人次。

（李明丽）

外资外贸

【超额完成外资外贸年度指标任务】2019 年，房山区外贸进出口总额完成 9.7 亿美元，同比增长 13%。实现实际利用外资 5748 万美元，同比增长 35%。

（李明丽）

【有序开展外资外贸审批备案】2019 年，房山区共办理对外贸易经营者备案登记 301 件，新设立外商投资企业 54 家，增资企业 5 家，协议总金额 7.81 亿美元，协议外资额 3.33 亿美元。完成外商投资企业联合年报 129 家。

（李明丽）

【新增 6 家“双自主”企业】2019 年，房山区新增拥有自主品牌和自主知识产权的企业（简称“双自主”企业）6 家，房山区拥有“双自主”企业总数达到 22 家。

（李明丽）

【完成 83 家重点外贸企业入库建档】2019 年，房山区商务局持续加强外贸企业基础信息库建设，共完成 83 家重点企业入库建档。

（李明丽）

【完成 89 个外经贸项目资金拨付初审】2019 年，房山区商务局严格把控外经贸发展专项资金评审关口，共完成 89 个项目资金拨付初审。

（李明丽）

【召开 2019 年外贸政策培训会】2019 年 5 月 23 日，房山区商务局邀请北京市商务局和中国出口信保公司等部门，组织房山区 33 家外贸企业就持续优化营商环境提升跨境贸易便利化新政、防范出口收汇风险和相关统保政策和中美贸易摩擦分析及应对建议等内容进行专题培训。房山区 33 家外贸企业的 48 人参会。

（李明丽）

【第二届进博会达成意向采购金额 4.3 亿美元】2019 年 11 月 5 日至 10 日，房山区商务局组织房山区 63 家单位赴国家会展中心（上海）参加第二届中国国际进口博览会，共达成意向采购金额 4.3 亿美元。

（李明丽）

【外经贸企业合同初审工作完成】2019 年，房山区商务局共完成服务外包重点监测企业合同初审 1008 件。

（李明丽）

名　　录

单位名称：北京市房山区商务局
党组书记、局长：高海军
地　　址：北京市房山区长阳镇昊天北大街 38 号
邮　　编：102445
电　　话：81312935
传　　真：81312958

（李明丽）

通州区

概　况

2019年，在区委、区政府的正确领导下，区商务局紧紧围绕商务行业“稳增长、促发展、疏功能、惠民生”工作主线，凝心聚力，开拓创新，以只争朝夕的豪情全面投入到北京城市副中心建设中，以时不我待的强烈使命感积极融入全市商务发展进程。坚持稳中求进，商务经济总体水平不断提升；坚持功能疏解，推进通州商业体系调整升级；坚持聚焦民生，加快生活性服务业科学发展；坚持优化环境，服务业扩大开放先导区焕发新活力；强化安全管理，安全责任体系逐步完善。各项工作亮点纷呈，圆满完成年度各项任务目标。

（马寅辰）

【社会消费品零售额同比增长7%】2019年全区总消费额实现826亿元，同比增长9.1%。其中服务消费实现355.3亿元，同比增长12.1%；社会消费品零售额实现470.7亿元，同比增长7%，增速全市第三。

（马寅辰）

【发展梨园夜间经济示范区】2019年，出台《通州区统筹促消费增长工作的意见》《通州区关于进一步繁荣夜间经济促进消费增长的工作方案》，统筹推进全区夜经济发展；重点打造以东郎产业园为代表的梨园夜间经济示范区，形成试点。东郎电影创意产业园被评为北京十大夜消费打卡地。

（马寅辰）

【积极推动总部经济发展】开展商服产业空间调查和高端商务项目引进工作，建立数据库台账，为引进总部及高端商业品牌项目做准备。其中，在谈的“盒马鲜生”项目已与“万方置业”已签署《房屋租赁合同》。加大通州区发展环境和政策优势宣传推广力度，举办各种城市副中心推介活动。其中：2019年京交会副中心分会场活动得到市、区和社会各界的一致好评，“运河论坛”活动还获得市京交会组委会颁发的“最佳会议活动”荣誉。

（马寅辰）

【打造北京市服务业扩大开放综合试点先导区】2019年1月31日在《国务院关于全面推进北京市服务业扩大开放综合试点工作方案的批复》中，对通州区明确提出了“加强北京城市副中心政策集成，打造服务业扩大开放综合试点先导区”的要求。

（马寅辰）

【优化营商环境　服务业扩大开放先导区焕发新活力】构建了“试点工作领导小组+总体协调专班+3个重点领域专班”的工作体系；制定了《通州区创建北京市服务业扩大开放综合试点先导区实施方案》以及《通州区创建服务业扩大开放综合试点先导区三年行动计划》；完善了项目“一库四机制”、加强统筹调度等系列工作措施；市级新设银行分支机构、全面优化政务服务等七项任务取得阶段性成果；区级88项任务中90%任务有序推进并实现11个重点产业项目落地。梳理出“政银合作企业登记直通车、北交所企业登记分中心、新建楼宇项目住所证明新方式、三证同办套餐服务、优化人才发展环境”等五个典型案例。

（马寅辰）

【完成12家市场疏解提升工作】2019年，通州区完成12家市场疏解提升工作任务，涉及商户1564户，从业人员2590人。

（马寅辰）

【新建和规范提升生活性服务业网点117个】2019年，通州区持续提升生活性服务业品质，累计新建和规范提升生活性服务业网点117个，连锁化率达到51.5%，覆盖率达到98.5%。

（马寅辰）

【保障应急救灾物资的存储、调拨】认真做好应急救灾物资的存储、轮换、调拨。按照《通州区区级救灾储备物资调拨机制（试行）》有关规定，认真做好救灾储备物资调运工作。

（马寅辰）

【切实加强应急储备粮管理】与粮贸公司签订了2019年储备粮承储协议，积极开展储备粮轮换工作，并按时办理储备粮津贴拨付，对区储备粮粮情状况，储存条件、账目数量进行了全面彻底的清查工作，保证应急储备粮定期轮换保质保量。

（马寅辰）

【加强粮食市场信息监测】完善粮油市场信息监测预警体系，定期对监测点进行抽查，按时发布粮食供求、价格等相关信息。

（马寅辰）

【认真落实粮食安全区长责任制】切实提升全区粮食行业安全生产治理能力和管理水平，落实粮食安全区长责任制。进一步加强粮食市场信息监测，确保粮油市场供需平衡。储备粮轮换工作有条不紊，轮换储备小麦11 000吨，轮换储备稻谷5470吨。坚持统一认识，严密组织，按照有仓必到、有粮必查、有账必核、查必彻底的原则，高标准完成政策性粮食库存数量和质量大清查工作。加强对粮食收储库及粮食加工企业进行全覆盖安全检查，全年共计检查企业32家次，出动检查人员66人次，对发现问题的企业要求现场整改并验收。积极做好粮食应急预警机制，提升应急保障能力，落实应急各项工作，积极组织粮食应急培训和应急演练。结合科技周、食品安全周、世界粮食日组织开展科技兴粮、节粮减损、粮食安全宣传活动。

（马寅辰）

【持续开展针对性专项检查和整治】2019年，出动安全检查人员2228人次，检查规模以上企业1114家次，查处安全隐患708项。

（马寅辰）

【加强行业安全生产检查宣传工作】2019年，通州区商务局共组织联合检查41次；开展各类宣传教育培训20场次，其中大型培训活动9场次；召开行业安全会议11场次，下发红头文件39份。接受国务院、市委、市政府各类安全生产督查4次。

（马寅辰）

【加大行业安全巡查检查力度】2019年，通州区商务局建立了重要节日、重大活动、重大事件期间巡查、联合检查和局领导带队检查长效机制，对城区重点商业街区、大型商场、超市、餐饮企业各项安保工作落实情况进行重点巡查。同时，对全区粮食行业、外资外贸企业等主管行业企业加大安全监管力度，确保行业安全。

（马寅辰）

【对企业安全管理工作进行全面指导】强化宣传教育培训，督促企业落实主体责任。2019年组织企业集中约谈培训会3次，共计104家次，对企业安全管理工作进行全面指导。共组织烟花爆竹禁限放、国际民防日、“3·15”消费者权益保护日、安全生产月等6次上街宣传活动，发放宣传品3000余份，参与群众达到2500余人。

（马寅辰）

对外贸易

【外商投资企业情况】2019年，通州区新设立外商投资企业68家，增资企业21家。投资总额合计35 661.1万美元，注册资金合计22 017.65万美元，合同利用外资19 330.91万美元。

（马寅辰）

【实际利用外资】2019年，通州区实际利用外资共59笔入资，共计60 339.95万美元。

（马寅辰）

【境外投资备案】截至2019年底，通州区共有境外投资备案企业145家。2019年，通州区17家主体企业进行境外投资，7家主体办理变更。其中新设主体企业的国别（地区）为中国香港9家、美国2家，英属维尔京群岛、日本、澳大利亚、印度尼西亚、俄罗斯联邦、印度各1家；变更主体国别为美国3家、摩洛哥2家，蒙古国、印度各1家。

（马寅辰）

【服务外包合同备案登记】2019年，通州区新审核合同数42个，累计合同金额7335万美元，执行合同金额累计3738万美元。

（马寅辰）

【对外贸易经营者备案登记】2019年，通州区对外贸易经营者备案登记及变更的企业共728家，其中新备案对外贸易企业426家，变更企业302家。

（马寅辰）

【113家外贸企业办理出口信用保险】2019年，中国信保为通州区113家外贸出口企业提供出口信用保险服务，其中自付费投保企业10家，享受政府免费保单企业103家，小微企业占比超过90%。中国信保全年支持通州全区企业出口16.71亿美元，赔付通州区9家出口企业合计26.4万美元。

（马寅辰）

【开展外商投资企业联合年报工作】2019年外商投资企业联合年报工作从4月1日到6月30日进行，通州区参检企业490余家，投资总额297.84亿美元，注册资本115.69亿美元。

（马寅辰）

名　录

单位名称：北京市通州区商务局

党组书记、局长、通州区粮食和物资储备局局长：李霞

地　　址：北京市通州区新华东街254号

邮　　编：101199

电　　话：69543319

传　　真：69521735

（马寅辰）

顺义区

概　况

2019年，区商务局党组围绕“不忘初心、牢记使命”主题教育，深入学习习近平新时代中国特色社会主义思想、党的十九大报告和党的十九届四中全会精神，坚持党建引领，强化“四个意识”，统筹抓好政治建设、思想建设、组织建设、制度建设、纪律建设、作风建设，高标准推进市、区巡视巡察整改工作，加强全面从严治党，全面落实意识形态工作责任制，努力推动商务工作高质量发展。

全区实现社会消费品零售额506.1亿元，同比增长5.7%，高于全年任务0.2个百分点。总量位于全市第六位，城市发展新区首位。完成实际利用外资9.1亿美元，全市排名第三位。累计吸引合同外资25.5亿美元，同比增长135.4%。完成进出口额1163亿元，同比增长7.6%。其中，出口257.1亿元、进口905.9亿元。

（王凌燕）

商业流通

【机构改革完成】3月，依据印发的《北京市顺义区机构改革实施方案》文件通知，将区商务委员会（区粮食局）的职责，区发展和改革委员会的指导监督重要商品收储、轮换和日常管理职责，区民政局的组织实施应急储备物资收储、轮换和日常管理职责等整合，组建区商务局，加挂区粮食和物资储备局的牌子，作为区政府工作部门。不再保留区商务委员会（区粮食局）。将区商务局（区粮食和储备局）所属区商务监督所承担的商务监督执法职责划入区市场监管综合执法大队。完成所属事业单位组建、更名、职能变更工作，组建北京市顺义区会展产业发展促进中心，机构规格为相当副处级，不再保留北京市顺义区会展物流与电子商务服务中心（北京市顺义区商务安全监管事务中心）。北京市顺义区外商投资企业服务中心更名为北京市顺义区生活性服务业促进中心。北京市顺义区粮食流通保障中心更名为北京市顺义区粮食和物资保障中心，将区民政所属原区接收捐赠事务管理中心（区救灾物资管理中心）承担的组织实施应急救灾物资储备事务性工作职责划转至区粮食和物资保障中心。

（张　娟）

【牵头办理议案，加快推进商业服务业转型升级】通过区人大《加快推进顺义区商业服务业转型升级，提升人民群众生活品质》议案的办理，推进本区商业服务业转型升级。成立议案办理工作领导小组，由主管副区长任组长，成立区商务局牵头、57家单位配合的工作专班，共召开议案办理工作会议12次，组织人大代表、政协委员专题调研7次，工作专班对全区58家大型商业企业进行走访调研。区政府先后出台《〈加快推进顺义区商业服务业转型升级，提升人民群众生活品质〉议案办理工作方案》《推进顺义区商业服务业转型升级任务分工方案》，并同步制定《顺义区商业服务业专项提升三年行动计划（2020—2022年）》。

（郭媛媛）

【电子商务政策出台，促进产业发展】结合本区实际，区商务局制定《顺义区促进电子商务暨五类进口商品指定口岸业务发展办法》，由区政府印发实施。旨在持续加强对本区电子商务产业发展扶持力度，进一步推进线上线下融合发展，实现稳增长、扩消费、强优势、补短板，完善口岸服务功能，推进国家五类口岸发展建设，打造服务贸易示范区。2019 年，累计奖励电子商务发展项目 6 个，奖励金额 676.95 万元。

（郭媛媛）

【加快推进在建重点商业项目早日开业】通过月统计、季调度的工作机制，跟踪在建项目进展及存在问题，召开项目调度会 6 次。4 月 25 日，后沙峪沃尔玛山姆会员商店投入运行，营业面积 2 万平方米，当年营业额 3.27 亿元人民币；12 月 27 日，马坡金宝天阶首家店铺正式营业；同时有序推进空港街道澳金园等重点商业项目尽快投入运营。

（郭媛媛）

【老城区商圈升级改造】组织专业商业研究机构对老城区大型商业企业展开地毯式调研，与商业企业负责人深入探讨商圈改造提升的方向、途径，初步确定以“一店一策”的形式有针对性对老城区进行逐步改造提升，制定《顺义区传统商场“一店一策”升级改造工作方案》，旨在做好本区传统商场提质增效升级改造工作。年内，国泰大厦纳入市级“一店一策”升级改造台账。

（郭媛媛）

【完成商业规划编制】自 2018 年起，为夯实规划基础，与《顺义分区规划（2017—2035）》同步在全区范围内采取座谈、调查问卷等形式进行调研，同时经过与市商局，区规自分局，市、区两级相关专家的多轮座谈沟通，3 月，《顺义区商业发展及策略研究》《顺义区商业设施专项规划》最终完成，相关成果文件与区规自分局进行对接。

（郭媛媛）

【“疏整促”专项行动纵深推进】北京通顺京桥汽配市场的市级疏解提升任务提前完成，涉及建筑面积 13 534 平方米，清退摊位 63 户，疏解人口 137 人。

（郭媛媛）

【“街乡吹哨、部门报道”“接诉即办”成效明显】深入镇、街，主动服务，在天裕昕园小区设置顺家临时菜站，为天竺镇天竺村和后沙峪镇白辛庄村、燕王庄村回迁居民解决买菜难问题；解决仁和花园、港馨家园附近居民购物难问题，自主筹建鑫绿都 23 号店，满足周边居民日常生活需求，努力让百姓在“街乡吹哨、部门报到”“接诉即办”工作中得到实惠。

（郭媛媛）

【蔬菜零售网点增添新模式】为及时填补疏解后便民网点，切实解决百姓买菜难问题，经过与相关部门及属地沟通协调，在金宝、中晟家园、鲁能润园等小区设置顺家社区移动菜站，同时按照《顺义区居住小区公共服务设施建设和管理工作规定（暂行）》（顺政发〔2011〕35 号）相关要求，做好新建小区配套菜市场移交工作，累计投入运营 18 个，居民消费便利度进一步提升。

（郭媛媛）

【多措并举促消费】中粮祥云小镇“深夜食街”作为全区首个深夜食堂特色街区，全年销售同比增长 11.3%，客流同比增长 19.3%，成为全市首批“夜京城”商圈之一；围绕顺义区燕京国际啤酒文化节开展促消费活动，推出 4 处啤酒节分会场以及与口碑网、饿了么合作推出网上分会场，共接待客流量 48.9 万人次，同比增长25.8%；针对重点企业开展节假日销售情况日监测工作，元旦、春节、端午等重大节日期间，区内重点商超市场共实现消费12.6亿元，同比增长5.02%。

（李聪新）

【便民商业网点建设】将便民商业网点建设工作细化分解到各镇和街道，建立便民连锁企业、镇街和商务局三方沟通协调机制，挖掘新增网点，并严格执行“一报两审”制度，做好疏解整治促提升专项行动台账管理。全区累计新建或规范基本便民商业网点130个，其中，便利店53个、蔬菜零售10个、早餐15个、家政服务1个、洗染4个、美容美发9个、末端配送36个、便民维修2个。市、区两级任务提前完成。

（李聪新）

【组织申请创建“北京市生活性服务业示范街区”】发挥指导中粮祥云小镇创建全市首个生活性服务业示范街区的经验优势，在全区范围内筛选符合创建条件的便民商业街区项目，联合属地共同进行指导和初审，配合市商务局完成项目复审工作，最终空港街道荣祥广场、天竺镇府前二街和赵全营首创公园城3个项目获得创建资格，占全市当年获得创建资格街区总数的27%。

（李聪新）

【顺义区生活性服务业公共服务平台建设】为确保全区便民商业网点各项配置标准按进度分业态、分街道、分社区落实到位，将“顺义区商务领域电子地图”和“北京市生活性服务业公共服务平台”进行整合升级，更新完善全区各社区八类便民商业网点信息，进一步加强本区基本便民商业网点精准补建和动态管理力度。

（李聪新）

【连锁便利店、连锁超市发展加快】贯彻落实《关于进一步促进便利店发展的若干措施》《关于进一步促进便民早餐发展的若干措施》等政策，起草制定《生活性服务业发展项目申报指南》《顺义区提高乡村流通现代化水平实施方案》等政策，建立与市级错位的政策支撑体系，大力发展连锁便利店、连锁超市。截至年底，全区共有盒马鲜生1家、全家便利店11家、7-11便利店1家、便利蜂16家、苏宁小店24家、供销益家超市13家、鑫绿都便民连锁菜店19家。

（李聪新）

【消费扶贫助力对口帮扶】加强与对口帮扶受援地区商务部门的联系，畅通受帮扶地区特色农产品进京销售渠道，全方位推动当地商贸流通业发展。结合实际制定《2019年顺义区商务局开展对口帮扶工作方案》，通过组织农超对接活动、鼓励特色地区农产品专柜建设等措施，带动受援地区贫困人口增产增收，助力脱贫。指导顺商集团、区供销社等企业设立受援地特色农产品销售专柜19个，完成3家市、区对口帮扶双创中心建设工作，累计实现销售额684万元。

（李聪新）

【确保生活必需品市场运行平稳】发挥主管部门的督促引导作用，不断增加可追溯体系覆盖面，强化对追溯经营企业在信息报送、追溯制度建立等方面的监督检查，推动大型连锁超市和团体消费单位等优先采购可追溯产品，增强消费者主动选购可追溯产品的意识，营造有利于可追溯产品消费的市场环境。

（李聪新）

【会展重大问题研究】为进一步落实市领导指示精神，按照区委专题会对会展工作的部署，聘请麦肯锡咨询公司完成新国展二、三期项目顶层设计。《重大展会活动流程调研分析报告》《推动全区会展业高质量发展工作方案》撰写完成。《新国展二、三期项目运营模式分析报告》得到区领导肯定性批示。

（谷芸芸）

【2019 年京交会顺义分会场活动】完成 2019 年中国国际服务贸易交易会顺义分会场整体筹备工作。经第三方评估，京交会组委会从全市 120 个展区中评出 20 个最佳展区，其中顺义分会场有 4 个展区获评（顺义服务业扩大开放专题、智能制造专题、会展服务专题、电子竞技专题），数量在 10 个分会场中排名第一。此外，“顺义区服务业扩大开放政策发布会”被评为最佳会议。经组委会核定，顺义分会场共实现签约额 105.86 亿美元，在全市 10 个分会场中排名第一。顺义区政府与中国会展经济研究会、《中国会展》杂志社共同主办 2019 中国国际会展业发展大会，区商务局代表顺义区进行主题演讲，向参会的 400 余名国内外会展业专家、部门和机构负责人推介顺义区优势资源和会展产业前景。组织全区 6 家重点会展企业在顺义区服务业扩大开放专题板块进行展览展示。

（宁艳霞、谷芸芸）

【会展业发展环境进一步优化】与市级相关部门、会展领域专家对接，赴上海、深圳等国内领先城市开展调研，通过交流了解会展业发展经验。建立全区 197 家会展企业发展台账，做好全区会展业发展统计分析。2019 年，北京市首次对会展企业开展扶持，区商务局向会展企业宣传相关政策，帮助符合申报条件的会展企业获得市级政策资金支持。

（谷芸芸）

【智慧物流体系建设加快】按照《北京物流专项规划》，顺义区共规划物流基地 1 个、日常综合型物流中心 1 个、专业类物流中心 2 个、配送中心 2 个，其中，京北（大孙各庄）智慧物流园区作为专业类物流中心项目落地进展顺利。协调各镇、街道及功能区对全区物流企业再次摸排，完善顺义区 440 家物流企业台账。向物流企业宣传相关政策，帮助 11 个物流项目申请市级专项资金支持。

（谷芸芸）

【2019 年度粮油供需平衡调查完成】按照市粮食局统一部署开展 2019 年度粮油供需平衡情况调查，进一步掌握区内粮食生产、消费、流通和库存情况，提高粮油市场保供稳价能力。共调查全区转化用粮企业 6 家，其中国有企业 2 家，非国有企业 4 家，餐饮企业和食堂 50 家；抽样调查记账城镇居民住户 60 户，乡村农民住户 60 户；发放台账 718 份；完成《2019 年度供需平衡调查报告》撰写工作。

（邓国军）

【粮食储备】完成储备期满的区储备原粮轮换工作，原区储备稻谷、小麦由顺义粮食收储有限公司轮出，通过竞价交易方式采购当季收货小麦、稻谷轮入杨镇粮食收储有限公司，储备规模达到市级核定标准。粮食储备吞吐调节和轮换运行机制更加健全。粮食安全区长责任制考核经市局评定，本区为优秀等次。

（邓国军）

【2019 年政策性粮食库存数量和质量大清查工作】按照党中央、国务院作出的重大决策部署开展粮食库存大清查工作，逐一对区域内纳入本次大清查范围的 17 家实际存储库点（519 个货位）进行自查督导检查。组织顺义普查组人员到区内重点承储企业开展政策性粮食大清查普查工作实战练兵，印制普查培训相关材料 3000 份。对房山区政策性粮食库存数量和质量开展普查工作，共检查粮食储粮点 8 个，货位

269个。检查过程中实行“一账一督查”，做到逐项核查、逐项反馈、逐项销账解决。

（邓国军）

【龙盛众望早餐便利店升级改造项目】落实本区便民早餐工程，主动对接企业，推进龙盛众望早餐便利店升级改造项目，帮助解决影响项目进度的难点问题，坚持实行每周督查，加速推进早餐便利店及早投入运营。截至年底，落地早餐便利店60个。完成接电38个，其中29个已营业；已落地未开业31个，其中5个待设备进店后开业。

（邓国军）

【救灾物资储备库划转交接工作】8月14日，根据本区机构改革工作部署，救灾物资储备库完成划转交接，救灾物资储备库、库内物资及库房运营管理由区民政局划转到区商务局。目前储备帐篷、被服、装具等三大类物资共36个品种56 000余件（套），物资账面金额1020余万元，另有设备、货架等固定资产240余万元。建立“1+3+10”的管理制度体系，在较短时间内取得重要阶段性成果。

（邓国军）

【商务系统社会组织党组织实现全覆盖】2019年，新成立社会组织党支部1家和联合党支部2个，5家社会组织与发起单位党支部进行对接。截至年底，12家社会组织党组织实现全覆盖。

（庞海雄）

【参加北京市第九届商业服务业技能大赛】组织家政、餐饮协会参加北京市第九届商业服务业技能大赛，参赛项目包括育婴员、中式烹调师、中式面点师、餐厅服务员4个项目，参赛选手共计389人。其中13人进入市级总决赛，1人获得“北京市育婴员大赛技术能手”称号、2人取得高级育婴师资格证书、1人获得中式烹调师决赛第七名。

（庞海雄）

【助力创建文明城区】号召大型商场和大型超市设置分类垃圾桶和母婴室，年内，10家大型商场设置分类垃圾桶；5家大型商场设置7个母婴室，4家大型商场母婴室建设中。督促本区17家大型商场、大型超市的显著位置展示公益广告、行业规范；向商务领域重点餐饮企业转发“光盘行动”标识图片，号召在进门处和显著位置张贴“光盘行动”温馨提示。本区17家大型商场和大型超市建立学雷锋志愿服务岗，热情服务广大顾客。

（刘凡）

【商务行业安全有序运行】修订区商务局落实“党政同责、一岗双责”实施细则，并组织从局长到副职至科室负责人，并延伸至区内重点餐饮、商超等企业负责人，层层签订《安全生产责任书》，进一步压实安全生产责任。主动履行安全督导职责，完成国庆70周年等服务保障工作，组织安全知识培训会、反恐、消防应急演练62场，发放普法宣传材料4000余份；督导企业600余家次，在区内100块社区LED屏和隆华大屏投放安全生产和反恐知识视频，制作并安装展板100块，全年未出现安全生产事件。

（刘凡）

对外经贸

【外向型经济稳中向好】全年实现进出口额1163亿元，同比增长7.6%。其中出口257.1亿元，进口905.9亿元；完成实际利用外资9.1亿美元，全市排名第三；累计吸引合同外资25.5亿美元，同比增长135.4%，其中新设立企业吸引合同外资13亿美元，服务业占比99.71%。

（李月明）

【服务业扩大开放综合试点成果显著】《顺义区第三轮服务业扩大开放工作方案》制定，确定52项试点任务。年内，新一轮服务业扩大开放完成试点任务49项，占全部任务总数的94%，其中15项市级任务全部完成；共实现航材共享、知识产权证券化、跨境电商线下自提等9项全国首创；37项服务业扩大开放重点项目，落地25项，其中6项市级统筹项目全部完成；在临空经济、科技服务、金融服务、商务会展、文化贸易、国际人才服务等重点领域，着力促进服务业扩大开放试点政策落实和示范项目落地。全国首创航材共享平台，推动中航材实现在保税状态下航材自由流动的海关监管新模式；公务机按照包修协议报关模式在天竺综保区首先实施，吸引华龙、汉能、汉宇等国内外知名公务机公司入驻天竺综保区；实现保税加工项号级监管新模式，由原来的按具体型号监管变为按品类监管，监管总量压缩率达到99.3%；天竺综保区首试跨境电商线下自提模式，“零距离”体验国外商品并降低10%的购物成本；文科租赁推出国内首单知识产权证券化标准化产品，总规模达7.33亿元，实现我国知识产权证券化零的突破；设立全市首家投行背景、注册资本金10亿元以上的外商独资资产管理公司——北京墨盛资产管理公司；全国率先开展跨境电商药品销售的试点，阿里巴巴、京东等6家企业参与试点筹备工作；引入诺德安达学校、中德国际学校等国际化特色学校；允许外籍人才作为股东注册内资科技公司，首家试点企业北京无极芯动科技有限公司落户天竺综保区，为引进全球高端人才开创新模式。

（宁艳霞）

【调结构促转型，进军进博会】11月5—10日，第二届中国国际进口博览会于在国家会展中心（上海）举办，区商务局组织区内部门和企业注册报名参加第二届中国国际进口博览会，赴会参展企业和机构合计87家，与第一届相比企业数量增长55.36%，办证人员达到265人。顺义区赴会企业成交签约7单，意向签约额740万美元，同比增长15.1%。展会期间与36家参展企业对接，及时了解企业投资需求，共发放（送）纸质版及电子版《顺义区产业政策汇编》《顺义区宣传册》约200份，帮助企业了解顺义，争取企业到顺义投资发展。起草《北京市顺义区人民政府关于第二届中国国际进口博览会招商工作情况的报告》。

（李月明）

【助力企业开拓国际市场】鼓励外贸企业参与境外市场竞争，扩展产品销售渠道，上半年，共有27家企业的48个项目获得提升国际化经营能力资金192万元。下半年，共有38家企业的112个项目申报通过初审，上报市商务局。

（李月明）

【外贸稳增长工作深入开展】摸排走访重点企业，召开外贸企业座谈会3场，对30余家外贸企业进行实地走访，通过电话、微信等渠道与外贸企业沟通150家次，及时了解企业进出口情况及诉求，协调相关部门解决企业遇到的问题。加强政策宣传培训，召开外贸发展政策、国家出口信用保险、提升国际化经营能力等政策宣讲会和培训5场，努力促进外贸企业用足、用好政策。协调顺义海关实地验厂，为3家企业申请减免风险保证金，减轻企业资金负担。

（李月明）

【外商投资企业服务力度加大】2019年，工商商务联动系统共推送外资企业设立、变更信息323条，利用电话、走访等方式全部进行备案提示，企业备案率达到95%以上。完成2018年度外商投资企业联合年报工作，共审核外商投资企业781家，上报率达95%以上。

（李月明）

【开展区内营商环境第三方评价工作】全年完成区内第三方营商环境评价工作2次。组织超过2250家企业和办事机构填写问卷，与14家企业进行访谈，整理2套调研结果报告。按照区领导批示跟踪各单位整改措施共计94项。

（李月明）

【迎接北京市营商环境评价工作】按照区领导指示精神，牵头组建营商环境评价工作专班，制定本区《迎接评价工作方案》，组织区内31家相关单位召开多次工作调度会，牵头梳理区内企业信息库2700家企业。提前召集指标各相关单位进行材料预审，验证各类材料1421条，组织“网上填报”80道问卷题目。统筹全区相关单位收集全国、全市推广经验做法13项和“先行先试”做法14项。

（李月明）

【牵头跨境贸易指标迎接世界银行评价】落实迎接世界银行营商环境评价任务，牵头跨境贸易指标，提高企业跨境贸易便利化。加强政策宣传，建立与各功能区、各镇街的联动机制，组织、参加跨境贸易政策宣讲8场，扩大贸易便利化政策、措施的覆盖面和知晓度。挖掘典型案例，与顺义海关、天竺综保区和重点外贸企业密切沟通，挖掘、收集跨境贸易案例129个，其中海运20个。

（李月明）

【企业服务包诉求办理工作】维护市区双平台系统，加强走访“企业服务”，做好头部企业服务工作。作为服务管家负责企业95家，对接属地服务生及相关承办部门，累计办理诉求47项。同时，组织落实《顺义区落实本市进一步优化营商环境行动计划（2018—2020年）工作方案》中11项任务及《顺义区落实北京市新一轮深化“放管服”改革优化营商环境重点任务清单任务分工》5项任务，按要求推进各项任务。

（李月明）

【政务服务水平全面优化】服务窗口受理并办结2019年备案外商投资企业404家，其中，新设立项目78家、增资36家、股权转让41家、经营范围变更84家、其他变更165家。新备案对外贸易经营者备案登记360家、变更277家。共初审宝洁、空客等7家企业的软件出口的接包合同和接包执行20份。

（李月明）

名　录

单位名称：北京市顺义区商务局

党组书记、局长：杨登科

地　　址：北京市顺义区复兴东街3号政务服务中心北楼5层

邮　　编：101300

电　　话：010-69443513

传　　真：010-69446407

（王凌燕）

大兴区

概　　况

根据《中共北京市大兴区委办公室　北京市大兴区人民政府办公室关于印发〈大兴区机构改革实施方案〉通知》（京兴发〔2019〕4号），将区商务委员会更名为区商务局，仍作为区政府工作部门。将区发展和改革委员会的指导监督重要商品收储、轮换和日常管理职责，区民政局的组织实施应急储备物资收储轮换和日常管理职责等划入区商务局，加挂区粮食和物资储备局牌子，不再保留区粮食局牌子。区商务局（区粮食和物资储备局）是负责本区内外贸易、对外经济合作、粮食流通和物资储备工作的区政府工作部门。

2019年大兴区商务局围绕促进消费增长、提升生活性服务业品质及稳定外贸进出口等重点工作，在服务业扩大开放、疏解整治促提升、粮食安全、综保区建设、商务扶贫等方面，均取得了良好的成绩。市场总消费累计实现908.6亿元，同比增长9%；社会消费品零售额实现465.3亿元，同比增长6.3%，增幅位列全市第四；全年实际利用外资10 023万美元，同比增长21.4%；2019年共发展提升生活性服务业网点137个；服务业扩大开放工作取得阶段性进展，全区共落地24个服务业项目，储备22个服务业项目，并为46个项目配备了服务管家；完成新机场综合保税区申报；建立3亿元的外贸综合服务平台出口退税资金池，该项政策出台在北京市属于首例；组织108家企业参加首届进口博览会；完成全国粮食库存大清查及粮食安全区长责任制考核牵头20项任务；与区民政局开展区级应急物资储备交接工作，提前完成疏解整治年度工作任务；深入开展商务领域扶贫协作。

（韦节友）

【实际利用外资情况】2019年，全年新设外资企业29家，投资总额184 653万美元，注册资本78 225万美元，合同外资66 914万美元，实际利用外资10 023万美元。

（王军祥）

【建立外资重大项目协调机制】针对外资重大项目实施跟踪并上报市商务局纳入北京市外资重大项目绿色审批通道，协调办理项目落地和增资等相关手续，加速外资到位进程。

（王军祥）

【利用双平台系统区级服务包助推企业发展】利用双平台系统区级服务包服务管家的职能协调解决重点企业用工、政策扶持、人才落户等问题，解决企业后顾之忧。

（王军祥）

【综合政策培训会精准施策、助力企业发展】3月21日下午，区商务局牵头，联合亦庄海关、采育经济开发区管委会、区产促中心、区电商办、中国出口信用保险公司、交通银行联合举办政策宣讲及交流座谈会。会上各部门就电子商务产业政策、贸易便利化政策、产业促进政策、小企业出口信用保险减免政策、银行金融支持政策等进行详细的解读并为企业进行现场答疑解惑。采育镇30余家重点企业参加了培训。

（王军祥）

【北京市首批二手商用车正式“出国门”】9月

9日，北京首批二手车出口企业——北京欧豪汽车贸易有限公司在其大兴总部举办了“北京市首批二手商用车出口发运仪式”，首批10辆二手商用车将在天津港装船起航，发往尼日利亚。此次二手商用车出口标志着北京二手车出口业务正式步入正轨。

（王军祥）

【建立出口退税资金池、助力外综服企业发展】9月25日，制定并出台《大兴区关于建立外贸综合服务企业出口退税资金池 促进外贸稳增长的实施办法（试行）》《大兴区关于外贸综合服务企业出口退税资金池管理暂行办法》，建立3亿元的出口退税资金池助力外贸综合服务企业发展，通过资金池带动作用，增加出口近20亿元人民币。

（王军祥）

【圆满完成第二届进口博览会企业注册参加工作】第二届中国国际进口博览会共121家企业报名参会，数量远超2018年，其中民营企业89家，占总参会企业的73.5%，外资企业5家，国有企业18家，港澳台企业1家，其他企业9家。11月6日，大兴交易分团参加第二届中国国际进口博览会北京主题日活动，对北京大兴机场自贸试验片区进行主题推介，吸引国际优质企业落户大兴机场自贸试验片区。

（王军祥）

【按时完成国家进口贸易促进创新示范区申报工作】区商务局于12月13日向商务部提交了国家进口贸易促进创新示范区申报材料，按期完成了示范区申报工作。

（王军祥）

【顺利完成2019年零售额任务指标】2019年，大兴区市场总消费908.6亿元，同比增长9%，其中服务消费443.3亿元，同比增长12.1%。2019年大兴区社会消费品零售额465.3亿元，同比增长6.3%，增幅全市排名第四。

（付英鑫）

【编制规划引领商业发展】编制《大兴区商业设施空间布局专项规划》，引导构建布局合理、层次分明、保障有力、功能健全的商业服务业设施体系；编制《大兴区生活性服务业发展规划》，明确提出大兴区生活性服务业发展基本定位和规划目标，并细化落实到每个行政社区、行政村，分区域、分业态制定补建提升计划，引领全区进一步提升生活性服务业品质，扩大基本便民服务功能覆盖。

（付英鑫）

【多措并举促进消费增长】建立促进总消费工作机制，出台《大兴区促进市场总消费增长工作意见》，在商品消费方面，实行区级和镇街两级齐抓共管，共同为企业送服务上门；研究制定繁荣消费市场政策，出台《大兴区2019年促消费稳增长行动计划》，在建机制、调结构、培育新动能、发展夜间经济、发展电子商务、提高生活性服务业品质、鼓励新能源汽车销售、支持举办促消费活动等8个方面，制定了24条措施，共同保障消费市场繁荣发展；发展夜间经济，制定出台《大兴区关于进一步繁荣夜间经济促进消费增长工作方案》，建立区级“掌灯人”体系，建立夜间经济协调推进机制，明确各部门、各镇街工作职责，服务商业企业开展夜间经营活动，繁荣夜间经济。

（付英鑫）

【助推大型商业项目落地升级】协调区城管委、区规自分局、区园林绿化局、林校路街道等单位，推进大悦春风里项目开工前审批事项，促进项目开工；推动爱琴海购物中心和世界之花进行合作洽谈，升级打造爱琴海购物公园项目；指导鸿坤伟业将西红门创业大街对照北京市生活性服务业示范街区标准进行提升改造，将基本便民服务商家连锁化率提升至73.8%。在区商务局的协助下，西红门创业大街成功获得“北京市生活性服务业示范街区”称号，成为2019年度全市获批的八条街区之一；服务龙湖天街“嗨时区”、绿地缤纷城“深夜fun堂”、天键广场深夜食街等夜间餐饮街区建设，指导企业引进首店、网红店、打卡店等特色门店，吸引年轻消费群体，繁荣夜间经济。

（付英鑫）

【加强政策引领，聚焦生活性服务业品质提升】出台《大兴区2019年新建和规范提升生活性服务业网点项目申报指南》，支持便民商业企业连锁化、品牌化、规范化、便利化、特色化、智慧化发展，进一步提升基本便民服务功能社区覆盖率。2019年，大兴区共发展提升蔬菜零售、便利店（超市）、末端配送等便民商业网点137个，其中新建网点126个，规范网点11个，其中，报送市级网点102个，完成市级网点提升任务113.3%。

（安　伟）

【服务连锁品牌企业开店】引入零售新模式落地，服务盒马鲜生、京东7Fresh（京东7鲜）在玫瑰城和泰禾里购物中心开业；助力回迁社区便民商圈建设，推荐优质企业参与礼贤镇、榆垡镇回迁社区便民商圈建设，指导属地在回迁社区周边建设高品质、规范化便民商业网点。截至2019年底，王府井首航在两镇回迁社区开设2家生鲜超市，便利蜂开设4家便利店，完善清城周边基本便民服务功能。推荐永辉、盒马鲜生、京东7Fresh、物美等企业参与清城生活超市项目洽谈，最终产权方与物美集团达成合作协议。

（安　伟）

【协调区内优质资源及企业进驻机场】多次对接洽谈机场集团，为大兴区提供免费时段，以公益广告形式滚动播放，宣传“新国门·新大兴”形象；牵头相关部门，遴选阳阳中国饭、威可多男装、大兴宾馆等区内优质企业，以最低租金价格租赁航站楼和停车楼共约500平方米的商业设施，打造“大兴品牌餐饮、大兴品牌服装、大兴特产、大兴味道、大兴礼物”5大特色板块，展现大兴特色，展卖大兴产品；服务企业参与机场商业零售项目竞标，招商结果显示，区内共有6家企业中标，涉及9个店面，合计面积1490平方米。其中，零售企业3家，涉及5个店面、3个品牌，面积约391平方米；餐饮企业3家及4个店面、4个品牌，面积约1099平方米。

（安　伟）

【末端配送点位申报及现代物流项目资金支持情况】2019年申报新建智能包裹柜设备35台，其中速递易4台、京东31台。2019年大兴区共有两家企业申报现代物流项目，其中人福医疗公司210万元，同仁堂公司500万元。

（张　晋）

【深入开展对口支援消费扶贫工作】推动消费扶贫双创分中心在大兴区开设，该分中心已于8月22日揭牌营业，在瀛海镇、西红门镇、榆垡镇和生物医药基地开设消费扶贫专卖店，在格林摩尔4家便利店试点开设专区专柜，开展扶贫产品线下销售；推动建设银行“北京消费扶贫爱心卡”的办理，倡导全区干部职工踊跃购买扶贫产品，鼓励预算单位确定一定比例采购金额优先采购受援地区扶贫产品。2019年大兴区企事业单位共采购销售内蒙古、新疆受援地农特产品1.78亿元，其中采购销售内蒙古农特产品1.62亿元，新疆农特产品1597余万元。

（朱奎良）

【抓好行业安全防范、应急处置及综治维稳工作】制定《大兴区商场超市反恐怖防范工作标准》，细化超市工作职责、装备设置、群防群治、防范处置等标准和要求，进一步提升商务系统应对处置恐怖突发事件的能力，全面推进商务行业规范管理；持续开展安全培训和应急演练工作，提高企业从业人员安全意识和应急防范能力，及时检验各项预案的科学性、实用性，做到科学应对、有效处置。全年各企业共开展安全培训和应急演练等100余次。

（王一夫）

【推进商务行业创城、创卫工作】组织区内300余家商业企业，举办“发展绿色商业 创建文明城区”的商务行业创城系列活动启动仪式和商务行业创城、创卫工作部署大会，对创城、创卫工作总体要求、目标任务、考察指标等进行部署，发放社会主义核心价值观、绿色餐饮、诚信守纪等相关海报3000余份，在全行业全面开展相关工作；开展创城调查问卷工作，共有100余家企业填写问卷5000余份；制定《北京市大兴区商务委员会“创建全国文明城区工作”检查（复查）记录》，由8名安全员组成检查组开展专项检查，对区内100余家商业企业落实创城工作情况进行督查，发现问题及时整改。

（王一夫）

【开展扫黑除恶专项斗争工作】组织区内300余家商业、餐饮、加油站等单位，召开大兴区商务行业“扫黑除恶”工作攻坚会，要求各企业落实主体责任，做好内部排查，及时反馈相关信息；商务全行业开展扫黑除恶专项斗争应知应会知识测试，共有近千人参加测试；开展专项摸排，对在商业企业欺行霸市、强买强卖、收保护费的市霸等黑恶势力进行排查，督促企业自查，要求企业排查行业内部欺行霸市、强买强卖等行为，同时排查是否受到外部黑恶势力的干扰，发现问题及时上报，由区商务局协调相关部门第一时间进行解决。

（王一夫）

【北京市大兴区商业联合会停止以社团名义开展活动】北京市大兴区商业联合会经区民政局批准于1999年12月04日成立（兴民社登〔1999〕21号），2019年2月28日完成清算审计，2019年4月23日向大兴区民政局提交注销登记申请，区民政局于2019年4月16日决定准予北京市大兴区商业联合会注销登记（兴民社许准注字〔2019〕17号），自该日起停止以社团名义开展活动。

（吴 承）

【区商务局商务执法职能划入区市场监督管理局】2019年5月18日，区商务局商务执法职能划入区市场监督管理局，大兴区商务监督检查所及事业编制30名整建制划转到区市场监督管理局（京兴编办〔2019〕58号）。

（韦节有）

名 录

单位名称：北京市大兴区商务局
党组书记、局长：马士刚
地　　址：北京市大兴区永华南里桐城行政办公楼甲14栋7、8、9层
电　　话：81298203
邮　　编：102600
网　　址：www.bjdx.gov.cn

（韦节有）

昌平区

概　况

年内，昌平区商务局在昌平区委、区政府的正确领导和市商务局的有力指导下，坚持以习近平新时代中国特色社会主义思想为指导，深入贯彻党的十九大和十九届二中、三中、四中全会精神和习近平总书记对北京重要讲话精神，对照昌平区委五届九次全会要求，扎实开展“不忘初心、牢记使命”主题教育，守初心、担使命，不断满足居民美好生活的需求，积极推进商务经济高质量发展，以优异成绩献礼新中国成立70周年华诞。市场总消费实现1060.1亿元，比上年增长8.9%；直接利用外资累计实现10116万美元；出口额累计实现94.2亿元。

（杨　泱）

商务管理

【市场总消费】年内，昌平区实现市场总消费1060.1亿元，比上年增长8.9%，其中实现社会消费品零售额489.2亿元，比上年增长5.0%。

社会消费品零售额按行业划分，批发业实现零售额60.5亿元，比上年增长1.0%，占零售额总量的12.4%；零售业实现零售额373.1亿元，比上年增长5.4%，占零售额总量的76.3%；住宿业实现零售额9.5亿元，比上年增长2.7%，占零售额总量的1.9%；餐饮业实现零售额46.0亿元，比上年增长8.3%，占零售额总量的9.4%。

（杨　泱）

【区域性市场和物流中心疏解工作】疏解商品交易市场10家，其中：对5家商品交易市场进行了升级改造，改造面积8.1万平方米；对5家商品交易市场进行了清退关停，腾退面积15.1万平方米。疏解物流中心5家，腾退占地面积5.88万平方米。

（焦　健）

【生活性服务业品质提升工作】新增规范化生活性服务业便民网点87个。昌平区8种基本业态便民网点达到2927个，便民商业网点功能覆盖率达到95.8%，网点连锁化率达到42%。分别比2018年提高了3.8个和1.7个百分点。回天地区新增生活性服务业便民商业网点42个，8种便民商业网点达到1340家，实现了功能全覆盖，网点连锁化率达到51%。

（沈洪宇）

【“回天地区”商业品质提升工作】打造三大商圈，重点打造龙域、龙德和龙泽三大商圈，推进周边大型商业中心品质提升，构建“一轴三圈多点”回天商圈结构。龙域商圈改造提升已完成。生活性服务业示范街区已提升改造验收完毕。龙德商圈已开展重点商业企业的调研、座谈，编制提升改造方案。促进夜间经济，在人口密集、条件成熟的回龙观、天通苑和昌平城区打造夜间经济生活圈，突出重点、探索模式、逐步推进，在8家大型商业中心，引导零售、餐饮、影院等延时经营，打造示范街区和深夜食堂，激发城市活力，繁荣夜间经济。

（沈洪宇）

【促消费工作】按照总消费提升要求，加紧研究总消费促进措施。建立重点消费企业台账，每月监测消费市场情况。制定“品味消费在北京”活动方案，组织企业开展国庆主题、传统节日等促销活动。加强汽车销售及相关服务，促进汽车消费。做好电子商务项目申报市商业专项资金工作，创新商业模式业态，打造“互联网 +”社区和生活性服务业。

（沈洪宇、杨　泱）

【招商引资工作】以新零售企业、大型电商平台企业为重点，大力推进招商引资工作力度，积极推动一批项目入驻昌平，不断优化商业结构，形成新的优质增长点。

（杨　泱）

【中国国际服务贸易交易会昌平分会场活动】中国国际服务贸易交易会昌平分会场活动于5月28日至6月1日在“回天地区”泰康商学院举行。设立2300平方米展区，5个展示区域，55家企业参展，64个展位，日均参观1000余人次。举办论坛4场，1000余人参与论坛。洽谈交流200余次，意向签约项目29个，意向签约额逾11亿人民币。

（闫　勋）

【行业安全管理工作】年内，采取“六同时”模式部署行业安全生产工作，切实做好“一带一路”高峰论坛、“国庆”等重点时期的安全生产教育培训，推动企业落实安全生产主体责任。加强企业指导，共指导企业安全生产50家次，公众宣传3次，培训会7次，培训企业1000余家次。

（尚　斌）

【粮食流通管理和应急储备物资交接工作】年内，完善政策性粮食库存数量和质量大清查协调机制，做好粮油价格监测、粮食流通统计、社会粮油供需平衡调查、乡村居民户存粮专项调查、退耕还林补助粮发放、粮食质量安全保障、粮食熏蒸作业备案等工作，备案26次。做好7924吨小麦满五年轮换管理。开展行业安全生产检查87次，整改隐患4项。完成应急储备物资交接工作。

（林欢欢）

【机构改革工作】按照昌平区机构改革工作总体部署，北京市昌平区商务局、北京市昌平区粮食和物资储备局于2019年3月25日挂牌，按照新的三定方案，工作调整稳步推进。商业法规监督检查所人员划转至昌平区市场监督管理局。

（张金水）

外经外贸

【利用外资工作】年内，直接利用外资累计实现10 116万美元。

（李晓红）

【对外贸易工作】对外贸易经营者备案307家次，外商投资企业备案194家次，其中新设备案32家，变更备案162家次。完成外商投资企业联合年报357家，出具回执353份。积极做好中小企业国际市场开拓资金初审工作，审核项目230个，受益企业72家，申请资金672.6万元。组织12家企业申报北京市外贸稳增长扶持资金项目。1家企业获得跨国公司地区总部2018年延续性奖励200万元。积极协调，组织50家企业参加第二届中国国际进口博览会。

（李晓红、闫　勋）

【优化营商环境工作】制定《北京市昌平区商务局优化营商环境工作方案》，优化办事程序，多种形式为企业上门服务，完善重点企业跟踪反馈机制，建立重点外贸进出口企业台账，及时掌握企业动态。做好出口信用保险的宣传推介工作，组织进出口企业参加政策服务咨询会，营造全员关注营商环境的良好氛围。

（李晓红）

【服务业扩大开放工作】落实服务业扩大开放措施，推动贸易便利化，进一步提高通关便利化水平。实施项目化管理，确定了14个区级重点项目，4个项目已落地，其余项目在持续推进中，其中诺华创新药流通中心和昌平工厂项目纳入市级统筹项目。为企业做好服务，征集政策需求反馈16份，做好服务业扩大开放综合试点解读，辐射企业近800家。

（李晓红）

名　录

单位名称：北京市昌平区商务局

党组书记、局长：黄先锋

地　　址：北京市昌平区南环路55号

邮　　编：102200

电　　话：69723745

传　　真：69746220

（杨　泱）

平谷区

概　况

平谷区商务局（平谷区粮食和物资储备局）（以下简称区商务局）主要负责本区内外贸易、对外经济合作和粮食流通的区政府工作部门。2019年，平谷区累计实现社零总额120.6亿元，同比增长6.2%。其中限上企业完成社零额75.9亿元，同比增长3.9%；限下企业完成社零额44.7亿元，同比增长10.5%。在五个生态涵养发展区中，总量、增速均居第三位。

（张麓阳）

【便民服务】2019年，实施《平谷区生活性服务业品质提升扶持资金管理办法》，扶持、引导企业规范化、连锁化发展，促进生活性服务业转型升级。制定《平谷区商贸服务业发展规划2035》，新建和改造提升便民商业网点43个（蔬菜零售12家、便利店19家、早餐2家、美容美发9家、家政1家）。进一步提升人民生活水平和质量，提高民生保障和服务水平。

（张麓阳）

【电子商务】2019年，平谷区电子商务交易额24.6亿元，同比增长31.7%。

（张麓阳）

【互联网+大桃】2019年，推动“互联网+大桃”工程，平谷区大桃电商销售3500万斤，销售额2.8亿元，促进农民增收1.23亿元。设立了45个大桃公共揽收点，建立一级分拣中心，进一步提高大桃物流效率；在大华山等10个大桃主产村试点配备集装箱保温库，提高大桃保鲜时效；在“微信”基础操作的基础上，增加“抖音”“快手”等直播平台培训内容，进一步扩大培训范围，创新培训方式，共培训394场，12 000人次；大桃认购活动在认购时间、认购范围、精准帮扶、农旅结合、推广诚信果五方面进行升级，共认购大桃342万斤。

（张麓阳）

【粮食安全】落实粮食安平谷区长责任制考核工作，完成区级储备原粮小麦轮入轮出计划，维护平谷区粮食流通正常秩序。做好生活必需品储备，完成3·30密云平谷山火、6·24金海湖洙水山火应急物资调运发放，随时保证应急状态下重要生活必需品储的实、调的动、用得上。

（张麓阳）

【商业领域监管】严格落实领导带队检查机制，确保“两会”、第二届“一带一路”国际合作高峰论坛、2019年中国北京世界园艺博览会、亚洲文明对话大会、国庆70周年等重大活动和元旦、春节、五一、端午等重要节日期间商务行业安全稳定。联合区应急管理局、区消防支队和乡镇、街道开展检查15次，共出动检查人员1380人次，检查460家次，领导带队检（巡）查105家次。

（张麓阳）

【对外经济贸易】2019年平谷区出口额为1.7亿美元，同比增长5.6%。实际利用外资5223万美元，同比上升1.71%。

（张麓阳）

【行政审批】全面落实“四减一增”（减时限、减要件、减环节、减费用、增加透明度），进一步优化政务服务事项办事流程、缩短办理时限，2019 年共办理审批备案事项 421 件，差错率为零，投诉为零。

（张麓阳）

【对外交流合作】组织相关部门和企业报名参加第六届中国国际服务贸易交易会，会场展示了平谷区通航无人机产业发展、农业科技创新示范区等高精尖产业发展、智慧服务最新成果。平谷农业科技创新示范区项目被确定为 6 月 1 日北京主题日区长推介项目。组织区内企业和单位参加 2019 年 11 月 5 日至 10 日在上海举办的第二届中国国际进口博览会，共 53 家企业和单位赴上海采购洽商。

（张麓阳）

名　录

单位名称：北京市平谷区商务局

党组书记、局长：杨河清

地　　址：北京市平谷区府前西街 17 号社会服务中心

邮　　编：101200

电　　话：69962955

传　　真：69962554

（张麓阳）

怀柔区

概 况

2019年机构改革后，成立北京市怀柔区商务局（简称区商务局），是负责本区内外贸易、对外经济合作和粮食流通工作的区政府工作部门，加挂北京市怀柔区粮食和物资储备局（简称区粮食和储备局）牌子。怀柔区商务局设下列内设机构3个，行政编制15名。下设事业单位5个：北京市怀柔区商务行业管理中心、北京市怀柔区商务会展促进中心、北京市怀柔区外商投资服务中心、中国国际贸易促进委员会北京市怀柔区支会、北京市怀柔区粮食和物资储备中心，共有事业编制33人。

2019年怀柔区实现社会消费品零售额133.6亿元，同比增长5.8%；便民商业网点体系逐步完善，共建设提升基本便民商业网点32个，超额完成全年任务量的128%，八项基本便民服务业态社区覆盖率达到100%，“七有五性”中的便利生活与城六区并行，全市排名并列第一；外贸回稳向好，完成实际利用外资7204万美元，进出口额完成80.1亿元；会展产业融合发展，高端会展初具规模，实现会展综合收入11.17亿元，同比增长20.3%，会展直接收入5.87亿元，接待会展个数7378个，接待会议人次64.9万。

（张 蕊）

【召开2019年怀柔区粮食流通统计工作暨粮食行业安全生产工作部署会】1月7日，召开2019年怀柔区粮食流通统计工作暨粮食行业安全生产工作部署会。辖区内20余家粮油企业统计人员及安全生产负责人参加了此次会议。

（张 蕊）

【开展精准帮扶工作座谈会】1月16日，怀柔区商务委联合玛氏食品（中国）有限公司开展精准帮扶工作座谈会，区商务委派驻喇叭沟门满族乡上台子村第一书记、驻村工作组成员及玛氏公司相关领导参加了此次座谈会。

（张 蕊）

【对接消费扶贫相关工作】1月22日，怀安县委常委、副县长封殿胜带领怀安县工信局赴怀柔区对接消费扶贫相关工作，区商务委、区发改委参加了此次座谈会。

（张 蕊）

【召开企业新春座谈会】1月23日，怀柔区召开企业新春座谈会，表彰对怀柔经济社会发展作出突出贡献的30家企业，与驻区企业共话情意、共谋发展。

（张 蕊）

【我市正式启动新一轮节能减排促消费政策】2月1日，我市正式启动新一轮节能减排促消费政策。全市21家商业企业率先启动了节能补贴工作，怀柔区京北大世界、苏宁电器、大中电器、国美电器4家企业均在此列。

（张 蕊）

【召开怀柔区2019年度生活性服务业品质提升工作部署会】3月8日，区商务局组织召开怀柔区生活性服务业品质提升工作部署会，区内具有代表性的生活性服务行业20余家企业负责人参会。

（张 蕊）

【召开2019年3•15消费者权益保护宣传工作部署会】3月11日，区商务委组织召开2019年3•15消费者权益保护宣传工作部署会，区内重点商业企业参会，正式启动“3.15”消费者权益宣传周活动，活动时间从3月11日持续至3月20日。

（张　蕊）

【召开粮食库存大清查工作动员会】3月19日，召开粮食库存大清查工作动员会。区商务委、农发行出席会议，各储备库相关负责人共计40余人参加会议。

（张　蕊）

【北京市怀柔区商务局正式挂牌】3月22日，根据《怀柔区机构改革实施方案》，北京市怀柔区商务局正式挂牌。

（张　蕊）

【举办怀柔区商业服务业企业员工英语提升班】3月27日，区商务局与区政府外事办共同举办了“怀柔区商业服务业企业员工英语提升班”培训活动。培训为期3天，实行小班集中教学。由区商业、餐饮17家规模以上企业挑选企业内英语基础较好职工参加培训，共计36人。

（张　蕊）

【召开政策性粮食库存数量和质量大清查工作动员部署会】3月29日，怀柔区召开政策性粮食库存数量和质量大清查工作动员部署会。区商务局、区发改委、区财政局等八个部门参加会议。

（张　蕊）

【开展粮食库存大清查企业自查准备阶段的督导工作】4月3日—4日，由区商务局、发改委、财政局等7部门组成督导组，深入怀柔区杨宋粮食储备库和桃山粮食储备库，开展粮食库存大清查企业自查准备阶段的督导工作。

（张　蕊）

【“不忘初心记使命　商务践行迎创城”主题党日】4月4日，在我国传统节日清明节到来前夕，区商务局组织全体党员开展了以“不忘初心记使命　商务践行迎创城”为主题的党日活动。

（张　蕊）

【开展2019年度怀柔区提升会展业竞争力特训班】4月9日，区商务局联合区文化和旅游局、区政府外事办开展2019年度怀柔区提升会展业竞争力特训班。区内主要会议场馆、酒店、零售、餐饮以及景区共200余人参加培训。

（张　蕊）

【举办“2019年怀柔区商务礼仪与形象塑造培训班”培训活动】4月9日，举办“2019年怀柔区商务礼仪与形象塑造培训班”培训活动。区商联会、餐饮协会会员单位、会议会展企业及旅游企业共200余人参加培训。

（张　蕊）

【举办优化营商环境政策2.0版宣传解读会】4月10日，区商务局举办优化营商环境政策2.0版宣传解读会。区内200余家重点企业代表出席会议。

（张　蕊）

【检查全国政策性粮食库存数量和质量大清查工作】4月16日下午，市粮食和物资储备局检查组到怀柔区检查全国政策性粮食库存数量和质量大清查工作。检查组首先到达粮库现场，实地进入仓房对粮食数量、质量、粮情等进行了查看。

（张　蕊）

【召开商务行业重大活动期间安全保障工作会】4月16日，区商务局组织辖区内80家重点商业零售及餐饮经营单位百余人召开商务行业重大活动期间安全保障工作会。

（张　蕊）

【召开2019年第一季度商务行业安全生产培训会】4月23日，区商务局组织召开2019年第一季度商务行业安全生产培训会，辖区内78家重点商业零售及餐饮经营单位的安全负责人参加了培训。

（张　蕊）

【完成企业申请资料初审工作】5月5日，区商务局完成2018年度最后一批支持外贸企业提升国际化经营能力项目资金企业申请资料初审工作，共帮助区内24家企业的58个项目申请支持资金151.1万元。

（张　蕊）

【开展扶贫对接工作】5月9日，区商务局到怀安县开展扶贫对接工作，相关行业协会负责人、专业技术人员一同前往。

（张　蕊）

【开展以“爱粮节粮，节粮减损我们在行动”为主题的宣传教育】5月20日，怀柔区商务局进幼儿园，积极开展以“爱粮节粮，节粮减损我们在行动”为主题的宣传教育活动。

（张　蕊）

【开展科学储粮、粮油质量安全知识讲座】5月21日，区商务局在望怀社区开展了“科技兴才共支撑 兴粮兴储保安全”讲座及科学储粮、粮油质量安全知识讲座。向社区居民普及爱粮节粮、健康消费等知识，引导居民养成讲健康、讲节约的粮食消费习惯。并向居民发放科技兴粮、爱粮节粮宣传单、小方巾、手提袋等宣传品100余份。

（张　蕊）

【京交会参会参展】5月28日—6月1日，怀柔科学城管委会、雁栖湖示范区管委会、区投促局、区文促中心等7个部门的52人注册京交会参会参展，区内6家会展企业43人和5家影视文化企业25人注册京交会参会参展。

（张　蕊）

【参加我市优化营商环境“千人千题”竞赛考试并取得佳绩】6月2日，区商务局代表怀柔区参加跨境贸易指标考试，在全市16个区中获得第二名。

（张　蕊）

【召开2019年服务接待标准化培训】6月3日，区商务局组织召开2019年服务接待标准化培训，对接听企业和个人的咨询电话标准用语及回复流程进行了培训。

（张　蕊）

【召开2019年商务行业“安全生产月”工作部署会】6月18日，区商务局组织召开2019年商务行业“安全生产月”工作部署会，辖区内重点商业零售及餐饮经营单位安全负责人约70人参加了此次会议。

（张　蕊）

【2019年度外贸企业跨境贸易便利化政策培训会】6月21日，区商务局举办了2019年度外贸企业跨境贸易便利化政策培训会。怀柔区50家外贸企业80余人参加培训。

（张　蕊）

【2019年“禁毒”工作培训会】6月24日，区商务局组织区内50家外贸进出口企业80余人召开怀柔区外贸企业2019年“禁毒”工作培训会。

（张　蕊）

【开展粮食供给应急桌面演练活动】7月5日，怀柔区商务局组织怀柔区发改委、财政局、农发行及源益盛公司开展了粮食供给应急桌面演练活动。

（张　蕊）

【启动商业企业服务质量评价工作】7月18日，区商务局启动商业企业服务质量评价工作。

（张　蕊）

【与海淀区商务局对接】7月30日，海淀区商务局携区内行业协会、重点零售企业相关负责人来怀柔区，就品牌引进、夜间经济等工作合作事项与区商务局进行对接。

（张　蕊）

【移交储备物资】8月14日，区商务局组织企业全方位调运人力物力从原有库房运送物资至新库房，全程把控物资出库、入库过程，逐项清点物品数量，查看物资质量。

（张　蕊）

【召开怀柔区粮食出入库库存管理及粮食行业流通统计培训会】8月14日，怀柔区商务局在双阳宾馆组织召开怀柔区粮食出入库库存管理及粮食行业流通统计培训会。怀柔区各粮油企业仓储相关工作人员70余人参加培训。

（张　蕊）

【与东城区商务局对接】8月22日，东城区商务局携区内重点零售、餐饮企业相关负责人来怀柔区，就品牌引进、农产品销售、夜间经济等工作合作事项与区商务局进行对接。

（张　蕊）

【召开怀柔区2019年商场超市类创城示范点建设现场会】8月29日，区商务局召开了怀柔区2019年商场超市类创城示范点建设现场会。

（张　蕊）

【“普天同庆·共筑中国梦”怀柔区庆祝中华人民共和国成立70周年主题展·实物展】9月17日，“普天同庆·共筑中国梦”怀柔区庆祝中华人民共和国成立70周年主题展·实物展在北京怀柔青春万达广场开幕。

（张　蕊）

【组织外贸企业赴俄罗斯开拓市场】9月23日—28日，组织北京红螺食品有限公司、北京金田麦国际食品有限公司和北京圣伦食品有限公司3家企业，随北京市贸促会赴俄罗斯开展为期6天的商务交流和市场考察活动。

（张　蕊）

【开展以“孝满京城　德润人心”为主题活动】9月24日，区商务局与迎宾路社区共同开展了以“孝满京城　德润人心”为主题的为老服务活动，携怀柔区美容美发协会，免费为辖区老人提供上门理发服务，为老人送去节日的关怀。

（张　蕊）

【参加东城区扶贫协作特色产品推介会】10月25日—27日，东城区商务局邀请怀柔区参加在前门大街举行的东城区扶贫协作特色产品推介会。

（张　蕊）

【赴四子王旗开展消费扶贫对接及技能培训工作】10月17日—10月19日，区商务局带领商务行业技术能手赴四子王旗开展消费扶贫对接及技能培训工作。

（张　蕊）

【赴上海参加第二届中国国际进口博览会】11月5日—10日，区商务局代表怀柔交易分团赴上海参会，积极与北京市交易团进行对接，在做好情况报送、成交统计、安全保障、展会咨询等基础性保障工作的同时，积极开展企业服务和招商引资工作。

（张　蕊）

【对接科左后旗消费扶贫相关工作】11月14日—16日，科左后旗旗委常委、副旗长刘宏带领科左后旗商务局赴怀柔区对接消费扶贫相关工作。

（张　蕊）

【开展2019怀柔区会展人才特训班第二期】11月22日区商务局联合区文化和旅游局组织开展2019怀柔区会展人才特训班第二期，区内主要会议场馆、酒店、零售、餐饮以及景区共90

余人参加培训。

（张 蕊）

【举办全球服务贸易展望委员会2019年秋季会议】 11月27日—28日，京交会组委会在北京雁栖湖国际会展中心成功举办全球服务贸易展望委员会2019年秋季会议，会议主题为“全球服务，互惠共享”。

（张 蕊）

【举办第十二届中国会议产业大会】 12月5日—6日在北京雁栖湖国际会展中心举办第十二届中国会议产业大会。区商务局组织雁栖湖国际会展中心、凯宾斯基日出东方酒店，顶秀美泉假日酒店、慕田峪长城、黄花城水长城等12家区内特色会展场馆、会议型酒店、景区、高端民宿亮相中国会议产业大会。

（张 蕊）

【怀柔区“牵手冬奥”系列公益讲座暨怀柔商务行业英语提升主题讲座】 12月6日，区政府外事办联合区商务局共同举办了怀柔区“牵手冬奥”系列公益讲座暨怀柔商务行业英语提升主题讲座。区商务局相关工作人员、区内重点零售业和餐饮业企业职工约60人参加了活动。

（张 蕊）

【召开2019年怀柔区商务行业今冬明春火灾防控工作部署会】 12月10日，区商务局召开2019年怀柔区商务行业今冬明春火灾防控工作部署会，约60家重点商业零售及餐饮经营单位的安全负责人参会。

（张 蕊）

【召开怀柔区商务行业无障碍环境建设专项行动工作部署会】 12月10日，区商务局组织召开怀柔区商务行业无障碍环境建设专项行动工作部署会，区内规模以上商场、超市、餐饮企业负责人参加了会议。

（张 蕊）

【完成2019年各区营商环境评价填报工作】 12月11日，组织协调全区24家单位，根据《北京市商务局 北京市统计局关于开展2019年各区营商环境评价工作的通知》要求，完成网络填报工作，共提交验证资料800多项。

（张 蕊）

【2019年怀柔区商务行业安全生产知识竞赛】 12月12日，区商务局联合区总工会、区应急局、区市场监管局、区消防支队共同举办2019年怀柔区商务行业安全生产知识竞赛。

（张 蕊）

【开展扶贫对接工作】 12月25日—27日，四子王旗来怀柔区实地考察扶贫工作。

（张 蕊）

【生活性服务业品质提升工作】 年内，共建设提升基本便民商业网点32个，其中乡村综合便利店6家，超额完成全年任务量的128%，八项基本便民服务业态社区覆盖率达到100%，“七有五性”中的便利生活与城六区并行，全市排名并列第一。

（张 蕊）

【扶贫协作和支援合作工作】 年内，在怀柔区销售受援地区农特产品共25种，共计销售额116.7万元。其中怀安县7种，销售额44.8万元；丰宁县10种，销售额7.1万元；科尔沁左翼后旗5种，销售额41.7万元；四子王旗3种，销售额23.1万元。同时，引进四子王旗1家本土餐饮企业，采购四子王旗产品298万元。推进消费扶贫进机关、进学校、进医院、进企业、进批发市场、进商超、进社区的相关工作，全年进驻怀柔区23家机关、2家医院、3家学校、5家国有企业。

（张 蕊）

【备案登记和政务服务事项梳理工作】 全年共办理各类备案285件，其中外商投资企业新设及变更备案108件、对外贸易经营者备案登记173件、服务外包及软件出口合同登记4家。优化行政审批服务方式，全局18大项、41小项的行政服务事项全部实现企业群众办事“一次都不跑”。

（张　蕊）

【推进新一轮服务业扩大开放工作】印发《北京市怀柔区服务业扩大开放综合试点工作实施方案》，征集上报13项怀柔区服务业扩大开放综合试点项目，其中市级筹统项目3项，持续推进项目落地，上报项目进展。全年开展全区集中宣讲2次、领导小组成员单位业务学习2次，融媒体宣传3次。10月，在全市商务工作会上作典型发言。

（张　蕊）

【开展中美贸易摩擦企业走访调研工作】通过实地走访、集中座谈、培训会、电话等多种形式，全年共对177家次外贸企业开展调研，了解企业受影响情况，提供现场服务，完成调研报告。

（张　蕊）

名　录

单位名称：北京市怀柔区商务局
局　　长：王鹏
地　　址：北京市怀柔区迎宾中路21号
邮　　编：101400
电　　话：69645258
传　　真：69647234

（张　蕊）

密云区

概　　况

2019年，密云区消费品市场规模进一步扩大，新兴业态和新商业模式快速发展，消费继续发挥经济增长主要驱动力的作用。全区实现社会消费品零售额159.9亿元，同比增8.0%。投入1970万元，完成北京富虹祥瑞农副产品市场市级提升改造任务。引导和扶持大星发、檀州农业等蔬菜龙头配送企业在密云新城及周边共发展布局蔬菜网点57家，基本实现密云城区及周边“5分钟蔬菜便民服务圈”全覆盖。全区完成进出口总额58.4亿元。

（张　振）

商贸管理

【持续推动消费市场稳步增长】2019年，密云区实现社会消费品零售总额159.9亿元，同比增长8.0%。在五个生态涵养区中，密云区社消额总量居首。从消费市场运行上看，传统零售业仍为拉动市场增长主力，计算机类消费、家电类消费和成品油销售稳步提升，餐饮市场健康发展，以电子商务为主的新兴业态发展势头良好，消费品市场继续稳步增长。打造鼓楼商业圈，投资1.8亿元，全面推动商圈改造提升；打造富民街特色商业步行街，实施精品街巷建设工程；打造金地来餐饮一条街、百世城商业街和“深夜食堂”特色商业区，激发餐饮消费活力。引导和鼓励传统商业、旅游餐饮企业和药店、影院等业态24小时营业，繁荣夜间经济。

（张　振）

【“疏解整治促提升”工作成效显著】2019年，对密云区域内重点农副产品综合市场进行改造提升，优化提升市场档次。投入3320万元，完成北京富虹祥瑞农副产品市场市级提升改造任务。同时对新城子镇兴河集贸市场中心、西田各庄镇卸甲山村农副产品市场、巨各庄镇康达富民农副产品市场、溪翁庄镇丰富农贸市场、穆家峪镇羊山农副产品市场、河南寨镇荆栗园市场6家区级市场进行改造升级，圆满完成全年改造任务。

在全区范围内开展“六小门店”疏解整治提升工作，制定工作方案和行业标准规范，全年共完成350家门店的改造提升工作，圆满完成年度计划。

（张　振）

【新城蔬菜零售网络建设全覆盖】2019年，引导和扶持大星发、檀州农业三家蔬菜龙头配送企业在密云新城及周边共发展布局蔬菜网点25家。密云新城及周边“5分钟蔬菜便民服务圈”基本实现全覆盖，新城蔬菜零售网络建设受到了广大居民的一致好评。

（张　振）

【生活性服务业网点建设如期完成】2019年，围绕建设绿色国际休闲之都发展定位，进一步优化产业结构，培育生活性服务业载体，生活性服务业网点建设如期完成。全年累计完成新建和规范基本便民商业网点100家，其中便民蔬菜网点57家，其中便民蔬菜网点25家，便利店（超市）17家，早餐点10家，美容美发店4家，家政服务1家。

（张　振）

【优化营商环境工作扎实推进】通过培养和扶持中关村密云园经济发展、强化重点企业跟踪服务和跟进企业项目资金申报服务等方式，弥补制造业外迁和突发情况印发的进出口数据缺口。密云区筛选的8个服务业扩大开放项目，被列入市级项目库一般项目。积极争取市级资金支持，用于疏整促工作、生活服务业品质提升和外经贸发展等工作，总计约3500万元。根据《密云区促进电子商务发展办法》对区域内6家电子商务企业进行资扶持达349.14万元，助力企业做强做大。

（张　振）

【商务行业运行安全稳定】以新中国成立70周年大庆安保为主线，围绕中心工作，加强全商务系统企业安全生产工作的宣传教育培训和监督检查工作，组织镇街培训2场553人次（规下企业），组织全区规上企业培训1场78人次，强化各企业的主体责任意识，按照“三自活动”和“三自主两公开一承诺”的工作要求，积极自觉开展安全生产排查整改工作。全年共巡查企业356家次，出动人员407人次、156车次，发现安全隐患38处，并全部按时完成整改。

（张　振）

【物资储备工作有序开展】充分发挥储备物资作用，在8月9日洪涝灾害期间，积极协调调运救灾物资保障救灾工作和受灾群众的生活需要，总计价值97 914元。

（张　振）

对外经济

【进出口总额企稳回升】2019年，全区完成进出口总额58.4亿元，其中：出口16.4亿元，同比增加9.6%，超额完成全年任务指标。

（张　振）

【新设立外商投资企业】2019年新设外资企业13家，合同外资21 996.08万美元，同比增加217%，投资行业涉及技术推广和制造业；实际利用外资1590万美元，同比增加50%，外商投资主要来源于中国香港和韩国。

（张　振）

【积极组织企业培训及参加会展】联合平谷海关、中信保公司共同举办外经贸政策培训会，参会人数近200人。组织企业参加第二届中国国际进口博览会，密云交易分团有45家企业通过大会审核，114人办理了证件，会场上有2家企业与参展商当场达成采购意向。

（张　振）

名　录

单位名称：北京市密云区商务局

党组书记、局长：王东

地　　址：北京市密云区檀西路21号

邮　　编：101500

电　　话：89089310

传　　真：89089320

（张　振）

延庆区

概　况

北京市延庆区商务局（北京市延庆区粮食和物资储备局）于2019年3月正式挂牌成立，负责贯彻落实市委关于内外贸易、外商投资、对外经济合作、粮食和物资储备工作的方针政策、决策部署和区委有关工作要求，在履行职责过程中坚持和加强党对内外贸易、外商投资、对外经济合作的集中统一领导。内设办公室、流通管理科、外经外贸科（行政审批科）、安全科（粮食和物资储备科）4个行政科室，粮食管理中心、会展促进中心2个规范事业单位。2019年，延庆区商务局紧紧围绕赛会服务保障，主抓内外贸易经济发展，结合“七有”要求和“五性”需求，着力提升商务行业建设管理和服务水平。顺利完成北京世园会游客服务与食宿保障；按期完成“疏整促”工作任务，大力发展夜间经济，消费潜力进一步释放；推动区级服务业扩大开放综合试点方案落地实施；延庆区商务行业安全管理有序推进；圆满完成第二届进博会区级采购任务；扎实做好粮食安全区长责任制考核；持续深化12345接诉即办工作机制；实现了经济发展和民生保障同步推进，商务行业营商环境持续优化，人民群众幸福感、安全感进一步提升。

（宋怡康）

【社零额工作】2019年，延庆区实现总消费197.3亿元，同比增长10.9%。全年实现社会消费品零售总额完成106亿元，同比增长7.8%，圆满完成“年终总消费增长8.7%，其中社零额增长7.5%”的任务目标。

（李洪涛）

【促消费工作】制定《延庆区城镇社区生活性服务业设施规划（2018—2022）》，完善商业结构，推进八类便民服务网点社区覆盖率。便民网点覆盖率由2018年的63.8%已提升至2019年的94%。2019年市级下达网点建设提升任务18家，全年新建34个基本便民网点，完成任务189%，完成速度居全市第一。

出台《2019年延庆区促消费工作实施方案》，38家企业申报项目，预计使用资金1400万元。推动首农食中心便民综合体于6月初开业经营。引入连锁品牌，延庆首家麦当劳落户首农食中心，环球新意百货开业第一家味多美，肯德基在乡镇首设网点。注重挖掘“特色小店”，制定针对性强的帮扶措施。落实“一店一策”任务，推动百佳商厦等5家企业改造提升。

（李洪涛）

【深入推进延庆“夜间经济”】成立区、镇两级掌灯人，延庆区首家“深夜食堂”凯思大酒店于6月11日开业，通过八达岭夜长城、会展广场星光啤酒花园、环球美食食堂、“八九不离食”美食活动等点亮“夜延庆”。

（李洪涛）

【疏整促及商业街改造】2019年完成延庆区市场疏解任务，拆除北京市八达岭综合市场中心。推进八达岭商圈（一期）长城特色商业文化街项目。完成恒生市场升级改造，市场归行划市经营有序。

（李洪涛）

【开展餐饮职业培训】开展延庆区餐饮职业培训，邀请专家为企业开展“1对1”指导工作，累计开展23次餐饮服务培训，培训2573人次，组织87名选手参加餐饮技能竞赛。

（李洪涛）

【稳外资工作】为13家外商投资企业办理新设备案，同比增长44%，中关村延庆园新设外资企业6家、世园会园区内引进外资企业51家。合同外资740万美元，全年实际利用外资2299万美元，同比增长149.3%，超额完成市级下达的任务指标1000万美元。

（吴广云）

【稳外贸工作】为20家企业办理对外贸易经营者备案，同比增长17.6%。直接进出口总额完成1.85亿美元（合12.78亿元人民币），同比增长36.6%；其中直接出口总额1.44亿美元（合9.96亿元），同比增长55.9%，超额完成市级下达的6亿元任务指标；直接进口总额0.41亿美元（合2.82亿元），同比减少5%。帮助延庆区外经贸企业应对中美贸易摩擦、支持外经贸企业高质量发展。对延庆区符合政策支持标准的进出口企业进行梳理，为北京卓文时尚纺织股份有限公司争取139.49万元资金支持，为北京中硅展览有限公司争取10万元资金支持。

（吴广云）

【服务业扩大开放】落实北京市新一轮服务业扩大开放综合试点工作，完成市级177项任务分工中涉及延庆区牵头的2项任务，制定并实施《延庆区落实全面推进服务业扩大开放综合试点工作实施方案》。征集上报延庆区15个服务业扩大开放项目，其中14个区级统筹项目已落地，1个项目（Club Med Joyview 北京延庆度假村二期）预计2021年7月落地，为市级统筹项目。

（吴广云）

【优化营商环境】组织全区学习宣传“9+N”政策、《优化营商环境条例》等内容，压缩服务事项办理时限，进一步提升网办深度，减少企业跑腿次数，提高办事效率。落实服务管家制度，及时了解企业诉求，主动服务、精准对接，帮助企业协调解决问题，共为延庆区11家重点企业送达政策“服务包”。

（吴广云）

【延海对接】落实《延庆区—海淀区结对协作总体工作方案（2019—2022年）》，2019年3月22日，延庆区商务局与海淀区商务局带领企业在延庆区召开了签约座谈会，并现场签约。

延庆区商务局、农业农村局组织11家延庆优质农产品种植、加工企业参加海淀区“品牌进社区　服务送万家”活动、“中国农民丰收节”暨第十八届金秋田园体验季活动以及“妫水农耕、健康之源”系列优质农产品海淀行活动，将延庆有机杂粮、绿色蔬菜、优质果品、高档园艺花卉、精品畜牧5大类60余个品种的农产品进行现场展示、品鉴、销售，现场销售收入11万余元。茂源广发农业发展有限公司与海淀区车客家园网络科技发展有限公司自6月25日完成线上线下对接至12月25日，累计接单55 595单，销售各类蔬菜收入525 919.97元，取得良好经济效益和社会效益。

（吴广云）

【世园冬奥服务保障工作】牵头北京世园会“四场活动”延庆区服务保障游客服务与食宿保障组，明确5家集配供餐企业和1家专供食品企业作为北京世园会应急供餐企业，设置应急固定供餐点3个；配送快餐900余份和面包、水等预包装食品3000余份；调配应急物资雨衣8000件、防寒保暖大衣93件。

有序落实冬奥延庆赛区44项任务，摸底区内服务企业能力，推荐冬奥餐饮原材料备选供应基地18家，牵头冬奥延庆赛区市场秩序与食宿保障组，落实北京冬奥会及“相约北京”系列测试赛相关服务保障。

（刘　越）

【粮食物资储备工作】延庆区粮食安全区长责任制考核连续4年被评为优秀等次，完成2019年粮食库存数量和质量大清查工作，轮换区级储备粮8000吨并通过检查验收，发放退耕还林补助粮1118吨，玉米收购3.6万吨。按机构改革职能调整，延庆区代储市级临时救灾物资储备库完成划转，经重新梳理完善管理体系，目前运转良好，物资倒垛工作已于11月17日完成。协助市粮食局推进新建市级救灾物资储备库延庆分库项目。

（胡秀华）

【商务安全工作】2019年为延庆区39家重点企业、近4000家一般企业建立台账，与54家企业签订《安全生产责任书》。举办安全知识讲座5次、集中培训22场，开展大型宣传活动2场。对世园会园区内外、延庆城区、旅游景区等重点区域内的526家企业进行培训，世园会期间牵头开展安全检查和隐患排查16次，配合相关部门开展安全专项整治12次，督促整改375项安全隐患。

（王　佳）

【会展促进工作】推动延庆区“美丽延庆冰雪夏都”主题展区亮相北京文博会。在京交会北京馆搭建延庆合作平台。开展第二届进博会延庆区专业观众组织工作，延庆分团共有39家单位赴现场参观洽商，达成意向金额150.5万美元。

（郭向芳）

【推进机构改革各项工作】根据《中共北京市委办公厅、北京市人民政府办公厅关于印发〈北京市延庆区机构改革方案〉的通知》（京办字〔2019〕69号）《中共北京市延庆区委、北京市延庆区人民政府关于印发〈北京市延庆区机构改革实施方案〉的通知》（京延发〔2019〕7号）要求，落实“三定”规定，完成各项职能配置、内设机构和人员编制的接收、划转、变更等工作， 北京市延庆区商务局（北京市延庆区粮食和物资储备局）于2019年3月正式挂牌成立。

（宋怡康）

【建成消费扶贫双创分中心】制定延庆区《关于全面推进消费扶贫建设双创分中心　助力打赢脱贫攻坚战工作方案》，延庆区双创分中心于9月28日开业。组织开展“七进”活动，截至12月27日，双创分中心、直通车、商超等累计销售内蒙古自治区兴和县、河北省张家口市宣化区和怀来县、河南省内乡县等四个受援地产品115.4万元。

（宋怡康）

【接诉即办工作】以接诉即办工作为抓手，紧扣“七有”要求和“五性”需求，创新责任科室+“点将法”，围绕“不忘初心、牢记使命”主题教育工作，主动治理，切实解决商务行业重难点问题，全年累计接办12345市民热线工单76件，满意率保持较高水平。

（宋怡康）

名　录

单位名称：北京市延庆区商务局
党组书记、局长：刘　涛
地　　址：北京市延庆区新城街2号
邮　　编：102100
电　　话：010-69101551
传　　真：010-69144243
网　　址：http://www.bjyq.gov.cn/yanqing/zbm/sww/dwjj76/index.shtml

（宋怡康）

第六部分

统　计　资　料

一、商业流通

表 1－1　社会消费品零售额

项　　目	2019 年（亿元）	同比增长（%）
社会消费品零售总额	12 270.1	4.4
其中：限上批零业网上零售额	3 366.3	23.6
按商品用途分		
吃类商品	2 817.2	7.6
穿类商品	751.7	-0.8
用类商品	8 151.4	4.7
烧类商品	549.8	-6.5
按行业分		
批发业	1 722.9	2.9
零售业	9 342.6	4.5
住宿业	174.8	1.1
餐饮业	1 029.7	7.0
按地区分		
城镇	11 905.9	4.3
乡村	364.2	7.9
按消费形态分		
餐饮收入	1 204.5	6.1
商品零售	11 065.6	4.3

数据来源：北京市统计局

（王　璇）

表 1－2　社会消费品零售额（按功能区组分）

项　　目	2019 年（亿元）	同比增长（%）
全　　市	12 270.1	4.4
东城区	1 105.2	5.0
西城区	1 085.1	4.0
朝阳区	2 894.3	3.5
丰台区	1 224.0	4.5

（续）

项　目	2019年（亿元）	同比增长（%）
石景山区	327.2	4.7
海淀区	2 421.6	3.5
门头沟区	73.5	5.9
房山区	268.0	6.0
通州区	470.7	7.0
顺义区	506.1	5.7
昌平区	489.2	5.0
大兴区	465.3	6.3
怀柔区	133.6	5.8
平谷区	120.6	6.2
密云区	159.9	8.0
延庆区	106.0	7.8
北京经济技术开发区	419.7	4.8

数据来源：北京市统计局

（王　璇）

表1-3　社会消费品零售额进度表

2019年	社会消费品零售额（亿元）	同比增长（%）
1—2月	1 793.8	3.0
1—3月	2 753.4	3.8
1—4月	3 687.8	5.0
1—5月	4 596.6	5.2
1—6月	5 687.5	5.4
1—7月	6 703.8	5.3
1—8月	7 746.1	5.3
1—9月	8 789.9	4.8
1—10月	9 944.8	5.0
1—11月	11 195.2	5.1
1—12月	12 270.1	4.4

数据来源：北京市统计局

（王　璇）

二、对外贸易

表 2－1　海关进出口商品类别及构成

表 2－1－1　北京地区海关出口商品类别及构成

金额单位：万美元

类　　别	2019 年		2018 年		增（减）%
	金　　额	比重（%）	金　　额	比重（%）	
总　　值	**7 498 368**	**100.0**	**7 417 025**	**100.0**	—
初级产品	3 208 343	42.8	3 005 795	40.5	2.3
工业制成品	4 275 753	57.0	4 411 636	59.5	-2.5
机电产品	3 144 561	41.9	3 221 206	43.4	-1.5
高新技术产品	1 575 068	21.0	1 521 597	47.2	-26.2

注：摘自北京海关统计月报

（杜雨潇）

表 2－1－2　北京地区海关进口商品类别及构成

金额单位：万美元

类　　别	2019 年		2018 年		增（减）%
	金　　额	比重（%）	金　　额	比重（%）	
总　值	**34 109 652**	**100.0**	**33 825 601**	**100.0**	—
初级产品	22 057 893	64.7	21 564 788	63.7	1.0
工业制成品	11 971 681	35.1	12 273 412	36.3	-1.2
机电产品	6 582 927	19.3	6 911 027	20.4	-1.1
高新技术产品	2 697 172	7.9	2 782 953	8.2	-0.3

注：摘自北京海关统计月报

（杜雨潇）

表2-2 海关进出口商品分类金额

表2-2-1 海关出口商品分类金额

金额单位：万美元

商品名称	2019年	同比（±%）
总　值	**7 498 368**	**1.2**
第1章　活动物	1 502	-32.8
第2章　肉及食用杂碎	14	-36.7
第3章　鱼、甲壳动物、软体动物及其他水生无脊椎动物	67	-44.1
第4章　乳品；蛋品；天然蜂蜜；其他食用动物产品	1 001	3.0
第5章　其他动物产品	3 153	2.8
第6章　活树及其他活植物；鳞茎、根及类似品；插花及装饰用簇叶	157	8.2
第7章　食用蔬菜、根及块茎	4 215	-26.2
第8章　食用水果及坚果；甜瓜或柑橘属水果的果皮	1 100	-8.8
第9章　咖啡、茶、马黛茶及调味香料	1 900	-24.0
第10章　谷物	87 796	14.9
第11章　制粉工业产品；麦芽；淀粉；菊粉；面筋	157	-51.0
第12章　含油子仁及果实；杂项子仁及果仁；工业用或药用植物；稻草、秸秆及饲料	9 497	-4.4
第13章　虫胶；树胶、树脂及其他植物液、汁	3 659	-21.6
第14章　编结用植物材料；其他植物产品	197	441.0
第15章　动、植物油、脂及其分解产品；精制的食用油脂；动、植物蜡	1 660	80.6
第16章　肉、鱼、甲壳动物、软体动物及其他水生无脊椎动物的制品	3 829	-28.7
第17章　糖及糖食	69	-12.0
第18章　可可及可可制品	3 401	-23.2
第19章　谷物、粮食粉、淀粉或乳的制品；糕饼点心	5 997	13.4
第20章　蔬菜、水果、坚果或植物其他部分的制品	16 877	-7.5
第21章　杂项食品	2 981	-2.5
第22章　饮料、酒及醋	1 418	-63.4
第23章　食品工业的残渣及废料；配制的动物饲料	810	4.3
第24章　烟草、烟草及烟草代用品的制品	0	--
第25章　盐；硫磺；泥土及石料；石膏料、石灰及水泥	6 063	-27.8
第26章　矿砂、矿渣及矿灰	407	-66.0
第27章　矿物燃料、矿物油及其蒸馏产品；沥青物质；矿物蜡	3 044 973	7.8

（续）

商品名称	2019 年	同比（±%）
第 28 章　无机化学品；贵金属、稀土金属、放射性元素及其同位素的有机及无机化合物	44 770	-41.8
第 29 章　有机化学品	112 390	-11.8
第 30 章　药品	37 302	9.3
第 31 章　肥料	52 402	37.7
第 32 章　鞣料浸膏及染料浸膏；鞣酸及其衍生物；染料、颜料及其他着色料；油漆及清漆；油灰及其他类似胶粘剂；墨水、油墨	6 134	-25.7
第 33 章　精油及香膏；芳香料制品及化妆盥洗品	2 759	-10.8
第 34 章　肥皂、有机表面活性剂、洗涤剂、润滑剂、人造蜡、调制蜡、光洁剂、蜡烛及类似品、塑型用膏、“牙科用蜡”及牙科用熟石膏制剂	4 815	-18.4
第 35 章　蛋白类物质；改性淀粉；胶；酶	5 135	18.0
第 36 章　炸药；烟火制品；引火合金；易燃材料制品	3 394	-32.7
第 37 章　照相及电影用品	1 882	21.4
第 38 章　杂项化学产品	45 657	-7.4
第 39 章　塑料及其制品	67 716	-0.7
第 40 章　橡胶及其制品	23 014	-5.4
第 41 章　生皮（毛皮除外）及皮革	328	4.9
第 42 章　皮革制品；鞍具及挽具；旅行用品、手提包及类似容器；动物肠线（蚕胶丝除外）制品	8 024	-15.7
第 43 章　毛皮、人造毛皮及其制品	880	2.6
第 44 章　木及木制品；木炭	4 716	-31.8
第 45 章　软木及软木制品	5	20.4
第 46 章　稻草、秸秆、针茅或其他编结材料制品；篮筐及柳条编结品	2 098	-8.2
第 47 章　木浆及其他纤维状纤维素浆；回收（废碎）纸及纸板	656	-16.7
第 48 章　纸及纸板；纸浆、纸或纸板制品	7 866	3.4
第 49 章　书籍、报纸、印刷图画及其他印刷品；手稿、打字稿及设计图纸	5 639	-28.1
第 50 章　蚕丝	723	-18.5
第 51 章　羊毛、动物细毛或粗毛；马毛纱线及其机织物	3 853	1.1
第 52 章　棉花	5 170	-18.2
第 53 章　其他植物纺织纤维；纸纱线及其机织物	256	-27.9
第 54 章　化学纤维长丝；化学纤维纺织材料制扁条及类似品	9 400	-0.5

(续)

商品名称	2019 年	同比（±%）
第 55 章　化学纤维短纤	7 707	-1.7
第 56 章　絮胎、毡呢及无纺织物；特种纱线；线、绳、索、缆及其制品	13 843	7.1
第 57 章　地毯及纺织材料的其他铺地制品	9 542	-3.9
第 58 章　特种机织物；簇绒织物；花边；装饰毯；装饰带；刺绣品	1 496	12.1
第 59 章　浸渍、涂布、包覆或层压的纺织物；工业用纺织制品	3 863	6.8
第 60 章　针织物及钩编织物	1 764	-16.9
第 61 章　针织或钩编的服装及衣着附件	35 280	-20.9
第 62 章　非针织或非钩编的服装及衣着附件	58 038	-11.9
第 63 章　其他纺织制成品；成套物品；旧衣着及旧纺织品；碎织物	15 624	-29.4
第 64 章　鞋靴、护腿和类似品及其零件	15 451	-3.1
第 65 章　帽类及其零件	4 636	6.0
第 66 章　雨伞、阳伞、手杖、鞭子、马鞭及其零件	158	-65.5
第 67 章　已加工羽毛、羽绒及其制品；人造花；人发制品	2 135	59.8
第 68 章　石料、石膏、水泥、石棉、云母及类似材料的制品	12 788	-17.8
第 69 章　陶瓷产品	25 252	-8.9
第 70 章　玻璃及其制品	19 190	-8.6
第 71 章　天然或养殖珍珠、宝石或半宝石、贵金属、包贵金属及其制品；仿首饰；硬币	70 240	513.9
第 72 章　钢铁	121 257	-31.6
第 73 章　钢铁制品	275 614	8.0
第 74 章　铜及其制品	7 665	1.8
第 75 章　镍及其制品	2 234	212.9
第 76 章　铝及其制品	42 033	-27.9
第 78 章　铅及其制品	205	40.2
第 79 章　锌及其制品	269	-21.6
第 80 章　锡及其制品	103	4.7
第 81 章　其他贱金属、金属陶瓷及其制品	6 987	3.7
第 82 章　贱金属工具、器具、利口器、餐匙、餐叉及其零件	9 060	-23.8
第 83 章　贱金属杂项制品	10 473	-8.3
第 84 章　核反应堆、锅炉、机器、机械器具及零件	765 669	-2.9

（续）

商品名称	2019 年	同比（±%）
第 85 章　电机、电气设备及其零件；录音机及放声机、电视图像、声音的录制和重放设备及其零件、附件	1 381 996	11.8
第 86 章　铁道及电车道机车、车辆及其零件；铁道及电车道轨道固定装置及其零件；附件；各种机械（包括电动机械）交通信号设备	26 032	-58.9
第 87 章　车辆及其零件、附件，但铁道及电车道车辆除外	221 654	-11.9
第 88 章　航空器、航天器及其零件	58 692	-66.4
第 89 章　船舶及浮动结构体	118 112	-14.9
第 90 章　光学、照相、电影、计量、检验、医疗或外科用仪器及设备、精密仪器及设备；上述物品的零件、附件	311 998	3.9
第 91 章　钟表及其零件	5 442	25.6
第 92 章　乐器及其零件、附件	5 235	4.3
第 93 章　武器、弹药及其零件、附件	487	-9.2
第 94 章　家具；寝具、褥垫、弹簧床垫、软坐垫及类似的填充制品；未列名灯具及照明装置；发光标志、发光铭牌及类似品；活动房屋	41 798	-34.9
第 95 章　玩具、游戏品、运动用品及其零件、附件	13 187	-25.2
第 96 章　杂项制品	12 609	-9.4
第 97 章　艺术品、收藏品及古物	9 002	208.9
第 98 章　特殊交易品及未分类商品	93 662	52.3

注：摘自北京海关统计月报

（杜雨潇）

表 2-2-2　海关进口商品分类金额

金额单位：万美元

商品名称	2019 年	同比（±%）
合　　计	**34 109 652**	**0.8**
第 1 章　活动物	32 997	57.3
第 2 章　肉及食用杂碎	147 961	80.6
第 3 章　鱼、甲壳动物、软体动物及其他水生无脊椎动物	240 009	57.2
第 4 章　乳品；蛋品；天然蜂蜜；其他食用动物产品	53 236	-0.9
第 5 章　其他动物产品	4 496	16.4
第 6 章　活树及其他活植物；鳞茎、根及类似品；插花及装饰用簇叶	2 847	-20.5
第 7 章　食用蔬菜、根及块茎	14 293	35.4

（续）

商品名称	2019年	同比（±%）
第8章　食用水果及坚果；甜瓜或柑橘属水果的果皮	34 179	-1.3
第9章　咖啡、茶、马黛茶及调味香料	3 388	51.0
第10章　谷物	132 277	28.8
第11章　制粉工业产品；麦芽；淀粉；菊粉；面筋	18 711	75.3
第12章　含油子仁及果实；杂项子仁及果仁；工业用或药用植物；稻草、秸秆及饲料	933 490	54.9
第13章　虫胶；树胶、树脂及其他植物液、汁	4 267	47.7
第14章　编结用植物材料；其他植物产品	614	117.4
第15章　动、植物油、脂及其分解产品；精制的食用油脂；动、植物蜡	156 944	15.9
第16章　肉、鱼、甲壳动物、软体动物及其他水生无脊椎动物的制品	2 354	-26.1
第17章　糖及糖食	43 031	18.7
第18章　可可及可可制品	8 361	-13.0
第19章　谷物、粮食粉、淀粉或乳的制品；糕饼点心	12 326	9.4
第20章　蔬菜、水果、坚果或植物其他部分的制品	10 017	-16.1
第21章　杂项食品	18 181	22.2
第22章　饮料、酒及醋	35 532	-28.2
第23章　食品工业的残渣及废料；配制的动物饲料	58 804	3.4
第24章　烟草、烟草及烟草代用品的制品	142 119	0.3
第25章　盐；硫磺；泥土及石料；石膏料、石灰及水泥	57 905	3.4
第26章　矿砂、矿渣及矿灰	1 830 454	50.7
第27章　矿物燃料、矿物油及其蒸馏产品；沥青物质；矿物蜡	17 664 562	-3.6
第28章　无机化学品；贵金属、稀土金属、放射性元素及其同位素的有机及无机化合物	201 063	-2.6
第29章　有机化学品	293 763	-3.7
第30章　药品	899 104	35.5
第31章　肥料	264 613	31.1
第32章　鞣料浸膏及染料浸膏；鞣酸及其衍生物；染料、颜料及其他着色料；油漆及清漆；油灰及其他类似胶粘剂；墨水、油墨	16 430	6.9
第33章　精油及香膏；芳香料制品及化妆盥洗品	99 588	10.9
第34章　肥皂、有机表面活性剂、洗涤剂、润滑剂、人造蜡、调制蜡、光洁剂、蜡烛及类似品、塑型用膏、“牙科用蜡”及牙科用熟石膏制剂	13 303	-3.9

（续）

商品名称	2019 年	同比（±%）
第 35 章　蛋白类物质；改性淀粉；胶；酶	23 670	5.7
第 36 章　炸药；烟火制品；引火合金；易燃材料制品	2 367	815.8
第 37 章　照相及电影用品	11 258	-0.3
第 38 章　杂项化学产品	151 495	-8.3
第 39 章　塑料及其制品	244 088	2.0
第 40 章　橡胶及其制品	61 978	-19.4
第 41 章　生皮（毛皮除外）及皮革	3 697	38.1
第 42 章　皮革制品；鞍具及挽具；旅行用品、手提包及类似容器；动物肠线（蚕胶丝除外）制品	21 849	15.8
第 43 章　毛皮、人造毛皮及其制品	16 931	-27.3
第 44 章　木及木制品；木炭	178 056	1.9
第 45 章　软木及软木制品	597	23.9
第 46 章　稻草、秸秆、针茅或其他编结材料制品；篮筐及柳条编结品	34	35.5
第 47 章　木浆及其他纤维状纤维素浆；回收（废碎）纸及纸板	101 877	-8.0
第 48 章　纸及纸板；纸浆、纸或纸板制品	32 591	-15.0
第 49 章　书籍、报纸、印刷图画及其他印刷品；手稿、打字稿及设计图纸	82 782	4.8
第 50 章　蚕丝	218	17.1
第 51 章　羊毛、动物细毛或粗毛；马毛纱线及其机织物	39 275	-27.6
第 52 章　棉花	95 496	7.7
第 53 章　其他植物纺织纤维；纸纱线及其机织物	11 255	31.3
第 54 章　化学纤维长丝；化学纤维纺织材料制扁条及类似品	7 840	-3.4
第 55 章　化学纤维短纤	10 581	-30.9
第 56 章　絮胎、毡呢及无纺织物；特种纱线；线、绳、索、缆及其制品	5 817	-10.7
第 57 章　地毯及纺织材料的其他铺地制品	1 358	-4.0
第 58 章　特种机织物；簇绒织物；花边；装饰毯；装饰带；刺绣品	796	-18.9
第 59 章　浸渍、涂布、包覆或层压的纺织物；工业用纺织制品	4 866	9.8
第 60 章　针织物及钩编织物	681	0.2
第 61 章　针织或钩编的服装及衣着附件	17 785	1.0
第 62 章　非针织或非钩编的服装及衣着附件	24 148	-10.7

（续）

商品名称	2019 年	同比（±%）
第 63 章　其他纺织制成品；成套物品；旧衣着及旧纺织品；碎织物	2 484	-24.8
第 64 章　鞋靴、护腿和类似品及其零件	19 240	21.9
第 65 章　帽类及其零件	1 053	4.7
第 66 章　雨伞、阳伞、手杖、鞭子、马鞭及其零件	186	4.1
第 67 章　已加工羽毛、羽绒及其制品；人造花；人发制品	33	-10.9
第 68 章　石料、石膏、水泥、石棉、云母及类似材料的制品	5 262	-22.4
第 69 章　陶瓷产品	11 002	1.8
第 70 章　玻璃及其制品	25 022	-7.2
第 71 章　天然或养殖珍珠、宝石或半宝石、贵金属、包贵金属及其制品；仿首饰；硬币	2 099 872	-9.7
第 72 章　钢铁	86 241	36.7
第 73 章　钢铁制品	77 946	-1.7
第 74 章　铜及其制品	455 080	1.2
第 75 章　镍及其制品	28 650	30.6
第 76 章　铝及其制品	15 449	-16.8
第 78 章　铅及其制品	852	-77.6
第 79 章　锌及其制品	16 676	-54.1
第 80 章　锡及其制品	760	331.5
第 81 章　其他贱金属、金属陶瓷及其制品	10 842	37.8
第 82 章　贱金属工具、器具、利口器、餐匙、餐叉及其零件	16 363	4.2
第 83 章　贱金属杂项制品	24 551	2.1
第 84 章　核反应堆、锅炉、机器、机械器具及零件	1 131 209	-14.7
第 85 章　电机、电气设备及其零件；录音机及放声机、电视图像、声音的录制和重放设备及其零件、附件	1 169 250	-7.3
第 86 章　铁道及电车道机车、车辆及其零件；铁道及电车道轨道固定装置及其零件；附件；各种机械（包括电动机械）交通信号设备	10 618	-10.4
第 87 章　车辆及其零件、附件，但铁道及电车道车辆除外	2 926 873	1.3
第 88 章　航空器、航天器及其零件	81 725	-49.0
第 89 章　船舶及浮动结构体	25 023	-36.8
第 90 章　光学、照相、电影、计量、检验、医疗或外科用仪器及设备、精密仪器及设备；上述物品的零件、附件	1 067 745	-0.7
第 91 章　钟表及其零件	14 554	52.9

商品名称	2019 年	同比（±%）
第 92 章　乐器及其零件、附件	3 075	7.1
第 93 章　武器、弹药及其零件、附件	851	20.1
第 94 章　家具；寝具、褥垫、弹簧床垫、软坐垫及类似的填充制品；未列名灯具及照明装置；发光标志、发光铭牌及类似品；活动房屋	34 298	-21.3
第 95 章　玩具、游戏品、运动用品及其零件、附件	26 684	34.0
第 96 章　杂项制品	5 622	15.3
第 97 章　艺术品、收藏品及古物	13 764	127.9
第 98 章　特殊交易品及未分类商品	96 189	223.5

注：摘自北京海关统计月报

（杜雨潇）

表 2－3　按洲别（地区）分海关进出口贸易额

表 2－3－1　北京出口到各洲情况一览表

金额单位：万美元

	出　口	同比（±%）	占总出口比重（%）
亚洲	4 817 466	5.4	64.2
非洲	550 119	-4.5	7.3
欧洲	920 483	3.4	12.3
拉丁美洲	448 598	-17	6
北美洲	466 880	-17.4	6.2
大洋洲	294 800	11	3.9

注：摘自北京海关统计月报

（杜雨潇）

表 2－3－2　北京从各洲进口情况一览表

金额单位：万美元

	进　口	同比（±%）	占总进口比重（%）
亚洲	13 657 163	-3.4	40.0
非洲	3 644 908	-1.5	10.7
欧洲	7 631 403	4.4	22.4
拉丁美洲	2 929 330	5.7	8.6
北美洲	3 164 622	-12.9	9.3
大洋洲	3 005 588	31.6	8.8

注：摘自北京海关统计月报

（杜雨潇）

表2-4 按国别（地区）分海关进出口贸易额

金额单位：万美元

国别（地区）	进出口	出 口	进 口
合 计	**41 608 020**	**7 498 368**	**34 109 652**
澳大利亚	3 017 039	245 861	2 771 178
美国	2 850 870	424 942	2 425 928
沙特阿拉伯	2 723 830	37 428	2 686 403
德国	2 559 400	96 327	2 463 073
伊拉克	2 015 791	40 522	1 975 269
俄罗斯	1 797 343	179 161	1 618 183
日本	1 610 633	282 252	1 328 381
巴西	1 457 576	41 913	1 415 663
安哥拉	1 456 942	11 749	1 445 193
新加坡	1 221 759	877 481	344 278
中国香港	1 075 041	1 016 453	58 588
阿曼	1 053 728	4 732	1 048 996
科威特	913 392	8 904	904 487
土库曼斯坦	867 900	3 307	864 592
瑞士	866 958	24 110	842 847
英国	810 715	67 318	743 397
加拿大	780 004	41 806	738 198
韩国	746 528	281 659	464 869
马来西亚	614 837	190 518	424 318
印度尼西亚	585 629	154 590	431 039
越南	532 252	299 062	233 189
阿联酋	527 746	78 867	448 879
南非	465 070	31 104	433 966
伊朗	463 312	56 994	406 318
菲律宾	415 895	308 797	107 098
委内瑞拉	410 523	32 832	377 691
哈萨克斯坦	393 306	56 233	337 073
哥伦比亚	387 929	15 425	372 504
印度	376 830	154 415	222 415
法国	368 525	74 485	294 041
泰国	368 231	149 054	219 177
利比亚	350 699	2 484	348 215

（续）

国别（地区）	进出口	出　口	进　口
意大利	338 009	77 719	260 290
刚果（布）	316 979	2 575	314 404
中国台湾	257 022	107 691	149 331
爱尔兰	237 441	1 293	236 148
巴基斯坦	230 726	204 530	26 197
卡塔尔	230 009	7 447	222 562
中华人民共和国	229 681	0	229 681
墨西哥	219 530	142 820	76 711
阿根廷	187 471	12 765	174 706
孟加拉国	186 856	176 353	10 503
荷兰	181 658	81 791	99 867
秘鲁	178 854	25 749	153 104
加纳	175 391	4 023	171 368
加蓬	172 088	940	171 148
奥地利	170 394	26 458	143 936
乌兹别克斯坦	166 986	24 563	142 422
厄瓜多尔	153 314	26 332	126 982
巴布亚新几内亚	148 378	10 774	137 603
南苏丹共和国	147 842	6 107	141 735
瑞典	142 611	17 891	124 719
尼日利亚	131 940	54 266	77 674
西班牙	129 820	59 940	69 880
比利时	121 145	28 839	92 306
乌克兰	118 504	10 367	108 138
缅甸	118 188	44 963	73 225
新西兰	103 954	15 134	88 819
智利	101 777	19 719	82 057
赤道几内亚	99 756	1 060	98 696
刚果（金）	91 476	45 821	45 655
阿尔及利亚	87 710	18 496	69 214
以色列	84 480	21 923	62 558
波兰	81 992	38 577	43 416
巴拿马	77 476	64 738	12 738
国别（地区）不详	76 662	23	76 639

（续）

国别（地区）	进出口	出　口	进　口
也门	73 843	926	72 917
土耳其	73 292	50 416	22 876
蒙古国	71 897	34 131	37 766
埃及	69 274	28 478	40 796
喀麦隆	68 981	11 774	57 207
捷克	64 590	16 612	47 978
津巴布韦	64 558	4 573	59 984
匈牙利	62 398	7 515	54 883
丹麦	57 321	11 067	46 254
保加利亚	56 990	4 624	52 366
白罗斯	56 874	12 049	44 825
乌拉圭	56 846	3 162	53 684
芬兰	56 167	8 379	47 788
老挝	54 555	19 730	34 825
挪威	54 406	5 286	49 120
古巴	53 158	27 237	25 920
阿塞拜疆	45 956	1 860	44 097
柬埔寨	45 410	22 421	22 989
纳米比亚	41 051	347	40 704
肯尼亚	38 994	37 002	1 992
利比里亚	36 749	36 749	0
赞比亚	36 296	33 422	2 874
中国澳门	36 168	35 769	399
科特迪瓦	35 704	23 371	12 333
莫桑比克	32 763	25 413	7 350
苏丹	32 730	6 128	26 602
坦桑尼亚	31 768	24 661	7 107
乍得	29 645	13 222	16 423
特立尼达和多巴哥	29 621	414	29 207
罗马尼亚	28 829	3 190	25 638
塞尔维亚	26 972	7 036	19 936
约旦	22 434	3 921	18 513
埃塞俄比亚	21 478	16 782	4 697
斯里兰卡	20 743	13 201	7 543

（续）

国别（地区）	进出口	出　口	进　口
希腊	20 275	8 199	12 077
马绍尔群岛	17 815	17 815	0
斯洛伐克	17 743	7 111	10 632
文莱	16 854	5 981	10 874
葡萄牙	16 826	7 716	9 111
几内亚	16 678	16 674	3
毛里塔尼亚	16 552	10 530	6 023
尼日尔	15 721	13 288	2 433
塞内加尔	14 887	6 970	7 917
摩洛哥	14 305	9 241	5 064
马耳他	13 225	12 683	542
多民族玻利维亚国	12 783	9 905	2 878
贝宁	11 408	5 451	5 957
多米尼加共和国	11 189	2 858	8 331
马里	10 788	6 584	4 204
乌干达	10 458	9 442	1 016
立陶宛	9 133	1 176	7 957
尼泊尔	9 048	8 591	457
所罗门群岛	8 685	742	7 943
哥斯达黎加	7 336	2 082	5 254
马达加斯加	7 320	4 045	3 275
多哥	7 158	5 021	2 136
巴哈马	6 983	4 331	2 652
塞浦路斯	6 965	4 290	2 675
斯洛文尼亚	6 674	1 577	5 097
吉尔吉斯斯坦	6 524	6 524	0
塞拉利昂	6 390	4 203	2 187
克罗地亚	6 342	5 460	882
卢森堡	6 044	5 022	1 023
萨尔瓦多	5 872	2 027	3 845
爱沙尼亚	5 059	887	4 172
巴林	4 877	1 656	3 221
塔吉克斯坦	4 875	4 874	1
拉脱维亚	4 387	2 646	1 740

（续）

国别（地区）	进出口	出　口	进　口
马尔代夫	4 318	4 317	1
吉布提	3 738	3 695	43
朝鲜	3 705	3 701	4
危地马拉	3 682	2 413	1 269
布基纳法索	3 579	910	2 670
马拉维	3 484	2 306	1 178
波多黎各	3 267	2 254	1 013
厄立特里亚	3 147	519	2 628
突尼斯	2 904	1 881	1 023
叙利亚	2 763	2 759	4
苏里南	2 525	130	2 395
安提瓜和巴布达	2 450	2 444	6
法罗群岛	2 354	1	2 353
卢旺达	2 303	2 298	6
格鲁吉亚	2 277	2 006	271
黎巴嫩	2 026	1 851	175
东帝汶	1 879	1 875	5
阿尔巴尼亚	1 743	1 427	316
阿富汗	1 688	1 622	66
巴拉圭	1 491	1 463	27
布隆迪	1 435	1 370	64
尼加拉瓜	1 356	1 300	56
洪都拉斯	1 294	1 180	115
博茨瓦纳	1 288	1 288	1
瓦努阿图	1 284	1 283	0
毛里求斯	1 177	1 001	177
黑山	1 133	1 004	130
牙买加	1 073	862	211
斐济	1 059	1 023	36
几内亚比绍	1 017	1 017	0
索马里	898	454	444
莱索托	777	347	431
中非	752	78	674
冰岛	701	125	576

（续）

国别（地区）	进出口	出 口	进 口
圭亚那	682	420	263
萨摩亚	668	668	0
北马其顿	620	453	167
亚美尼亚	605	527	78
多米尼克	599	599	0
列支敦士登	588	117	472
摩尔多瓦	579	226	353
新喀里多尼亚	519	519	0
格陵兰	503	8	495
冈比亚	414	413	0
开曼群岛	357	357	0
波黑	291	48	242
图瓦卢	290	290	0
帕劳	193	193	0
海地	181	165	16
直布罗陀	171	171	0
佛得角	162	161	1
基里巴斯	155	155	0
巴巴多斯	138	108	30
格林纳达	135	135	0
伯利兹	131	131	0
科摩罗	123	123	0
百慕大	117	116	0
不丹	111	111	0
法属波利尼西亚	100	98	2
留尼汪	95	95	0
阿鲁巴	94	94	0
塞舌尔	92	92	0
圣文森特和格林纳丁斯	83	83	0
密克罗尼西亚联邦	78	78	0
巴勒斯坦	63	63	0
库克群岛	57	57	0
汤加	55	52	3
圣马力诺	49	5	45

（续）

国别（地区）	进出口	出　　口	进　　口
斯威士兰	48	34	14
大洋洲其他国家（地区）	47	45	2
荷属安的列斯群岛	32	32	0
圣卢西亚	27	27	0
摩纳哥	24	1	23
加那利群岛	22	20	2
瓜德罗普	20	20	0
马提尼克	20	20	0
库腊索岛	18	18	0
马约特	13	13	0
欧洲其他国家（地区）	13	0	13
圣其茨和尼维斯	12	12	0
瓦利斯和富图纳	11	11	0
法属圭亚那	11	10	0
圣多美和普林西比	9	9	0
北美洲其他国家（地区）	8	8	0
安道尔	6	3	3
英属维尔京群岛	4	4	0
拉丁美洲其他国家（地区）	4	4	0
圣马丁岛	3	3	0
梵蒂冈城国	3	0	3
瑙鲁	2	2	0
特克斯和凯科斯群岛	1	1	0
非洲其他国家（地区）	1	1	0
博内尔	0.2	0.2	0.02
圣皮埃尔和密克隆	0.1	0.1	0
亚洲其他国家（地区）	0.1	0.1	0.006
蒙特塞拉特	0.05	0.05	0
塞卜泰（休达）	0.01	0	0.01
诺福克岛	0.002	0.002	0
西撒哈拉	0.001	0.001	0

注：摘自北京海关统计月报，按进出口额排序

（杜雨潇）

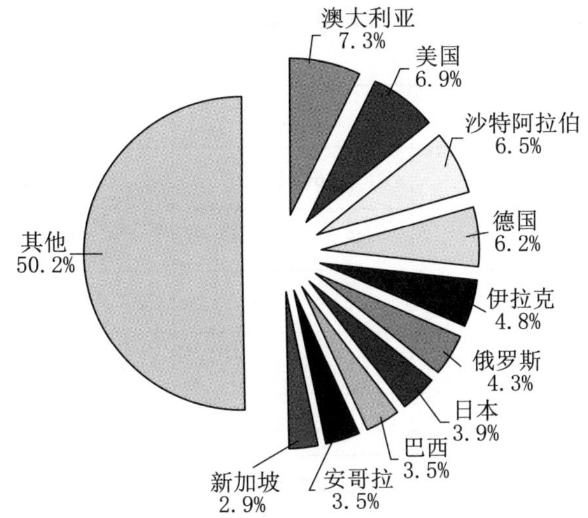

图 2-1　2019 年北京企业前十位贸易伙伴

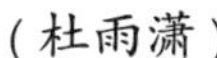
（杜雨潇）

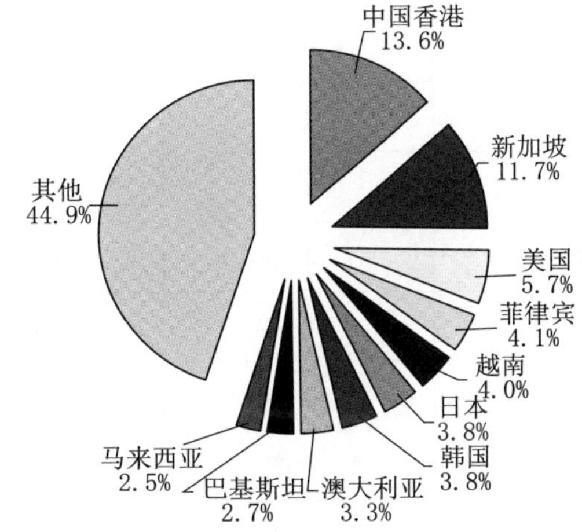

图 2-2　2019 年北京企业前十位出口市场

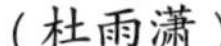
（杜雨潇）

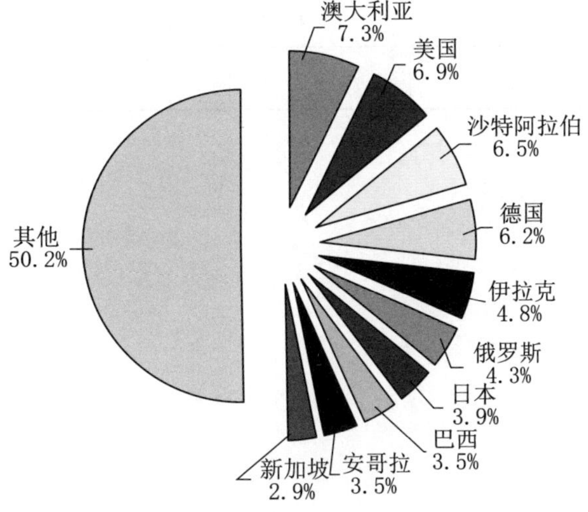

图 2-3　2019 年北京企业前十位进口市场

（杜雨潇）

表 2－5　2019 年海关进出口贸易额（分贸易方式）

金额单位：万美元

贸易方式	进出口	出口	进口
合　计	**41 608 020**	**7 498 368**	**34 109 652**
一般贸易	35 391 948	5 726 628	29 665 320
保税物流	2 831 927	492 445	2 339 482
保税监管场所进出境货物	2 010 470	460 412	1 550 058
海关特殊监管区域物流货物	821 457	32 034	789 424
加工贸易	2 310 994	472 014	1 838 980
来料加工装配贸易	1 720 889	81 229	1 639 660
进料加工贸易	590 105	390 785	199 320
对外承包工程出口货物	680 301	680 301	0
其他贸易	222 172	78 701	143 470
免税品	94 057	0	94 057
国家间、国际组织无偿援助和赠送的物资	43 396	43 389	6
租赁贸易	17 071	3 278	13 793
外商投资企业作为投资进口的设备、物品	5 328	0	5 328
免税外汇商品	4 030	0	4 030
特殊监管区域进口设备	2 609	0	2 609
出料加工贸易	2 593	1 191	1 401
其他捐赠物资	1 583	420	1 163
加工贸易进口设备	11	0	11

注：摘自北京海关统计月报

（杜雨潇）

表 2－6 2019 年北京各区进出口情况表

金额单位：亿美元

序号	区（功能区）	进出口			出口			进口		
		总额	同比（%）	占比（%）	总额	同比（%）	占比（%）	总额	同比（%）	占比（%）
	总计	**4 160.8**	**0.9**	**100.0**	**749.8**	**1.2**	**100.0**	**3 411.0**	**0.8**	**100.0**
1	朝阳区	1 934.6	0.3	46.5	187.0	3.2	24.9	1 747.6	0.005	51.2
2	西城区	1 013.8	5.6	24.4	188.8	6.4	25.2	825.0	5.4	24.2
3	海淀区	365.9	-4.5	8.8	146.6	2.6	19.6	219.3	-8.7	6.4
4	北京经济技术开发区	196.5	0.9	4.7	57.8	-11.0	7.7	138.7	6.9	4.1
5	丰台区	174.9	-12.7	4.2	51.0	6.7	6.8	123.9	-18.8	3.6
6	东城区	170.2	8.2	4.1	31.6	1.6	4.2	138.6	9.9	4.1
7	顺义区	168.9	3.5	4.1	37.4	-18.3	5.0	131.5	11.9	3.9
	其中：北京天竺综合保税区	89.5	25.9	2.1	5.7	-23.1	0.8	83.8	31.6	2.5
8	昌平区	36.1	0.9	0.9	13.7	-5.7	1.8	22.4	5.4	0.7
9	通州区	30.7	11.6	0.7	9.5	3.5	1.3	21.1	15.7	0.6
10	大兴区	18.9	-8.8	0.5	6.6	-7.5	0.9	12.3	-9.4	0.4
11	怀柔区	11.6	-11.3	0.3	2.8	-10.0	0.4	8.8	-11.7	0.3
12	房山区	9.7	13.0	0.2	4.0	14.8	0.5	5.7	11.8	0.2
13	密云区	8.5	-7.4	0.2	2.4	4.9	0.3	6.1	-11.4	0.2
14	石景山区	8.1	-17.1	0.2	5.3	-11.7	0.7	2.8	-25.8	0.1
15	平谷区	6.5	-2.9	0.2	1.7	5.6	0.2	4.9	-5.6	0.1
16	门头沟区	4.1	-4.4	0.1	2.2	-7.0	0.3	1.9	-1.3	0.1
17	延庆区	1.9	36.6	0.04	1.4	55.9	0.2	0.4	-5.0	0.01
18	其他	0.01	-60.7	0.000 3	0.0	-100.0	0.0	0.01	16.9	0.000 3

注：1. 各区外贸统计口径按企业实际注册地（税务登记地）统计；

2. 顺义区数值含北京天竺综合保税区；东城区和西城区均指各自合并后的新区；
大兴区数值不含北京经济技术开发区；其他中含归属地不清及海关数据调整因素；

3. 进出口额是出口额与进口额之和；排序以进出口额为准；

4. 同比是指本年与上年相比的增长（下降）率，即：（本年值 - 上年值）*100/ 上年值；

5. 占比是指各区值占总计值（全市值）的比重，用百分数表示。

（杜雨潇）

表2－7 2019年北京进出口进度表

金额单位：亿美元

时 间	北 京			
	当月进出口		累计进出口	
	金额	同比（±%）	金额	同比（±%）
1月	347.8	6.1	347.8	6.1
2月	282.6	5.6	630.4	5.8
3月	343.2	-2.2	973.6	2.9
4月	379.5	6.7	1 353.5	4.0
5月	350.7	-6.6	1 705.1	1.6
6月	332.2	-4.0	2 038.0	0.7
7月	348.2	-7.2	2 386.9	-0.5
8月	352.8	-1.6	2 739.7	-0.6
9月	345.5	-1.6	3 085.7	-0.7
10月	317.4	-3.4	3 403.7	-0.9
11月	377.0	5.0	3 780.6	-0.4
12月	371.0	12.3	4160.8	0.9

注：摘自北京海关统计月报

（杜雨潇）

表2－8 全国各省市进出口贸易总额

（按经营单位所在地分）

金额单位：亿美元

地 区	进出口额	出口额	进口额	同比（%）		
				进出口	出 口	进 口
总 值	**45 753.0**	**24 984.1**	**20 768.9**	**-1.0**	**0.5**	**-2.8**
广东	10 359.0	6 289.4	4 069.6	-4.5	-2.7	-7.1
江苏	6 294.7	3 947.8	2 346.9	-5.2	-2.3	-9.7
上海	4 938.0	1 989.4	2 948.6	-4.2	-4.0	-4.4
浙江	4 471.4	3 345.1	1 126.2	3.4	4.2	1.2
北京	4 160.8	749.8	3 411.0	0.9	1.2	0.8
山东	2 962.8	1 614.4	1 348.4	1.3	0.8	1.9
福建	1 930.7	1 201.3	729.4	3.0	4.0	1.5
天津	1 066.5	437.9	628.5	-13.0	-10.3	-14.8

（续）

地　　区	进出口额	出口额	进口额	同比（%）		
				进出口	出　　口	进　　口
辽宁	1 052.6	454.4	598.2	-8.2	-6.9	-9.1
四川	980.5	563.8	416.7	9.0	11.9	5.4
重庆	839.6	538.0	301.7	6.3	4.8	9.0
河南	824.5	541.9	282.5	-0.4	0.8	-2.7
安徽	687.3	404.0	283.3	9.4	11.6	6.3
广西	682.0	377.4	304.6	9.5	15.1	3.2
湖南	628.8	445.3	183.5	35.3	45.8	15.2
河北	580.4	343.8	236.6	7.7	1.2	18.7
湖北	571.3	359.8	211.5	8.2	5.6	13.0
陕西	510.4	272.2	238.2	-4.2	-13.8	9.7
江西	509.2	362.0	147.2	5.7	6.6	3.3
云南	336.9	150.2	186.7	12.8	17.3	9.5
黑龙江	271.0	50.7	220.3	2.5	13.8	0.2
新疆	237.1	180.4	56.7	18.5	9.9	57.9
山西	209.7	116.9	92.8	1.0	-4.7	9.2
吉林	189.0	47.0	142.0	-8.6	-4.9	-9.8
内蒙古	159.1	54.7	104.5	1.4	-4.8	5.1
海南	131.5	49.9	81.7	3.3	11.1	-1.0
贵州	65.7	47.4	18.3	-13.9	-7.7	-26.5
甘肃	55.1	19.1	36.1	-8.3	-13.8	-5.2
宁夏	34.9	21.6	13.3	-7.6	-21.0	27.4
西藏	7.0	5.4	1.6	-2.8	26.2	-45.0
青海	5.4	2.9	2.5	-25.7	-37.6	-3.9

数据来源：商务部

（杜雨潇）

表2－9　历年进出口总额一览表

（1993—2019年）

单位：万美元

年　　度	进出口总额	出口额	进口额
1993	2 826 683	672 105	2 154 578
1994	2 927 427	834 206	2 093 221
1995	3 703 513	1 024 977	2 678 536
“九五”时期	**17 417 315**	**5 010 231**	**12 407 084**
1996	2 931 833	811 975	2 119 858
1997	3 038 852	961 103	2 077 749
1998	3 050 609	1 051 293	1 999 316
1999	3 433 844	989 059	2 444 785
2000	4 962 177	1 196 801	3 765 376
“十五”时期	**39 273 900**	**9 269 879**	**30 004 021**
2001	5 154 131	1 178 687	3 975 444
2002	5 250 870	1 261 464	3 989 406
2003	6 846 262	1 685 173	5 161 089
2004	9 465 509	2 057 493	7 408 016
2005	12 557 128	3 087 062	9 470 066
“十一五”时期	**113 900 296**	**24 818 619**	**89 081 677**
2006	15 817 225	3 797 921	12 019 304
2007	19 294 630	4 892 328	14 402 302
2008	27 171 187	5 745 424	21 425 763
2009	21 476 276	4 836 261	16 640 014
2010	30 140 978	5 546 685	24 594 293
“十二五”时期	**196 175 679**	**29 893 938**	**166 281 740**
2011	38 949 480	5 902 502	33 046 978
2012	40 791 626	5 965 038	34 826 588
2013	42 910 333	6 324 622	36 585 711
2014	41 565 180	6 234 540	35 330 640
2015	31 959 059	5 467 235	26 491 824
“十三五”时期	**143 422 263**	**25 949 476**	**117 472 786**
2016	28 199 559	5 183 778	23 015 781
2017	32 372 058	5 850 305	26 521 753
2018	41 242 626	7 417 025	33 825 601
2019	41 608 020	7 498 368	34 109 652

（杜雨潇）

表 2－10　1995—2019 年北京进出口额在全国各地区的排名

年份	进口	出口
1995	2	3
1996	2	7
1997	2	7
1998	2	5
1999	2	7
2000	2	7
2001	2	7
2002	3	7
2003	4	7
2004	4	8
2005	4	7
2006	3	7
2007	3	7
2008	2	6
2009	2	7
2010	2	7
2011	2	7
2012	2	7
2013	2	8
2014	2	8
2015	2	8
2016	3	7
2017	3	7
2018	2	7
2019	2	7

（杜雨潇）

表 2－11 北京市 2019 年主要进出口商品情况表

表 2－11－1 北京市 2019 年主要出口商品情况表

金额单位：万美元

商品名称	金额（万美元）	增幅（%）	占出口总额比重（%）
成品油	2 919 554	8.7	38.9
手机	632 513	39.9	8.4
钢材	233 915	-19.1	3.1
集成电路	177 291	3.4	2.4
农产品	153 229	0.7	2.0
汽车零配件	129 232	-15.4	1.7
船舶	113 209	-13.8	1.5
汽车	106 372	4.2	1.4
服装及衣着附件	102 467	-13.9	1.4
通断保护电路装置及零件	100 304	-12.2	1.3
文化产品	90 967	119.9	1.2
液晶显示板	85 933	-6.4	1.1
纺织纱线、织物及制品	73 611	-9.4	1.0
医疗仪器及器械	68 865	31.4	0.9
医药品	55 134	5.3	0.7
合　　计	**5 042 596**	**7.5**	**67.2**

表 2－11－2 北京市 2019 年主要进口商品情况表

金额单位：万美元

商品名称	金额（万美元）	增幅（%）	占出口总额比重（%）
原油	14 238 946	-4.6	41.7
天然气	2 639 347	8.5	7.7
汽车	2 472 665	2.2	7.2
农产品	2 232 391	33.8	6.5
铁矿砂及其精矿	1 597 180	60.9	4.7
医药品	905 394	35.3	2.7
计量检测分析自控仪器及器具	536 806	-2.2	1.6
汽车零配件	478 056	1.8	1.4
未锻轧铜及铜材	453 027	1.2	1.3
成品油 #	380 539	-31.7	1.1
煤及褐煤	323 084	-6.9	0.9
肥料	264 602	31.1	0.8

（续）

商品名称	金额（万美元）	增幅（%）	占出口总额比重（%）
文化产品	255 137	36.2	0.7
医疗仪器及器械	244 383	4.0	0.7
集成电路	241 582	-16.0	0.7
合　计	**27 263 138**	**3.3**	**79.9**

表 2－12　北京市 2019 年主要进出口市场情况表

表 2－12－1　北京市 2019 年主要出口市场情况表

金额单位：万美元

排名	国家（地区）	出口金额（万美元）	增幅（%）	占出口总额比重（%）
1	中国香港	1 016 453	33.3	13.6
2	新加坡	877 481	-3.6	11.7
3	美国	424 942	-19.2	5.7
4	菲律宾	308 797	32.3	4.1
5	越南	299 062	23.7	4.0
6	日本	282 252	-7.7	3.8
7	韩国	281 659	-8.4	3.8
8	澳大利亚	245 861	14.6	3.3
9	巴基斯坦	204 530	2.0	2.7
10	马来西亚	190 518	7.2	2.5
11	俄罗斯联邦	179 161	11.3	2.4
12	孟加拉国	176 353	-8.5	2.4
13	印度尼西亚	154 590	12.9	2.1
14	印度	154 415	11.0	2.1
15	泰国	149 054	77.5	2.0
	合　计	**4 945 126**	**7.6**	**65.9**

表 2－12－2　北京市 2019 年主要进口市场情况表

金额单位：万美元

排名	国家（地区）	出口金额（万美元）	增幅（%）	占出口总额比重（%）
1	澳大利亚	2 771 178	34.4	8.1
2	沙特阿拉伯	2 686 403	39.4	7.9
3	德国	2 463 073	4.8	7.2
4	美国	2 425 928	-16.4	7.1
5	伊拉克	1 975 269	0.8	5.8

（续）

排名	国家（地区）	出口金额（万美元）	增幅（%）	占出口总额比重（%）
6	俄罗斯联邦	1 618 183	1.1	4.7
7	安哥拉	1 445 193	-15.5	4.2
8	巴西	1 415 663	10.8	4.2
9	日本	1 328 381	0.2	3.9
10	阿曼	1 048 996	-4.5	3.1
11	科威特	904 487	-13.3	2.7
12	土库曼斯坦	864 592	7.9	2.5
13	瑞士	842 847	-23.0	2.5
14	英国	743 397	31.1	2.2
15	加拿大	738 198	1.3	2.2
	合　计	**23 271 789**	**3.7**	**68.2**

三、服务外包与技术贸易

表 3－1　2019 年北京地区服务贸易分项数据

单位：亿美元

服务类别	进出口总额	出口额	进口额
	2019 年北京规模	2019 年北京规模	2019 年北京规模
总　额	**1543.4**	**539.3**	**1004.1**
运输	365.3	58.6	306.7
旅行	397.5	23.7	373.8
建筑	145.0	106.0	38.9
保险服务	103.1	33.1	70.0
金融服务	29.5	22.0	7.5
电信、计算机和信息服务	156.1	105.1	51.0
知识产权使用费	48.4	3.5	44.8
个人、文化和娱乐服务	25.2	5.5	19.7
维护和维修服务	19.3	11.9	7.5
加工服务	8.1	8.1	0.0
其他商业服务	245.9	161.8	84.0

（许　鑫）

表 3－2　北京地区历年服务贸易进出口情况统计表

单位：亿美元

年　度	出　口	进　口	进出口额	顺（逆）差
2003	82.45	79.78	162.24	2.67
2004	121.12	114.58	235.70	6.54
2005	165.81	134.92	300.74	30.89
2006	198.54	194.68	393.23	3.86
2007	252.81	250.25	503.06	2.55
2008	341.69	350.23	691.92	-8.53
2009	331.60	332.50	644.10	-20.90
2010	388.22	410.10	798.32	-21.88
2011	414.99	480.38	895.37	-65.39
2012	445.11	555.09	1000.20	-109.98
2013	426.89	596.44	1023.33	-169.55

（续）

年　度	出　口	进　口	进出口额	顺（逆）差
2014	435.05	671.09	1106.14	-236.04
2015	490.67	812.11	1302.78	-321.44
2016	532.13	976.47	1508.60	-444.35
2017	437.2 （2 953.2亿元人民币）	997.1 （6 734.8亿元人民币）	1 434.3 （9 688 亿元人民币）	-559.9 （-3 781.60亿元人民币）
2018	562.75 （3 724.3亿元人民币）	1 043.43 （6 904.6亿元人民币）	1 606.19 （10 628.9亿元人民币）	-480.68 （3 180.32 亿元人民币）
2019	539.3 （3 720.1亿元人民币）	1 004.1 （6 926.8亿元人民币）	1 543.4 （10 646.9亿元人民币）	-464.8 （-3 206.7 亿元人民币）

注：自 2017 年起商务部系统以人民币为计价单位进行统计。

（许　鑫）

表 3－3　北京市 2019 年服务外包（离岸）外包类别情况

外包类别	2018 年执行金额（万美元）	2019 年执行金额（万美元）	同比增幅（%）
服务外包（离岸）合计	487 200.86	528 627.38	8.5
其中：			
信息技术外包	331 746.24	353 874.16	6.7
业务流程外包	71 258.88	45 978.76	-35.5
知识流程外包	84 195.74	128 774.47	52.9
其他服务产品	—	—	—

（许　鑫）

表 3－4　北京市历年服务外包（离岸）情况

年　度	合同数（份）	执行金额（万美元）	同比增幅（%）
总　计	**43 832**	**4 182 766.5**	
2010	5 565	153 755.9	46.7
2011	5 884	244 880.9	59.3
2012	5 887	355 953.3	45.4
2013	4 586	482 575.57	35.6
2014	3 950	532 693.4	10.4
2015	3 450	449 931.48	-15.5
2016	2 842	490 592.22	9
2017	3 025	456 555.49	-6.9
2018	2 823	487 200.86	6.7
2019	5 820	528 627.38	8.5

（许　鑫）

表 3－5　2019 年技术进出口合同登记情况

表 3－5－1　技术出口合同登记情况

一、按合同类型分

出口方式（合同类别）	合同数（个）	合同金额（万美元）	技术费（万美元）
合　　计	**735**	**973334.51**	**601850.95**
A：专利技术的许可或转让（包括专利申请权的转让）	80	8195.95	8195.95
B：专有技术的许可或转让	18	37032.24	37032.24
C：技术咨询、技术服务	609	707217.5	492729.34
D：计算机软件的出口	21	56252.7	56252.7
H：其他方式的技术出口	7	164636.12	7640.72

（郑　勇）

二、按企业性质分

企业性质	合同份数（个）	合同金额（万美元）	技术费（万美元）
合　　计	**735**	**973 334.51**	**601 850.95**
国有企业	49	374 735.69	16 041.71
集体企业	1	7.20	7.20
外商投资企业	433	557 316.36	555 091.89
民营企业	210	39 561.08	28 995.97
其他	42	1 714.18	1 714.18

（郑　勇）

三、按国民经济行业分

行　　业	合同份数（个）	合同金额（万美元）	技术费（万美元）
合　　计	**735**	**973 334.51**	**601 850.95**
其他行业	20	65 768.62	4 884.01
农、林、牧、渔业	2	10.28	10.28
采矿业	54	23 057.07	12 491.96
制造业	104	309 433.56	309 011.04
电力、燃气及水的生产和供应业	5	302 397.45	3 054.37
交通运输、仓储和邮政业	2	323.54	150.46
信息传输、计算机服务和软件业	342	147 485.34	147 485.34
租赁和商务服务业	18	788.07	788.07
科学研究、技术服务和地质勘查业	180	122 100.20	122 005.04
居民服务和其他服务业	8	1 970.38	1 970.38

（郑　勇）

四、按国别（地区）分

国别地区	合同数（个）	合同金额	技术费
合　　计	**735**	**973 334.51**	**601 850.95**
孟加拉国	1	144 360	1 687.02
瑞典	5	138 833.55	138 833.55
美国	141	105 111.14	105 111.14
英属维尔京	10	99 749.73	1 509.63
德国	30	69 584.16	69 584.16
白俄罗斯	1	62 815.3	4 060
中国香港	97	58 514.32	29 904.32
芬兰	2	45 900	45 900
法国	10	40 900.58	40 900.58
英国	16	37 406.25	37 406.25
缅甸	4	30 273.04	453.04
丹麦	2	23 555.16	23 555.16
爱尔兰	8	15 192.87	15 192.87
韩国	26	13 778.69	11 649.38
开曼群岛	19	13 154.88	13 154.88
日本	201	12 688.83	12 688.83
瑞士	9	12 448.54	12 448.54
卢森堡	7	9 569.49	9 569.49
新加坡	27	9 309.2	9 309.2
阿拉伯联合酋长国	6	5 946.26	5 946.26
俄罗斯	5	5 595.46	337.19
印度尼西亚	8	3 518.98	3 518.98
伊拉克	1	3 175	254
塞浦路斯	1	2 698.91	313.07
百慕大	1	2 500	2 500
西班牙	2	1 164.9	1 164.9
乍得	2	1 133.25	1 133.25
希腊	1	850	850
埃及	1	467.14	44.62
越南	4	265.48	265.48
中国台湾	9	252.94	252.94
乌兹别克	1	252.47	79.39

（续）

国别地区	合同数（个）	合同金额	技术费
意大利	14	249.86	249.86
中国澳门	6	249.3	249.3
马来西亚	3	241.9	241.9
泰国	3	237.53	237.53
刚果	10	224.31	224.31
澳大利亚	5	203.8	203.8
伊朗	1	190.32	95.16
尼泊尔	2	186.24	186.24
菲律宾	1	154.79	154.79
阿尔巴尼亚	3	100.68	100.68
哈萨克斯坦	2	65	65
塔吉克斯坦	1	46.81	46.81
斯洛文尼亚	1	42.33	42.33
加拿大	4	28.28	28.28
塞尔维亚	1	22.56	22.56
加纳	3	21.71	21.71
吉尔吉斯	3	19.85	19.85
蒙古国	1	16.07	16.07
安哥拉	1	13	13
挪威	1	11.06	11.06
新西兰	1	10.27	10.27
赞比亚	2	8.8	8.8
巴基斯坦	1	6.03	6.03
老挝	1	5.1	5.1
秘鲁	1	3.45	3.45
斯里兰卡	1	2.88	2.88
尼日利亚	1	2.38	2.38
智利	1	2.27	2.27
墨西哥	1	1.25	1.25
阿根廷	1	0.16	0.16

（郑　勇）

表3-5-2　技术进口合同登记情况

一、按合同类型分

引进方式（合同类别）	合同份数（个）	合同金额（万美元）	技术费（万美元）
合　　计	**479**	**688 137.44**	**393 978.77**
专利技术	18	74 068.92	74 068.92
专有技术	99	135 957.07	135 957.07
技术咨询、技术服务	322	407 601.40	114 222.88
计算机软件	13	44 927.84	44 927.84
商标许可	3	331.17	331.17
合资生产、合作生产	1	224.41	224.41
成套设备、关键设备、生产线	3	915.33	135.18
其他方式	20	24 111.30	24 111.30

（郑　勇）

二、按企业性质分

企业性质	合同份数（个）	合同金额（万美元）	技术费（万美元）
合　　计	**479**	**688 137.44**	**393 978.77**
国有企业	133	430 362.07	136 203.40
集体企业	0	0.00	0.00
外商投资企业	269	153 204.87	153 204.87
民营企业	66	62 955.98	62 955.98
其他	11	41 614.52	41 614.52

（郑　勇）

三、按国民经济行业分

行　　业	合同份数（个）	合同金额（万美元）	技术费　（万美元）
合计	**479**	**688 137.44**	**393 978.77**
其他行业	2	40.10	40.10
农、林、牧、渔业	2	2 106.08	2 106.08
采矿业	22	32 252.08	28 793.00
制造业	164	201 688.46	198 141.43
电力、燃气及水的生产和供应业	5	346 044.17	58 891.61
建筑业	2	79.59	79.59
交通运输、仓储和邮政业	2	6 437.79	6 437.79
信息传输、计算机服务和软件业	170	65 888.31	65 888.31
批发和零售业	1	1 086.62	1 086.62

（续）

住宿和餐饮业	0	459.69	459.69
金融业	8	3 873.00	3 873.00
租赁和商务服务业	1	3.98	3.98
科学研究、技术服务和地质勘查业	97	27 873.46	27 873.46
水利、环境和公共设施管理业	0	11.03	11.03
居民服务和其他服务业	3	284.08	284.08
文化、体育和娱乐业	0	9.00	9.00

（郑　勇）

四、按国别（地区）分

国别地区	合同数（个）	合同金额	技术费
合　计	**479**	**688 137.44**	**393 978.77**
俄罗斯	5	345 228.11	58 584.67
美国	71	152 174	152 174
德国	72	55 326.31	49 299.02
瑞士	6	29 785.26	29 785.26
英属维尔京	2	24 200	24 200
韩国	134	23 813.99	23 813.99
日本	54	17 913.14	17 404.02
瑞典	9	13 112.9	13 112.9
爱尔兰	2	5 205.6	5 205.6
丹麦	1	4 004.45	4 004.45
英国	9	3 326.68	3 049.03
中国香港	25	3 323.6	3 323.6
意大利	15	2 605.31	2 449.79
荷兰	5	1 580.95	1 580.95
比利时	3	1 445.43	1 112.55
法国	8	1 435.61	1 435.61
芬兰	7	885.47	885.47
中国台湾	14	606.32	606.32
加拿大	12	575.2	575.2
开曼群岛	4	551.96	551.96
奥地利	4	323.3	110.53
新加坡	4	311.28	311.28
百慕大	0	130.64	130.64

（续）

国别地区	合同数（个）	合同金额	技术费
以色列	4	96.82	96.82
巴西	0	45.54	45.54
阿拉伯联合酋长国	2	43.09	43.09
匈牙利	3	32.63	32.63
中国澳门	1	28.55	28.55
罗马尼亚	1	23.83	23.83
印度	2	1.08	1.08
澳大利亚	0	0.39	0.39

（郑　勇）

四、利用外资

表 4－1　2019 年 1—12 月外商投资分方式结构表

金额单位：万美元

投资方式	实际外资
总　　计	**1 421 299**
中外合资企业	172 711
中外合作企业	79
外资企业	968 413
外商投资股份制	280 096

（巨振乐）

表 4－2　2019 年 1—12 月外商投资分产业结构表

金额单位：万美元

产业名称	实际外资
总　　计	**1 421 299**
第一产业	63
第二产业	71 615
第三产业	1 349 621

（巨振乐）

表 4－3　2019 年 1—12 月外商投资分行业结构表

金额单位：万美元

行业名称	实际外资
总　　计	**1 421 299**
农、林、牧、渔业	63
采矿业	0
制造业	33 682
电力、热力、燃气及水生产和供应业	37 135
建筑业	813
批发和零售业	52 899

（续）

行业名称	实际外资
交通运输、仓储和邮政业	26 599
住宿和餐饮业	1 873
信息传输、软件和信息技术服务业	534 844
金融业	162 521
房地产业	70 022
租赁和商务服务业	110 025
科学研究和技术服务业	367 736
水利、环境和公共设施管理业	7 608
居民服务、修理和其他服务业	2 227
教育	253
卫生和社会工作	1 455
文化、体育和娱乐业	11 544

（巨振乐）

表 4－4　2019 年 1—12 月外商投资主要国别和地区结构表

金额单位：万美元

国别（地区）	实际外资
中国香港	1 063 358
韩国	70 562
开曼群岛	54 177
百慕大	40 214
美国	25 146
德国	20 887
新加坡	20 046
荷兰	16 605
日本	14 352
英属维尔京群岛	12 837

（巨振乐）

五、对外经济

表 5－1　1979—2019 年对外投资一览表

金额单位：万美元

年度	企业数（个）	中方协议投资额	中方实际投资额
1979	1	22	
1980	4	181.8	
1981	2	25.8	
1982	3	20.8	
1983	2	166.5	
1984	3	210.07	
1985	5	190.3	
1986	4	56.6	
1987	6	213.72	
1988	12	720.7	
1989	6	671	
1990	11	396.9	
1991	23	3 623.18	
1992	34	819.45	
1993	47	12 562.49	
1994	30	486.68	
1995	25	2 510.86	
1996	22	1 656.7	
1997	20	715.46	
1998	21	550.73	
1999	13	394.58	
2000	20	2 502.29	
2001	20	912.3	
2002	25	5 086.04	
2003	38	63 249.61	
2004	52	20 371.08	15 739
2005	52	24 216.24	11 306
2006	76	31 654.53	5 612
2007	87	36 642.53	15 295
2008	103	42 491.15	47 299
2009	140	49 958.39	45 185
2010	266	177 084.38	76 614
2011	237	209 700.08	117 503
2012	277	202 133.22	168 855
2013	393	—	413 010
2014	375	—	727 353
2015	—	—	1 228 033
2016	—	—	1 557 362
2017	—	—	665 126
2018	—	—	647 042
2019	—	—	826 601

（李　恩、罗　群）

表 5 - 2　2019 年 1—12 月我国对外承包工程、劳务合作和境外就业业务分国家（地区）统计表

单位：份，万美元，人

国家（地区）名称	对外承包工程					对外劳务合作					累计派出各类劳务人员数量	月末在外各类劳务人员数量	雇用项目所在国人员数量
	新签合同份数	新签合同额	完成营业额	派出人数	月末在外人数	新签合同份数	新签劳务人员合同工资总额	劳务人员实际收入总额	派出人数	月末在外人数			
甲	(1)	(2)	(3)	(4)	(5)	(6)	(7)	(8)	(9)	(10)	(11)	(12)	(13)
合　计	**186**	**1 173 673**	**421 872**	**4 451**	**11 043**		**30 274**	**66 088**	**32 377**	**53 899**	**36 828**	**64 942**	**41 445**
洲别不详	0	0	0	0	0	0	0	0	1	1	1	1	0
其他国家	0	0	0	0	0	0	0	0	1	1	1	1	0
亚洲	64	645 112	236 556	2 132	3 549	0	27 551	50 028	22 260	44 072	24 392	47 621	10 551
阿富汗	0	0	10	0	0	0	0	0	0	0	0	0	0
印度尼西亚	2	89	3 818	0	33	0	0	0	0	0	0	33	44
尼泊尔	0	0	34	1	1	0	0	0	0	0	1	1	0
缅甸	1	24	123	19	19	0	0	0	0	0	19	19	75
孟加拉国	9	36 907	20 378	100	169	0	0	1	13	7	113	176	323
马尔代夫	2	1 434	23 585	77	455	0	0	0	0	0	77	455	330
印度	2	201	394	17	4	0	0	0	0	0	17	4	0
韩国	0	0	0	0	0	0	10	563	134	94	134	94	0
乌兹别克斯坦	1	176	176	0	0	0	0	0	0	0	0	0	0
伊拉克	5	23 765	12 422	96	348	0	0	0	0	0	96	348	339
菲律宾	5	116 000	39	0	0	0	2	32	37	60	37	60	0
约旦	1	620	0	0	0	0	0	0	0	0	0	0	0

国家（地区）名称	对外承包工程					对外劳务合作					累计派出各类劳务人员数量	月末在外各类劳务人员数量	雇用项目所在国人员数量
	新签合同份数	新签合同额	完成营业额	派出人数	月末在外人数	新签合同份数	新签劳务人员合同工资总额	劳务人员实际收入总额	派出人数	月末在外人数			
新加坡	1	2 958	2 465	0	0	0	909	7 702	3 978	5 150	3 978	5 150	43
伊朗	1	294 700	20	0	20	0	0	0	0	0	0	20	12
巴基斯坦	7	45 882	15 366	33	82	0	0	0	0	4	33	86	204
老挝	2	0	4 371	11	8	0	0	0	0	0	11	8	150
土耳其	0	0	0	0	0	0	0	0	0	8	0	8	0
泰国	6	6 073	25 090	132	94	0	30	224	53	41	185	135	2 688
卡塔尔	2	6 891	174	9	11	0	2	376	22	349	31	360	142
斯里兰卡	1	4 010	2 387	10	71	0	3	30	0	19	10	90	290
中国台湾	0	0	0	0	0	0	661	1 309	739	2 314	739	2 314	0
科威特	1	2 549	1 275	0	40	0	0	0	0	1	0	41	220
柬埔寨	3	1 472	3 432	51	61	0	8	56	145	62	196	123	372
越南	6	39 846	6 931	141	176	0	0	0	0	0	141	176	196
中国澳门	0	0	330	0	0	0	13 502	21 271	7 595	16 843	7 595	16 843	0
塞浦路斯	0	0	0	0	0	0	34	286	258	287	258	287	0
以色列	1	5 450	3 563	60	117	0	6	118	127	165	187	282	60
日本	0	0	0	0	0	0	8 498	4 661	2 300	5 768	2 300	5 768	0
沙特阿拉伯	0	0	7 534	183	366	0	0	0	0	48	183	414	86
阿拉伯联合酋长国	1	28	10	0	0	0	90	422	645	444	645	444	186
哈萨克斯坦	1	15	51 007	940	935	0	0	0	0	0	940	935	1 569
马来西亚	3	56 022	49 124	149	425	0	13	175	150	251	299	676	2 530
中国香港	0	0	322	0	13	0	3 782	12 801	6 063	12 157	6 063	12 170	0

（续）

国家（地区）名称	对外承包工程					对外劳务合作					累计派出各类劳务人员数量	月末在外各类劳务人员数量	雇用项目所在国人员数量
	新签合同份数	新签合同额	完成营业额	派出人数	月末在外人数	新签合同份数	新签劳务人员合同工资总额	劳务人员实际收入总额	派出人数	月末在外人数			
蒙古国	0	0	2 170	103	101	0	0	0	0	0	103	101	692
文莱	0	0	0	0	0	0	0	0	1	0	1	0	0
吉尔吉斯斯坦	0	0	7	0	0	0	0	0	0	0	0	0	0
非洲	100	509 656	155 823	2 036	6 407	0	212	1 301	837	692	2 873	7 099	30 108
刚果（金）	15	39 811	6 588	205	219	0	0	0	6	2	211	221	828
毛里求斯	2	2 512	1 446	57	62	0	0	0	0	0	57	62	198
津巴布韦	0	0	0	0	5	0	0	0	0	0	0	5	0
乍得	4	8 383	1 335	15	85	0	0	0	0	0	15	85	447
加纳	1	10 000	9	12	32	0	0	0	0	0	12	32	67
南苏丹	2	242	277	16	19	0	0	0	0	0	16	19	263
中非共和国	0	0	0	0	8	0	0	0	0	0	0	8	19
马拉维	0	0	0	0	6	0	0	0	0	0	0	6	0
贝宁	0	0	3 991	0	45	0	0	0	0	0	0	45	69
加蓬	0	0	0	0	0	0	0	0	0	0	0	0	2
塞内加尔	0	0	4 941	9	74	0	0	0	0	0	9	74	253
毛里塔尼亚	6	3 621	5 049	0	5	0	0	0	0	0	0	5	310
几内亚（比绍）	0	0	1	0	0	0	0	0	0	0	0	0	0
多哥	0	0	0	0	7	0	0	4	0	1	0	8	4
利比亚	0	0	0	0	0	0	0	0	0	0	0	0	12

（续）

国家（地区）名称	对外承包工程					对外劳务合作					累计派出各类劳务人员数量	月末在外各类劳务人员数量	雇用项目所在国人员数量
	新签合同份数	新签合同额	完成营业额	派出人数	月末在外人数	新签合同份数	新签劳务人员合同工资总额	劳务人员实际收入总额	派出人数	月末在外人数			
尼日利亚	19	276 197	26 195	640	1 601	0	0	2	46	16	686	1 617	12 281
肯尼亚	1	1 639	9 352	43	153	0	0	0	2	2	45	155	633
吉布提	0	0	674	0	21	0	0	0	0	0	0	21	26
利比里亚	0	0	0	0	0	0	193	1 161	658	500	658	500	0
埃塞俄比亚	8	27 548	10 586	232	385	0	0	1	8	98	240	483	1 798
尼日尔	1	4	5 320	7	56	0	0	0	0	0	7	56	268
卢旺达	1	952	2 597	40	80	0	0	0	5	2	45	82	304
乌干达	7	2 195	1 801	12	110	0	0	0	0	0	12	110	728
塞拉利昂	1	2 067	944	0	22	0	14	105	31	15	31	37	114
坦桑尼亚	0	0	2 535	81	192	0	0	1	23	4	104	196	969
苏丹	0	0	0	1	17	0	0	0	0	0	1	17	100
莫桑比克	0	0	11 556	0	79	0	0	0	0	0	0	79	211
布隆迪	0	0	2 000	0	13	0	0	0	0	0	0	13	51
喀麦隆	1	615	3 976	28	112	0	0	0	0	0	28	112	867
佛得角	0	0	2	0	0	0	0	0	0	0	0	0	0
马达加斯加	0	0	0	0	3	0	0	0	0	0	0	3	18
安哥拉	1	900	1 042	106	660	0	0	0	0	0	106	660	1 500
南非	2	30	1 636	41	34	0	0	0	0	0	41	34	1 048
赞比亚	8	9 992	29 183	100	565	0	0	2	16	11	116	576	3 913

（续）

国家（地区）名称	对外承包工程					对外劳务合作					累计派出各类劳务人员数量	月末在外各类劳务人员数量	雇用项目所在国人员数量
	新签合同份数	新签合同额	完成营业额	派出人数	月末在外人数	新签合同份数	新签劳务人员合同工资总额	劳务人员实际收入总额	派出人数	月末在外人数			
布基纳法索	0	0	185	0	3	0	0	0	0	0	0	3	0
赤道几内亚	8	393	92	10	18	0	5	24	37	37	47	55	54
阿尔及利亚	3	15 872	16 388	106	1 153	0	0	0	0	0	106	1 153	1 025
刚果（布）	2	768	1 767	42	142	0	0	0	0	0	42	142	359
冈比亚	0	0	129	12	0	0	0	0	0	0	12	0	60
科特迪瓦	1	57 134	3 884	205	397	0	0	0	0	0	205	397	1 261
几内亚	6	48 782	344	16	24	0	0	1	5	4	21	28	48
欧洲	9	16 218	25 307	184	795	0	1 240	4 557	3 666	4 554	3 850	5 349	476
瑞士	0	0	0	0	0	0	2	345	359	686	359	686	0
马耳他	0	0	0	0	0	0	18	84	67	33	67	33	0
法国	0	0	0	0	0	0	43	192	135	55	135	55	0
荷兰	0	0	0	0	0	0	80	296	179	148	179	148	0
西班牙	0	0	0	0	0	0	0	5	0	6	0	6	0
直布罗陀	0	0	0	0	0	0	55	406	134	78	134	78	0
俄罗斯	7	16 214	16 963	164	160	0	0	0	0	0	164	160	45
英国	0	0	6 440	8	6	0	33	386	576	467	584	473	351
意大利	0	0	0	0	0	0	0	1	0	2	0	2	20
挪威	0	0	0	0	0	0	8	137	148	179	148	179	0
卢森堡	0	0	0	0	0	0	0	0	0	0	0	0	0
摩纳哥	0	0	0	0	0	0	26	96	197	175	197	175	0

（续）

国家（地区）名称	对外承包工程					对外劳务合作					累计派出各类劳务人员数量	月末在外各类劳务人员数量	雇用项目所在国人员数量
	新签合同份数	新签合同额	完成营业额	派出人数	月末在外人数	新签合同份数	新签劳务人员合同工资总额	劳务人员实际收入总额	派出人数	月末在外人数			
塞尔维亚	0	0	375	12	11	0	0	0	0	0	12	11	27
丹麦	0	0	0	0	0	0	44	95	60	94	60	94	0
白俄罗斯	0	0	1 527	0	618	0	0	0	0	0	0	618	33
阿尔巴尼亚	0	0	0	0	0	0	1	1	2	2	2	2	0
德国	0	0	0	0	0	0	673	2 099	1 579	1 879	1 579	1 879	0
希腊	2	4	3	0	0	0	257	414	230	750	230	750	0
拉丁美洲	6	2 444	2 628	89	279	0	954	7 169	3 728	2 768	3 817	3 047	142
牙买加	0	0	4	2	0	0	125	368	116	303	118	303	0
安提瓜和巴布达	1	41	0	0	0	0	0	0	0	0	0	0	0
厄瓜多尔	0	0	609	0	64	0	0	0	0	0	0	64	84
伯利兹	0	0	0	0	0	0	0	6	0	4	0	4	0
多米尼克	0	0	0	0	0	0	0	1	0	0	0	0	0
英属维尔京群岛	0	0	0	0	0	0	22	31	16	84	16	84	0
格林纳达	0	0	1 406	78	208	0	0	0	0	0	78	208	58
哥伦比亚	0	0	0	0	1	0	0	0	0	0	0	1	0
秘鲁	2	2 143	401	8	1	0	0	0	0	0	8	1	0
巴西	1	47	21	0	0	0	0	0	0	0	0	0	0
委内瑞拉	0	0	2	0	0	0	0	0	0	0	0	0	0
圣文森特和格林纳丁斯	0	0	0	0	0	0	0	0	0	1	0	1	0
开曼群岛	0	0	0	0	0	0	0	13	0	21	0	21	0

（续）

国家（地区）名称	对外承包工程					对外劳务合作					累计派出各类劳务人员数量	月末在外各类劳务人员数量	雇用项目所在国人员数量
	新签合同份数	新签合同额	完成营业额	派出人数	月末在外人数	新签合同份数	新签劳务人员合同工资总额	劳务人员实际收入总额	派出人数	月末在外人数			
古巴	1	13	52	1	5	0	0	0	0	0	1	5	0
巴哈马	0	0	0	0	0	0	124	785	992	479	992	479	0
巴拿马	1	200	133	0	0	0	683	5 962	2 600	1 873	2 600	1 873	0
多米尼加共和国	0	0	0	0	0	0	0	3	4	3	4	3	0
北美洲	0	0	1 238	0	0	0	15	417	673	736	673	736	109
美国	0	0	606	0	0	0	3	300	481	566	481	566	109
百慕大群岛	0	0	0	0	0	0	0	0	0	0	0	0	0
加拿大	0	0	632	0	0	0	12	117	192	170	192	170	0
大洋洲	7	243	320	10	13	0	302	2 616	1 212	1 076	1 222	1 089	59
马绍尔群岛共和国	0	0	0	0	0	0	289	2 375	1 183	977	1 183	977	0
澳大利亚	1	3	108	9	6	0	0	88	0	0	9	6	20
瓦努阿图	0	0	0	0	0	0	4	39	10	7	10	7	0
基里巴斯	0	0	0	0	0	0	3	42	7	84	7	84	0
库克群岛	0	0	0	0	0	0	6	70	12	8	12	8	0
新西兰	0	0	48	1	1	0	0	0	0	0	1	1	27
巴布亚新几内亚	3	157	54	0	6	0	0	0	0	0	0	6	12
斐济	2	56	90	0	0	0	0	0	0	0	0	0	0
图瓦卢	0	0	0	0	0	0	0	2	0	0	0	0	0
萨摩亚	1	28	20	0	0	0	0	0	0	0	0	0	0

（薛俊芳、袁　渤）

六、口岸通关

表 6－1　2019 年北京口岸运营情况一览表

项　　目	本年累计	去年同期	同比增长 ±%
北京首都机场口岸			
旅客吞吐量（人次）	100 005 979	100 810 443	-0.80
其中：进港（人次）	50 018 520	50 374 303	-0.71
出港（人次）	49 987 459	50 436 140	-0.89
出入境人员（人次）	26 547 920	26 850 046	-1.13
其中：入境（人次）	13 357 199	13 499 871	-1.06
出境（人次）	13 190 721	13 350 175	-1.19
其中：出入境外籍人员（人次）	6 962 885	7 151 171	-2.63
外籍人员入境（人次）	3 574 501	3 679 433	-2.85
其中：出入境港澳台同胞（人次）	1 263 394	1 307 575	-3.38
港澳台同胞入境（人次）	630 805	654 915	-3.68
其中：出入境内地居民（人次）	18 321 641	18 391 300	-0.38
其中：旅客过境（人次）	1 476 013	1 262 416	16.92
其中：144 小时过境免签旅客（人次）	44 942	37 697	19.22
飞机起降（架次）	594 286	613 118	-3.07
其中：进港（架次）	297 138	306 493	-3.05
出港（架次）	297 148	306 625	-3.09
出入境飞机起降（架次）	149 475	150 539	-0.71
货邮运量（吨）	1 951 857.20	2 053 555.10	-4.95
其中：国际货邮（吨）	993 641.90	1 053 904.80	-5.72
国内货邮（吨）	958 215.30	999 650.30	-4.14
海关监管货物总量（吨）	103 051 258.00	87 194 772.00	18.19
其中：监管进口货物（吨）	101 669 610.00	85 750 921.00	18.56
监管出口货物（吨）	1 381 648.00	1 443 851.00	-4.31
其中：跨关区通关货物（吨）	101 454 420.00	85 514 582.00	18.64
其中：进口货物（吨）	101 428 191.00	85 498 009.00	18.63
出口货物（吨）	26 229.00	16 573.00	58.26
北京大兴机场口岸			
旅客吞吐量（人次）	3 075 565	—	—

（续）

项　　目	本年累计	去年同期	同比增长 ±%
其中：进港（人次）	1 540 347	—	—
出港（人次）	1 535 218	—	—
出入境人员（人次）	91 779	—	—
其中：入境（人次）	47 067	—	—
出境（人次）	44 712	—	—
其中：出入境外籍人员（人次）	17 083	—	—
外籍人员入境（人次）	8 429	—	—
其中：出入境港澳台同胞（人次）	4 508	—	—
港澳台同胞入境（人次）	2 346	—	—
其中：出入境内地居民（人次）	70 188	—	—
其中：旅客过境（人次）	209	—	—
其中：144 小时过境免签旅客（人次）	135	—	—
飞机起降（架次）	20 528	—	—
其中：进港（架次）	10 260	—	—
出港（架次）	10 268	—	—
出入境飞机起降（架次）	832	—	—
货邮运量（吨）	7 483.79	—	—
其中：国际货邮（吨）	1 589.75	—	—
国内货邮（吨）	5 894.04	—	—
海关监管货物总量（吨）	1 519.00	—	—
其中：监管进口货物（吨）	279.00	—	—
监管出口货物（吨）	1 240.00	—	—
其中：跨关区通关货物（吨）	134.00	—	—
其中：进口货物（吨）	126.00	—	—
出口货物（吨）	8.00	—	—
北京西站铁路口岸			
出入境人员（人次）	30 618	44 864	-31.75
其中：入境（人次）	15 720	22 617	-30.49
出境（人次）	14 898	22 247	-33.03
其中：出入境外籍人员（人次）	1 348	2 817	-52.15
外籍人员入境（人次）	749	1 449	-48.31
其中：出入境港澳台同胞（人次）	10 701	14 070	-23.94
港澳台同胞入境（人次）	6 030	7 949	-24.14
其中：出入境内地居民（人次）	18 569	27 977	-33.63

（续）

项　　目	本年累计	去年同期	同比增长 ±%
其中：旅客过境（人次）	18	—	—
其中：144 小时过境免签旅客（人次）	16	—	—
北京丰台货运口岸			
海关监管货物（吨）	8 782.00	18 273.00	-51.94
其中：监管进口货物（吨）	7 049.00	16 481.00	-57.23
监管出口货物（吨）	1 733.00	1 792.00	-3.29
北京朝阳口岸			
海关监管货物（吨）	823 743.00	1 249 014.00	-34.05
其中：监管进口货物（吨）	759 861.00	1 144 789.00	-33.62
监管出口货物（吨）	63 882.00	104 225.00	-38.71
北京平谷国际陆港			
海关监管货物（吨）	70 833.00	101 140.00	-29.97
其中：监管进口货物（吨）	69 233.00	98 204.00	-29.50
监管出口货物（吨）	1 600.00	2 936.00	-45.50
北京天竺综合保税区			
实际进出口货物（吨）	71 737.00	77 264.00	-7.15
北京口岸合计			
出入境人员合计（人次）	26 670 317	26 894 910	-0.84
其中：入境（人次）	13 419 986	13 522 488	-0.76
出境（人次）	13 250 331	13 372 422	-0.91
其中：出入境外籍人员（人次）	6 981 316	7 153 988	-2.41
其中：出入境港澳台同胞（人次）	1 278 603	1 321 645	-3.26
其中：出入境内地居民（人次）	18 410 398	18 419 277	-0.05
飞机起降（架次）	614 814	613 118	0.28
出入境起降（架次）	150 307	150 539	-0.15
海关监管货物合计（吨）	103 956 135.00	88 563 199.00	17.38
监管进口货物（吨）	102 506 032.00	87 010 395.00	17.81
监管出口货物（吨）	1 450 103.00	1 552 804.00	-6.61
海关征收税款净入库税额（亿元）	677.86	678.47	-0.09

注：海关征收税款净入库税额是北京海关征收的税款合计，包含进出口关税和进口环节税。

海关监管货物合计不包含北京天竺综合保税区。

（何　剑）

第七部分

大　事　记

大 事 记

一季度

1月1日，北京跨境电商网购保税进口业务正式启动。

1月16日，国务院正式批复同意北京大兴国际机场作为北京航空口岸组成部分对外开放。

1月24日，市政府召开2019年全市商务工作会议，王红副市长出席会议并讲话。

1月31日，国务院批复《全面推进北京市服务业扩大开放综合试点工作方案》(国函〔2019〕16号)，同意在北京市继续开展和全面推进服务业扩大开放综合试点。

3月2日，北京市召开推进新一轮服务业扩大开放办好2019年京交会助推首都经济高质量发展动员部署大会。

3月，全国清理和规范庆典研讨会论坛活动工作领导小组批准“中国（北京）国际服务贸易交易会”更名为“中国国际服务贸易交易会”，举办周期由“两年举办一届”调整为“一年举办一届”。

二季度

4月10日，国务院新闻办公室举行全面推进北京市服务业扩大开放综合试点新闻发布会。北京市相关负责人出席发布会，介绍全面推进北京市服务业扩大开放综合试点有关情况，并答记者问。

4月26日，商务部、公安部、海关总署联合发布《关于支持在条件成熟地区开展二手车出口业务的通知》，北京市获全国首批二手车出口试点资格。

5月22日，以“享亚洲美食·赏京城美景·品古都文化”为主题，由北京市商务局、中国烹饪协会举办的亚洲美食节圆满收官。

5月28日至6月1日，由商务部、北京市人民政府共同主办的2019年中国国际服务贸易交易会在京举办。

三季度

7月8日，北京市完成全国首票国际贸易“单一窗口”标准版出口退税（生产版）业务申报。

7月22日，美国《财富》杂志发布2019年世界500强排行榜，北京入围企业达到56家，连续7年位居全球城市榜首。

8月2日，中国（河北）自由贸易试验区获国务院批复，涵盖雄安、正定、曹妃甸以及大兴机场四个片区共119.97平方公里，大兴机场片区总面积19.97平方公里，其中北京方面9.97平方公里。

8月15日，北京市发布服务业扩大开放综合试点重点领域开放改革三年行动计划。

8月23日，北京市政府与民航华北管理局共同公布北京大兴国际机场和空军南苑新机场净空保护区。

8月31日，中国（河北）自由贸易试验区大兴机场片区正式挂牌。

9月9日，公安部正式批准在北京大兴国际机场实施144小时免签过境政策。

四季度

10月24日，北京市发布实施《北京市商业服务业设施空间布局规划》。

10月25日，认定首批20名在技艺传承、创新发展方面作出突出贡献的“北京老字号工匠”。

10月16日，海关总署会同国家移民管理局、中国民用航空局、中央军委联合参谋部对北京大兴国际机场对外开放前的准备工作进行了国家验收，同意大兴国际机场对外开放通过国家验收。

10月24日，海关总署发布大兴国际机场航空口岸正式对外开放。

10月24日，世界银行发布《2020营商环境报告》，中国营商环境全球排名由上年第46位跃升至第31位，连续两年进入全球营商环境改善幅度较大的十大经济体。其中，跨境贸易排名由上年第65位提升至第56位，超过日本，首次跻身全球前60名。

10月25日，北京大兴国际机场首票出口货物通关顺利完成。

10月27日，由北京市商务局牵头建设的中国（北京）国际贸易单一窗口空港电子货运平台正式上线运行。

3月至10月，市商务局圆满完成了新中国成立70周年阅兵庆典食材食品商品供应服务保障。

11月12日，国务院印发了《关于同意在北京市暂时调整实施有关行政法规和经国务院批准的部门规章规定的批复》（国函〔2019〕111号），同意按照《全面推进北京市服务业扩大开放综合试点工作方案》，即日起至全面推进北京市服务业扩大开放综合试点期满（2022年1月30日）在北京市暂时调整实施部分行政法规和经国务院批准的部门规章规定。

（石　龙）

第八部分

附　录

北京市商务局（北京市人民政府口岸办公室）组织序列

（截至 2019 年 12 月 31 日）

序 号	机关处室
1	办公室
2	综合处（研究室）
3	法制与公平贸易处（世贸组织事务处）
4	规划建设处
5	流通发展处
6	服务质量促进处（流通秩序处）
7	消费促进处（批发业发展处）
8	生活服务业处
9	储备调控处
10	市场建设处（京津冀商务发展协同处）
11	电子商务处（跨境电商促进处）
12	物流发展处
13	商务服务业发展处
14	商务环境协调推进处（总部经济发展处）
15	外贸运行处（市机电产品进出口办公室）
16	贸易发展处
17	会展处（市会展发展局）（2019 年 8 月增设）
18	服务贸易处
19	外资发展处
20	外资管理处（对港澳台经济合作处）
21	对外经济合作处
22	安全管理处
23	口岸综合业务处
24	航空港处
25	陆港口岸管理处
26	电子口岸处
27	新闻宣传处
28	财务处
29	人事处

（续）

序　号	机关处室
30	机关党委（党建工作处）
31	机关纪委
32	工会
33	离退休干部处
34	市服务业扩大开放综合试点工作领导小组办公室规划政策处
35	市服务业扩大开放综合试点工作领导小组办公室协调推进处
序　号	**北京市粮食和物资储备局（部门管理机构）**
1	办公室
2	法规体改处
3	规划建设处
4	粮食储备处
5	物资储备处
6	安全仓储与科技处
7	执法督查处
8	财务审计处
9	机关党委（人事处）
10	机关纪委
11	离退休干部处
序　号	**直属单位**
1	市国际服务贸易事务中心（2019 年 8 月加挂市会展业发展促进中心牌子）
2	市商务执法监察大队（2019 年 5 月划给市市场监管局）
3	市商务局行政事务服务中心
4	市商务局机关后勤服务中心
5	市商务局离退休干部活动中心
6	市商务举报投诉中心
7	市商务局应急储备保障中心
8	市商务局信息中心
9	市流通经济研究中心（北京商业信息咨询中心）
10	世界贸易网点联盟北京中心
11	市商务局教育中心（市对外贸易学校）
12	市政府口岸办综合管理服务中心
13	首都联合职工大学
14	外贸建外办公大楼管理处
15	市进出口协调发展中心

（余　军、栾一飞）

北京市商务局领导成员

（截至 2019 年 12 月 31 日）

闫立刚　党组书记、局长
闫小彦　一级巡视员（2019 年 8 月套转任职，2019 年 9 月退休）
倪跃刚　党组成员、副局长（2019 年 7 月免职退休）
李广禄　党组成员（2019 年 12 月免职）
张　钢　副局长（2019 年 8 月任职）
孙　尧　党组成员、副局长、机关党委书记、机关工会主席
柯永果　党组成员、副局长（2019 年 1 月免职调出）
路金启　党组成员、纪检组长（2019 年 1 月任职）
刘梅英　党组成员、副局长（2019 年 1 月任职）
王洪存　二级巡视员（2019 年 8 月套转任职）
丁剑华　二级巡视员（2019 年 8 月套转任职）
赵立宗　二级巡视员（2019 年 8 月套转任职）

（余　军、栾一飞）

北京市人民政府口岸办公室领导成员

（截至 2019 年 12 月 31 日）

朱　雷　党组成员、副主任（2019 年 2 月因机构改革免职调出）
薛海涛　党组成员、副主任（2019 年 3 月因机构改革免职）
张沙宁　党组成员、副主任（2019 年 2 月因机构改革免职退休）
杨保京　党组成员、副主任（2019 年 3 月因机构改革结束挂职）

（余　军、栾一飞）

北京市粮食和物资储备局领导成员

（截至 2019 年 12 月 31 日）

李广禄　党组书记、局长（2019 年 12 月免职），一级巡视员（2019 年 12 月任职）

朱　雷　党组成员、副局长（2019 年 2 月任职）

阎维洪　党组成员、副局长，二级巡视员（2019 年 11 月任职）

任昌坤　党组成员、副局长

王德奇　党组成员、副局长

（余　军、栾一飞）

北京市商务领域社团名录

序号	单位名称	会长	秘书长	联系电话	传真	单位地址	邮编
1	北京国际商会	熊九玲	林　彬	88070442/0303	68061030	西城区南礼士路头条 3 号	100045
2	北京国际会议展览业协会	刘　洋	张学山	88070431/0324	68061030	西城区南礼士路头条 3 号	100045
3	北京国际经济贸易学会	张　钢		88070425	68014008	西城区南礼士路头条 3 号	100045
4	北京市国际货运代理行业协会	李建华	王泰山	64621398/99	64615507	朝阳区亮马桥路 44 号海昌大厦 209 室	100016
5	北京国际经济技术合作协会	马铁山	王晓兰	63927887	63927830	西城区广莲路 1 号建工大厦 1201 室	100055
6	北京国际经济贸易发展协会	王大路	谭成海	87211326	87211326	丰台区芳星园三区 16-17 号楼 207 室	100078
7	北京国际经贸标准化促进会	王忠敏	黄　俊	85322254	85322254	朝阳区光华路 7 号汉威大厦 21B8-1	100176
8	北京市对外经济贸易会计学会	徐小溪	赵京娥	65280245	65280245	丰台区芳群园四区 21 号楼 450 室	100078
9	北京服务贸易协会	李露霞	杨丽君	88070414	88070414	西城南礼士路头条 3 号南楼 325 室	100045
10	北京国际贸易与投资促进会	汪国武	孙　飞	53668630	53668630	朝阳区建国路 89 号 3 号楼 509 室	
11	北京中外企人力资源协会	谢克海	贾庆森	57041996	57041998	朝阳区西大望路 15 号外企大厦 B 座 1906 室	100022

（续）

序号	单位名称	会长	秘书长	联系电话	传真	单位地址	邮编
12	北京国际生态经济协会	郝吉明	李军洋	64046170-61	64026180	东城区建国门内大街 18 号恒基中心第 3 办公楼 913 室	100005
13	北京市商务服务业联合会	刘建华	曹　磊	52656250		石景山区石景山路 22 号万商大厦 1916	
14	北京市商业企业管理协会	孟卫东	施燕青	64070692	64010352	东城区魏家胡同 20 号	100007
15	北京焙烤食品糖制品协会	黄利	刘俊欣	63265499	63265499	西城区广安门外广华轩 6 号楼	100052
16	北京市茶业协会	白文祥	付光丽	68337903 68339188	68337903	西城区北礼士路甲 98 号阜成大厦 A 座 4 层 421 号	100037
17	北京典当行业协会	杨　永	翟林苹	84544366	84544368	东城区安德路甲 61 号 2 号楼 5 层 B1-528 室	100050
18	北京电子商务协会	丁同欣	石志红	63435415	51814650	西城区莲花池东路丙 1 号 312 室	100045
19	北京市豆制品协会	季　凯	陈克仁	63521149	63521149	丰台区桥南马场 138 号	100071
20	北京蜂产品协会	杨寒冰	赵增莲	67869258	67869021	北京经济技术开发区同济中路 7 号兴盛工业园 3 栋	100176
21	北京市供销合作经济组织协会	任　军	刘甫强	63520898	63520898	朝阳区小营北路 11 号和泰大厦 7 层 710 室	100101
22	北京市化工商业协会	肖　钢	刘志刚	87612660 67603818	87612660	丰台区永外宋家庄顺八条 1 号	100078
23	北京家政服务协会	庞大春	徐化愚	63432818/5414	63432818	西城区莲花池东路丙 1 号	100006
24	北京老字号协会	刘小虹	仵文贞	66023478 62370448	62002277	西城区西绒线胡同 51 号北门四川饭店内	100029
25	北京市连锁经营协会	李燕川	刘雁红	82111213	82125291	海淀区昆明湖南路 11 号院 1 号楼等 3 幢 3 号 2 层 0009 号	100951
26	北京美发美容行业协会	陈桂钦	杨京云	63188435	63188437	西城区珠市口西大街 120 号太丰惠中大厦 1137 室	100050
27	北京农业生产资料协会	崔长青	李　涛	83828509	83828769	丰台区西四环南路 30 号院 8-1 供销农资大厦 12 层	100161
28	北京品牌协会	孟卫东	夏　明	58260938	58260938	朝阳公园西里南区 6 号楼副楼 503 室	100125
29	北京拍卖行业协会	甘学军	姚光锋	68334469	68337868	西城区北礼士路甲 98 号阜成大厦 B 座 305 室	100083
30	北京肉类食品协会	司京成	刘金英	63266413/26	63324813/26	西城区广安门外广华轩 6 号楼	100055
31	北京市商业联合会	于学忠	丁淑芬	63435418/22/29	51814665 63435416	西城区莲花池东路丙 1 号	100045

（续）

序号	单位名称	会长	秘书长	联系电话	传真	单位地址	邮编
32	北京市商业服装行业协会	陈普照	朱名华	65136644 63032991	65123749	东城区东交民巷 28 号	100051
33	北京市石油流通行业协会	陈立国	王顺增	85835928	85836509	朝阳区十里堡 1 号恒泰大厦七层 7002-7006 室	100054
34	北京市摄影行业协会	朱秀英	向　诚	66039982	66039982	西城区大酱坊胡同甲 26 号	100032
35	北京市调味品协会	杜吉信	陈尤太	63863799	63863799	西城区北礼士路 8 号	100044
36	北京文化用品行业协会	张　军	田秀丽	67226062	87297093	东城区永外东革新里 42 号	100077
37	北京物流协会	王国丰	林友来	63435426/9	63435428	西城区莲花池东路丙 1 号	100045
38	北京市洗染行业协会	潘福增	高云丽	63972756	63972756	丰台区莲花池西里 20 号宝辰洗衣厂四楼	100073
39	北京市眼镜行业协会	邢荣栋	赵宏序	67059782	67059782	东城区天坛路 57 号院内东楼 4 层 401	100062
40	北京市印章行业协会	王汉平	文　节	62072107	62072107	西城区新明胡同 2 号楼	100088
41	北京孕婴童用品行业协会	邓正学	范培宏	84602486	84440576	朝阳区曙光西里甲 6 号院 8 号楼时间国际 708 室	100028
42	北京市租赁行业协会	张巨光	王　梅	67150700	67150700	东城区法华南里 26 号 404 室	100061
43	北京商业经济学会	王成荣	韩凝春	85932083	65128343	东城区礼士胡同 41 号	100010
44	北京市商业文化研究会	张连登	王成荣	85932083	89532213	东城区礼士胡同 41 号	100010
45	北京京商流通战略研究院	赖　阳		65230718	65594609	东城区礼士胡同 41 号	100010

（刘　伟）